U0494128

集人文社科之思　刊专业学术之声

集 刊 名：清华国学

主办单位：清华大学国学研究院

主　　编：陈　来

委员会（以姓氏笔画为序）

主　任：陈　来

副主任：丁四新　唐文明　圣　凯

编　委：

陈璧生　陈　来　丁四新　方诚峰　高海波　顾　涛　侯旭东

黄德宽　李飞跃　李　震　刘　石　马　楠　马银琴　倪玉平

沈卫荣　圣　凯　唐文明　袁　艾　赵金刚　仲伟民

编辑部

主　任：高海波

成　员：

安　鹏　高思达　何明阳　胡海忠　黄　湛　孔馨悦　李　昕

李　哲　刘大钊　王安琪　王天煜　薛　可　叶芳舟　叶乐扬

于超艺　郑博思　周川雄

本辑执行主编： 高海波

第4辑

集刊序列号：PIJ-2021-444

中国集刊网：www.jikan.com.cn/ 清华国学

集刊投约稿平台：www.iedol.cn

清华大学国学研究院　主办

陈来　主编

清华国学

第四辑

本辑执行主编　高海波

社会科学文献出版社
SOCIAL SCIENCES ACADEMIC PRESS (CHINA)

目录

先秦思想研究

孟子哲学是子思子哲学的深化与发展

——兼论子思子哲学及"慎独"与孔子的关系

丁四新

（清华大学人文学院）

摘　要：子思子哲学是先秦儒家哲学的重要组成部分。竹书《五行》以成德为主题，并在德之行的基础上区分了五行和与四行和两种道德境界，指明"为一""慎独"是君子"为德""为善"的工夫。孟子反省、深化和发展了《五行》思想，他所提出的人性善观念为四行成德提供了内在之"善"的本源。孟子又区分了君子和圣人两种人格，并强调了四行为善说的重要性。在性善说和新四行说的基础上，孟子将子思子的忧思之心转变为四端之心，并以"尽心"为根本工夫。孟子对《中庸》思想有所取舍，他放弃了慎独说和中和说，而选取了中庸说和诚身说。不过从宋明儒学来看，《中庸》的思想价值集中在中和说和诚身说上。从《缁衣》等篇的书写体例来看，子思子构造了一个二帝三王相承继及孔子传之的新王道论。孟子的王道论是先秦儒家王道论的高峰。此外，根据安大简《仲尼曰》，"慎独"本是孔子之学，其本义很可能同于《五行》的"慎独"概念；曾子和子思子不过传述和推阐了孔子的"慎独"说。

关键词：孟子　子思子　五行　四行　慎独　郭店简

引 言

孟子哲学与子思子哲学是什么关系？在三十年前，学界对于此问题的回答一般是不置可否。不但如此，子思子哲学在人们的叙述中曾长期缺位，受到严重忽视。原因之一是在疑古思潮的影响下，《中庸》的著作时代及其作者子思受到了严重怀疑和否定。原因之二是《汉书·艺文志》所载《子思子》一书早佚，且人们能够认定的子思子传世著作很少。不过，随着简帛《五行》的发现，情况发生了重大转变，人们不但认为竹书《五行》是子思子著作，而且重新肯定传统说法，认为《中庸》也是子思子著作。

据郭店简及司马迁、沈约等人的说法，①《礼记·坊记》《中庸》《表记》《缁衣》四篇和郭店简《五行》《缁衣》《鲁穆公问子思》可以肯定都是子思子著作。其中，《五行》和《中庸》两篇是先秦儒学的核心篇目。而据此两篇，子思子的哲学即可以得到深入而系统的阐明。在此基础上，我们可以推断，子思子思想是孟子思想的重要来源，两者的关系非常直接。换言之，孟子哲学是子思子哲学的深化和发展。

据现有资料来看，子思子思想打动孟子的地方主要有五点：其一，《五行》形于内的五行成德说及其为善为德的境界说；其二，《中庸》的诚身说；其三，尧舜之道与《诗》《书》意识下的王道说；其四，以"义"为基础的士大夫独立人格；其五，推崇孔子，常称引"子曰"或"孔子曰"以标立其宗旨。其中，前三点极具思想性。孟子的性善论建立在四行说的基础上，故第一点对于孟子思想来说十分重要。对于第二点，孟子予以全盘吸收。第三点则是孟子王道论思想的重要来源。

本文将以《五行》和《中庸》为基础，梳理和阐明子思子的哲学，并进而讨论孟子哲学与子思子哲学的关系。本文认为，孟子哲学是子思子哲学的深化和发展。此外，根据安大简《仲尼曰》等文献，本文认为"慎独"本是孔子之学。

---

① 司马迁：《史记·孔子世家》，中华书局，2014，第2356页；魏徵、令狐德棻：《隋书·音乐志上》，中华书局，1973，第288页。

一 孟子对于《五行》思想的深化与发展

(一)《五行》: 形于内的德之行与为德为善的工夫、境界

竹书《五行》大大深化了儒家的工夫论和境界论。《五行》的基本问题是如何成德,而"成德"包括两层含义与工夫:一层,成德指五行形于内,其工夫指五行形于内的具体方法和实践;二层,成德指德之五行和的"德"和四行和的"善"两重境界,其工夫为"为一"和"慎独"。从总体上来看,竹书《五行》的思想可以概括如下。

第一,子思子对"五行"作了形于内与不形于内的区分,其中形于内者谓德之行,不形于内者谓行。五种美德只有在自己的身心中生发和成就出来,才是所谓德之行,否则即是行为规范。五行成为德之行,这是成德的基础义。所谓"形于内"的"形",兼含生发和形成两义,"内"指内心。"形于内"指仁、义、礼、智、圣五种德行生发于内心,且形成于内心。而由此,子思子所谓"形于内"的工夫即带有心理经验及气质变化的特征。子思子提出"德之行"概念,揭示了作为生命形态的德行应当具有从心上生、从心上成和从心上推廓的特质。"心"是成德的本地和本源。

第二,子思子区分了"善"和"德"两重道德境界。《五行》曰:"德之行五和谓之德,四行和谓之善。善,人道也;德,天道也。"(简4—5)"德之行五和谓之德"的两"德"字不同义,前者就形于内而言,后者则指人所成就的一种道德境界。引文中的"善"指道德境界意义上的善,即德之行的"四行和"所达到的境界。"善"的境界仍有不足,仍需人为努力,故竹书曰"善,人道也"。与"善"相对,"德之行五和"的"德"已圆满具足,其道德实践已达自然境地,而无须人为努力,故竹书曰"德,天道也"。竹书所谓"人道"和"天道"均为境界义,而非客观实在义。

第三,子思子提出了"君子"的道德理想人格,其内涵与"德"(与"善"对)的道德境界相对应。"君子"在《五行》中出现了多次,是道德成就的人格化和具象化。从实践看,《五行》成为人(become human being)的人格意义即指向君子。在此,竹书《五行》有两点需要注意,一是它明确地将君子人格的形成放在德之行的五行上,而不是放在四行上;二是"智弗

思不得"的"智"指心智，一种"心之官则思"的智，与第5号简所云"君子无中心之忧则无中心之智"的"智"相同，而与作为美德之一的智行不同。

第四，子思子对五行形于内的成德工夫及其过程作了细致阐述。其总体工夫起于心之"忧""思"。"忧"即忧虑、关切，"思"即思虑和思求，心之忧虑和心之思求兼具，这是成德的两个来源。子思子将"中心之忧"和"心之思"作为五行形于内的成德本源，这体现了儒家修身哲学的重大进步。进一步，子思子将"智弗思不得"的工夫具体推展为所谓"三思三形"。通过所谓"三思三形"的工夫，仁行、智行和圣行就成为形于内的德之行的仁行、智行和圣行。

第五，子思子提出了"为善""为德"的具体工夫，即"为一"和"慎独"。"为一"是德之行的五行达到和谐或四行达到和谐的工夫来源，而"慎独"又是其所以"为一"的工夫。"慎独"比"为一"深入。"为一"指德之行的仁、义、礼、智、圣五者为一。"一"即统一。"慎独"指敬慎、谨慎其心。"独"指此心的一种存在状态：相对于耳、目、鼻、口、手、足六者而言，在修身成德的过程中，心可以而且应当达到独而无对的地步。据帛书《五行》，"为善"的"有与始"和"有与终"是指在慎独、为一的过程中，此心与其体始，与其体终。"有与终"说明此心最终没有超越耳目鼻口手足的制约而主宰于其上，故以"为善"言之。"为德"的"有与始"和"无与终"是指在慎独、为一的过程中，此心与其体始，无与其体终。"无与终"说明此心最终超越了耳目鼻口手足的制约而完全主宰于其上，故以"为德"言之。很显然，"为德"高于"为善"。

（二）孟子对于《五行》思想的深化和发展

竹书《五行》篇最重要的学术价值是系统地提出了一套形于内的成德学说，思想细密而深邃。孟子的性善论以子思子的四行说为基础，是对其思想的反省、深化和发展。二者的关系见下。

其一，子思子五行成德说或四行成德说存在一个重要的理论不足或缺陷，即子思子对于心之忧、思以成德的人性善恶本源问题缺乏进一步的认识。人性是善的还是恶的，这与人性修养问题密切相关。孟子由此反思，主张人性善，深化了子思子的思想。进一步，孟子由此将子思子的工夫论问题转化为本体论问题，并在肯定人性善的基础上对于何以人性善的问题作了深入的论证和回答。孟子提出性善论，无疑补足了子思子思想的罅漏。

其二，为什么孟子选择四行而不选择五行作为其论说人性善的基础呢？应当说，子思子五行说的另一个缺陷是在人格的设置上。在《五行》中，子思子没有作"君子"和"圣人"的区分，他一律以五行形于内且达到和谐状态来界定"君子"人格的内涵。应当说，这种定位太高，不切实际。面对这一情况，孟子即不得不作出调适，将"君子"人格的形成基础放置在四行成德说上。在他看来，四行成就的即是君子人格，而五行成就的即是圣人人格。圣人必具圣行。圣行太高，故此种美德不具有普遍的现实性。综合《孟子》全书来看，孟子所设置的理想人格大体上可分为君子、圣人和圣王三类，它们是有明确的区别的。从实践来看，君子人格具有普遍性。

其三，在工夫论上，孟子与子思子的差别显著，他改造了子思子的工夫论。子思子五行说的工夫是从此心之成德来说的，未涉及作为其前提的人性本体之善恶的问题。其工夫论包括两层，一是形于内的工夫，二是为善为德的工夫。为善和为德的工夫包括"为一"和"慎独"，其逻辑顺序是：慎独→为一→为德（德之五行和）/为善（德之四行和）。"慎独"工夫是区分"为善"和"为德"的关键：此心达到了"独"的存在状态，也即其修身达到了"德"的境界；与此相对，达到了"善"的境界，并不意味着此心达到了"独"的存在状态。孟子的工夫论是根据性善论推演出来的，以"尽心知性知天"或"存心养性事天"（《孟子·尽心上》）为基本线索和结构，而包括操存、扩充、求放心、养气和寡欲等方法。与子思子的形于内之说不同，孟子以"尽心"为根本工夫。所谓尽心，指扩充和存养此心。尽心之说强调了心的思求作用，且将子思子所谓心之忧、思直接转化为四端之心——恻隐之心、羞恶之心、辞让之心和是非之心（《孟子·公孙丑上》《告子上》）。孟子在此几乎抛弃了子思子的"为一"说和"慎独"说。不仅如此，孟子还进一步区分了四行，他以仁为四行之统帅。从仁心到仁政，从仁政到王道王政，这是孟子政治哲学横列的思想逻辑。

顺便指出，孟子不仅是竹书《五行》的读者，而且可能是其注释者。作为注释者，帛书《五行》是其晚年之作。如若不然，帛书《五行》则是其弟子之作。

二 《中庸》的诚身论与《缁衣》的王道论

（一）《中庸》的思想主题及孟子对于诚身说的继承

《中庸》是四书之一，是宋明儒学的核心经典，对于理学和心学思想之发生、发展和转进起了巨大作用。《中庸》大体上由三大部分内容组成，第一部分为性教说、慎独说和中和说，第二部分为中庸说，第三部分为诚身说。对于《中庸》，孟子主要吸收了诚身说。

第一部分的性教说，已见于郭店简《性自命出》或上博简《性情论》。《中庸》云："天命之谓性，率性之谓道，修道之谓教。"天、命、性、道、教的思想框架已见于《性自命出》篇，是继承后者的结果。而且，"天命之谓性"一句其实是对《性自命出》"性自命出，命自天降"两句的压缩。据笔者的研究，"性自命出，命自天降"很可能是孔子所作的思想创造。① 这两句话将人性与天命直接关联起来，并将前者看作后者的下降和落实，从而开启了超越而内在的儒家性教传统，而《中庸》对此不过作了继承。

第一部分的慎独说应当与《五行》的慎独说相同。不仅如此，《大学》的慎独说也应当相同。传统注疏对于《中庸》《大学》的"慎独"概念的解释都是不对的，这一点可参看本文第四节。

第一部分的中和说，应当是子思子对孔子思想的发展。《性自命出》言"喜怒哀悲之气，性也。及其见于外，则物取之"（简2）云云，已具备性情为已发和未发的二分结构。《中庸》中和说的核心是在道德实践中处理人的情感问题，而慎独是人使自己合乎道的关键工夫。但是，从《孟子》原书看，孟子似乎没有继承《中庸》的慎独说和中和说。而他之所以放弃慎独说，正如上文所言，与他拆解子思子的五行说、深化和改造四行说，进而在性善论基础上提出自己的新四行说有关。同时，由于与"恻隐之心"等的性质不同，故孟子直接放弃了《中庸》的中和说。另外，《中庸》的中和说具备比较强的宇宙论色彩，这大概是孟子难以认同的。

第二部分的中庸说，是孔子的成说。"中庸"作为规范道德实践的基本

---

① 丁四新：《作为中国哲学关键词的"性"概念的生成及其早期论域的开展》，《中央民族大学学报》（哲学社会科学版）2021年第3期。

原则受到了孔子和先秦儒家的高度重视。而且，《中庸》的中庸说主要由"仲尼曰""子曰"文本构成，子思子对于相关文献不过作了专门的汇纂。这篇重要文献之所以以"中庸"题篇，即出于此部分文字，以及出于尊崇孔子。不过，孟子虽然继承了孔子、子思子的中庸说，但是"中庸"已非其思想的重点。

对于第三部分的诚身说，孟子几乎作了全盘继承和积极的应用。诚身说是《中庸》思想的一个重点，《中庸》思想的高妙处也集中于此。"诚身"是工夫，但《中庸》往往借助本体性的语言来作阐述。诚身说大概发源于孔子（参见郭店简《六德》《成之闻之》的相关文字），子思子将其推至高峰，孟子则继承了《中庸》的诚身说，这具体见于《孟子·离娄上》"居下位而不获于上"章和《尽心上》"万物皆备于我矣"章。孟子之所以高度重视"诚"德，重视诚身问题，是因为道德实践必须力求真实，而不能有丝毫的虚伪。儒学是生命的学问，实践者应当使自己的生命变得真实，并达到至诚之境，故《中庸》曰"不诚无物"。

（二）《诗》《书》王道论下的圣君人格建构及孟子的继承

西周至春秋早期的王道论大体上属于自然王道论，因周天子称王，故其道即称王道。春秋中晚期，王道论进入新阶段，即进入道德理想主义的阶段，其中孔子是新王道论最重要的传承者和构建者。其核心经典为《诗》、《书》及与孔子相关的著作。

孔子的王道论和道统论内容，见于《论语·尧曰》篇首章。《中庸》曰："仲尼祖述尧舜，宪章文武。"在此，子思子认为孔子传述了尧舜文武的王道，得道统之传。《礼记·缁衣》篇值得注意，这篇文献两见于战国竹书。在此篇中，子思子先引述"子曰"以立论，后引用《诗》《书》以证之。这种书法（书写体例）间接肯定了孔子之道与禹、汤、文、武之道相贯，其政治思想即是所谓王道思想。在三王的基础上，孔子、子思子又推尊尧舜，从天下为家到天下为公，思想境界进一步提升，从而构成了所谓二帝三王的统系。应当说，《论语·尧曰》篇首章是儒家道统论的萌芽，而子思子所谓"仲尼祖述尧舜，宪章文武"的说法则是道统论的正式彰显。从圣王到圣贤之道统传承谱系的变化，是由子思子完成的。孟子继承了孔子、子思子的王道论和道统论，不但在"先王有不忍人之心，斯有不忍人之政

矣"（《孟子·公孙丑上》）的基础上大力发展和构造了儒家的王道论思想，而且推尊尧舜、三王和孔子，同样持尧舜、三王、孔子一贯论，并自述其志，云："乃所愿，则学孔子。"（《孟子·公孙丑上》）孟子关于圣君贤相及孔子传之的道统论，其最著者即见于《孟子》全书的卒章（《孟子·尽心下》）。

在《礼记》中，《坊记》《表记》《缁衣》三篇的书法相近，均先以"子曰"或"子云"方式辑录孔子之言，然后抄录《诗》《书》以证之。这种书写体例，一方面直接展示了孔子的思想，另一方面也间接表达了子思子的思想，包括子思子对孔子思想的继承、肯定和理解，也包括他试图通过经典证明的方式对孔子思想作王道论的诠释。因此从一定意义上来说，《缁衣》也可以看作子思子对自己思想的一种表达。在他看来，《缁衣》所抄录的孔子言论与《诗》《书》所表达的王道论思想一致。如此，子思子即在暗中构造了一个二帝三王一脉相承及孔子传之的新王道论，而这个新王道论其实也是新道统论。这一点与《中庸》所说"仲尼祖述尧舜，宪章文武"一致。

综上所论，最值得注意的是《缁衣》的文本结构及叙述方式。这种文本结构及叙述方式本身即包含着孔子的政治思想就是《诗》《书》所云二帝三王之王道思想的逻辑。只不过，由于书法独特，子思子的这层用意曾长期暗昧不明，学界缺乏相应的理解。孟子似乎心知其意，同子思子一样，他也非常重视《诗》《书》，并以二书为载述二帝三王之道的经典。不但如此，孟子的仁政王道论一方面在核心原则上更为纯粹和精要，另一方面在结构上更为复杂和博大。应当说，孟子发展了孔子和子思子的王道论思想。从理论上来看，孟子的王道论是先秦儒家王道论的高峰。

余论："慎独"本是孔子之学

"慎独"是儒家的重要工夫。它之所以重要，是因为《大学》《中庸》均存在此一术语，并且其对宋明儒学产生了深刻影响。在《五行》发现之前，学者一般将"慎独"概念的提出归于《大学》《中庸》两篇。在《五行》发现之后，人们倾向于将此工夫的提出归于子思子的《五行》。不过，对于"慎独"是何义，学者的回答颇不一致，这可以参看梁涛等人编纂的相关文集。① 现在，根据安大简《仲尼曰》，我们完全可以推断"慎独"本是孔子之学，其本义也很可能同于简帛《五行》的"慎独"含义。

在前文，笔者已阐明了子思子的"慎独"之义。"慎独"指修身者敬慎其心及道德心所应达至的独而无对的存在状态。"独"是指此心对于耳目鼻口手足六者的主宰和超越，以及其所达到的自主而自然的存在状态。"慎独"是否为孔子之学，或者与孔子有何种关系，从前的学者面对于此一问题是不置可否的，但是现在，根据安大简《仲尼曰》，我们可以肯定"慎独"本是孔子的重要学说。

《仲尼曰》是安徽大学藏战国竹简中的一篇，其抄写年代为战国中期偏早。竹书《仲尼曰》曰（引文从宽式）：

> 仲尼曰："君子所慎，必在人之所不闻，与人之所不见。"（简 3—4）
> 仲尼曰："弟子如出也，十手指汝，十目视汝，汝乌敢不善乎！盖君子慎其独也。"（简 5—6）②

"仲尼"是孔子之字。上引第一条简文见于《中庸》首章。《中庸》曰："是故君子戒慎乎其所不睹，恐惧乎其所不闻。莫见乎隐，莫显乎微，故君子慎其独也。"不难看出，所引《中庸》文字与上引简文的关系十分密切。第二条简文见于《大学》诚意章。《大学》曰："所谓诚其意者，毋自欺也。如恶恶臭，如好好色，此之谓自谦。故君子必慎其独也。小人闲居为不善，无所不至，见君子而后厌然，掩其不善而著其善。人之视己，如见其肺肝然，则何益矣？此谓诚于中，形于外，故君子必慎其独也。曾子曰：'十目所视，十手所指，其严乎！'富润屋，德润身，心广体胖，故君子必诚其意。"《大学》诚意章与上引简文的关系也非常明显。不但如此，据竹书可知，"十目所视，十手所指，其严乎"三句其实出自孔子，曾子在此不过作转述罢了。总之，根据上引两条简文，"慎独"说无疑是孔子之学，是由孔子首先提出来的。

"慎独"说是由孔子首先提出来的，王振辉君曾引用上博简《孔子诗论》的一条简文来作证明，这是对的。《孔子诗论》第 16 号简曰："《燕燕》之

---

① 梁涛、斯云龙编《出土文献与君子慎独——慎独问题讨论集》，漓江出版社，2012。
② 上引两条简文，均见安徽大学汉字发展与应用研究中心编《安徽大学藏战国竹简（二）》，中西书局，2022，第 43~44 页。

情，以其独也。""独"在此是何义？帛书《五行》第184—186行曰："'鸤鸠在桑，其子七兮。淑人君子，其仪一兮。'能为一，然后能为君子，君子慎其独【也】。'【燕】燕于飞，差池其羽。之子于归，远送于野。瞻望弗及，泣沸〈涕〉如雨。'能差池其羽，然【后能】至哀，君子慎其独也。"（引文从宽式）上述两条引文都引用《燕燕》诗，均用"独"来作解释，可证《孔子诗论》"以其独"的"独"即是《五行》"慎其独"的"独"字义。而《孔子诗论》所载文字基本上是孔子的话，反映了孔子的思想，由此也可知"慎独"是孔子之学。

"慎独"是何义？单纯依靠传世文献，是很难解决这一问题的。不仅如此，在竹书《仲尼曰》中，孔子所云"慎其独"之意亦似乎不明。而唯有根据《五行》，答案才是确凿的。在《五行》中，"慎独"是德之行的五行和谐为一的工夫。"慎独"即慎其心，也即敬慎此心（道德心）而达到独而无对、摆脱耳目鼻口手足之制约的地步。在"独"的存在状态中，此心是完全自主自在而超越的，不再受到感官欲望的掣肘和制约。换言之，"独"的存在状态也即道德意识完全自主且盎然充沛的状态，是气质和人欲完全被道德心道德化了的状态。

后人对于"慎独"的训释或解释多是不正确的。《中庸》郑玄注："慎独者，慎其间〈闲〉居之所为。"① 郑玄以"闲居"为训，这是受到《大学》相关文本影响的结果。朱子《大学章句》曰："独者，人所不知而己所独知之地也……此君子所以重以为戒，而必谨其独也。"② 朱子《中庸章句》曰："独者，人所不知而己所独知之地也。言幽暗之中，细微之事，迹虽未形而几则已动，人虽不知而己独知之，则是天下之事无有著见明显而过于此者。是以君子既常戒惧，而于此尤谨焉。"③ 相比较而言，朱子的训释稍胜于郑注，但仍然不切其本义和真义。"慎独"的本义和真义，现在看来应当求于简帛《五行》篇。

（本文原载《孔子堂》2023 年第 2 期）

---

① 阮元校刻《十三经注疏·礼记正义》，清嘉庆刊本，中华书局，2009，第3527页。
② 朱熹：《四书章句集注》，中华书局，1983，第7页。
③ 朱熹：《四书章句集注》，第18页。

作为方法的"子学"及其对当代哲学创新的启示[*]

吴根友

（武汉大学哲学学院　武汉大学文明对话高等研究院）

摘　要：子学是对四部分类中子部图书所包含的学问-知识内容的统称。从哲学知识论的角度看，子学其实包含着"博明万事"的知识维度，和"适辨众理"的思想维度。子学中知识与思想相对均衡的两个维度，一方面反映了传统学问-知识不断增长的历史状态，另一方面也体现了子学所具有的开放与多元的特征。当代中国哲学的创新，其实可以从传统子学知识与思想动态的交互作用的历史进程中，汲取启示，即广大哲学工作者通过不断扩大自己的知识与思想的视野，进而增强自己的内在创新能力。因此，用为方法的"子学"，将为当代中国哲学的创新提供知识与思想交互作用的两个相对独立而又具有内在联系的视野。

关键词：子学　知识　思想　哲学创新

一　何谓"子学"——子学概念及其辨析

谈及子部学问，首要辨析的是"诸子学"和"子学"概念及其异同。诸子之学起于周秦，而诸子之名是一个根源于图书或著作分类的概念，刘歆

---

* 本文为贵州孔子学堂 2019 年国学单列的重大课题——"经子关系研究"（项目编号：19GZGX04）的阶段性成果。本文部分内容在《中国社会科学》2022 年第 6 期上发表过。目前的论述视角有较大的变化。

《七略》将周秦百家著述归入"诸子略","诸子"遂成为一种相对于"圣贤经传"的知识门类，①"诸子学"也被用以指称周秦九流十家之学。"子学"是后起的概念，作为一个与经学相对的描述古代四部分类中子部学术的概念，它只有在传统四部分类的知识体系里才具有自身的身份统一性。"子学"之名暂不能确定起于何时，根据爱如生中国基本古籍库的全文搜索结果，宋代以前并无用以指称子部学问的"子学"概念，宋人佚名作者所撰《锦绣万花谷别集》（30卷）十七有"子学类"② 的分类，但此书的子学部分内容是明人补入的，而且宋人编撰的目录著作如《崇文总目》《郡斋读书志》《遂初堂书目》《直斋书录解题》等皆称"子部"，故我们认为"子学"一词最早大约出现在明代。明人董其昌在其所撰《容台集》（17卷）之《文集》卷七，对先秦诸子还是简称"诸子学"："外道之日繁也，其在战国之后乎，有诸子学若管商者。"表明"子学"一词在明代虽然出现了，但还没有被广泛地使用。

近代以来，"子学"概念逐渐流行，许多学者开始将"诸子学"简称为"子学"。如罗焌《诸子学述》有"历代子学，自汉崇黄、老"③ 云云，"长沙王葵园先生，以经师兼治子学"④ 云云。不过，罗氏引用章太炎的话说："所谓诸子者，非专限于周秦，后代诸家亦得列入，然必以周秦为主。"⑤ 他把"诸子学"与"子学"二词交替使用，"子学"则是周秦诸子学的简称，而非指称子部的全部学问，这与目录著作中用以概述子部之学的"子学"概念不尽等同。⑥ 如果用逻辑学上的属种关系来说明，广义的"子学"为"属"，而特指周秦九流十家的"诸子学"为"种"，两者是包含与真包含的关系。然而，当代学者论"子学"或提倡"新子学"时，并未就"子学"

① 高华平：《先秦诸子与楚国诸子学》，北京师范大学出版社，2016，第1~6页。
② 按：此类书明确将子学作为一类，但这部分内容（别集）为明代秦汴补录，未必是宋人作品。参见"红叶山古籍文库网"介绍：《锦绣万花谷》是宋代一部由个人编纂而成的大型类书。作者不详，书前有自序，题淳熙十五年。此书分前集、后集、续集各四十卷。明代秦汴刻此书时，又以家藏抄本三十卷补入梓为别集。内含天文地理、植物、动物、书画等具体门类。见 https://hongyeshan.com/post/5241.html。
③ 罗焌：《诸子学述》，华东师范大学出版社，2008，第85页。
④ 罗焌：《诸子学述》，第86页。
⑤ 罗焌：《诸子学述》，第80页。
⑥ "子学"与"诸子学"的概念不能完全等同，关于这两个概念的定义，参见郭齐勇、吴根友《诸子学通论》（商务印书馆，2015）一书的第一章"导论"。另外，亦可参阅罗焌《诸子学述》上编总论部分的内容。

概念进行细致的辨析，往往是如罗炽那般把子学与诸子学等同互用。可见，在当代中国学术语境里，人们对于"子学"一词还缺乏明确而严格的界定，更缺乏应有的共识。①

依笔者的理解，仅就诸子学概念的本身而言，亦有广狭二义之分，狭义诸子学仅指先秦诸子，而广义诸子学则包括汉以后子部类的著作，其中道家、佛教类著作中带有极强思想性的作品，均属于广义的诸子学内容。② 本文所使用的"子学"一词，比广义的诸子学内容更加广泛，主要是指《四库全书总目》（以下简称《总目》）中子部图书所包含的全部学术内容。因此，它是一个涵盖先秦诸子、广义与狭义诸子学等内容的学术概念。本文着重从学问-知识③的性质角度而非图书目录学的角度考察子部学术的性质。换句话说，就是从广义的哲学知识论角度来考察子学的性质，并尝试说明子部学术对于当代中国哲学创新可能具有的思想启迪意义。至于经部、史部、集部所包含的子学性质的内容，经、史、子、集四部学术的内在关系，暂时都不在考察之列。

刘勰《文心雕龙·诸子》篇，在分析汉魏晋各种以"论"为名的著作，如《潜夫论》《政论》等作品的性质时，对诸子学著作所包含的知识与思想的性质，给出了一个非常具有启发意义的界定："博明万事为子，适辨一理为论。"在刘勰看来，《潜夫论》《政论》这类著作是"蔓延杂说"，不是"适辨一理"，故而其应归入"诸子之流"。刘勰在宗经的思想前提下讨论"文体"问题，故而他所说的"论类"著作，主要是指"述经叙理"一类的著作："论者，伦也。伦理无爽，则圣意不坠。"他硬是将《论语》看作诸"论类"著作的开始。实际上此一说法并不准确。此处我们暂且不去讨论刘

---

① 参见方勇"新子学"的五篇论文。刘纪璐、杨立华等人亦对"新子学"发表了自己的看法。但他们都未就"子学"一词的历史语义做一个词源学的考察。方勇将子学与广义的诸子学等同起来，而且将目录学中子部典籍中包含的非思想型的子学内容剔除出了他自己所理解的"子学"和"新子学"的范围，然后对"子学"做了他自己的学术规定。参见方勇《"新子学"构想》（《光明日报》2012年10月22日，第014版国学版）、《再论"新子学"》（《光明日报》2013年9月9日，第015版国学版）等文章。
② 参见罗炽《诸子学述》、刘仲华《清代诸子学研究》（中国人民大学出版社，2004）前言部分的内容。
③ "学问-知识"的短语，是笔者尝试从知识性质的角度用来描述中国传统典籍所包含的内容而使用的一个新概念。参见《从学问—知识的性质再论〈文心雕龙〉的分类问题》（《孔学堂》【中英双语】2021年第3期）。

勰将《论语》一书看作论类著作的说法是否合理的问题，我们要考察的是那些以"论"为名的诸子学著作，其正好体现了诸子学所具有的"思想"之维。"博明万事"的结果主要是"知识"，"适辨一理"的结果主要是"思想"，犹刘勰所谓诸子是"入道见志之书"。因此，从现代哲学广义的知识论角度来看，整个"子学"的内容，实际上包含了两个极其重要的要素或维度，即作为博明万事万物之后的广义"知识"，与作为理论与方法之体系的"思想"（当然子部图书中也有少量可视为现代小说的内容）。按照本文简洁的说法，"子学"实际上包含着知识与思想两个维度的内容。举例来说，像《总目》子部中的农家、医家、天文算法、谱牒等四大类图书，绝大多数著作都是"博明万事"的知识性著作，而儒家类、道家类与杂家类的半数以上的著作，都是思想性的著作。释家类的著作目录极少，与汉语佛教著述的实际情况存在严重差异，思想性的作品基本没有收入目录，收入目录的主要是一些关于佛教故事，即佛教高僧活动史之类的著作。因此佛教的著作多数可以归入"博明万事"的知识一类的图书中。

上述有关知识与思想的二维划分，只是出于分析框架在形式上的简明性需要而给出的划分原则。本文使用的"知识"与"思想"这一工作术语，在哲学史中具有的复杂义涵，具体讨论可参见《子学的双重视野及其对当代哲学创新的启示》一文,① 此处暂不讨论。

二　知识与思想——《总目》的"子学"概念与子部学问的两个维度

按照《总目》的定义，子部学问与著作即是"自六经以外立说者，皆子书"。② 由于《总目》是《四库全书》这种大型集成性著作的图书目录，其对"子学"的规定并非从学问-知识分类学的角度加以考察的，而是从图书分类的角度来叙述记载子学内容的物质载体——图书类型。因此，《总目》中所述及的子学内容，与我们从知识与学科分类的角度来讨论子学问题，还是有根本的区别。简洁地讲，《总目》坚持"以治道为中心"的图书分类逻

---

① 刊于《中国社会科学》2022 年第 6 期。
② 《四库全书总目提要》（上），中华书局，1965，第 769 页。

辑，将儒家列于子学诸家之首，属于经书和经学类图书之外最有益于治道的一类著作，相对"别教"的释道类图书而言，属于"正教"类图书。此种"正教"类图书，依据治国安邦的政治活动的需要，而必然涉及军事、刑法、农业生产、医药、天文历法、各种术数等知识。而在"正教"之外，才是"别教"的释道两大类的图书目录。

按照本文"知识与思想"二分的知识论视角来看，《总目》子部类的图书大体上可以分为两类，一类是思想型的图书，另一类是关于各种事物，以及各种以书籍的形式所体现的"知识"类的图书。各种事物类的图书，类似今天的"博物学"类的图书。下面按照《总目》的次第，分别讨论子部图书所包含的知识与思想的具体情况。

其一，就子部儒家类，包括儒家类存目图书而言，所有图书都是思想型图书，极少量以"格物"命名的图书，也不是讨论自然科学的知识，而是关于宋明理学的人伦实践活动的诸论述之汇集与辨正，如明人孙丕扬著的《格物图》一卷，其主旨就是阐述王阳明的良知之说。[①] 只有极少数的个人著作集，如《榕村语录》（三十卷），是思想与知识的交融体。

其二，子部中的杂家类图书则比较集中地体现了子学内部思想型著作与知识型著作混杂的特色。《总目》继承了班固关于"杂家"的定义："杂之广义，无所不包，班固所谓合儒墨兼名法也，变而得宜，于例为善。"[②] 但同时，《总目》对于杂家的分类又提出了自己的新标准。它将杂家类的著作分成六类，其一，"以立说者谓之杂学"；其二，以"辨证者谓之杂考"；其三，以"议论而兼叙述者谓之杂说"；其四，以"旁究物理，胪陈纤琐者谓之杂品"；其五，以"类辑旧文，涂兼众轨者谓之杂纂"；其六，以"合刻诸书，不名一体者谓杂编"。[③] 这六类杂家著作，从内容的角度看，实际上又可以简化为三类，一是思想型的著作，如学、说、品三类著作，而此三类著作之中，又以"论"命名的著作为代表。二是杂考类著作，此类著作以求得学术真相为目标，是人文类著作中颇近科学性质的著作。三是综合了思想与知识的杂编类著作。

更为具体地看，杂家类图书中属于思想型的著作有：《鬻子》、《墨子》

① 《四库全书总目提要》（上），第 813 页。
② 《四库全书总目提要》（上），第 1006 页。
③ 《四库全书总目提要》（上），第 1006 页。

（大部分思想型内容）、《子华子》、《慎子》、《尹文子》、《鹖冠子》、《公孙龙子》、《吕氏春秋》、《淮南子》、《刘子》（南北朝刘昼的著作）、《颜氏家训》（家庭教育类的著作，有一定的思想性）。杂家类二的著作，多以史书、杂著等兼有思想性的著作为主，其中《白虎通义》是史类而兼思想型的著作，《困学纪闻》是学术笔记类著作兼有思想性的著作。杂家类三中方以智的《通雅》一书，是语言学史类兼有思想性的著作，顾炎武的《日知录》亦是兼及经史子集四部的知识与思想型的著作。杂家类四中王充的《论衡》是典型的思想型著作，而沈括的《梦溪笔谈》则是一部包含大量科学知识的笔记类作品。杂家类第五、六、七三部分的图书，除方以智《物理学识》（杂家类第六部分）含有一定的思想内容，其余多为广见闻趣谈的类作品。杂家类存目的著作，在收录书目的结构上也是思想型著作与知识型著作并存，《郁离子》、《学道记言》、《近溪子明道录》（存目一）、《识仁编》、《经子臆解》、《论学绪言》、利玛窦的《辨学遗牍》、《天主实义》、艾儒略的《西学凡》、毕方济的《灵言蠡勺》（存目二）多为思想型的著作，其他多为增广见闻类的著作。

杂家类著作多为知识型的，而且这种知识的范围很广，并不局限于现代人感兴趣的科学知识，文史，政坛，古代文学、艺术圈内的趣闻，以及其他科学技术史的知识，均在杂家类的著作中有所记载，而且其中所记载的内容真假掺杂，不全为正确的知识。

其三，子部类知识型的著作主要体现在兵家、医家、天文算法、术数类少部分图书，以及艺术类的著作之中。兵家类之中当然也有少量的思想型的著作，如《孙子》《吴子》兵法之类的著作。艺术类著作主要属于现代人文学范畴内的知识与具体的技法的著作，其中所涉及的艺术品鉴，属于广义的美学范畴类的知识，也具有思想性。术数类著作多与"易学"的象数之学相关，其中包含少量抽象的、关于纯形式思考的著作，但大多数与算命之类的知识相关。这类知识可以纳入现代的预测学范围，但大多数缺乏现代预测学的数据分析的科学性，主要表现为主观猜测性的内容，有时也依托一点带有科学性的知识，如《太素脉法》（一卷），就是假托医学的脉学知识，推言人的命运。这应该是古代算命一类的民间人士假托医学科学知识而行算命之实的著作，与今天的星相学、计算机算命，在精神实质上一脉相承。具体学科的科学知识一旦被跨界使用，就会出现类似的现象。

其四，子部中的谱录类图书，并非完全属于广义的历史学作品，而有相当一部分图书属于博物学史类的图书，其中所涉及的诸多知识，往往与文人士大夫的生活情趣相关。其中的石谱、茶谱、茶经、菊谱、竹谱等，并非现代的矿物学、植物学的知识，但也包含了现代矿物学、植物学的知识。这些类似现代博物学、矿物学、植物学的知识，多与文人的生活情趣相关，这些矿、植物的诸性质，主要是与人的生活情趣相关的面向。这似乎也表明，古典博物学的知识所体现的知识论倾向，以人的情趣为中心认知特征，与现代博物学以物自身特性为中心，颇相径庭。这实际上也在哲学认识论的某些具体方面，体现了中国古代哲学认识论与近现代哲学认识论基本差异的一面。面向事情本身，追求认知的客观性，是近现代哲学知识论的基本特性之一。这一认识论的倾向，一方面导致了科学与哲学的分离，另一方面又因为科学的不断发展，使得哲学认识论逐步向科学认识靠拢，使得哲学认识论成为现代哲学的大宗，并逐步使哲学丧失自身的丰富性，使其表现出走向学科自我迷失的倾向，这值得反思与警醒。

其五，子部的小说类著作，内容极其复杂。《总目》将此类著作分成三大类，一是叙述杂事，二是记录异闻，三是缀琐语。从知识与思想二分的角度看，杂事、异闻多属于历史类的知识，很多内容都是民间传说，有的涉及神仙故事，其主体部分是非实证性、非确定性的趣闻类闲暇知识，但《山海经》一类的著作，实际上是古代正史中历史地理类著作的非官方表述，是以神话与传说的想象方式，表达了古代的历史地理的真实内容。晋郭璞注《山海经》及清吴任臣《山海经广注》《海内十洲记》、存目一中无名氏的《海山记》（一卷）、存目二《山海经释义》（十八卷），在今天学术分类里均可以被纳入历史地理学研究领域，有些内容亦可以帮助正史中的历史地理研究。而"博物志"一类的著作与存目著作，更难以完全视之为想象的闲暇性的知识，其中包括了现代学术分类的动植物学、矿物学的知识，如张华的《博物志》（十卷）、存目一《续博物志》（十卷）。另有一些可以补充正史之不足的笔记，如私人记载的史事，其中比较有名的著作有《西京杂记》《世说新语》《开元天宝遗事》《夷坚志》《辍耕录》等，均有较高的史料价值。而琐语类的著作则知识与思想兼有，但与思想相关的著作仅有也是一些零星的思想观念，而非系统的思想论述。

其六，子部"类书"的著作，其内容最为复杂，主要是关于古代著作集

和丛书一类的著作。受卡尔·波普尔"世界3"的"客观知识"概念的启发，我们似乎可以说，类书是一种以书本形式保存的物态化的知识和思想，这些具有物态客观性的知识和思想，有利于后人通过物态形式的知识与思想去研究古代人的精神文明遗产。

其七，子部"别教"的释、道两家类的图书中，道家道教类的图书，大多数是"思想"型的著作，或者是有关思想型学问的历史著作，但"释类"图书多是有关佛教史和高僧的事迹与故事的著作，是广义的历史类知识，而真正有关佛教义的理论性著作，并没有在《总目》中得以呈现。这当然与《总目》崇儒贬佛的核心思想密切相关。要而言之，子部的释道两类著作及其存目，主体部分还是呈现出知识与思想的双重视野兼有的特征。

由上述七个方面的归纳与分析来看，子学有些部类的著作如杂家比较突出地表现出"博明万事为子"一面的特征，但从子学的整体上看，主要体现了知识与思想均衡兼备的特色。这对于经学偏重于治国之道、史学偏重于治国之事的两类著作而言，显示了子学的自身特色。①

三　作为方法的子学对当代中国哲学创新的启示

晚年，蒙文通先生对作为方法的诸子学或子学，亦有论述，在其子蒙默整理的《治学杂语》中，蒙先生有三处谈到作为方法的诸子学或子学，一是讨论吕祖谦的史学方法时说，他（吕氏）"意在以读子之法读史，寄兴深至"。② 二是在讲历史学方法的时候提到"读子之法"的问题，他说："懂哲学讲历史要好些，即以读子之法读史，这样才能抓住历史的生命，不然就是一堆故事。"③ 三是讨论唐中叶至宋代的学术时说："在中国哲学史上，重视周秦诸子的时候并不多，但在讲周秦诸子的时候，就是学术要起变化、要发生新学术了。"④ 可见，蒙先生将中国哲学史上的"周秦诸子"兴起的现象视为一种新学术要发生新变化的征兆，是一种带有规律性的现象，似可以视之为作为方法的"周秦诸子学"。

---

① "集部"不全是现代的文学，内容比较复杂，暂不与子学做一比较性的论述。
② 蒙文通著，蒙默编《蒙文通全集》六，巴蜀书社，2015，第41页。
③ 蒙文通著，蒙默编《蒙文通全集》六，第45页。
④ 蒙文通著，蒙默编《蒙文通全集》六，第46页。

除蒙文通先生之外，当代中国哲学史学家、诗化哲学家萧萐父先生，在晚年亦提出了作为方法的子学问题。在发表的文章与私下的谈话中，他多次提到要敢于参与世界范围内的"百家争鸣"，将中国传统的"子学"概念加以泛化，用以描述当今世界范围的诸子百家争鸣的现象。在《世纪桥头的一些浮想》一文中，萧先生要求我们把"'全球意识'与'寻根意识'结合起来，通过'两化'实现中国文化的新陈代谢、解构、重构，作出新的综合和理论创造，从而有充分准备地去参与世界性的'百家争鸣'"。① 很显然，萧先生将当今世界范围内的各家各派的学术争论，视为当年发生在中国先秦的诸子百家的争鸣。这种带有比喻性质的说法，体现了萧先生深邃的学术洞察力与以平等的眼光对待西方，以及其他各民族思想的学术态度。

　　本文所说的作为方法的"子学"，主要是以《总目》的子部图书所体现的学问—知识为内容的学术体系，包含了先秦诸子和汉唐诸子，但又不限于诸子的作品所体现的学问—知识。简洁地说，本文所说的"子学"，是一种现代学术观念，它是以《总目》的子部类的作品作为"子学"的物质载体。

　　依笔者的研究来看，传统四部分类以及子部分类的统一哲学原则，是按照与治道关系的远近与重要性程度，来安排其出现的次第。"以治道为中心"② 的传统学问—知识分类的思想原则，在《总目》子部图书分类中也得到比较明显的体现。《总目》子部分类的思想原则是：先儒家，次兵家，再次法家、农家、医家、术数家、艺术家，最后是外道佛教与道家。而释道二家的次第遵循学术分类传统，并不体现四库馆臣对释道二家谁先谁后的态度。就子部图书分类而言，它自有分类逻辑，而且合乎《四库全书》的分类逻辑，我们并不能根据现代哲学的自我创新要求批评其分类不合理。但从现代哲学创新所需要的知识视野与思想视野交替作用、相互促进的角度去审视这一图书分类体系所蕴含的现代思想创新的某些要求时，我们就会发现，子部图书较能契合哲学创新所需要的知识视野与思想视野的双重要求。在经部、史部与集部的图书分类中，虽然也可以找到这一双重视野，如经部图书

　　① 萧萐父：《吹沙二集》，巴蜀书社，1999，第66～67页。同一说法，在《东西慧梦几时圆——1998年11月香港"中华文化与二十一世纪"国际学术研讨会上的发言》一文中亦重新得到阐发。萧萐父：《吹沙三集》，巴蜀书社，2007，第8页。
　　② 吴根友：《传统学问（知识）分类体系的演变与当代"国学"一级学科建设问题初探》，《学海》2012年第4期。

中的部分小学内容，多是古代语言学的知识，这些知识与经学思想中的"治道"部分，构成一种双重视野；史学著作中，司马迁《史记》中包含的少量思想内容，与所有历史知识，如历史地理知识，民俗知识，制度史、科技中的知识等，也构成双重视野。但是，相比较而言，在知识与思想的双重视野的均衡性方面，经学与史学都不如子学。在经学里，"治道"的思想性内容，无论从价值的重要性，还是从篇幅来看，都远远大于传统"小学"的知识内容。而史部中的史论、史评等思想性的内容与重要性，均远远赶不上史学知识的内容与重要性。这当然与"史学"的自身性质密切相关。集部比较特殊，很难仅从知识与思想的双重视野来考察，那需要另一种思考与认识的途径，此处暂且不予讨论。

比较客观地说，编纂子部图书的作者未必有现代人明确的知识与思想二分的思维，但我们通过对子部图书分类的再认识，大体上可以从知识与思想的二分方式来审视子学的内容。通过现代"子学"的学术观念来审视传统子部图书所蕴含的双重视野，我们似乎可以发现一个有趣的现象，即凡是无法进入旧的图书类型的著作，只要不是类书或丛书，都被一股脑地纳入了子部之中，这样就使子部的内容极度膨胀，而子学也在表面上混乱的图书分类现象里，显示出自身的蓬勃生机。传统中国社会的知识创造性与思想创造性，似乎可以更为直观地从子部的图书中看出其倾向与趋势。

由子部图书所彰显出来的子学，直观地体现了传统学术与思想的创新性，这难道仅仅是因图书分类造成的认识错觉吗？难道与子学自身的性质没有关系吗？按照刘勰在《文心雕龙·诸子》篇对子学的定义来看，"博明万事为子"的子学性质，使得子学具有面向真实世界的内在属性。而自《总目》的定义看，"自六经以外立说者，皆子书"的图书性质，以及其所显示出的思想自由特征，难道不也是子学生命力之所在吗？而子学所表现出的创造力，不正是因为子学的作者没有固守"立理以限事"的教条思维方式，而坚持"即事以穷理"[①]的实事求是原则与科学精神吗？如果按照古希腊哲学家对于哲学的定义：哲学起源于惊异（或者好奇）。而子学的作者对于新事物，包括未知的想象世界的好奇，不也正是推动子学的内容不断创新的一种主观性的精神动力吗？而由子部图书所承载的子学，在传统社会里不被重

---

① 王夫之："有即事以穷理，无立理以限事。"（《续春秋左氏传博议下·士文伯论日食》）

视，不也正是与传统社会尊重传统、不追求创新的特殊历史阶段的主流价值倾向密切相关吗？在追求创新、创造的现当代社会里，子学所具有的学术品质及其所蕴含的双重视野，恰恰为当代中国哲学的创新提供了思想的历史文本与文本的历史系谱。传统与现代的"接合点"（萧萐父语），特别是具体到思想创新传统的"接合点"问题，或许嫁接在子学的传统之上更为合适。

古希腊的"哲学"概念所包含的知识体系，在现代的知识分类中已经出现了极大的变化，哲学作为包罗万象的知识之和，以及作为知识的根基与理由的地位，正在丧失，哲学本身也蜕变成各种知识分类中的一个内容相对稀薄的门类。在中国文化的传统与现代的汉语学术的语境当中，哲学也只是人文学科中体量较小的一个学科，不及历史学科的门类广博。20 世纪 50 年代到 70 年代末期高度政治化与意识形态化的哲学，正在蜕变、缩小为专业性很强的关于思维与心灵、思维与语言活动的学科，自然科学、社会科学中的各分支学科已经不断地从哲学中独立出去。哲学学科的瘦身结果，使哲学与大众的日常生活、广泛的经济社会与科学技术的发展实践相脱离，这严重影响并限制了哲学的自身发展。当代哲学的创新与发展，需要在知识视野与思想视野的交替作用与促进的过程中，实现思想自身的创新与发展。这一时代对于哲学创新的要求，似乎可以从兼备"博明万事"与"适辨众理"的子学中获得自己的历史智慧。由此，笔者尝试从知识与思想的双重视野来考察"子学"的特性，进而以现代"子学"观念为方法，对当代中国哲学的创新途径提出"双重视野及其交互扩展"的四点要求或设想。

其一，纯粹的知识视野。当代科学与技术的突飞猛进，给人类认识世界提供了更加广阔的空间，也提出了更多新的问题，甚至对人的认识功能自身的认识，也提供了新的手段，特别是人脑与电脑的结合，会让认识本身发生难以预测的前景。生命科学、人工智能、生物技术的高度发展，以及其走向某些领域的融合，使得人的生命存在形式发生颠覆性的变化。这些新技术、新知识、新现象，给传统哲学的认识论，以及传统的认识方式，提出了前所未有的挑战。作为一门有自己学科边界的哲学，如果不想被时代抛弃，就必须认真而真切地介入并深度了解现代知识前沿的状态，以及由新知识所带来的社会与生活的新变化，进而拓展哲学认知的新视野。在这个问题上，每个具体的哲学家会因人而异，但都必须严肃认真地面对并审慎地处理这些知识新视野向思想提出的新挑战。

当然，并非所有的新知识都能成为促进新思想的元素或要素，在知识视野与思想创新之间，还存在着很大的非关联地带。因此哲学家也无须过分焦虑，拓展知识的视野并非要哲学家成为万事通的通人与圣人。

其二，纯粹的思想视野。哲学是思想最为纯粹的形态。一种将各种知识综合起来，以哲学家别具匠心构造的思想"原点"，以及在此原点上展开对世界秩序之建构的系统想法，就可以称为哲学。我们并不同意海德格尔、福柯将哲学与思想分为两类的做法。欧洲陈旧的形而上学哲学形态的退场，并不意味着哲学本身的退场。汉语语境里的哲学仍然是思想的最纯粹、最高级的形态。如老子以道为核心而建构的关于道德、政治、人心的"道德论"，胡塞尔以纯粹意识为核心或思想之原点所建构的现象学理论（尽管胡本人并不认为现象学是哲学理论）等，都属于纯粹的思想。当然，马克思、恩格斯以抽象的"物质"概念和以物质与意识的关系为基础而建立的历史唯物主义和辩证法的宏大思想体系，更是纯粹的思想了。有了这些思想的视野，我们对客观世界的认知和对人的主观能动性的作用及其范围的认识，在原则上获得了更多正确的方法与道路。因此，"思想视野"应该是哲学家群体在从事哲学创造时必须面对的思想事件，因而始终是一个极具挑战性的任务，即不断地拓宽自己的思想视野，以期更好地处理纷繁复杂的现实问题。在全球化的时代里，不同民族的思想成果，均有可能成为思想的"他者"，需要其他民族的思想家真诚而且认真面对思想视野，进而校正自己的思考方式与思想的论断。当然，同一个民族内部的思想成果，对于从事哲学创作工作者而言，也会成为一种思想的"他者"，构成该民族内部其他思想者的思想视野。

其三，作为知识的思想。知识与思想的分类是相对的。有些思想体系就是一种系统的知识。如现代新儒家的理论、现象学、语言哲学、当代物理学领域里的量子物理学理论等。因此，当我们讨论拓展知识视野的问题时，也可以把一些新的思想体系、理论体系，作为一种理论知识，而纳入知识的视野。就此点而言，知识视野的概念外延要大于思想视野。因为，并非所有的知识都可以被称为思想。而一切真正的有价值的思想体系，甚至有些表面上看来很荒诞的思想体系，均可以被称为"知识"。按照波兰尼的"知识理论"来看，知识并不总是表现为一种理性的、公共的知识，一些个人性的知识也是存在的。海德格尔、舍勒等人，对于何谓知识的问题，都有类似波兰尼的论述。

其四，知识爆炸带来新的认识视野。今天各门具体的科学知识不一定带来思想的挑战。但自然科学作为一个整体而形成的知识爆炸现象，给人类的认识带来了非常广阔的新视野。因此，当代及今后的哲学思考必然要面对新的知识所带来的新认识、新世界而发生变化。新的科学知识叠加在一起，可以给人类勾画出新的世界图景。当代的生物科学、生命科学、人工智能、新能源与科学叠加在一起，将会为人类由地球文明时代迈向星空时代，提供现实的可能性。人类建立于农业文明、工业文明基础之上的一切哲学思考，将无法满足这个新世界给人类带来的一切挑战。新知识将刺激新思想的产生。尤其是生态科学的知识、人工智能的知识等前沿科学知识，将有可能颠覆我们以往的哲学认知，哲学的创新不再是局限于人文学的理论传统、社会生活的观察，而必须面对新的科学知识、人工智能的算法等程序性的知识。而3.0版或4.0版的全球化，也刺激着全球政治哲学的新思考。

结　语

"子学"是一个现代的学术概念，它包含了广义与狭义的诸子学内容，其所体现的知识与思想的两个视野，可以为当代中国哲学的创新提供两个交互作用的视野。另外，从精神文化的现象来看，作为"先秦诸子学"约称的"子学"，还带有百家争鸣的思想开放之意味，而当一些哲学史家将先秦诸子争鸣的现象作为一个喻词表征当代世界范围的哲学思想争鸣现象时，子学所具有的方法意味，也是不言自明的。要而言之，作为方法的"子学"是一种探索性的说法，其具体内容还需要进一步阐明，并予以更加规范化的表述，此处仅是抛砖引玉而已，期待方家教正。

中国古代宗法制平议

路振召

（河南科技大学马克思主义学院）

摘　要：宗法制是基于血缘崇拜而形成的合制度与习俗乃至宗教为一体的社会组织形式，是基于血缘关系而形成的"伦理本位的社会"。宗法制有利有弊：宗法制身份壁垒所导致的阶级固化是造成中国历史上只有造反而少有革命和改良，即使有革命和改良也很难取得真正的成功这一政权转移模式成为常态的重要原因；宗法制在一定程度上为政治权力的行使划定了边界，是对政治权力的一种有效制约因素和限制力量；宗法制的非理性把政治生活诉诸道德情感会扭曲政治生活所具有的公共领域性质，影响社会的公平与正义。

关键词：宗法制　身份壁垒　非理性

"王者禘其祖之所自出，以其祖配之，而立四庙。庶子王亦如之。别子为祖，继别为宗，继祢者为小宗。有五世而迁之宗，其继高祖者也。是故祖迁于上，宗易于下。尊祖故敬宗，敬宗所以尊祖、祢也。"① "故天子建国，诸侯立家，卿置侧室，大夫有贰宗，士有隶弟子，庶人工商，各有分亲，皆有等衰，是以民服事其上，而下无觊觎。"（《左传·桓公二年》）"故天子有田以处其子孙，诸侯有国以处其子孙，大夫有采以处其子孙。是谓制度。"

---

① 孙希旦：《礼记集解》，中华书局，1989，第866~868页。

（《礼记·礼运》）

　　创立制度或遵从习俗是为人们的社会生活提供行为模式和价值参照，这不但有利于社会团结和生产发展，也为人类精神与文化生活的不断丰富提供意义标准和内在动力。中国古代社会是标准的宗法社会，宗法制是中国古代笼罩全部社会生活的制度背景。那么，宗法制是什么呢？宗法制有何积极与消极作用？宗法制对于现代社会有何价值与意义？这是本文探讨的主要内容。

一　宗法制释义

　　任剑涛认为："作为一个等级社会，古代中国的社会结构是由血缘关系的亲疏凝结而成的，尊卑贵贱，由老少、长幼、远近、亲疏所注定，不容许个人选择的自由。"① "传统的小农经济，其自给自足性强化了道德觉醒的有限性，强化了对现存生存状态、伦理状态的依附性。"② 在这里，说"古代中国的社会结构是由血缘关系的亲疏凝结而成的"或说"传统的小农经济……强化了对现存生存状态、伦理状态的依附性"都没有太大问题。马克思也认为社会结构在人类社会发展的第一阶段就是表现为人对于人的依赖关系，在第二阶段才表现为人对于物的依赖关系，在第三阶段才能实现完全的自由，也即人类历史的真正开端。③ 社会结构对于血缘关系或伦理状态的依附是人对于人依赖关系最初的也是最自然的状态，或者说这是人高度依赖于自然这一生存状态在社会结构中或人类自身上的一种文化表现，在某种程度上也可以说是人类对于自身先天自在的自然属性的一种依赖。但假如说古代中国的社会结构仅仅停留在人对于自身自然属性的依赖这一状态的话，那人就与动物没有表现出太大的区别。实际上，与任剑涛所说的"道德觉醒的有限性"恰恰相反，血缘关系或伦理结构仅仅是古代中国社会结构借以树立其上的自然基础与必备要件，而高度

---

①　参见任剑涛《道德理想主义与伦理中心主义：儒家伦理及其现代处境》，东方出版社，2003，第41页。

②　参见任剑涛《道德理想主义与伦理中心主义：儒家伦理及其现代处境》，第47页。

③　参见《马克思恩格斯全集》第46卷（上），人民出版社，1956，第104页。

发达的道德意识才是古代中国社会结构得以建立的组织内核与文化灵魂。当然，这种道德意识更多表现为家庭道德的推延与放大，在其实际表现形态上，整个社会结构也像是家庭组织的拓展与衍生。

> 封建亲戚以蕃屏周。管蔡郕霍，鲁卫毛聃，郜雍曹滕，毕原酆郇，文之昭也。邘晋应韩，武之穆也。凡蒋邢茅胙祭，周公之胤也。（《左传·僖公二十四年》）
>
> 冬十二月辛巳，臧僖伯卒。公曰："叔父有憾于寡人。"杜注：诸侯称同姓大夫，长曰伯父，少曰叔父。（《左传·隐公五年》）

这里"封建亲戚以蕃屏周"就说得非常明白，虽然不能完全排除阶级斗争的因素，但部落战争而非阶级斗争对政治组织的塑造是西周宗法制产生的重要原因之一。"管蔡郕霍，鲁卫毛聃，郜雍曹滕，毕原酆郇，文之昭也。邘晋应韩，武之穆也。凡蒋邢茅胙祭，周公之胤也。"这些诸侯都与周王有着或远或近的血缘或拟血缘关系，整个社会更像是家庭组织的扩大。正因如此，根据传递原则诸侯之间也有着这种类似的关系，"诸侯称同姓大夫，长曰伯父，少曰叔父"。共同祖先既是血缘联系的生物学前提，也是血亲团结的文化学基础。于是，以祖先崇拜为核心内容的宗庙祭祀活动成了重要的社会政治活动和宗教文化仪式，其目的也是要增进血亲团结以及家庭成员之间的血缘联系、道德情感与伦理肯认。

> 上治祖、祢，尊尊也。下治子、孙，亲亲也。旁治昆弟，合族以食，序以昭穆，别之以礼义，人道竭矣。圣人南面而听天下，所且先者五，民不与焉：一曰治亲，二曰报功，三曰举贤，四曰使能，五曰存爱。五者一得于天下，民无不足，无不赡者，五者一物纰缪，民莫得其死。圣人南面而治天下，必自人道始矣。（《礼记·大传》）

正如陈来先生所论，"'宗法性社会'……乃是指以亲属关系为其结构、以亲属的原理和准则调节社会的一种类型。宗法社会是这样一种社会，在这个社会中，一切社会关系都家族化了，宗法关系即是政治关系，政治关系即是宗法关系。故政治关系以及其它（他）社会关系，都依照宗法的亲属关系来规范和调节。这样一种社会，在性质上，近于梁漱溟所说的'伦理本位的社会'。"①

刘广明认为，在中西古代社会发展过程之中，私有制产生以后，家庭对社会整合和国家建构所起的作用是截然不同的。他说："毫无疑问，家族制度催化私有制的发展，并保留到早期文明国家时代，但随着私有制的发展，家族制度终于退出了历史舞台，这几乎是家族制度在大多数文明国家的历史命运。但是，历史的进程并不存在普遍通用的公式，在大多数文明国家中，家族制度和国家制度的紧张状态并未在中国的早期文明中上演。恰恰相反，在私有经济不太发达，工商业和商品经济不发展的夏、商、周三代，家族制度联通其一整套组织被氏族贵族中发展起来的统治者用来组织起国家统治机构。国家的最高统治者用分封亲戚和同姓的方法来维持对广大被征服地区的控制和统治。宗族内部的等级序列和国家政治统治的行政序列合二为一，宗主即是国君，血亲关系就是统治者内部政治关系，家即国，国即家。所以，西人之'country'指一定的地域和人口，而译成中文即为'国家'，是缘于指称家的血亲序列和国的政治序列一体化的宗法性社会政治组织。由此可见，家族制度在中国早期文明时期经历了一个不同于世界大部分国家家族制度的历史命运。中国早期文明对家族制度优礼有加，家与国不仅没有紧张的对立，而且家主居政坛之上，家国不分，和谐融洽。"②

刘广明这里所说的私有制应该是指现代意义上产权充分弥散于社会个体或社会个体自由组合之中的私有制，因为虽然传统社会是士农工商的四民社会，有少数商人和手工业者存在，但"普天之下莫非王土，率土之滨莫非王臣"。也就是说，秦汉之后中国传统社会没有产权广泛分散于国民个人所有的私有制，只有产权主要集于君主一人并凭其君权神授的政治合法性任意予取予夺的私有制。即使在春秋战国时期，产权也是主要集中于周王和各国诸侯而与普通民众无预。无论是秦汉之后还是春秋时期，就社会财富分配原则而言，贯穿始终的是血缘宗法制度。财富集中导致贫富分化，贫富分化导致社会动荡。社会动荡重建分配秩序，秩序稳定再次财富集中。循环往复，终而复始。这或许也是传统中国一直走不出王权专制与封建割据治乱循环的历史原因之一。究其实质，还是因为由血缘宗法所塑

① 陈来：《古代思想文化的世界——春秋时代的宗教、伦理与社会思想》，生活·读书·新知三联书店，2002，第3页。
② 刘广明：《宗法中国》，上海三联书店，1993，第1~2页。

造的经济分配原则和社会公私紧张与政治权利义务配置存在着严重失衡，这造成致命历史缺陷。回到正题，既然宗法社会"一切社会关系都家族化了，宗法关系即是政治关系，政治关系即是宗法关系。故政治关系以及其他社会关系，都依照宗法的亲属关系来规范和调节"，① 一个自然的推论就是根据血缘关系的亲疏远近进行区别对待，由血缘的亲疏远近来决定社会、政治和文化待遇："周之宗盟，异姓为后。"（《左传·隐公十一年》）"士揖庶姓，时揖异姓，天揖同姓。"（《周礼·秋官·司寇》《大戴礼记·朝事第七十七》）"名位不同，礼亦异数。"（《左传·庄公十八年》）这一思想落实到法律上便必然要求立法有差等，认同"礼不下庶人，刑不上大夫"（《礼记·曲礼》），"凡命夫命妇不躬坐狱讼，凡王之同族有罪不即市"（《周礼·秋官·司寇》）。

二 等级先定

众所周知，土地自古以来就是最重要最基本的生产与生活资料。因此，宗法制的首要问题就是要用采邑制保证统治者的种族繁衍和祭祀活动的正常进行，"故天子有田以处其子孙，诸侯有国以处其子孙，大夫有采以处其子孙。是谓制度"（《礼记·礼运》）。从《礼记》上述引文中可知，由于天子、诸侯、大夫"名为不同，礼亦异数"，天子子孙、诸侯子孙、大夫子孙的政治待遇也是完全不一样的，这样的制度安排又与嫡长子继承制为基础的封建贵族世袭制相互表里。正如桑德尔所说，在贵族统治的世袭社会中，"个人生活前景系于他所出生于其中的以及他人身所依附的阶层、等级。在这里，自我有着最充分的归属，与其条件是几乎无法分辨的……"② 《礼记》的相关记述可以视为桑德尔所作论断的历史注脚。

> 问天子之年，对曰："闻之，始服衣若干尺矣。"问国君之年，长，曰"能从宗庙、社稷之事矣"；幼，曰"未能从宗庙、社稷之事也"。问大夫之子，长，曰"能御矣"；幼，曰"未能御也"。问士之子，长，曰

---

① 陈来：《古代思想文化的世界——春秋时代的宗教、伦理与社会思想》，第3页。
② 〔美〕桑德尔：《自由主义与正义的局限》，万俊人、唐文明、张之锋、殷迈译，译林出版社，2011，第113页。

"能典谒矣";幼,曰"未能典谒也"。问庶人之子,长,曰"能负薪矣";幼,曰"未能负薪也"。(《礼记·曲礼下》)

我们从《礼记》的相关表述中不仅看到了社会分工对人们后续发展所造成的社会限制,还看到了社会职业和社会身份的历史遗传——从一出生每个人未来的生活预期都是既定的:君之子是要"从宗庙、社稷之事",大夫之子从"御"之事,士之子从"典谒"之事,庶人之子只能从事"负薪"之类的职业。这种阶级与阶层的固化使人一出生就被放置于不公平的社会文化地位之上。"贵族身份是一种极大的便宜,它使一个人在十八岁上就出人头地、为人所知并且受人尊重,就像别人要到五十岁上才配得上那样。这就毫不费力地赚了三十年。"① 也就是说人一出生就要被先在决定了的而与自身努力毫无关涉的命运掌控与操弄。这严重妨碍人天赋潜能的充分发挥,阻碍社会成员的合理流动,窒息社会的创新活力。教育是人在起点不公平的社会条件硬约束下通过努力改变自身命运的重要途径,而在宗法制条件下,教育也是极为不公正的。

> 盖古者公卿与庶民之子,其学不同:公卿之子以师氏所教者为小学,以成均为大学;庶民之子以家之塾,州、党之序为小学,以乡之庠为大学。公卿之子,其小学惟一,则其升于大学也速;庶民之子,其小学有三,则其递升于大学也迟。②

对于公卿之子和庶人之子来说,不但上学的地点不一样,而且具体的学制也不一样。所以,罗尔斯说,在贵族统治的世袭社会,个人生活前景系于他所出生于其中的以及他人身所依附的阶层、等级。"贵族制等级社会的不正义,是因为它们使出身这类偶然因素成为判断是否属于多少是封闭的和有特权的社会阶层的标准。这类社会的基本结构体现了自然中发现的各种任性因素。"③

罗尔斯的正义原则是要极力反对"自然"的专横,而中国古代的宗法制

---

① 〔法〕帕斯卡尔:《思想录》,何兆武译,商务印书馆,1985,第148页。
② 孙希旦:《礼记集解》,第770页。
③ 〔美〕罗尔斯:《正义论》,何怀宏、何包钢、廖申白译,中国社会科学出版社,1988,第102页。

正是这种"自然"的专横的典型表现。一般而言，人们身份的取得大致有两种来源：或是源于先天条件，如家庭背景、自然禀赋等提供的诸多便利；或是源于后天努力和命运机遇所取得的社会成就。客观地讲，先天条件具有自然偶然性，一个人生于什么样的家庭，什么时候出生于这个家庭以及他或她会具有什么样的禀赋完全是偶然的东西。后天所获得的社会成就也具有社会任意性，我们不能说什么样的人必定会获得什么样的社会成就。① 古代宗法社会不但用出身的自然偶然性统摄了社会成就获取的社会任意性，而且把这种社会任意性上升为绝对的必然性，而这种绝对必然性又是为出身的自然偶然性所规定的——嫡长子继承制正是任由"自然"专横这一原则贯彻彻底的产物和表现。一方面，这种身份世袭制尽管保证了社会分层的相对稳定性和历史延续性，并进而形成一种超稳定的社会政治文化结构，但却由于其摒除了社会层级之间的流动性而窒息了社会的活力。另一方面，"弑君三十六，亡国五十二，诸侯奔走不得保其社稷者不可胜数"。在严格世袭制下偶然性对必然性的僭越并没有使偶然性真正上升为必然性，反而把必然性降低到了偶然性，其表现就是由于自身先天条件、天赋能力和道德品性的差异，在宗法社会中政治继承人能否顺利继承政治遗产是个很大的历史变数，具有很大的政治风险。这种政治风险甚至渗透进深层政治结构之中形成"胜者王侯败者寇"之类只可意会不可言传的政治潜思维与历史潜意识，以至于成为后来相当长期历史中政权更迭的主要诱因。中国历史上一再重演"父子相弑，兄弟相残"的血腥事实自然也从政治文化和政治实践两个层面上同时宣告了宗法世袭制的历史性破产。最后，血缘宗法制中身份壁垒所导致的社会阶层刚性也是中国历史上只有造反而少有革命和改良，即使有革命和改良也很难取得真正的成功这一政权转移模式成为常态的重要历史和文化原因。

三　制约政治的社会空间

国家产生于社会，最后成为凌驾于社会之上，对社会进行管控和宰制的异己力量。但国家各项政治功能和社会治理功能的实现毕竟还要以社会作为其得以运转和施行的现实可能性空间，而国家的社会治理功能也是通过国家

---

① 参见姚大志《何谓正义：当代西方政治哲学研究》，人民出版社，2007，第 31~32 页。

的政治过程得以实现的。因此，国家与社会，或者说政治与社会实际上一直处于一种极为复杂的互动关系之中。一般来说，社会对政治权力的合理限制与适度制约既是人类社会良性发展的必要条件，也是现代民主得以产生的历史前提。而在先秦时期，宗法制或者更准确地说宗法社会也是对政治权力的一种制约因素和限制力量。

> 曾子问曰："宗子为士，庶子为大夫，其祭也如之何？"孔子曰："以上牲祭于宗子之家，祝曰：'孝子某，为介子某荐其常事。'若宗子有罪，居于他国，庶子为大夫，其祭也，祝曰：'孝子某，使介子某执其常事。'摄主不厌祭，不旅，不假，不绥祭，不配，布奠于宾，宾奠而不举，不归肉。其辞于宾曰：'宗兄、宗弟、宗子在他国，使某辞。'"（《礼记·曾子问》）
>
> 大夫之庶子为大夫，则为其父母服大夫服，其位与未为大夫者齿。郑氏曰：虽庶子，得服其服，尚德也。使齿于士，不可不宗嫡。孙希旦曰：其位与未为大夫者齿，则不但下于嫡子，虽他庶子有长于大夫者，大夫犹不敢先之，贵贵长长之义行而不悖如此。（《礼记·杂记》）

在严格的宗法制条件下，尤其对于"大宗"而言，"宗子为士，庶子为大夫"的情况是不可能存在的；但"为了统治阶级的朝气，必须让有特殊才能的人有可能通过奋斗进入统治阶层而且被完全承认"。[1] 因此，这种"宗子为士，庶子为大夫"的情况对于"小宗"而言是有可能存在的。《礼记·曾子问》主要是说不以政治地位而以封建宗法所规定的血缘级次为标准来分配文化祭祀权，而《礼记·杂记》"虽他庶子有长于大夫者，大夫犹不敢先之，贵贵长长之义行而不悖如此"是强调以年龄所代表的伦理秩序在礼仪活动中的重要性。质言之，不管是年龄也好，祭祀也好，这种文化权力对于政治权力都有可能形成一定的制约与限制——尽管这似乎是用一种年龄等基于时间的偶然性反对和抗议另一种社会的偶然性。难能可贵之处在于这种制约与限制不唯对公卿士大夫而言，对于天子同样有效：

> 故天子适诸侯，必舍其祖庙，而不以礼籍入，是谓天子坏法乱纪。

---

① 〔美〕罗尔斯：《正义论》，第301页。

诸侯非问疾吊丧，而入诸臣之家，是谓君臣为谑。郑氏曰：天子虽尊，舍人宗庙，犹有敬焉，自拱饬也。无故而相之，是戏谑也。孙希旦曰：天子不谨于礼，而坏法乱纪，则无以责诸侯；诸侯不谨于礼，而君臣为谑，则无以治大夫。[1]

古者明君爵有德而禄有功，必赐爵禄于大庙，示不敢专也。故祭之日，一献，君降立于阼阶之南，南乡，所命北面，史由君右，执策命之，再拜稽首，受书以归，而舍奠于其庙。此爵赏之施也。（《礼记·祭统》）

端衰、丧车，皆无等。郑氏曰：丧车，恶车也。丧者衣衰，及所乘之车，贵贱同，孝子于亲一也。孔氏曰：丧车，孝子所乘之恶车也。等，等差也。丧之衣衰及恶车，天子至士制度同，无贵贱等差之别，以孝子于其亲，情如一也。（《礼记·杂记》）

上述材料表明，天子和诸侯的权力都不是无限大的。就诸侯来说，除了问疾吊丧是不能随便进入臣子之家的，否则就是"君臣为谑"。同样，天子虽然尊贵，但巡狩四方到诸侯那里时不仅只能住在祖庙里，而且还要恭恭敬敬，否则就是"坏法乱纪"。而"天子至士制度同，无贵贱等差之别，以孝子于其亲，情如一也"更是说明宗法大于政治。因为活着的人终会逝去，所以如果说受活着的人的约束只是一种具体的、偶然性的、任意性的约束而尚有机会逃离的话，那么"必赐爵禄于大庙，示不敢专也"所表明的来自于先祖的约束则是具有普遍约束而永远无法逃离的文化桎梏和精神藩篱。质言之，在宗法制之下，社会政治权力和宗教文化权力存在着某种程度的分离，就掌握祭祀权力的宗子而言，其政治地位未必会高于庶子；而就庶子而言，不管其政治地位多高，也不得无故掌握祭祀，在特殊情况下庶子摄行祭祀时也必须表现出对宗子足够的尊重——即使宗子由于政治上的过错而被流放或驱逐。即使贵为天子也要谨守礼法，不得独断专行。这表明，在古代，宗法在一定程度上为政治权力的行使划定了最后的可能性边界，这在秦汉以后高度集权的时代当然是无法理解和难以想象的。正如罗尔斯转述黑格尔观点所说的那样，"当然，一个人不需要赞同一个严格的等级制度；相反，他可能认为为了统治阶级的朝气，必须让有特殊才能的人有可能通过奋斗进入统治

---

[1] 孙希旦：《礼记集解》，第601~602页。

阶层而且被完全承认"。① 在先秦，由于在尊重血缘标准的基础上加入了德能参量，这使得社会对政治的制约首先表现为宗族身份与政治身份的分离，以及由此而来的社会文化权力与政治统治权力的分离，而这正是对等级先定如嫡长子继承制等以血缘为标准的资源配置体系的一种质疑和修正。但不可否认的是，这种制度依然是以血缘为标准的"伦理中心主义"，"它的前提还是和拒绝公平机会原则一致的"。② 甚至其更表明了对血缘伦理的肯定与重视，也是"圣人南面而治天下，必自人道始矣"（《礼记·大传》）的具体体现，孙希旦云：

> 《王制》："父母之丧，三年不从政。"又曰："丧不贰事。"《杂记》："三年之丧，祥而从政。"《公羊传》："古者臣有大丧，君三年不呼其门。"此皆谓寻常无事之时，必终三年之丧，然后出而从政也。《丧大纪》："既葬，君言王事，不言国事。大夫士言公事，不言家事。"此谓议论谋度之尔，非谓出而从政也。《丧大记》又云："君既葬，王政入于国，既卒哭而服王事。大夫士既葬，公政入于家，既卒哭，弁、绖、带，金革之事无避也。"《礼运》云："三年之丧，与新有婚者，期不使。"《檀弓》云："父母之丧，使必知其反也。"此皆谓国家有事，则或有既卒哭、既练而出而从公者，郑氏所谓"权制"也。然金革之事犹急，故以卒哭为断，出使之事稍缓，故以期年为则。于权制之中，而其中又有权衡。然此皆谓国家安危所系，不得已而变通之者，苟非不得已，则君三年不呼其门，所谓"君子不夺人丧"也。③

这种对血缘亲情的重视无疑会在一定程度上影响到政治过程的理性化，而使政治过程呈现出极大的非理性化特征。

四 政治过程的非理性化

即使在现代社会，家庭依然是构成社会的基本单元，在文化生活之中也

① 〔美〕罗尔斯：《正义论》，第300~301页。
② 〔美〕罗尔斯：《正义论》，第300~301页。
③ 孙希旦：《礼记集解》，第1171~1172页。

依然占据着极其重要的社会位置。家庭道德不仅是一种重要的道德情感，也是其他道德情感借以发生的社会基础。因此，尊重血缘亲情，持守伦理道德在社会文化生活中具有十分重要的意义。但家庭生活、血缘亲情毕竟属于私人领域，而政治生活则属于公共领域。道德情感尽管是一种值得崇尚的价值理性，但把政治生活诉诸道德情感就扭曲了政治生活所具有的公共领域性质，是极其非理性的。

> 自仁率亲，等而上之至于祖，自义率祖，顺而下之至于祢，是故人道亲亲也。亲亲故尊祖，尊祖故敬宗，敬宗故收族，收族故宗庙严，宗庙严故重社稷，重社稷故爱百姓，爱百姓故刑罚中，刑罚中故庶民安，庶民安故财用足，财用足故百志成，百志成故礼俗刑，礼俗刑然后乐。（《礼记·大传》）

"人道亲亲"，家庭成员之间的仁爱之心是对宗法制进行政治论证的逻辑起点，这个起点诉诸的正是道德情感。其后的所有环节都是对这个起点的推广，这也就是所谓的"亲亲故尊祖，尊祖故敬宗，敬宗故收族，收族故宗庙严，宗庙严故重社稷，重社稷故爱百姓，爱百姓故刑罚中，刑罚中故庶民安，庶民安故财用足，财用足故百志成，百志成故礼俗刑，礼俗刑然后乐"。"亲亲尊祖""尊祖敬宗""敬宗故收族""收族故宗庙严"涉及的都是家族之内的私人领域，其逻辑起点是"亲亲"，是没有任何原因，没有任何条件，自然而又必然的血缘亲情之爱。古人认为祭祀社稷关乎收成，关乎民众生活，所以"重社稷故爱百姓"。这里"社稷"既可以指宗教祭祀场所，也可以代指政治国家。于宗教祭祀活动而言，"社稷"关涉的是私人领域中的"宗庙"；于政治国家而言，"社稷"关涉的是公共领域中的"百姓"。一方面，"社稷"兼容私人领域与公共领域，互摄宗教领域与政治国家的双重意涵，也充分揭示了中国传统政治哲学"家天下"与"君权神授"的独特理论品质；另一方面，在从"宗庙严"到"重社稷"逻辑转换之间贯穿始终的也正是结合了血缘自然崇拜和宗教神秘主义的宗法精神。"重社稷"是从"宗庙严"到"爱百姓"的过渡环节，也是从宗教学私人领域迈入政治学公共领域的逻辑中介。"刑罚中"、"庶民安"、"财用足"、"百志成"和"礼俗刑"则属社会治理中的公共领域，其逻辑起点是"爱百姓"的"爱"。值得注意的是，"爱百姓"的前提是"重社稷"。由于上述"社稷"意涵的双重性，故而这里的"重社稷"既可能是发自于对政治国家的维护热爱，也有可能是纯粹出于由宗教狂热而导致的精神痴迷。与"亲亲"之爱不同，这里的"爱"是有原因、有条件的。因此，"爱百姓"的"爱"既不是自然的，更不是必然的。这是《礼记》对宗法制很好的说明，如果抛开"仁爱之心"的理论预设能否成立这个问题，那么单纯从逻辑上说，这种论证是没有问题的。

顾炎武则是从社会治理角度进行了一种实际的论证，但这种论证也是一种非理性的论证。顾炎武的意思是说天子独治天下的治理成本太过高昂，而把治权分给家庭、家族、宗族则不仅可以节约社会治理成本，而且可以淳化风俗。

> 顾氏炎武曰：人君之于天下，不能以独治也，独治之而刑繁矣，众治之而刑措矣。古之王者，不忍以刑穷天下之民也，是故一家之中，父兄治之，一族之间，宗子治之，有其不之萌，莫不自化于闺门之内，而犹有不帅教者，然后归之士师。然则人君之所治者约矣。然后原父子之亲，立君臣之义以权之；议论轻重之序，慎测浅深之量以别之；悉其聪明，知其忠爱以尽之。夫然，刑罚焉得而不中乎？是故宗法立而刑清。天下之宗子，各治其族，以辅人君之治，冈攸兼于庶狱，而民自不犯于有司，风俗之醇，科条之简，有自来矣。《诗》曰"君之宗之"。吾是以知宗子之次于君道也。又曰：民之所以不安，以其有贫有富。贫者至于有不能自存，而富者常恐人之有求而多为吝啬之计，于是乎有争心矣。夫子有言："不患寡而患不均。"夫惟收族之法行，而岁时有合食之恩，吉凶有通财之义。本俗六安万民，三曰"联兄弟"，而乡三物之所兴者，六行之条，曰"睦"曰"恤"，不待王政之施，而矜、寡、孤、独、废、疾者皆有所养矣。此所谓"均无贫"者，而财用有不足乎？至于《葛藟》之刺兴，《角弓》之赋作，九族乃离，一方相怨，而瓶罍交耻，泉池并竭，然后知先王宗法之立，其所以养人之欲而给人之求为周且豫矣。[①]

如果说《礼记·大传》所采用的视角是情感发生学的视角的话，那么，顾炎武的论证则接近一种实证社会学的视角，所以也更坚实。一方面，法律

---

① 孙希旦：《礼记集解》，第917～918页。

是道德的底线。如果通过宗族生活完成道德教化以消除犯罪于未萌,当然是比用刑杀制止犯罪更好的事情。另一方面,宗族之内的"合食之恩"、"通财之义"以及彼此所负有的相互救济的义务可以在自然灾害或社会动乱而导致国家救济功能缺失或相关部门行动滞后时迅速提供代偿功能以促使社会稳定。最后,把局部问题消灭在局部以内,通过社区自治使整个社会得到治理也是现代民主生活的重要组成部分。顾氏所论有似于此,只不过这样的社区是基于伦理意义上的血缘和情感,而不像现代社区那样是基于法律意义上地缘和物权构成的。梁启超先生说,"凡国家皆起源于氏族,此在各国皆然。而我国古代,于氏族方面之组织尤为严密,且能活用其精神。故家与国之联络关系,形成一种伦理的政治"。① 这是与现代的理性政治存在着根本区别的一种社会治理方式:伦理政治奠基于人性善假设之上而诉诸血缘亲情与伦理精神,理性政治奠基于人性恶假设之上而诉诸制度理性和法律精神。

对此,任剑涛总结说:"一方面,伦理政治以天人之际的思考确立致思方向,使不可确切把握的天意变成必须明确行动的政治的根据,进而在政治上预设了人性善或为善的趋同性。这实际上把以控制为目标的政治治理换算成了道德感化,漠视了两种不同社会要素的独立功能……另一方面,伦理政治自始就奠基于宗法血缘基础之上,运行于等级身份的社会之中,发展于封闭的古典时代,它的逻辑严谨性并不是一个理论问题,而是一个政治实践需要的问题。这样,伦理政治事实上排斥了理论的力量,只是有一种服务于当下政治需要的实践品格。久而久之,不能自保其确当性的政治运作,也就失去了提供确当性论证的政治哲学的支持,变成了瞎碰乱撞的一头莽牛,前途也就失去了保障。"② 伦理的政治是集体主义的政治模式,它着眼于整体的伦理精神,这种倾向确实容易忽略或侵吞个人的自由和权利。

事实上,这种"伦理的政治"影响至今。这种以"人伦"为基础的社会极其不同于西方以"人际"为基础的社会。"人际"关系是完全自由个体之间的平等关系,而"人伦"关系则一方面是以自然或先天的等级和差别为基础,另一方面还蕴含着血缘情感和伦理精神因素。放大开来,整个社会或生存空间都是通过血缘或拟血缘关系组织起来的。诚如陈来先生所言,在这样

---

① 梁启超:《先秦政治思想史》,中华书局、上海书店,1986,第36页。
② 任剑涛:《伦理王国的构造:现代性视野中的儒家伦理政治》,中国社会科学出版社,2005,第19页。

的社会中，"一起社会关系都家族化了"，即使是以塑造社会秩序为职志的政治也要被宗法关系所笼罩和覆盖并反过来极力维护宗法关系。① 也就是说，宗法关系与政治关系在逻辑上并不是一种完全等值的关系，它们之间既有交叉，如嫡长子继承制，也存在着互相的排斥与对抗。实际上政治关系非但不能包含宗法关系，反而是宗法关系包含了政治关系并对政治形成了一定程度的制约和侵蚀。如果按照现代国家与社会二元对立的分析框架进行理论观照的话，宗法关系实际上形成了制约政治的社会空间。或者更准确地说，宗法对社会的控制甚至在一定程度上超过了政治。借此，中国人伦主义传统才得以形成，这种人伦传统使政权更迭成为宗法势力或拟宗法势力对政治架构的修补与纠正，这正是中国社会具有超强稳定性的原因。②

结　论

　　尽管宗法制对于当下的政治过程和社会治理不无启迪，但整体来说，古代宗法社会不但用出身的自然偶然性统摄了社会地位获取的任意性，并进而把这种任意性上升为绝对的必然性，而这种必然性又是为出身的自然偶然性所规定的。一方面，这种身份世袭制尽管保证了社会分层的稳定性和延续性，并进而形成一种超稳定的社会政治文化结构，但却由于摒除了社会层级之间的流动性而窒息了社会的活力；另一方面，偶然性对必然性的僭越并没有使偶然性真正上升为必然性，反而把必然性降低到了偶然性，其表现就是在宗法社会中政治继承人能否真正继承政治遗产具有巨大的偶然性。这种社会阶层的刚性也是使中国历史上只有革命而少有改良，即使有改良也很难取得真正的成功这一政权转移模式成为常态的重要原因；再一方面，宗法制的非理性尽管维护了人伦关系的稳定，但会严重影响社会的公平与正义。

----

① 在中国古代，"人伦"又与"天伦"交融互摄，密不可分。《礼记集解·礼器第十之一》："天地之祭，宗庙之事，父子之道，君臣之义，伦也。"孙希旦曰："王者事天如事亲，事死如事生。天地之祭，宗庙之事，与夫子之所以事父，臣之所以事君，皆伦常之大者也。"在这种意义上，"人伦"就不单单是基于血缘关系和拟血缘关系的自然序列，而且也内涵了政治秩序和宗教秩序，甚至是天地自然与宇宙秩序。
② 当然这只是一种文化学或哲学意义上的解释。而在钱穆先生看来，一个相对稳定并积极介入政治活动的士阶层的存在、传统文化的延续、富于均平精神的经济政策是中国传统社会具有超强稳定性的历史学意义上的解释。

中国古代推类思维的基础、限度与严格性[*]

中国古代推类思维的基础、限度与严格性 *

田 丰

（郑州大学哲学学院）

摘 要：推类思维的基础是古代观念中"生生"相继，从本源上感通一体的宇宙。推类思维的目的不是获得真值保证或建构知识体系，而是以万物相关性为前提，随境随需，推扩主体视域，在不可通约的差异性中以言、象、意、情等方法关联起原本分离的事物，开启意义解释的新向度，并推动伦理政治实践。推类思维的运用如果超出人伦领域，试图解释自然，力量就会减弱；当其无限扩展，试图建构起完整而严格的世界图式时，就会出现胶固之论。推类思维的严格性并不体现在保障我们消除交流误解的方法论规则上，而是体现在达成情境或共在的一致性上。主体间论辩的严格性，依托于历史流传物中的经典共象和宇宙-伦常秩序（天人）这个共同视域才能够获得保证。工具理性支配的今天，推类思维应当通过批判性考察在人伦生活中发挥重要作用。

关键词：推类思维 共象 严格性

引 言

近代以来中国哲学学科始终面临着自身合法性焦虑，尤其典型地体现在

* 本文系 2021 年国家社会科学基金项目"王弼体用思想研究"（21BZX061）的阶段性成果。

古代逻辑与思维论证规则的合法性上。因为西方逻辑学尤其是以古代传统逻辑与现代数理逻辑为代表的形式逻辑，①声称自己是不受限于任何一种文明与自然语言的普遍思维规则。其他文化一旦接受这种独断普遍主义，就会产生对自己文化是否符合普遍性的追问。近代以来的中国逻辑学史研究由此陷入悖谬性怪圈：从古籍中努力寻找符合形式逻辑的命题以证明中国也发展出了类似西方的逻辑学，其通常的做法或是拣选出某些接近西方逻辑命题的内容，或是按照形式逻辑补足古籍中表面上不严谨的论证，②或是论证中国的思维方式是普遍逻辑的补充性存在——特殊逻辑、亚逻辑。更极端的形态是主张中国古代无逻辑学；抑或相反，主张世界上根本没有普遍逻辑，只有各种文化的特殊思维规则，从而跌入相对主义的困境。总之，只要视西方形式逻辑为唯一严格普遍的思维规则这个大前提不变，中国或是其他文明思维方式的合法性自证，只能通向"特殊逻辑"或"亚逻辑"，其隐含之意就是不够普遍，缺乏科学严格性。

在全球化的今天，主张自身文化特殊性固然是文化自信的必要条件，但如果认为只有强调特殊性才能维护自己文化的价值与合法性，恰会导致否定自己文化的普遍性面向，把自身降到特殊性亚文化的地位，反而巩固了西方文化普遍性的神话③。就逻辑问题而言必须看到的是，形式逻辑的普遍性，不等同于论证的严格性，也不是保证思维严格性的必要或唯一法则。此外，现代西方发展起来的多种非形式逻辑尝试，其本质同样是在追求形式普遍性，只是其形式或是不能达到数学式的严格确定性，或是需要通过某些特殊数学领域如概率论等来实施建构④。更根本地来看，它们无法真正发挥超出现代西方文化领域，解释其他文明的广义论证内在道理的作用⑤。

中国今天处于古今中西的交汇点上，面临多元文化不同论证方法之间的交锋。这种交锋不仅是学者的研究课题，也直接在生活世界中表现为多元化的道理与论证冲突。而生活对每个人总是要求着它自身的一以贯之性，因

---

① 本文对西方逻辑的讨论仅限于传统逻辑、数理逻辑这样的形式逻辑及其现代变式，而无法触及辩证逻辑、存在逻辑等范畴。

② 陈汉生：《中国古代的语言和逻辑》，社会科学文献出版社，1998。

③ 张汝伦：《论中国哲学的普遍性》，《复旦学报》（社会科学版）2021年第3期。

④ 鞠实儿：《逻辑学的问题与未来》，《中国社会科学》2006年第6期。

⑤ 鞠实儿：《论逻辑的文化相对性——从民族志和历史学的观点看》，《中国社会科学》2010年第1期。

此，在多元性和相对性庇护的特殊性领地之外，现代人总还有着无法回避的统一性与普遍性诉求，它并非启蒙理性或形式逻辑所标榜的普遍性所能完全涵摄的。对于近百年来一直试图与传统决裂，却始终未能如愿的中国人而言，尤为如此。质言之，我们不仅需要从传统文化中继承各种优秀元素，还需要某种立足当下世界，回顾并理解传统思维方式的视野：它既非"以西释中"，亦非"以中释中"，而是尝试在中西古今根本哲学问题的视域融合中同时理解双方各自的道理。近些年海内外许多学者向着这个方向做了大量努力，尤其是聚焦在推类思维及其论证机制和目的上。① 本文将尝试在他们的贡献基础上，分别探讨以下三个问题：推类思维作为中国古代典型的思维与论证方法，它与西方形式逻辑的存在论基础有着怎样的差异？推类思维适用的领域及其限度何在？它的严格性如何保证？

一　推类的基础

在进入中国古代的专题性研究之前，必须先对西方形式逻辑与近代实证科学的所谓普遍性及其问题域，进行基本的考察与反思，并与中国传统进行简要对比，以凸显双方的深层差异。如此展示出的中国思维特点并非在西方普遍性视域下理解的特殊性，只是在人类共同问题域中呈现的分歧而已。

之所以选择形式逻辑与实证科学这两个方面，是因为，其一，二者是近代以来西方标榜最具普遍性的领域，在很大程度上也是其他学科的基础。其二，近代以来中国人对自身传统"非科学性"的批评也最为常见地集中在这两个领域。其三，二者并非偶然关联，它们在近代以降共享同一个存在论基础。

按照海德格尔的勾勒，西方传统逻辑要保证的是命题演绎过程中，谓词对主词，或曰范畴之于实体的归属性始终为真。到了近代逻辑的关键推动者莱布尼茨那里，归属的本质奠基于属性之于实体的存在同一性。真理和存在被看作同一种现象，交织在一起②。西方传统逻辑并非无条件地自明与普遍，

---

① 这里不可能完备地列出做出相关贡献的研究者与著作，仅仅指出，无论是西方汉学家如李约瑟、葛瑞汉、郝大维、安乐哲、陈汉生等，还是中国学者如崔清田、鞠实儿、曾昭式、张斌峰、刘明明、王进、晋荣东、张晓光、张晓芒、吴克峰、李巍、何杨等，都在持续性地推进研究，除了相关论文，也不乏专题性著作。

② 海德格尔：《从莱布尼茨出发的逻辑学的形而上学始基》，赵卫国译，西北大学出版社，2015，第54~72页。

其基础乃是以存在为基本问题指向，以实体为基底来支撑状态与属性的形而上学建构。它的形式是，以第一实体为终极主词，以系词为典型语法的谓述结构的真理体系。它的严格性标准是，能否保证命题演绎过程中，谓词对于主词的归属性的真值传递。鉴于西方古典时代理解的存在领域并非同质性，因此传统逻辑的运用并没有追求对一切存在领域的绝对普适性。①

近代以来，实证科学兴起的背后是对存在者整体秩序理解的根本性变革。月下世界的物体和天体之间的差别消失，位置不再是物体依其内在本性而处于其中的场所，只是坐标系中无差别的点。由此，数学成为对物一切规定的根据，"自然"也转化为均质的时空运动关系的领域，② 物体或事实只有被嵌入到这个领域中才能成为"客观存在者"或"客观事实"。③ 数学与逻辑作为观念世界的法则，遂与实存世界之间出现鸿沟。康德的努力未能弥合反而加深裂隙，④ 逻辑原子论与逻辑实证主义的兴衰也不过是此大势之末裔。尽管如此，随着目的论的瓦解，宇宙被理解为严格因果链条组成的世界，逻辑推演虽然无法证成自身在现实世界运用的合法性，但这并不妨碍其思维方式在筹划计算与科学实践中大行其道。⑤ 所以，罔顾近代以来哲学、自然科学、社会变革相互影响的纠缠历程，以及科学受惠于由哲学奠定的存在论基

① 譬如传统逻辑的创始人亚里士多德也大量地运用类比思维，并且在《尼各马可伦理学》中明确指出不同的存在领域要求的严格性不同（*NE* 1094b12-27）。
② 海德格尔：《物的追问》，赵卫国译，上海译文出版社，2010。
③ 这里绝没有一个在先的客观事实作为数学服务描述的对象，恰恰相反，一切存在者属性都需要经过先行的数学筹划才得以成为被科学理解和把握的"事实"，解析几何与微积分的发现，都是在思想的数学特性的基础上才成为可能甚至是必然。
④ 考夫曼指出，存在者之间类推的前提是：存在者的一致性与差异性、统一性与多样性。没有一致性，即事物完全的异质性与无关性，将不会有比较和认识可能。在此意义下，所有拓展我们知识的认识（康德的综合判断）永远是类推的认识。传统形而上学因此而认为本质认识是可能的，但不是单义的认识，而是类推性的认识。近代理性主义不再承认类推，要以几何学式的明晰地认识存在，只有单义同质的认识。康德粉碎了这种形而上学，但借助先天综合判断仍旧坚持科学理性认识。康德以后，存在与认识的类推理论被遗忘。现代唯名论只承认个别事物的现实特性，事物之间孤立、差异、无关、并存。事物之间在普遍中取得一致性的方式仅仅是一种解释模型建构。［参见阿图尔·考夫曼《类推与事物本质——兼论类型理论》，吴从周译，严厥安校，（台北）学林文化事业有限公司，1999。］
⑤ 现代人的整体性生活都在无目的性中由专家提供的严格或非严格因果性方案指导，侦探小说在近代的兴起亦可视为逻辑严格性加诸现实要求的一种表现。此外，当代量子力学尽管瓦解了机械论意义上的严格因果关系，但实质是用概率论为代表的其他数学工具进行替代而已。

础，只是将眼光盯住现代科学技术的"成熟"方法，就会无视科学本身的解释性与范式化特点，从而对现代科学和古代所谓的科学精神因素存在双重误解。① 而现代科学作为最成功的解释范式，其基本信念依旧是逻辑和数学之于一切存在领域的同质性规训与强大解释力。②

综上所述，逻辑与数学的普遍性，以及实证科学的严格性，其近代的哲学基础是一切存在领域的同质化，更长远的渊源是以实体—属性（谓述结构）同一性为核心的形而上学传统。形式逻辑并非可以剥离掉存在论基础的自明普遍的思维规律。尤其是在伦理、政治领域中，依靠形式逻辑保证的严格性，其适用范围相当有限。

接下来我们对先秦推类思维的基础与形态进行基本的刻画。推类思维是先秦最典范的思维方式，也贯穿与影响了接下来两千年的中国。推类思维不同于一般方法意义上的类比，我们先对此概念进行简要辨析。

"推类"与"类推"两个概念虽然相近，但需要做出区分③。"类推"指的是，从两个事物具有某些共同点推出它们的其他特征也相同，即"以同推同"，它其实是"推类思维"的一种特殊形态。"推类思维"作为一种中国古代典型的思维方式，可以包含但并不限于"以同推同"，更常见的方式是"以象法象"、④"以类推类"。给出进一步定义的话，推类思维指的是：由 A

① 科学性绝不是诸如实验、证伪、数学这样的方法和标准凑泊在一起即能产生的。如果我们将科学的特征仅仅理解为事实、实验和测量，那么任何时代的思想中都大量存在着这些因素，我们总能够将其拣选出来作为古代已经具备某种早期科学精神的证据。此外，所谓的"可证伪性"以及与之相关的实验特征，并没有波普所设想的巨大效力，一套解释理论总是可以有新的因素或补丁被引入以重新获得对事实的完备解释。参见戴维·伍顿《科学的诞生——科学革命新史》，刘国伟译，中信出版集团，2018。托马斯·库恩：《科学革命的结构》，北京大学出版社，2012。理查德·德威特：《世界观——科学史与科学哲学导论》，电子工业出版社，2014。因此，当代最具影响力的对科学的定性，并非反映现实真实或实存真理，而是作为经验解释的工具主义。诚然，科学即便只是一种解释范式，也表现出了极大的优于其他范式解释力的预测和理解能力。然而，关于科学本质的工具主义和现实主义之争还远远未完结，科学乃至数学本身的基础也并非牢固的。
② 科学研究或者形式逻辑研究中的类比推理，更多的只是作为一种数学严格性框架之下的模糊函数建构尝试，又或者是放弃函数建构，退回到一种纯粹描述性、尝试性指引。参见李帅、杨琼《实质归纳逻辑视野中的类比推理》，《逻辑学研究》2019 年第 4 期。
③ 张斌峰：《荀子的"类推思维"论》，《中国哲学史》2003 年第 2 期。
④ 象与象之间不是拙劣的模仿或类比，而是以意义链的方式建构起意义丛与指引。参见李晓春《张载哲学与中国古代思维方式研究》，中华书局，2012。

具有某特征，推出具有类似特征的 B 与 A 之间具有某种关系。

这个定义有四点需要解释。其一，推类思维运用的领域相当广义，A 与 B 并不局限于具有属性状态的实存事物。如关系、行为、原则、事件、物、心、天地等等，都可以推类思维进行关联。其二，"特征"不局限于实然现成属性。如意义结构、行动的理由、伦理正当性、物性、情感都可以归入"特征"并以推类思维获得认识。① 其三，"类似"不是源自先天自明的共同属性，而是特定历史视域下的人为意义建构。"类"概念在中国古代没有西方共相实在论意义，而是可随境随需而变，从而更加接近于福柯的"知识型"概念②。因此，AB 二者可以分属于完全不同的存在层面，譬如天人、概念与经验、心与物等等，都可以建构起意义关联并进行推类。其四，A 与 B 之间的"关系"，未必指实然关系，也可以是实践之应然的指引，如效法、命令、襄赞、感通等等。

在现代科学思维与形式逻辑看来，推类思维的上述特点显然不具有严格性，无法得出普遍必然命题或可靠知识，因此人类学往往将其归入较蒙昧阶段的原始思维形态。③ 但这是无视科学之前提的典型科学主义误解。为了进一步澄清此义，下面分析推类思维的存在论基础。

现代中国哲学学科的诸多学派尽管方法与立场歧异，如归本为理、气、情、心、仁体、道体等等，但各家共识之处在于都将中国古代宇宙观理解为一个变易不息的大化流行整体，④ 而非一个机械联动的因果链。在此宇宙图景下，一体性宇宙的化生感应与万有同生同灭⑤。万有首先并不是作为有待把握和认识的个体实体而存在，而是作为化生感应场域中的流行变化而存在。个体自我界限的确定，以及万物之间的边界区分，都非客观固定。因

① 譬如孟子说齐宣王不忍牛之心推扩以爱人、庄惠濠梁之辩等都运用了推类思维。
② 福柯：《词与物》，莫伟民译，上海三联书店，2001。
③ 这种思路的典型是诸多原始人类学和结构人类学著作，即便是葛瑞汉努力为中国"关联思维"正名的著作（Graham, A.C., 1986, *Yin-Yang and the Nature of Correlative Thinking*, Singapore：Institute of East Asian Philosophies.）也依然未能超越此种人类学思维方式的影响。
④ 张岱年：《中国哲学大纲·宇宙论》，《张岱年全集》第二卷，河北人民出版社，1996。熊十力：《体用论》，上海书店出版社，2009。牟宗三：《心体与性体》，上海古籍出版社，1999。陈来：《仁学本体论》，生活·读书·新知三联书店，2014。丁耘：《中道之国：政治·哲学论集》，福建教育出版社，2015。丁耘：《易传与生生——回应吴飞先生》，《哲学研究》2018 年第 1 期。杨立华：《一本与生生》，生活·读书·新知三联书店，2018。吴飞：《论"生生"——兼与丁耘教授商榷》，《哲学研究》2018 年第 1 期。
⑤ 王庆节：《道德感动与儒家的德性示范伦理学》，《学术月刊》2016 年第 8 期。

此，万物之间没有严格意义上的相同属性与特征，事物自身在流变与交感中也没有自我的绝对同一性。

然而，宇宙的一体性并非直接显明，它有待于个体朝向本原性视域回归才能理解，个体总是首先看到自我与万有的异同和区分，而不同阶次所见异同有小大之别："自其异者视之，肝胆楚越也，自其同者视之，万物皆一也。"（《庄子·德充符》）我们就万物异同与物之统一性进行的分类与言说，并非事物的客观属性归纳比较，而是源自不同阶次的视域下对事物关系的建构与特征的拣选①。但不可认为，事物之间的关联性以及物之统一性纯是人为建构的，它们在"生生"的图式下乃是源自万物的先天一体以及交感化生。感应与推类思维实际上具有同源关系，正因为万物在存在根源上感通而一体，人才可能依靠推类思维为万物建构具体而微的诸种意义关联，②并效法宇宙让此意义关联不断生成变化，周流无滞。推类思维可谓人心和宇宙的思有同一，其目的不是推理论证（狭义）或实证知识，而是天人意义关联的建构与人心的推扩。古代中国没有发展出像西方那样追求严格归属关系的形式逻辑，不是理性能力发展的缺失，而是对同一、同异、严格性等概念有着根本不同的理解与诉求，这尤其典型地表现在"类似"和"类"概念上。

万物一体并不等于万物同一，③恰恰相反，中国古代认为现实中没有绝对的同一性与同质性，④因此"类"不是指向属性特征相同的事物集合，而是指"类似"之物而已。即便是更高阶的超越了具体特征和属性的事物的形式结构，其实质也不是相同而是类似。这是因为，一方面，这种形式抽离总是以抹杀或不顾许多细节特征为代价，但拣选与剔除哪些特征来构造事物结构，却没有客观普遍原则。另一方面，特征类似与结构类似这两种类型是共

---

① 李巍：《类似、拣选与类比：早期中国的类概念》，《社会科学》2021 年第 2 期。
② 王克喜：《"推类"问题散论》，《华北水利水电大学学报》2016 年第 4 期。
③ 万物一体的基础是"生生"，既非任何具体现成的本质或属性，也不是某种无差别质料（气不是质料）。
④ 这一点可以从两个方面来理解，一是陈汉生所谓的中国古代的唯名论倾向。（参见 Graham, A. C. , *Yin-Yang and the Nature of Correlative Thinking*, Singapore: Institute of East Asian Philosophies, 1986。Graham, A. C. , *Later Mohist Logic, Ethics and Science*, Hong Kong: Chinese University Press, 2003. Hansen, Chad. , 1982, *Language and Logic in Ancient China*, Michigan: The University of Michigan Press）二是现代逻辑研究对类似性的理解：没有一个普遍的、事实性的"自然齐一性原则"为所有的归纳推理提供效力。相应地，没有一个普遍的、事实性的"研究原则"，即通过断言具有某些属性的事物必须具有其他属性来为类比推理提供效力。李帅、杨琼：《实质归纳逻辑视野中的类比推理》，《逻辑学研究》2019 年第 4 期。

生关系，任何特征的类似性只有在结构整体中才能获得把捉与理解，这些特征的类比又会反过来使得整体结构的类似性显明。① 两个事物的类似，必然既是属性的，也是结构性的。

此外，中国古代的"类似"，也不同于家族相似概念。当维特根斯坦描述家族相似理论的时候，他实际上还是基于集合论中的共同元素来构造的。集合中的共同元素之间实质上是相同关系，而不是类似关系。尽管维特根斯坦所举例子，在现实中确实是相似关系②，但他在运用时却认为其相同。③

总之，"类似"这个概念本身就蕴含着差异，中国古代的"类"概念也不等于共相或具有相同属性的集合，只是诸多具有差异性与类似性事物之间建构的关联：它有时表达家族相似性，有时表达的是相像，有时是取法拟象。因此，不同于西方的种属范畴，中国古代基于类似性的"类"概念非常灵活，它不仅是如同毛羽甲鳞裸五虫这样的自然特征分类，更多是典型地呈现在古代的辞书类书之中的文化联想建构。④ 推类思维也不是简单地从两个事物的已知相同点推出未知性质，而是要在不可通约的差异性中以言、象、意、情等方法将事物关联起来。"方以类聚""万物之理，各以类相动也""物伤其类"等说法也提醒我们，"类"这个概念并不只是对象与知识的界限划分，而是蕴含着感通仁爱的自然倾向。"类""类似""推类"这些概念有着共同的存在论基础，以万物本原上的相关性与异质性为前提，随境随需关联起事物，推扩主体视域，开启事物意义解释的新向度并推动主体的实践行动。而任何以同一性为前提建构出的类、集合、共相等概念，只是现实事物

---

① 譬如当我们说马与方桌类似之处在于都有四条腿，其前提是先以"有腿"的结构来理解这两个事物，甚至"桌子有腿"的表述本身得以可能也是基于这个理解结构。这个结构当然并不唯一，我们也可以"有角"的结构来理解桌子，那种情况下可能就会拿桌子与茶几来类比。换言之，是理解事物的结构决定着我们在不同的事物中如何建立类比与类似关系。

② 维特根斯坦：《哲学研究》，陈嘉映译，上海人民出版社，2001。

③ 譬如当我们说两个人都是蓝眼睛时，其实说的是两个人眼睛的颜色类似，而不是相同。但维特根斯坦想要表达的重点在于，数个集合之间相同元素的交错关系，导致这些集合在结构上涵摄部分的共同子集或元素，却没有一个共相，在此，相似其实指的是部分相同所带来的认知感觉描述。而即便我们沿着家族相似的思路进一步将"蓝眼睛"再解释为不同颜色谱系如"灰蓝""浅蓝""蓝绿""蓝青"等之间的家族相似，但只要将此特征做一种实在论的理解，在此理论框架下，就必定有一些不可消解掉的最终的相同特征。

④ 如《尔雅》《艺文类聚》等书，此外从诸如《月令》《千字文》等书中也可以看出古代分类法的许多特点。尽管大部分类书出现较晚，但也可以从中略窥一斑。

某些方面的削平与抽象。这种抽象当然是人认识与实践极为重要的基本方式，但它并不能自我标榜为唯一具有合法性的思维方法。①

二　推类的限度

依上节所论，推类思维重在建构万物意义关联并推动主体行动，然而，人的实践总是受到现实世界与自身有限性的制约，故而，意义的建构亦有其限度，有推亦当有止。本节先对推类思维的实践意义作简要阐发，然后考察止的意涵。

推字，本即有推扩、推动之义。除了推理、推演、推断等道理层面的运用，在古代更常用的是"推恩"这样的政治实践意义，以及"推扩"这样的伦理心性意义，这暗示着所谓推类首先不是一种理论性思考，而是一种实践行动。当孟子说"今恩足以及禽兽，而功不至于百姓者"的时候，他固然是在拣选某种类似特征才能够将禽兽与百姓两个对象建构起关联。但这种关联之所以可能，是源于宣王悯牛作为一种典范式恻隐情境，它自身就已经包含了仁爱之端，而基于"生生"和"感通一体"的仁爱的本性就是蕴含着推扩之势的源发性力量。换言之，仁爱本身就要求着关爱对象领域的不断扩充，所以孟子才会用"若火之始然、泉之始达""源泉混混，不舍昼夜"等表述来形容德性。正因为悯牛情境有着使仁爱之端"推扩"于百姓的动力，孟子才点拨宣王在政治中看到类似性，并且付诸"推类""推恩""推扩"的践行。总之，"推"本身就蕴含着使恻隐仁爱越出界限的更大的趋势②。由恻隐推扩至仁民爱物，是以"推"的方式扩展主体的自我界限，让主体理解与关切的视域越出其原有的境界，由小变大，才能够在不同的情境场合中看到它们本已存在的类似性。因此"拣选相似性"的实质是视域扩充之后的"看到"或是"发现"。

---

① 此外，任何意义上的人工语言构造，正如维特根斯坦指出的，必然最终需要自然语言定义。"而没有类推，自然语言的还原过程和生成过程都不能实现。……自然语言内部并不区分对象语言和元语言，必然存在着重指现象或自己说自己的自反现象，因此自然语言不可能完全形式化。"陈保亚：《意义即用法，规则即类推——从维特根斯坦的语言观和数学观说起》，《北京大学学报》（哲学社会科学版）2015年第1期。
② 牛宏宝：《哲学与隐喻——对哲学话语的思考》，《北京大学学报》（哲学社会科学版）2017年第5期。

同样，所谓"自其同者视之，万物一体也"，这里的"同者"并非主体可以任意改变眼光拣选出来的相同特征，而是说之所以能够"看到"万物之一体，取决于主体能越出小我界限与万物交感融合去"视之"，否则就只是辩者的浮夸名相之论。如果说推类思维的基本目的是敦促行动以及保证跨场合行动的一致性，①那么无论是行动动力还是场合一致性，都要基于看到一致性的眼光才得以可能。"自其异者视之"和"自其同者视之"，在庄子看来不是平等的"拣选"视角之别，而是"小知不如大知"，是主体自我界限的高下小大之别，墨家"兼爱"之说也有异曲同工之妙。因此，拣选异同归根结底取决于主体理解与关切视域的小大之辨。同理，以推类思维敦促对方行动，实质是要求对方在以与自己类似的视域去思考和行动，或是与自身达成一种视域融合，这是主体共在意义上的一致性。在此意义上，推类思维不是一种无涉价值的思维规则，而是理解世界基本范式的元伦理，同时也是原初行动。

然而，"推"在纯粹思维或艺术领域或可天马行空无限拓展推演，但伦理政治层面之"推"则不可能没有限度，否则将导致阔大不经、难切实际之举。故而有"推"即当有"止"。

研究推类思维的现代学者罕有注意到钱穆先生的一篇重要文章《推止篇》，相应地也就大多只强调"推"的面向，而忽略了先秦思想中与"推"相反相成的"止"。钱穆盖以为：

> 孔孟墨子其运思持论既同主于推，但推之道不同，可达于相反，即此可见推之可恃而不可恃。有可推，有不可推，不可推则贵能止。止者，止而不推之义。……盖就于名言之辨而论其当推与当止，其事易。就于行事之实，礼义之辨，而论其当推与当止，则其事难。……初期儒家凡言求知立行之大原则，与其所取用之方法与途径，大体不过如荀卿所谓以人度人，以情度情，以类度类而已。此乃偏以人文社会为中心，而于天地万物自然外境则显见有所忽。墨、名、道三家，较于外物注意为多。后起儒家因迭与此三家争长，而亦引起其对外物方面之关切。荀卿开其端，《大学》格物致知之说即承此而来，而《中庸》言尽物性，

---

① 何杨：《论证实践与中国逻辑史研究》，《逻辑学研究》2017 年第 3 期。李巍：《行为、语言及其正当性——先秦诸子"类"思想辨析》，《中国社会科学》2013 年第 11 期。

赞化育，亦显为轶出儒家人文传统，有异于《孟子》以前之为说。其他如《易系辞》亦然，如云知周乎万物而道济天下之类是也。凡此皆当认为是晚周儒家之新观点，新创辟。惜此下遽经剧变，列国分峙转而为天下一统，学者兴趣又多集中于政事实际之应用。先秦学术，至此面目已非，精气不属，乃不能对于上述对物求知之一途继续发挥，以渐达于圆密成熟之境。而阴阳家言天人相应之说遂风起云涌掩盖一切，此亦在《吕氏》书与《中庸》书中可微窥其端倪矣。而《大学》格物致知一义乃终陷于黯晦不彰，此亦至可惋惜之事也。①

此文探讨诸子思想各自推止之限度，论衡先秦学术流变，见识极为闳深。如其所言，阴阳家将推类思维过度应用于人事与自然的关系建构，有推而无止，反而可能导致胶固。下试以起于晚周、成于汉代、涵摄一切自然人事变化运动的天人感应解释体系为例论之，以略发推止之要义。

灵活与不拘于严格演绎的视域扩充是推类思维的重要力量所在，但如果有推无止，万物皆可在类似性中得到推类关联，则行为与道理的论证将很难具有共同标准，且自然与人文之间也将难以保持界限，易陷入虚妄与附会之说。② 推类思维的源发性目的是理解与建构、说服与实践，当它超出实践领域，试图建构知识解释自然时，力量就会减弱；当其无限扩展，试图建构起完整而严格的世界图式时，就会出现胶固之论。先秦阴阳家如此运用，正如太史公评价邹衍所言，"先验小物，推而大之，至于无垠"，就会导致"其语闳大不经"。阴阳家的宇宙论结构被汉儒吸收，其被用来建构大一统体系，推类思维的弊端也在汉代儒学中体现出来。

原本推类的诸事物之间并不追求严格对应关系的建构，而是一种去中心化、情境化的流动机锋。但严整世界图式的建构则要求在诸多事物乃至于自然与人伦、天人之间都建立起严格关联性。这就形成了一种固化的体系，在运用推类思维时，就会因为体系本身的板结，导致要么虚妄僭越（如大九州

---

① 钱穆：《中国学术思想史论丛》第二卷，安徽教育出版社，2004。
② 宇宙论尤其是天文、物理之学尽管具有源自不同文明范式的建构性，但在共通目的（预测与控制）统领下，还是有着大体普遍的符合论意义上的严格性要求。典型的譬如《海岛算经》，尽管它依靠关系建构推算，最终也可以达成测算目的，但显然不如三角函数这样更加形式化严格性的工具实用精确。（关于中国古代数学与推类思维关系的研究可参见刘邦凡《中国推类逻辑对中国古代科学之影响》，吉林人民出版社，2014。）

之说），要么随意附会（如灾异妖祥说）的结论。

诚然，建构体系并非绝对会导向怪乱附会，典型者为《周易》，其高明之处在于仅仅立象以系辞，建构起富于象征意义的符号推演体系，并没有与现实事物直接建立起缜密板结的对应关联。然而，人总是试图不断补入愈来愈细密严格的类比、推类、因果、感应等关系，导致胶柱鼓瑟。高明如《周易》，也成为后世几乎所有预测感应推演学说的大本营。而汉代以推类思维为主要方法建构起来的囊括天道、自然、人伦的宇宙整体学说，出现诸多怪迁执说也就在所难免。汉易中的卦气、飞伏、卦序等理论已多涉牵强，更典型的形态即流衍为灾异、预测、谶纬等学说。

先秦思想中推类思维主要是在具有不同立场的学派学者以及诸侯王公之间运作，它要想构成论辩对话的平台，就必须诉诸常识，抑或是一些共同认可的预设。这些预设并非不可挑战（如儒道法墨论战），也正因如此，诸多学派几乎无暇仅从自身思想出发去推演出繁复体系，必须应对彼此基于政治和伦理现状的挑战。汉学之所以放大了推类有效性的缺点，部分原因是政权的大一统性决定了儒家想要取得话语权，不能仅仅在礼乐教化层面运作，还必须建构一个囊括诸如法律、天文、灾异、万物的解释体系。① 如此则不得不吸收其他学派尤其是道家与阴阳家的学说，以扩充先秦儒家原本的主要领域：人伦纲常——也即是从先秦王官学中的一家之言扩充到整体性的新王官学。② 如此首先会导致解释体系中一些基本推类与比附原则的固化，随之而来的是诸多低层原理的烦琐建构。固化的范式在解释现实时出现不合之处，再不断增加变例、补充、附会等以求合，遂导致愈加烦琐与牵强的世界解释体系。③

---

① 汉代说服和论证的机制与对象相较于先秦已经发生了很大的转变，士与诸侯的双向选择关系转变为固定君臣，臣下必须树立起一个高于天子的绝对权威（天、圣人与经典），并在此权威下，援引推类以达成政治目的。

② 按照徐复观先生的看法，这个努力从战国晚期如《吕氏春秋》就已经开始，并对汉代思想产生重大影响，如《礼记·月令》《淮南子》等著作。徐复观：《两汉思想史》第二卷，华东师范大学出版社，2001。

③ 葛瑞汉在《论道者》中认为，五行学说虽也产生了占卜技艺，但主要应用于一般与重现的情况，如四季流转。周易则是独特环境关联的指南，具有自由关联功能。五行系统的关联是刻板僵硬的，它们是规定适合稳定和重复出现的情境的行为，如何时做何事穿何色衣裳。周易则是为了回应独特复杂的情境，其中关联思维必须易于变化（参见葛瑞汉《论道者》，张海晏译，中国社会科学出版社，2003）。但笔者认为汉易同样陷入了烦琐僵化境地，直到汉魏之际王弼解易，王弼极力强调唯变所适原则，力图恢复易学原初的易简灵动。

此即船山所论："以其有定，定天之无定，则罔天之天，汉儒之凿也。"① 与此体系伴随的还有许多日常、礼仪、政治生活中的禁忌与诞妄，王充笔下所批判的大量民间禁忌就是汉代此类现象的冰山一角。

此外，随着儒家正统地位的确立，经学逐渐渗透改造秦律的典型方式乃是援引与解释经典中的案例以推类现实情境，其中最为著名者即"《春秋》诀狱"。鉴于《春秋》中圣人之褒贬必须借助经学解释，现实的判决就具有可争议性，② 甚至可能带来随意附会③。虽然在经学家法的约束下，解释要遵循基本的限度。然而，谶语、纬书的炮制，章句的极度烦琐推演，现实政治权力对祥瑞的推波助澜，都在挑战与冲破限度，造成推类思维的无节制运用。

上述是对有推无止之流弊的一个典型考察，推止二者必当相反相成，缺一不可。若重止而轻推，则天地万物相互隔绝，自然成为机械死寂，乃至人与人之间也无法建立人伦温情与关切理解，甚至相互认知都会像"濠梁之辩"中的惠施所主张的那样不再可能。如果一定要追问推止何者为本为先，在奠基性意义上，当是推先于止，就好像生生先于闭藏，乾元先于利贞。然而，又不可以说阳重于阴，必当乾坤并建而互为依托，不可以求同为是，别异为非：仁求同，礼别异，推止各有其得，方能和。

儒墨两家基于建构政治秩序的和谐一致性要求，相较先秦其他诸家更重推止之张力。庄子重推而轻止，法家则无所谓推，只是以严格普遍性要求所有臣民，并不考虑情境场合的差异性以及与此相关的情感关怀的扩充，只是考虑同一套规则如何无差别适用于所有对象与情境。而汉代谶纬灾异之学有推而无止的最终结果是，推亦不成其为推，只是同质性的重复扩建与修补，与法家殊途而同归。

---

① 王夫之著，杨坚修订《春秋家说》，岳麓书社，2011。
② 我们在汉代《春秋》决狱或者议政的案例中，也会看到争执双方都引用《春秋》来为自己辩护的情境，如《汉书·终军传》博士徐偃一事。但这种可争议性并不可简单化批评，它恰恰昭示了法学解释学与经学解释学的内在关联（参见伽达默尔《真理与方法》，洪汉鼎译，上海译文出版社，1999）。
③ 可参看李若晖对汉代诀狱与权力的相关讨论（李若晖：《久旷大仪》，商务印书馆，2018）。但笔者以为，经义诀狱中的困境权衡与经典关系，其实蕴含着人类道德实践的基本结构，不能因其在特定历史条件下受到权力影响，就将其简单视为皇权任意操纵的工具。这既是对知识与权力关系的误解，也是对人类道德法律实践的简单化误解。

三 推类的严格性

对推类思维常见的质疑是其缺乏严格性。如果我们把推类思维视为知识体系的建构方法，[①] 那么这一知识显然无法符合科学性与严格性的要求，因为它无所限制。类似性无法单靠自身保持稳定，而是相互依赖与指认，通过其他类似性的累积，每个类似性才具有在整体之中的价值[②]。如前所言，早期中国类概念不同于西方以亚里士多德为典型的以种属（类）为知识对象与定义基础的逻辑分类，它的主要用途不是定义事物，而是指导行动，尤其是为跨场合行动的一致性提供说明[③]，并为推动伦理践行提供动力[④]。但前文所论，主要是就个体自身视域的推扩与践行的结构给予勾勒。而众所周知的是，推类思维在先秦大量地用于学术论辩、政策游说与外交辞令，那么推类结论的一致性在共在的伦理政治空间中如何得以建构并保证其严格性，这是本节要讨论的问题。

在接下来的追问中要先行说明的是，维特根斯坦对逻辑语言主义的批判表明，理解是自然的，在先的，我们可以在一定程度上消除误解，但不是要消除一切误解的可能性，更非要重新构造一种完善的语言。因此，如果语言与思维的交流目的不是仅在于消除误解保证真值传递，那么严格性的意义应该被理解为共在的行为、生活与心志的内在一致性。[⑤] 而真正的严格性，即

[①] 关于中国古代的知识意义，贡华南认为，中国传统思想中"知"的范畴与近现代知识论中的"知识"概念不同，它首先是一个标志着人与万物、他人交往的实践范畴而不是主体内在意识状况的概念。"有知"不仅指人对世界具有了解，更重要的是指通过交往而对世界具有情感态度与相应的行为方式。"知"反映的是人与世界的存在关系。（参见贡华南《知识作为人的生存方式——中国传统认识论的存在论之维》，《江淮论坛》2003 年第10 期）

[②] 福柯：《词与物》，莫伟民译，上海三联书店，2001。

[③] 李巍：《类似、拣选与类比：早期中国的类概念》，《社会科学》2021 年第 2 期。

[④] 王进、杨明：《界面与方法——论中国哲学图景中的道德境域与类推思维》，《天府新论》2013 年第 3 期。

[⑤] 此外，每一种语言游戏与生活形式需要的思维方式与严格性都不同，无论是大的门类、艺术、烹饪、恋爱，还是细致的门类，如桥牌、篮球、围棋，都是如此。正如麦金泰尔所言，人类任何一个领域中的实践方式都会衍生出一套规则、目的以及相应的功能德性。当然这绝非反对逻辑论证，因为它同样可能通达服人之心，只要不是纯粹概念名相的拼接滑动，而是本乎源自生活的真正问题以及解决它的真诚愿望。这实际上要求论证者本人首先达到语言命题与自然理解以及生活形式的严格一致性。

最终的理解、认同或否定，①只能在语境中由双方不断的对话与调适来达成，而不是依靠某种保障一劳永逸地消除交流误解的方法论规则或完满逻辑平台。在此意义上，推类思维相较于形式逻辑反而可能达到更根本的严格性，因为推类的基础是"万物毕同必异"下的"感而遂通"，其目的是意义链的建构与共在的视域融合。

接下来我们从具体论辩入手来考察推类思维在共在空间中的一致性基础。首先要澄清的是辩的意义，与辩证法、演绎之类思维方法不同之处在于，辩，不是借助对话辅助沉思以推进自身思想的方法，而是在与他人的论辩中使得他者——学者、君王、天下人改变心意思想的方法，与此同时，还要与其他不同学派的学者展开竞争。因此，论辩与对话和沉思的区别在于它必然包含着获胜的诉求。就此而言，可谓思之学者为己，辩之学者为人。

但这并不意味着辩只能被理解为外在的争强好胜。对于惠施这样的辩者或许如此，对先秦更多学者而言，辩是不得已而为之的手段，更理想的方式是"议而不辩，论而不议，存而不论"（《庄子·齐物论》）或天下"尚同"。虽然如此，不可否认至少在"圣王不作，诸侯放恣，处士横议"（《孟子·滕文公下》）的时代，辩是改变他人思想、行为、生活，以安天下的必需方式，也是仁心外化实现为仁功的诉求。所以《墨子·小取》开宗明义曰：

> 夫辩者，将以明是非之分，审治乱之纪，明同异之处，察名实之理，处利害，决嫌疑焉。

辩之目的在于实践：明是非是为了平乱达治，明同异名实是为了处理利害困惑。荀子也认为：

> 夫民易一以道而不可与共故，故明君临之以势，道之以道，申之以命，章之以论，禁之以刑。故其民之化道也如神，辨说恶用矣哉！今圣王没，天下乱，奸言起，君子无势以临之，无刑以禁之，故辨说也。实不喻然后命，命不喻然后期，期不喻然后说，说不喻然后辨。故期、

---

① 真正的否定与反对必然基于真正的理解，否则就不是否定，而是误解。尽管伟大的思想家之间经常出现"误解"式批判，但那也是基于某些面向的真实性洞察。

命、辨、说也者，用之大文也，而王业之始也。（《荀子·正名》）

辩说是天下大乱之后君子拨乱反正、重建王业的必需手段。正因如此，强调辩的目的在于实践，意味着它与言辞获胜的区别在于，后者只能服人之口，前者还要服人之心，使人明晓事理，知行并举。[1] 总之，辩的目的包含着公共一致性的达成。

目的不等于结果，这并不意味着论辩双方最终必然达成一致性结论，但有效的论辩得以进行，必然要求论辩双方乃至听众都就思维与语言的基本规则达成一致。尽管思想碰撞往往意味着对思维与言说规则的反思与挑战，但这也必然要经过双方的一致性检验，否则论辩就会变成郢书燕说。质言之，论辩的一致性在于思维规则与目的，而非前提或结论。譬如儒墨作为先秦之显学，彼此以对方为最大论辩对手。这不仅体现在儒墨两家的著述和实践中，甚至也常被第三方作为是是非非、辩无休止的典型（《庄子·齐物论》）。但双方根本立场的是非之异并没有阻碍蕴含大量推类思维的交流论辩。问题在于，如果推类思维的优点在于其灵活不拘，可以自由建构，那么孟、墨、庄笔下的论辩双方何以能够就某个论题在当下决出某种暂时性的胜负。换言之，诸子之间大量运用推类思维的论战，是否有一个潜在的为双方默认的广义论证规则作为擂台？在这样一个擂台上，进退胜负才得以判定。

譬如，孟子认为口目耳鼻的同然可以作为同类的依据（《孟子·告子上》），那么白羽、白雪、白玉的白之同然，为何不能作为它们属于同一类事物譬如"白物"的依据呢？（《孟子·告子上》）事实上，如果将告子主张的共同点"性"训为"生"，那么说犬、牛、人之"性"相同，它们在同为生命意义上是同类，亦无不可。正如后来荀子所论述的共名与别名的关系（《荀子·正名》），物之共名下可以别为"白物""黑物"，"白物"进而区分为白玉、白雪、白羽；兽之共名下可以别为犬、牛、人，人又区分为圣人与百姓。每一次区分都是有同有异，有类有别，但这里的同异拣选是否有双方共同认可的道理可循？

---

[1] 许多学术与政治论辩利用诡辩、煽动、夸张等修辞术以达成说服的目的，这种纯粹依靠修辞术所通达的一致性乃是暂时性的炫惑，不在本文讨论之列。本文关心的是《乾卦·文言》所谓"修辞立其诚"。诚，不是简单的诚信或善意，而是"君子进德修业"的真切体知；其所修之辞，也不是要暂时动摇对方心志的浮薄之论，而是推己及人地理解对方，改变双方生命情志或融合理解视域的真正对话。

我们来看一个著名的论辩公案：

> 告子曰："性，犹湍水也，决诸东方则东流，决诸西方则西流。人性之无分于善不善也，犹水之无分于东西也。"孟子曰："水信无分于东西，无分于上下乎？人性之善也，犹水之就下也。人无有不善，水无有不下。今夫水搏而跃之，可使过颡，激而行之，可使在山，是岂水之性哉？其势则然也。人之可使为不善，其性亦犹是也。"（《孟子·告子上》）

当告子说水流无分东西，孟子说水流分上下时，东西与上下哪个才是水的本性，能够用来与人的本性善恶进行类比？诚然，直观上看来，水流东西得以可能，是本于水就下之性。就此而言，就下，似乎是水更根本的性。但我们仍旧可以进一步追问，何以孟子可以说"人性之善也，犹水之就下也"；对手不能反驳道："人性之恶也，犹水之就下也？"抑或当孟子说"顺杞柳之性而以为杯棬"时，杞柳作为材料，其本性何以不能如荀子所言"性者，本始材朴也"（《荀子·礼论》），"工人斫木而生器，然则器木岂工人之性也哉"？《荀子·性恶》人加工木材时，是在顺逆木之本性，还是仅仅将木作为朴实无性之材，这似乎完全取决于比较者拣选什么样的特征属性来与人性类比，而没有共同遵循的严格规则。

我们再看孟子引用有若之言来辨析圣人与民的关系：

> 麒麟之于走兽，凤凰之于飞鸟，泰山之于丘垤，河海之于行潦，类也。圣人之于民，亦类也。出于其类，拔乎其萃。自生民以来，未有盛于孔子也。（《孟子·公孙丑上》）

麒麟与兽、凤凰与鸟可称为同类，"类"这个概念显然不拘于"人""犬"这样的"别名"，而是可依照需求调整其广狭。丘垤的意思是蚁冢，行潦是道上之水洼，泰山、河海与它们类似，既因为构成的材料相同，也因为外形类似。但我们要注意，孟子不仅取这几组类比的同类意义，更进一步要拈出"出类拔萃"之义。既类似，又有出乎其上的相异，这种"出类拔萃"的结构构成了这几组类比的共同点。这段材料中，类属大小、类似性、异中求同的拣选，都取决于言说者的论证要求，看起来相当自由。但为何国人看到这几组类比的时候，会很自然地接受这里颇具跳跃性的关联呢？通常情况下，我们阅读这段文字的时候，不会反思性地考察是什么构成了可接受的类似性关联，而是会将麒麟、凤凰、泰山、河海、圣人这样的概念在思维中直观为具有特定感受与意义的"象"，是这一连串宏阔巍峨且富于神圣性的"象"真正构成了关联的基础。这些构成中国人生活世界的"象"，并非为某些学派所独占，反倒是诸子在论辩推类时共同使用的基本元素。①

同样，"水之就下"在中国人基本观念中并不是一个无价值的物理属性，而是作为"五行"之一的内在本性——"水曰润下"——的一种变相表述。"润下"是先民生活世界最常面对的自然力量之一，就下的同时还蕴含着对万物的滋润，水下炎上与水流东西的区别在于它指向内在本性的实现。正因如此，孟子才会说："民之归仁也，犹水之就下，兽之走圹也。"（《孟子·离娄上》）同样，当荀子以木之曲直类推人性之时，② 自然之曲与人工之直也不是无差别的物理形态，它既借用了"五行"中"木曰曲直"的典故，又将直与礼义教化关联起来。正因"木曰曲直"与"水曰润下"有着类似的经典性源头，荀子才得以用木之"象"来抗衡孟子的水之"象"。

进而言之，"五行"从属于"洪范九畴"，后来用以翻译亚里士多德的κατηγορία "范畴"概念即典出于此。而恰恰这里表现出"类"概念的中西巨大差别。亚氏范畴除了"实体"，其他九个范畴都是在主谓结构的命题逻辑下对主词的论述，这个结构不仅仅是命题或语法的结构分类，也是宇宙秩序的存在结构与知识框架。而洪范九畴下的条目是：五行、五事、八政、五纪、皇极、三德、稽疑、庶征、五福、六极。这里的分类列举涵盖了自然力量、人事德性、农政安排、岁时历法、王、臣、巫、民各个层面的为政方针，等等。这个据说是受之于天的常道大法九类，③ 具体条目涵盖了自然、人事、政治的诸多层面，它的区分、归类不是基于属性状态或本质，其统一性也不是基于作为基底的实体。只是在通向人伦秩序的目的论——"彝伦攸

---

① 当然，不同学派惯用的"象"还是有些区别的，如道家惯用水，儒家惯用山。许多"象"之间还有着自明的秩序关联，最典型的是周易与五行。象的使用与赋义也是可以变化的。有的象又会不断沉淀，在诠释中成为承载着共同意象的典故，譬如浮云蔽日、胡马北风等等。

② "直木不待隐栝而直者，其性直也；枸木必将待隐栝、烝、矫然后直者，以其性不直也。今人之性恶，必将待圣王之治、礼义之化，然后皆出于治，合于善也。用此观之，然则人之性恶明矣，其善者伪也。"（《荀子·性恶》）

③ 孔安国："洪，大。范，法也。言天地之大法。畴，类也。"（《尚书正义》，2007，第446页）

叙"下，这个分类法的内在结构与统一性才得以理解。可以看到，同样作为世界的根本秩序结构，"洪范九畴"的分类法完全不同于西方以实体谓述为核心、以种属为定义基础、以知识为目的的"范畴"学说，而是以如何在一个四时五行具有节律的宇宙中，安顿好天下的人伦政治生活为旨归。因此，李巍认为中国古代的"类"是一个表达类似性（即"类的关系"）的形式符号，① "类"概念以及"推类思维"的本质不是知识诉求与逻辑方法，而是为行为正当性与一致性的证成与对伦理实践的指引，② 这个卓见非常深刻。需要补充的是，这里的行动与伦理的正当性并不是现代以事件行为为中心的道德判断意义，而首先是宇宙秩序的维系、参赞与利用之义，其次是在此秩序中治天下之方术意义，最后才是在治术下的美德价值意义。

任何文明的宇宙秩序理解都包含一套对自然事物与人文世界的分类法，基本的自然分类一般总是会包含山水时序草木鸟兽等。如鸟兽草木之类的确有一部分是绝大多数文明形态都会做出的分类，但它们的分类方式并不绝对。而如天地时序中的细致分类，则是基于先在的范式如阴阳三才四时五行等的诠释性建构。至于人文分类一般包含的圣贤职官礼乐器物等，显然基于中国文明尤其是儒家文化下人对基本生存方式的独特性理解。正因中国分类范式的基调是诠释性、生存性的，而非知识性、范畴性的，所以中国的分类范式始终没有像西方近代博物学那样发展出一套严整普遍的自然事物分类法。③ 此外中国分类范式中还包含着存在秩序等级高低的隐含价值判断，因此不能把它当成一种类似于元素表或数集那样平铺的、无存在层级差别的、对象性存在者的分类集合。这套存在秩序决定着人的存在位置及其实践行动的根本目的：襄赞且将自身心性归化入宇宙秩序及其蕴含的人伦秩序的和谐运行之中（赞天地之化育），以此达成一种将对万物的关切皆收入视野的心胸境界。

在这样一种眼界下，物的分类、事件的区分，依凭的是对宇宙秩序的整体理解。诸子百家因各自对宇宙秩序以及人实践目的的解释不同，也存在对

---

① 李巍：《逻辑方法还是伦理实践？——先秦儒墨"推类"思想辨析》，《文史哲》2016年第5期。

② 李巍：《行为、语言及其正当性——先秦诸子"类"思想辨析》，《中国社会科学》2013年第11期。

③ 尽管自然事物中会出现已有的分类法暂时无法处理的对象，如鸭嘴兽，但这套博物学分类法会经过自我调适将对象含摄其中，从而保持其精密严谨性。

万物分类解释的差异。因此直观上来看，推类的运用是随需取义，论辩双方似乎没有一个像数学论证那样的能够严格辨明彼此是非的规则平台，如上文所论孟告之辩，其是从两类并置的事物所具有的无穷特征中依照情境和需要拣选比照的。但其实还是有一些基本的广义论证规则作为双方论辩的基础平台，特点大致有三。

其一，从前文对孟告辩论的分析可以看到，虽然双方在人性善恶的论证目的上存在根本分歧，但这并不妨碍他们对木水之象有着大体相同的认识，如此才会导致当孟子指出"顺杞柳之性"与"水性就下"之后，告子无法对此反驳，而是转向了另一组类比，另寻他喻。不仅水木这样的五行元素承载着共同的意象，古典世界中的山川器物草木鸟兽，皆聚集着历史性的文化沉淀，与礼乐相通，随境取义。① 因此，学《诗》之所以要多识鸟兽草木之名，不是要将卷耳、蒹葭作为知识对象来把握，而是为了在政治邦交、友朋酬答或经传典籍中借助这些"共象"体察感受他人托物起兴的言外之意，如此方能以《诗》兴观群怨。这种"共象"通感，即是推类思维扩充视域，达成共在一致性的机制。

其二，论辩双方不仅在象的运用上有着共同文化传统下的某种共识，其对于宇宙与伦常的秩序也存在一定共识。譬如儒墨的立场表面上分歧极大，乃至于孟子以禽兽视杨墨，但《孟子》《墨子》书中记载的论辩，依旧遵循着许多共同认可的前提，如对天道的敬畏、基本的圣王谱系历史观、对仁义概念的运用等。尤其典型的是本属于王官之学传统下的亲亲、尊尊、贤贤三个维度之间关系，三者各自内部与相互之间皆存在推类关系：如亲亲之推类（丧服礼制）、亲尊之推类（移孝作忠）、尊贤之推类（絜矩、忠恕）等。诸子对此三个维度的推类与取舍，实质上是对周制不同面向的继承与推进。②

其三，即便论辩双方的立场、观点、目的差别都很大，在论辩的当下情境之中也可以达成论证规则的小范围共识。比较典型的是庄惠濠梁之辩：论辩的命题——"万物是否能相知"——源于庄子的兴叹，论辩的发起及其规则却是来自惠施。庄子并没有像他笔下许多寓言的对话主导者那样，直接超越对方的问题层次给予回应，而是顺应惠施的话语逻辑——"此非彼则不能

---

① 鞠实儿、何杨：《基于广义论证的中国古代逻辑研究——以春秋赋诗为例》，《哲学研究》2014 年第 1 期。

② 阎步克：《士大夫政治演生史稿》，北京大学出版社，1996。

知彼"——来不断穷诘其逻辑后果以反驳对方，最后破除了这种论证规则。类似的对论证规则本身的批判在先秦诸子对话中是常见的手法，这也是在对话与调适中达成的高阶一致性。

结　语

总之，推类思维中对事物关系意义的建构与推扩，不能凿空而来，而是必须诉诸构成文明中所有人理解底色的整体性视域。它未必非常显白严谨，但会在意义世界的方方面面日用而不知。如：语言层面的言、象，生活形式层面的礼俗，作为共同历史的典故及其隐喻，描述宇宙运行的基本范式，天人关系，等等。论证中类似性的拣选与推类的严格性，依托于历史流传物中的经典"共象"和天人感应相继这个共同视域才能够获得保证。

此视域在诸子百家那里固然因其不同的理解和建构，可以导致许多差异和辩论，但可以说大体围绕着一个共同的纵向历史和横向秩序的意义丛在阐发，它们构成了一个类似工作台的桌面。诸子百家会各自对这个整体的某些面向进行挑战、批判与修正，但不可能彻底颠覆这个整体视域，另起炉灶。①因为这个视域不是意义的可替换性元素，或是用来重组对象的分类法，而是世界和对象向我们的显现本身得以发生的基本机制与形式结构。由此，存在者得以秩序井然，分门别类，呈现类似性和差异性。否则，世界本身都是晦暗的，无以显现的。它是思想得以理解存在的秩序结构，是人与人之间意义交换与融合的桌面，也是共在的意义世界。②

因此，推类思维不仅是在这个历史文化的平台上论证的规则，它作为根本性思维范式，内嵌于并参与构成着这个平台本身。但这或许意味着，它的合法性只能获得内部保证，当它和其他文明相遇或对比的时候，它并不具有普适的合法性与严格性。而西方形式逻辑之所以在当今世界范围内被视为具有合法性，不仅是因为它的确有着就其所归属的存在领域的严格性，更是因为现代人的生活形式尤其是实用层面，已经全方位地被这个数学、逻辑和技

---

①　哪怕是对传统批判最为激烈的《韩非子》，书中依然充斥着大量历史、典故、意象以及基于此的推类。而凿空而论的名家，则无能于任何意义上的积极性建构。
②　关于修辞学、说服与共在的关系，可参见海德格尔《亚里士多德哲学的基本概念》，黄瑞成译，华夏出版社，2014，第123~149页。

术的体系所塑造。然而，这并不意味着归属于我们自身传统内部的推类合法性无法适用于当代社会。因为今天已然的生活方式并不因其存在就必然合理，仅仅以数学、逻辑和技术的思维方式建构人伦，包含着将人异化的危险。如果我们认为伦理与政治行动的本质不应当仅被利益博弈与理性法则所决定，感通、仁义、忠恕都应当成为人的行为决断中本质性的因素，那么推类思维在工具理性支配的今天恰恰应当在人的伦理与政治生活中发挥更重要的作用。

汉魏思想研究

黄老道家对易学思想的融摄

李延仓

（山东大学易学与中国古代哲学研究中心暨哲学与社会发展学院）

摘　要： 黄老道家亦称黄老学、黄老之学，它产生于战国中后期，是老子之后兴起的"新道家"思潮。早期黄老道家与易学之间的关系相当复杂，但秦汉以来具有道家黄老倾向的文献借《易》立说、资取《易》理的表现却至为明显。其一，在论证无为的价值时，黄老道家时常引《易》以明之。其二，在肯定仁义礼法价值的基础上，《淮南子》广引《易》理以详细阐发其有为、有作思想。其三，在探讨君道的过程中，黄老道家往往援《易》以为说。在会通《易》道的过程中，黄老学不仅系统论述了其直面现实的政治操控和社会治理思想，而且拓展了易学思想的阐释领域，丰富了易学思想的内涵，在客观上成为易道会通史上一颗璀璨的理论明珠，一个不可绕过的理论思潮或环节。

关键词： 黄老道家　易学　无为　有为　君道

黄老道家亦称黄老学、黄老之学，它产生于战国中后期，是老子之后兴起的"新道家"思潮。有学者指出："所谓黄老学，从狭义上讲，就是指正式托名于黄帝而推行老子道家某些思想的那一派；从广义上讲，则是指在老庄道家之外所兴起的以道为中心思想和指导思想，而兼取百家学说的道家思潮。……而整个黄老学则是狭义与广义的有机统一。"① 整体言之，黄老学的基本精神既不同于老子，也有别于庄子。就前者而言，黄老学改变了老子

---

① 丁原明：《黄老学论纲》，山东大学出版社，1997，第14页。

"无为"思想否弃现实政治价值或社会性价值的倾向，而赋予"无为"以不妄为、顺物而为、按规律而为的内涵，从而使"无为"转变为一种积极的"有为"；就后者而言，黄老学改变了庄子侧重以个体生命为中心，以精神自由与境界超越为趋向的价值追求，进而以政治运作、社会治理为中心而发展出了一套"君人南面之术"。正如有的学者所言："黄老学的诞生，完成的第一个过渡，就是道家由反权威主义向新权威主义的转变，从而实现了由在野的学术向在朝的学术的转变。"① 正因为与老庄之学的基本精神有别，所以黄老学又被称为"新道家"。

黄老学与易学的交涉关系已为学术界不少学者所点出，并且不少学者进行了相关的探究。比如，陈鼓应先生在《易传与道家思想》一书中专门分析、探讨了帛书《易传》中所包含的黄老思想。对于帛书《易传》与黄老道家的关系，张涛先生也持肯定意见，他指出："成书于战国中后期的《易传》，其思想体系中吸收了相当多的道家学说，成书于秦汉之际的《二三子》《易之义》《要》《缪和》《昭力》五篇长沙马王堆汉墓帛书易说，特别是《缪和》《昭力》两篇，则有着更多的黄老思想成分。"② 陈鼓应先生还指出："黄老道家易学与老子道家易学是前后相承相同系脉的关系，而同时又为易学注入了更多的崭新的时代精神。"③ 笔者认为，由于老子与易学的关系较为复杂和扑朔迷离，"老子道家易学"是一个难以确定的说法，④ 但"黄老道家易学"的提法理应是成立的。之所以这么说，是因为在不少黄老学著作中都有明确的《易》学痕迹，借《易》立说、援《易》入道可谓黄老学的一个重要表现。以汉代黄老道家为例，朱熹谓扬雄模仿《易经》而作的《太玄》曰："《太玄》中高处只是黄老，……《太玄》之说，只是老庄。康节深取之者，以其书亦挨旁阴阳消长来说道理。"⑤ 魏启鹏先生则谓扬雄之师严遵（君平）曰："严君平更以玄默无为之说融通《易经》，开道家黄老易学之生面。"⑥

---

① 刘蔚华：《黄老所完成的历史性过渡》，载丁原明《黄老学论纲》，第 3 页。
② 张涛：《秦汉易学思想研究》，中华书局，2005，第 45 页。
③ 陈鼓应：《道家易学建构》，中华书局，2015，第 23 页。
④ 参见拙作《〈老子〉与〈易〉道关系检讨》，《周易研究》2020 年第 6 期。
⑤ 黎靖德编，王星贤点校《朱子语类》，中华书局，1994，第 1674 页。
⑥ 魏启鹏：《〈太玄〉·黄老·蜀学》，陈鼓应主编《道家文化研究》第十二辑，生活·读书·新知三联书店，1998，第 245 页。

不过黄老道家作为一个学派，其与易学之间的关系实则相当复杂。如上所述，学术界一般认为黄老学产生于战国时期。《周易》则包含经和传两部分，《周易》古经固然产生较早，而学术界对《易传》（"十翼"）诸篇产生的具体时间虽有歧异，然亦认为其大致出现于战国时期。由此，黄老道家与易学的关系可以区分为黄老道家与《易经》的关系和黄老道家与《易传》的关系。就前者而言，当然可以说《易经》可能影响了黄老道家，而由于《易传》与黄老道家产生于同一历史时期，故严格来说二者的先后及影响、被影响的关系殊难认定。此理既明，则在没有明确援《易》、用《易》的证据下，笼统地以范畴、义理的相似性而认定黄老道家与《易传》乃至黄老道家与《易经》的关系都有可能沦为主观臆测。事实上，在早期的黄老道家作品如《黄老帛书》（《黄帝四经》）、《管子》"四篇"、《鹖冠子》等经典中，直接而确凿的易学证据或易学痕迹并不鲜明。[①]

因此，本文考察黄老道家与易学之间的关系，不着眼于早期黄老道家，而是着眼于秦汉以来具有道家黄老倾向的文献。换言之，秦汉时期《吕氏春秋》《淮南子》《韩诗外传》，以及东汉社会批判代表人物王充的《论衡》等作品，其中皆有诸多具有道家黄老思想倾向的内容，其资取《易》理、会通《易》道的表现至为明显，本文即以这些材料为基础，对《易》道会通的黄老思想作一论述。

一　《易》理与无为

无为是老庄道家的核心思想，黄老道家虽然最终把无为引申、诠释为有为，而实现了对老庄道家思想的超越，但毋庸讳言无为仍是其秉持或固守的基本理念。而在论证无为的价值时，黄老道家时常引《易》以明之。

---

① 《文子》是黄老学的一部重要著作，由于其与《淮南子》有很多辞句相同，学术界对于其成书年代尚有争议。但笔者倾向于认为它应该是先于《淮南子》的作品，或成书于秦汉之际，乃至保留了战国时期的不少思想。陈鼓应先生在《论〈文子·上德〉的易传特色》一文中指出，《文子·上德》篇衍述了16个《易》卦，即认为其中的某些文字与泰、否、离、坎、乾、坤、谦、豫、晋、明夷、家人、睽、损、咸、履、解诸卦的《彖传》《象传》文字十分接近（详参陈鼓应《道家易学建构》一书）。对此观点，笔者暂时存疑。

作为汉初黄老学兴盛时期具有黄老倾向的道家著作，《淮南子》① 吸收了众多的易学思想。如《要略》篇在论述该书写作的目的和原则时曰："今《易》之《乾》《坤》，足以穷道通义也，八卦可以识吉凶、知祸福矣，然而伏戏为之六十四变，周室增以六爻，所以原测淑清之道，而□逐万物之祖也。"② 关于无为之理念，该书也多有表述：

> 天设日月，列星辰，调阴阳，张四时；日以暴之，夜以息之，风以干之，雨露以濡之。其生物也，莫见其所养而物长；其杀物也，莫见其所丧而物亡，此之谓神明。圣人象之。故其起福也，不见其所由而福起；其除祸也，不见其所以而祸除。远之则迩，延之则疏；稽之弗得，察之不虚；日计无算，岁计有余。(《泰族训》)③

这段材料中尽管没有出现明确之"无为"表述，而其所谓"神明"即是对天道生物、养物、杀物的自然、无为之属性的概括。这与荀子天论所谓"天行有常""不见其事而见其功"意义相通。《淮南子》认为圣人是完全依照天道之无为行事的，故其起福除祸也是无形的。不仅如此，其接着说："夫湿之至也，莫见其形，而炭已重矣；风之至也，莫见其象，而木已动矣；日之行也，不见其移；骐骥倍日而驰，草木为之靡；县燧未转，而日在其前。故天之且风，草木未动而鸟已翔矣；其且雨也，阴曀未集而鱼已噞矣；以阴阳之气相动也。故寒暑燥湿，以类相从；声响疾除，以音相应也。"故《易》曰："鸣鹤在阴，其子和之。"(《泰族训》)④ 这是说，世间万物皆有其理，且万物之间自然相感相通。而为了说明这个道理，它引用了《中孚》卦九二爻辞，即以鹤与其子之间的鸣唱应和而象征万物内在的自然通感。

---

① 《淮南子》为淮南王刘安主持之下的集体作品，班固言："淮南王安为人好书，鼓琴，不喜弋猎狗马驰骋，亦欲以行阴德拊循百姓，流名誉。招致宾客方术之士数千人，作为《内书》二十一篇，《外书》甚众，又有《中篇》八卷，言神仙黄白之术，亦二十余万言。"(《汉书》卷四十四) 由于参与者人数较多，这本身就决定了《淮南子》思想资源的多元性，故该书被《汉书·艺文志》列为"杂家"。《艺文志》又谓："杂家者流，盖出于议官。兼儒、墨，合名、法，知国体之有此，见王治之无不贯，此其所长也。"可知，其所谓"兼儒、墨，合名、法"之论恰好与司马谈《论六家要旨》所概括的黄老学的"采儒、墨之善，撮名、法之要"之特点是一致的。
② 陈广忠译注《淮南子》，中华书局，2012，第 1261 页。
③ 陈广忠译注《淮南子》，第 1168 页。
④ 陈广忠译注《淮南子》，第 1169 页。

与对无为之价值的推崇相关，《淮南子》又从反面对有为有作之行加以批评。如《泰族训》引列子之典故曰：

> 宋人有以象为其君为楮叶者，三年而成，茎柯豪芒，锋杀颜泽，乱之楮华之中，而不可知也。列子曰："使天地三年而成一叶，则万物之有叶者寡矣。"夫天地之施化也，呕之而生，吹之而落，岂此契契哉？故凡可度者小也，可数者少也，至大非度之所能及也，至众非数之所能领也。故九州不可顷亩也，八极不可道里也，太山不可丈尺也，江海不可斗斛也。①

宋人所雕楮叶可以假乱真，其技不可谓不巧。然在《淮南子》看来，其雕琢楮叶劳心费力，用时三年，其功至少，雕虫小技而已。易言之，人力之有为造作，其功用是局部的、有限的、可衡量的；而天地之无为施化，其功用是普遍的、无限的、不可估量的。《庄子·逍遥游》言："日月出矣而爝火不息，其于光也，不亦难乎！时雨降矣而犹浸灌，其于泽也，不亦劳乎！"② 宋人之为楮叶，实乃爝火、浸灌之行也。

既然天道无为、万物通感，有为有违天道，故《淮南子》尤其强调人道对天道的顺从，即"天之与人，有以相通"③，"圣主在上位，廓然无形，寂然无声，官府若无事，朝廷若无人；无隐士，无轶民，无劳役，无冤刑。四海之内，莫不仰上之德，象主之指，夷狄之国，重译而至。非户辨而家说之也，推其诚心，施之天下而已矣。《诗》曰：'惠此中国，以绥四方。'内顺而外宁矣"④。这就是说，"官府若无事""朝廷若无人"是最理想的政治状态，其实质即是无为而治，而这种无形无声的政治治理模式反而能带来最理想的治理效果。由此，《淮南子》又曰：

> 为治之本，务在于安民；安民之本，在于足用；足用之本，在于勿夺时；勿夺时之本，在于省事；省事之本，在于节欲；节欲之本，在于反性；反性之本，在于去载。去载则虚，虚则平。平者道之素也；虚者

---

① 陈广忠译注《淮南子》，第1172页。
② 王孝鱼点校《庄子集释》，中华书局，2004，第22页。
③ 陈广忠译注《淮南子》，第1170页。
④ 陈广忠译注《淮南子》，第1177页。

道之舍也。

　　能有天下者，必不失其国；能有其国者，必不丧其家；能治其家者，必不遗其身；能修其身者，必不忘其心；能原其心者，必不亏其性；能全其性者，必不惑于道。故广成子曰："慎守而内，周闭而外；多知为败，毋视毋听；抱神以静，形将自正。"不得之己而能知彼者，未之有也。故《易》曰："括囊，无咎无誉。"

　　能成霸王者，必得胜者也；能胜敌者，必强者也；能强者，必用人力者也；能用人力者，必得人心也；能得人心者，必自得者也；能自得者，必柔弱也。强胜不若己者，至于与同则格；柔胜出于己者，其力不可度。故能以众不胜成大胜者，唯圣人能之。（《诠言训》）①

从中可知，《淮南子》认为要实现无为之善政，国家治理者必须具有虚静、平淡、无为、柔弱之品质，而这些品质实则是道家始终强调、一以贯之的"真精神"。其中的广成子云云显然是对《庄子》的援用。其实，《淮南子》受庄学影响颇深，该篇的"虚船"之典及"虚己以游于世"云云也出于《庄子》。不过值得注意的是，《淮南子》在这里不仅援用了《庄子》，而且借助了《周易》坤卦六四爻之辞。"括囊，无咎无誉"本有扎紧袋口、谨言慎行、无功无过、适时闭藏退隐之意，这里所传达的信息是，安民理国之要不在于外而力作，尤在于内而修己。质言之，修身乃治国之根本，修身比治国更重要。用《庄子》的话说，就是"道之真以治身，其绪余以为国家，其土苴以治天下"。（《让王》）② 只不过，《淮南子》认为只有"圣人"、"圣主"或"圣王"能悟彻此理，臻于此境。《泰族训》又曰："故大人者，与天地合德，日月合明，与鬼神合灵，与四时合信。故圣人怀天气，抱天心，执中含和，不下庙堂而衍四海，变习易俗，民化而迁善，若性诸己，能以神化也。《诗》云：'神之听之，终和且平。'夫鬼神视之无形，听之无声，然而郊天、望山川，祷祠而求福，雩兑而请雨，卜筮而决事。《诗》云：'神之格思，不可度思，矧可射思。'此之谓也。"③ 如上所述，天道具有"神明"之属性，烦扰之力作人为不符合天道。故《淮南子》在此继续强调，人

---

① 陈广忠译注《淮南子》，第797～799页。
② 王孝鱼点校《庄子集释》，第971页。
③ 陈广忠译注《淮南子》，第1172页。

只有法则天道，才能无为而治，易民成俗，化天下于无形，即实现所谓"神化"之功。不过，其中的"大人"之论显而易见是取资于《易传》。

东汉以反对官方神学经学而著称的王充也明确从正面肯定黄老学。如谓："从道不随事，虽违儒家之说，合黄、老之义也。"（《论衡·自然》）①当有人问"人生于天地，天地无为，人禀天性者，亦当无为，而有为，何也？"时，王充回答说："至德纯渥之人，禀天气多，故能则天，自然无为。禀气薄少，不遵道德，不似天地，故曰不肖。不肖者，不似也。不似天地，不类圣贤，故有为也。天地为炉，造化为工，禀气不一，安能皆贤？贤之纯者，黄、老是也。黄者，黄帝也；老者，老子也。黄、老之操，身中恬淡，其治无为，正身共己而阴阳自和，无心于为而物自化，无意于生而物自成。"（《自然》）②亦即，黄帝、老子是厚禀天气的至德纯渥之人，是贤之纯者，所以他们性与天通，故能自然无为；而禀气薄少的普通人，其性与天地有隔，境界不及圣贤，故崇尚有为而违背天道。他接着借助易学进一步表彰黄老无为之价值，即：

> 《易》曰："黄帝、尧、舜垂衣裳而天下治。"垂衣裳者，垂拱无为也。孔子曰："大哉，尧之为君也！惟天为大，惟尧则之。"又曰："巍巍乎，舜、禹之有天下也，而不与焉。"周公曰："上帝引佚。"上帝，谓舜、禹也。舜、禹承安继治，任贤使能，恭己无为而天下治。舜、禹承尧之安，尧则天而行，不作功邀名，无为之化自成，故曰"荡荡乎民无能名焉"。年五十者击壤于涂，不能知尧之德，盖自然之化也。《易》曰："大人与天地合其德。"黄帝、尧、舜，大人也。其德与天地合，故知无为也。天道无为，故春不为生，而夏不为长，秋不为成，冬不为藏。阳气自出，物自生长；阴气自起，物自成藏。汲井决陂，灌溉园田，物亦生长。霈然而雨，物之茎叶根垓，莫不洽濡。程量澍泽，孰与汲井决陂哉？故无为之为大矣。本不求功，故其功立；本不求名，故其名成。沛然之雨，功名大矣，而天地不为也，气和而雨自集。（《自然》）③

---

① 袁华忠、方家常译注《论衡全译》，贵州人民出版社，1993，第1132页。
② 袁华忠、方家常译注《论衡全译》，第1120页。
③ 袁华忠、方家常译注《论衡全译》，第1121~1123页。

可知，王充在其中不仅援用孔子、周公之言，还两次引《易》，用《周易》之"垂衣裳而天下治""与天地合德"之论贯通黄老学的自然无为思想。

平心而论，王充对易学颇为精通。在《论衡》中，易学的痕迹俯拾即是。如面对儒生与文史之间的互相鄙薄，王充对儒生提出了一系列难以回答的问题，即：

> 事不晓，不以为短，请复别问儒生，各以其经旦夕之所讲说。先问《易》家："《易》本何所起？造作之者为谁？"彼将应曰："伏羲作八卦，文王演为六十四，孔子作《彖》《象》《系辞》。三圣重业，《易》乃具足。"问之曰："《易》有三家，一曰《连山》，二曰《归藏》，三曰《周易》。伏羲所作，文王所造，《连山》乎，《归藏》《周易》也？秦燔《五经》，《易》何以得脱？汉兴几年而复立？宣帝之时，河内女子坏老屋，得《易》一篇，名为何《易》？此时《易》具足未？"（《谢短》）①

由于受经学"天人感应"思想的影响，当时社会上流行一种说法，即君主的喜怒、刑赏可以影响天气之寒温。王充亦对其做了批驳，即：

> 或难曰："《洪范》庶征曰：'急，恒寒若；舒，恒燠若。'若，顺；燠，温；恒，常也。人君急，则常寒顺之；舒，则常温顺之。寒温应急舒，谓之非政，如何？"夫岂谓急不寒、舒不温哉？人君急舒而寒温递至，偶适自然，若故相应。犹卜之得兆、筮之得数也，人谓天地应令问，其实适然。夫寒温之应急舒，犹兆数之应令问也，外若相应，其实偶然。何以验之？夫天道自然，自然无为。二令参偶，遭适逢会，人事始作，天气已有，故曰道也。使应政事，是有非自然也。《易》京氏布六十四卦于一岁中，六日七分，一卦用事。卦有阴阳，气有升降，阳升则温，阴升则寒。由此言之，寒温随卦而至，不应政治也。案《易》"无妄"之应，水旱之至，自有期节。百灾万变，殆同一曲。变复之家，疑且失实。何以为疑？"夫大人与天地合德，先天而天不违，后天而奉

---

① 袁华忠、方家常译注《论衡全译》，第779~780页。

天时。"《洪范》曰:"急,恒寒若;舒,恒燠若。"如《洪范》之言,
天气随人易徙,当"先天而天不违"耳,何故复言"后天而奉天时"
乎?后者,天已寒温于前,而人赏罚于后也。由此言也,人言与《尚
书》不合,一疑也。京氏占寒温以阴阳升降,变复之家以刑赏喜怒,两
家乖迹,二疑也。民间占寒温,今日寒而明日温,朝有繁霜,夕有列
光,旦雨气温,旦旸两气寒。夫雨者阴,旸者阳也;寒者阴,而温者阳
也。雨旦旸反寒,旸旦雨反温,不以类相应,三疑也。三疑不定,自然
之说,亦未立也。(《寒温》)①

从中可推知,王充对包括《周易》在内的儒家经典之思想融会贯
通,对京氏《易》的"六日七分"说乃至变复之家的理论都有充分的掌
握。或许正因如此,他才能把易学体会渗透在其黄老思想之中,构成较
为独特的黄老易学理论。

王充黄老无为思想的一个主要表现就是否定天人感应,批判和清算汉代
流行的宗教神学思想,而在此过程中其对易学则广为援用。这里不避冗长,
繁引数例。

其一,援《易》质疑共工触不周之山、女娲补天等不合实际的神话传
说,即:

察当今天去地甚高,古天与今无异。当共工缺天之时,天非坠于地
也。女娲,人也,人虽长,无及天者。夫其补天之时,何登缘阶据而得
治之?岂古之天若屋庑之形,去人不远,故共工得败之,女娲得补之
乎?如审然者,女娲多前,齿为人者,人皇最先。人皇之时,天如盖
乎?说《易》者曰:"元气未分,浑沌为一。"儒书又言:"溟涬蒙澒,
气未分之类也。及其分离,清者为天,浊者为地。"如说《易》之家,
儒书之言,天地始分,形体尚小,相去近也。近则或枕于不周之山,共
工得折之,女娲得补之也。含气之类,无有不长。天地,含气之自然
也,从始立以来,年岁甚多,则天地相去,广狭远近,不可复计。儒书
之言,殆有所见。然其言触不周山而折天柱,绝地维,消炼五石补苍
天,断鳌之足以立四极,犹为虚也。何则?山虽动,共工之力不能折

① 袁华忠、方家常译注《论衡全译》,第879~881页。

也。岂天地始分之时，山小而人反大乎？何以能触而折之？以五色石补天，尚可谓五石若药石治病之状。至其断鳌之足以立四极，难论言也。从女娲以来久矣，四极之立自若，鳌之足乎？（《谈天》）①

其二，援《易》论所谓"天取龙"之谬说，即：

世俗之言，亦有缘也。短书言："龙无尺木，无以升天。"又曰"升天"，又言"尺木"，谓龙从木中升天也。彼短书之家，世俗之人也。见雷电发时，龙随而起，当雷电树木击之时，龙适与雷电俱在树木之侧，雷电去，龙随而上，故谓从树木之中升天也。实者雷龙同类，感气相致，故《易》曰："云从龙，风从虎。"又言："虎啸谷风至，龙兴景云起。"龙与云相招，虎与风相致，故董仲舒雩祭之法，设土龙以为感也。夫盛夏太阳用事，云雨干之。太阳，火也；云雨，水也。火激薄则鸣而为雷。龙闻雷声则起，起而云至，云至而龙乘之。云雨感龙，龙亦起云而升天。天极雷高，云消复降。人见其乘云则谓"升天"，见天为雷电则为"天取龙"。世儒读《易》文，见传言，皆知龙者云之类。拘俗人之议，不能通其说；又见短书为证，故遂谓"天取龙"。（《龙虚》）②

其三，援《易》论鬼神不享祭祀，即：

或难曰："'祭则鬼享之'，何谓也？"曰：言其修具谨洁，粢牲肥香，人临见之，意饮食之。推己意以况鬼神，鬼神有知，必享此祭，故曰"鬼享之"祀。难曰："《易》曰：'东邻杀牛，不如西邻之禴祭。'夫言东邻不若西邻，言东邻牲大福少，西邻祭少福多也。今言鬼不享，何以知其福有多少也？"曰：此亦谓修具谨洁与不谨洁也。禴杀牛祭，不致其礼；文王禴祭，竭尽其敬。夫礼不至则人非之，礼敬尽则人是之。是之，则举事多助；非之，则言行见畔。见畔，若祭不见享之祸；多助，若祭见歆之福。非鬼为祭祀之故有喜怒也。（《祀义》）③

其四，援《易》论祷谢无关于水旱和疾病，即：

① 袁华忠、方家常译注《论衡全译》，第661~663页。
② 袁华忠、方家常译注《论衡全译》，第389~390页。
③ 袁华忠、方家常译注《论衡全译》，第1576~1577页。

传书言："汤遭七年旱，以身祷于桑林，自责以六过，天乃雨。"或言："五年。""祷辞曰：'余一人有罪，无及万夫。万夫有罪，在余一人。天以一人之不敏，使上帝鬼神伤民之命。'于是剪其发，丽其手，自以为牲，用祈福于上帝。上帝甚说，时雨乃至。"言汤以身祷于桑林自责，若言剪发丽手，自以为牲，用祈福于帝者；实也。言雨至，为汤自责以身祷之故，殆虚言也。孔子疾病，子路请祷。孔子曰："有诸？"子路曰："有之。诔曰：'祷尔于上下神祇。'"孔子曰："丘之祷久矣。"圣人修身正行，素祷之日久，天地鬼神知其无罪，故曰"祷久矣"。《易》曰："大人与天地合其德，与日月合其明，与四时合其叙，与鬼神合其吉凶。"此言圣人与天地鬼神同德行也。即须祷以得福，是不同也。汤与孔子俱圣人也，皆素祷之日久。孔子不使子路祷以治病，汤何能以祷得雨？孔子素祷，身犹疾病。汤亦素祷，岁犹大旱。然则天地之有水旱，犹人之有疾病也。疾病不可以自责除，水旱不可以祷谢去，明矣。（《感虚》）①

其五，援《易》论天命本无有，谴告实虚妄，即：

"夫大人与天地合其德，与日月合其明，与四时合其序，与鬼神合其吉凶，先天而天不违，后天而奉天时。"如必须天有命，乃以从事，安得先天而后天乎？以其不待天命，直以心发，故有"先天""后天"之勤；言合天时，故有"不违""奉天"之文。（《初禀》）②

《易》曰："大人与天地合其德。"故太伯曰："天不言，殖其道于贤者之心。"夫大人之德，则天德也；贤者之言，则天言也。大人剌而贤者谏，是则天谴告也，而反归告于灾异，故疑之也。六经之文，圣人之语，动言天者，欲化无道、惧愚者。之言非独吾心，亦天意也。及其言天，犹以人心，非谓上天苍苍之体也。变复之家，见诬言天，灾异时至，则生谴告之言矣。（《谴告》）③

其六，援《易》论卜筮之兆数非天地之告报，即：

① 袁华忠、方家常译注《论衡全译》，第329~330页。
② 袁华忠、方家常译注《论衡全译》，第186页。
③ 袁华忠、方家常译注《论衡全译》，第903~904页。

如蓍龟为若版牍，兆数为若书字，象类人君出教令乎？则天地口耳何在，而有教令？孔子曰："天何言哉？四时行焉，百物生焉。"天不言，则亦不听人之言。天道称自然无为，今人问天地，天地报应，是自然之有为以应人也。案《易》之文，观揲蓍之法，二分以象天地，四揲以象四时，归奇于扐，以象闰月。以象类相法，以立卦数耳，岂云天地合报人哉？（《卜筮》）①

夫钻龟揲蓍，自有兆数，兆数之见，自有吉凶，而吉凶之人，适与相逢。吉人与善兆合，凶人与恶数遇，犹吉人行道逢吉事，顾睇见祥物，非吉事祥物为吉人瑞应也。凶人遭遇凶恶于道亦如之。夫见善恶，非天应答，适与善恶相逢遇也。钻龟揲蓍有吉凶之兆者，逢吉遭凶之类也。何以明之？周武王不豫，周公卜三龟，公曰："乃逢是吉。"鲁卿庄叔生子穆叔，以《周易》筮之，遇明夷之谦。夫卜曰"逢"，筮曰"遇"，实遭遇所得，非善恶所致也。善则逢吉，恶则遇凶，天道自然，非为人也。推此以论，人君治有吉凶之应，亦犹此也。君德遭贤，时适当平，嘉物奇瑞偶至。不肖之君，亦反此焉。（《卜筮》）②

其七，援《易》论人之祸福不受制于鬼神，即：

圣人举事，先定于义。义已定立，决以卜筮，示不专己，明与鬼神同意共指，欲令众下信用不疑。故《书》列七卜，《易》载八卦，从之未必有福，违之未必有祸。然而祸福之至，时也；死生之到，命也。人命悬于天，吉凶存于时。命穷，操行善，天不能续；命长，操行恶，天不能夺。（《辨祟》）③

共天同地，并仰日月，而鬼神之祸独加于人，不加于物，未晓其故也。天地之性，人为贵，岂天祸为贵者作，不为贱者设哉？何其性类同而祸患别也？刑不上大夫，圣王于贵者阔也。圣王刑贱不罚贵，鬼神祸贵不殃贱，非《易》所谓"大人与鬼神合其吉凶"也。（《辨祟》）④

---

① 袁华忠、方家常译注《论衡全译》，第1488~1489页。
② 袁华忠、方家常译注《论衡全译》，第1493~1494页。
③ 袁华忠、方家常译注《论衡全译》，第1504页。
④ 袁华忠、方家常译注《论衡全译》，第1509页。

其八，援《易》解释天地日月之运行规律与各种自然现象，即：

> 儒者说曰："日行一度，天一日一夜行三百六十五度。天左行，日月右行，与天相迎。"问日月之行也，系著于天也。日月附天而行，不直行也。何以言之？《易》曰："日月星辰丽乎天，百果草木丽于土。"丽者，附也。附天所行，若人附地而圆行，其取喻若蚁行于硙上焉。（《说日》）①

> 《春秋左氏传》："四月辛卯，夜中恒星不见，夜明也；星霣如雨，与雨俱也。"其言夜明故不见，与《易》之言"日中见斗"相依类也。日中见斗，幽不明也；夜中星不见，夜光明也。事异义同，盖其实也。其言与雨俱之集也。夫辛卯之夜明，故星不见，明则不雨之验也，雨气阴暗，安得明？明则无雨，安得与雨俱？夫如是，言与雨俱者非实。且言夜明不见，安得见星与雨俱？（《说日》）②

概括言之，王充援用易学是想说明天地间唯阴阳二气，万物皆由气化而生，各种自然现象的产生皆根源于气。天地没有意志，鬼神皆为臆说，它们不能主宰、支配人事，不能赏善罚恶而决定人的祸福。换句话说，世间之事皆为人事，人事的祸福不取决于天地鬼神，天意实乃人心。尽管王充最终并没有完全摆脱宗教神学的影响，其思想中仍然存在着某些神秘成分，这些神秘成分甚至会导致其重新沦入宗教的泥潭，但其反对天人感应、消解宗教意义上的天地鬼神的努力是毋庸置疑的。一言以蔽之，王充会通易学与黄老思想的目的是证成天道的自然无为，消解天与人之间的因果联系。

二 《易》理与有为

黄老道家论述天道无为，固然是为人道立基，以使人道遵循无为之原则。然正如上文所言，黄老学并非只讲无为，还将无为引向有为，从而使其最终发展为积极的涉世有为思想。

---

① 袁华忠、方家常译注《论衡全译》，第693页。
② 袁华忠、方家常译注《论衡全译》，第710页。

关于黄老学对有为的强调，《黄帝四经》① 多有表述，即：

> 夫作争者凶，不争 [者] 亦无成功。(《十大经·五正》)
>
> 作争者凶，不争亦毋 (无) 以成功。(《十大经·姓争》)
>
> 明明至微，时反 (返) 以为几 (机)。天道环 [周]，于人反为之客。争 (静) 作德时，天地与之。争不衰，时静不静，国家不定。可作不作，天稽环周，人反为之 [客]。静作得时，天地与之；静作失时，天地夺之。(《十大经·姓争》)
>
> 居则有法，动作〈则〉循名，其事若易成。……居则无法，动作〈则〉爽名，是以戮受其刑。(《十大经·姓争》)
>
> 夫地有山有泽，有黑有白，有美有恶。地俗 (育) 德以静，而天正名以作。静作相养，德虐相成。两若有名，相与则成。阴阳备物，化变乃生。(《十大经·果童》)

可知，黄老学虽然继承了原始道家的柔弱、不争、无为等思想，如谓："以刚为柔者活，以柔为刚者伐。重柔者吉，重刚者灭。"(《经法·名理》)② "以强下弱，何国不克，以贵下贱，何人不得。以贤下不肖，[何事] 不 [治]。"(《经法·四度》)③ 但与老庄道家倾向于凸显柔弱、不争、无为之面向和价值不同，《黄帝四经》则强调静与作、柔弱与刚强、不争与善争、无为与有为相结合，认为二者皆有其价值，只不过要根据不同事情所处的条件、环境和时势之差异，合宜地选择处事的方式。

由于黄老学既提倡无为，又鼓励有为，这种容纳有为的无为极易使人迷惑不解。因此，《淮南子》专门就此问题做了解释。《原道训》曰："是故圣人内修其本，而不外饰其末；保其精神，偃其智故；漠然无为而无不为也，澹然无治也而无不治也。所谓无为者，不先物为也；所谓不为者，因物之所为。所谓无治者，不易自然也；所谓无不治者，因物之相然也。"④ 这里以圣人修身为喻，指出所谓"无为""不为"乃是"不先物为""因物而为"，亦

---

① 陈鼓应：《黄帝四经今注今译——马王堆汉墓出土帛书》，商务印书馆，2007，第428～431页。

② 陈鼓应：《黄帝四经今注今译——马王堆汉墓出土帛书》，第425页。

③ 陈鼓应：《黄帝四经今注今译——马王堆汉墓出土帛书》，第420页。

④ 陈广忠译注《淮南子》，第23页。

即按照事物内在的规律和其发展态势而为。《修务训》则进一步指出："或曰：'无为者，寂然无声，漠然不动，引之不来，推之不往，如此者乃得道之像。'吾以为不然。……夫地势水东流，人必事焉，然后水潦得谷行；禾稼春生，人必加功焉，故五谷得遂长。听其自流，待其自生，则鲧、禹之功不立，而后稷之智不用。若吾所谓无为者，私志不得入公道，耆欲不得枉正术；循理而举事，因资而立〔功〕；权自然之势，而曲故不得容者；政事而身弗伐，功立而名弗有。非谓其感而不应，攻而不动者。"① 其中，循理举事、因资立功云云重申人对外物的因循、顺应。尤为重要的是，"贵因"之外，它更为明确地指出无为绝不是不为、什么也不做，从而把黄老学的有为、有作之面向至为明晰地展露出来。

黄老学主张有为、有作思想的表现之一，即修正老庄道家以道德价值否定世俗名教价值的态度，从而积极地强调仁义礼法的重要性。以法治为例，《黄帝四经》指出："道生法。法者，引得失以绳，而明曲直者也。〔故〕执道者，生法而弗敢犯也，法立而弗敢废〔也〕。〔故〕能自引以绳，然后见知天下而不惑矣。"（《经法·道法》）② 显而易见，其肯定了法治之价值。尤其是其中的"道生法"之论，无疑可视为对法治存在合法性的形上论证。亦即，法治虽然属于形下之物，但其根植于形而上之道体，与道体不是绝对不相容的，故其存在就具有客观必然性和不可否定性。受战国黄老学的影响，《淮南子》一方面承认仁义礼法不过是救世拯弊之具，与道德相比不过是末用而已，故只有暂时之价值；另一方面则又肯定仁义礼法毕竟具有其存在之价值，不可断然废弃，如谓："民无廉耻，不可治也，非修礼义，廉耻不立。民不知礼义，法弗能正也；非崇善废丑，不向礼义。无法不可以为治也，不知礼义，不可以行法。"（《泰族训》）③ 又谓："持以道德，辅以仁义。"（《览冥训》）④ "仁义之不能大于道德也，仁义在道德之包。"（《说山训》）⑤ 概言之，《淮南子》对仁义礼法之价值的张扬实际上就是对社会政治有为、有作的肯定。

① 陈广忠译注《淮南子》，第 1117~1125 页。
② 陈鼓应：《黄帝四经今注今译——马王堆汉墓出土帛书》，第 415 页。
③ 陈广忠译注《淮南子》，第 1204 页。
④ 陈广忠译注《淮南子》，第 331 页。
⑤ 陈广忠译注《淮南子》，第 935 页。

在坚持依凭仁义礼法治国的基础上，《淮南子》广引《易》理以详细阐发其有为、有作思想。以下，试举数例。

其一，社会法度需要圣人统理。《泰族训》曰："禹以夏王，桀以夏亡；汤以殷王，纣以殷亡。非法度不存也，纪纲不张，风俗坏也。三代之法不亡，而世不治者，无三代之智也；六律具存，而莫能听者，无师旷之耳也。故法虽在，必待圣而后治；律虽具，必待耳而后听。故国之所以存者，非以有法也，以有贤人也；其所亡者，非以无法也，以无圣人也。……《易》曰：'丰其屋，蔀其家，窥其户，阒其无人。'无人者，非无众庶也，言无圣人以统理之也。"① 亦即，社会治理固然需要一定的规矩或法度，但对法度的掌控最终依赖于人。它引用《周易》丰卦上六爻辞"无人"之论是说，国家衰亡的根本原因不是缺少法度和百姓，而是没有贤圣之人统理。与老庄道家极力否定世俗圣人不同，这就肯定了圣人的积极作用。

其二，社会教化依赖于治理者的真情。《缪称训》曰："同言而民信，信在言前也。同令而民化，诚在令外也。圣人在上，民迁而化，情以先之也。动于上不应于下者，情与令殊也。故《易》曰：'亢龙有悔。'三月婴儿，未知利害也，而慈母之爱谕焉者，情也。故言之用者，昭昭乎小哉！不言之用者，旷旷乎大哉！身君子之言，信也；中君子之意，忠也。忠信形于内，感动应于外，故禹执干戚，舞于两阶之间，而三苗服。鹰翔川，鱼鳖沉，飞鸟扬，必远害也。"② 这里《淮南子》以婴儿与慈母为喻，意在说明人与人之间可以因真情而相感通。在它看来，"圣人在上，化育如神"（《缪称训》）③的实质即在于圣人与百姓的真情感通。反之，下不谕上、民不迁化的根本原因在于国家治理者缺乏诚信，从而上下不通情、不共情。由此，它认为这种社会情感隔绝、上下无应的状态就是《周易》乾卦上六爻辞所说的"亢龙有悔"。

其三，施行仁义要顺势而为。《人间训》曰："仁者，百姓之所慕也；义者，众庶之所高也。为人之所慕，行人之所高，此严父之所以教子，而忠臣之所以事君也。然世或用之而身死国亡者，不同于时也。……今霜降而树谷，冰泮而求获，欲其食则难矣。故《易》曰'潜龙勿用'者，言时之不可

---

① 陈广忠译注《淮南子》，第 1201~1203 页。
② 陈广忠译注《淮南子》，第 517 页。
③ 陈广忠译注《淮南子》，第 519 页。

以行也。故'君子终日乾乾，夕惕若厉，无咎'。终日乾乾，以阳动也；夕惕若厉，以阴息也。因日以动，因夜以息，唯有道者能行之。夫徐偃王为义而灭，燕子哙行仁而亡，哀公好儒而削，代君为墨而残，灭亡削残，暴乱之所致也。而四君独以仁义、儒墨而亡者，遭时之务异也。非仁义、儒墨不行，非其世而用之，则为之擒矣。"① 此处引《周易》乾卦之辞说明，君子行事当动静结合或静作配合。仁义固然具有教化百姓和治理社会之功用，但亦当选准时机，顺时而动，用其非时而妄动则会带来身死国亡之危险。

其四，肯定"六经"或"六艺"的治世功能，并强调适时变易。在肯定圣人之价值的基础上，《淮南子》进而肯定了圣人所造作的经典。《泰族训》曰："圣人天覆地载，日月照，阴阳调，四时化，万物不同，无故无新，无疏无亲，故能法天。天不一时，地不一利，人不一事，是以绪业不得不多端，趋行不得不殊方。五行异气，而皆适调；六艺异科，而皆同道。温惠柔良者，《诗》之风也；淳庞敦厚者，《书》之教也；清明条达者，《易》之义也；恭俭尊让者，《礼》之为也；宽裕简易者，《乐》之化也；刺几辩义者，《春秋》之靡也。故《易》之失鬼；《乐》之失淫；《诗》之失愚；《书》之失拘；《礼》之失忮，《春秋》之失訾。六者圣人兼用而财制之。"② 又曰："夫物未尝有张而不弛、成而不毁者也。惟圣人能盛而不衰，盈而不亏。……故《易》之失也卦，《书》之失也敷；《乐》之失也淫，《诗》之失也辟，《礼》之失也责，《春秋》之失也刺。天地之道，极则反，盈则损。五色虽朗，有时而渝；茂木丰草，有时而落。物有降杀，不得自若。故圣人事穷而更为，法弊而改制，非乐变古易常也，将以救败扶衰，黜淫济非，以调天地之气，顺万物之宜也。"③ 在《淮南子》看来，《易》《诗》《书》《礼》《乐》《春秋》等"六经"各有其失，使用不当则各生其弊。但圣人却不纠结于此，而是从正面着眼于其各自独特的社会教化之功，"兼用而财制之"。而其一旦在使用过程中出现问题，圣人将适时更法和改制。

由上可知，《淮南子》借助易学肯定了圣人和仁义礼法，也肯定了包括《周易》在内的"六经"的社会教化功能，并主张对世俗礼法制度及时加以变易和修正。在此意义上，其思想无疑是一种积极有为的社会治理理论。不

---

① 陈广忠译注《淮南子》，第 1096～1098 页。
② 陈广忠译注《淮南子》，第 1189 页。
③ 陈广忠译注《淮南子》，第 1186～1187 页。

过需要再次强调的是，《淮南子》的有为思想与无为思想始终相互贯通，并且有为始终被无为所包容和引导。如谓："道者物之所导也，德者性之所扶也，仁者积恩之见证也，义者比于人心，而合于众适者也。故道灭而德用，德衰而仁义生。故尚世体道而不德，中世守德而弗坏也，末世绳绳乎唯恐失仁义。君子非仁义无以生，失仁义，则失其所以生。小人非嗜欲无以活，失嗜欲，则失其所以活。故君子惧失义，小人惧失利。观其所惧，知各殊矣。易曰：'即鹿无虞，惟入于林中。君子几，不如舍，往吝。'"（《缪称训》）① 这里，《淮南子》承接《老子》三十八章"失道而后德，失德而后仁，失仁而后义，失义而后礼"所表现出的道德退化思想，认为道德衰而仁义生，即仁义不过是末世或衰世之产物，是道德堕落的结果。既然已处衰世，则义与利、君子与小人皆与道德背道而驰。由此，对它们的区分则失去意义。这个意思，其实在《庄子》中已有清晰的表达，即："自三代以下者，天下莫不以物易其性矣。小人则以身殉利，士则以身殉名，大夫则以身殉家，圣人则以身殉天下。故此数子者，事业不同，名声异号，其于伤性以身为殉，一也。……伯夷死名于首阳之下，盗跖死利于东陵之上，二人者，所死不同，其于残生伤性均也，奚必伯夷之是而盗跖之非乎！天下尽殉也。彼其所殉仁义也，则俗谓之君子；其所殉货财也，则俗谓之小人。其殉一也，则有君子焉，有小人焉；若其残生损性，则盗跖亦伯夷已，又恶取君子小人于其间哉！"（《骈拇》）② 亦即，处于道灭德衰之世，君子与小人皆失其本然之性，与其誉君子而非小人，不如"两忘而化其道"（《庄子·大宗师》语）。其中"即鹿无虞"云云，引自《周易》屯卦六三爻辞，意在说明无论嗜欲还是仁义，过分执着而不放就会带来危险。概言之，在《淮南子》视野中有为是现实社会的常态，在社会治理的意义上有为是必须的，有其存在的价值，但有为必须始终服从于无为，以无为为宗旨，并以返归无为作为根本趋向。

需要特别指出的是，论述汉代黄老易学对有为思想的发展不能不提及汉初陆贾、贾谊、韩婴等人的儒学。首先，汉初儒学吸收了黄老学思想，将有为与无为结合起来。如陆贾曰："夫道莫大于无为，行莫大于谨敬。何以言

---

① 陈广忠译注《淮南子》，第507页。
② 王孝鱼点校《庄子集释》，第323页。

之？昔虞舜治天下，弹五弦之琴，歌《南风》之诗，寂若无治国之意，漠若无忧民之心，然天下治。周公制作礼乐，郊天地，望山川，师旅不设，刑格法悬，而四海之内奉供来臻，越裳之君重译来朝。故无为者乃有为者也。秦始皇帝设刑法，为车裂之诛，以敛奸邪，筑长城于戎境，以备胡越；征大吞小，威震天下，将帅横行，以服外国；蒙恬讨乱于外，李斯治法于内；事逾烦，天下逾乱，法逾滋而奸逾炽，兵马益设而敌人逾多。秦非不欲为治，然失之者，乃举措大众、刑罚大极故也。"（《新语·无为》）① 可知，陆贾肯定黄老学无为而有为的思想，认为秦朝之失在于"事烦法滋""举措大众""刑罚大极"，即过度的有为。贾谊则在其著名的"过秦论"中认为，秦朝之亡在于"仁义不施"，从而积极肯定世俗仁义礼法的作用，如谓："人主仁而境内和矣，故其士民莫弗亲也；人主义而境内理矣，故其士民莫弗顺也；人主有礼而境内肃矣，故其士民莫弗敬也；人主有信而境内贞矣，故其士民莫弗信也；人主公而境内服矣，故其士民莫弗戴也；人主法而境内轨矣，故其士民莫弗辅也。"（《新书·道术》）② 在汉初黄老学盛行的思想背景中，韩婴同样服膺黄老学的无为，即："传曰：水浊则鱼喁，令苛则民乱，城峭则崩，岸峭则陂。故吴起峭刑而车裂，商鞅峻法而支解。治国者譬若乎张琴然，大弦急则小弦绝矣。故急辔衔者，非千里之御也。有声之声不过百里，无声之声延及四海。故禄过其功者削，名过其实者损，情行合而名副之，祸福不虚至矣。《诗》云：'何其处也，必有与也。何其久也，必有以也。'故惟其无为，能长生久视，而无累于物矣。"（《韩诗外传》卷一）③ 在其视野中，孔子变成了既有为又无为的圣人形象，即："孔子抱圣人之心，彷徨乎道德之域，逍遥乎无形之乡，倚天理，观人情，明终始，知得失。故兴仁义，厌势利，以持养之。"（《韩诗外传》卷五）④ 从学派融合的视角言之，陆贾、贾谊、韩婴等人一方面继续坚持、发展了儒家的入世、有为思想，另一方面又积极吸收了黄老学的无为思想，并把二者有机协调在一起。事实上，这种儒道融合的思想根植于秦汉以来诸子百家之学互相吸收、融通的土壤之中。然而，这种思想文化发展态势又与当时黄老学治国理念中的"用

① 庄大钧校点《新语》，辽宁教育出版社，1998，第5~6页。
② 《贾谊集》，上海人民出版社，1976，第136页。
③ 许维遹校释《韩诗外传集释》，中华书局，1980，第24页。
④ 许维遹校释《韩诗外传集释》，第165页。

众"思想密切关联。所谓"用众",即是指每一种事物皆有其用,亦皆有其偏,故需兼而用之,正如上文所言"兼用而财制之"。如《吕氏春秋》曰:"夫以众者,此君人之大宝也。"(《用众》)① 《淮南子》曰:"夫乘众人之智,则无不任矣;用众人之力,则无不胜也。"(《主术训》)② 由此,百家之学皆出现了"杂家化"的倾向。正是在这个意义上,丁原明先生指出:"汉初儒家陆贾、贾谊、韩婴等人所以充当了传播'黄老学'的角色,这除了受汉初时代思潮的影响外,也与当时儒学的杂家化发展有重要关系。从这个意义上说,汉初儒家的杂家化发展,也应属于汉初黄老学的范畴。"③ 汉初儒家在吸收黄老学思想的同时,又融通了易学思想。以韩婴为例,《汉书》载:"韩婴,燕人也。孝文时为博士,景帝时至常山太傅。婴推诗人之意,而作《内》《外传》数万言,其语颇与齐、鲁间殊,然归一也。淮南贲生受之。燕、赵间言《诗》者由韩生。韩生亦以《易》授人,推《易》意而为之传。燕、赵间好《诗》,故其《易》微,唯韩氏自传之。武帝时,婴尝与董仲舒论于上前,其人精悍,处事分明,仲舒不能难也。后其孙商为博士。孝宣时,涿郡韩生其后也,以《易》征,待诏殿中,曰:'所受《易》即先太傅所传也。尝受《韩诗》,不如韩氏《易》深,太傅故专传之。'司隶校尉盖宽饶本受《易》于孟喜,见涿韩生说《易》而好之,即更从受焉。"(《儒林传》)④ 由此可知,韩婴不仅善治《诗》,而且善治《易》。⑤ 其实,在《韩诗外传》中,韩婴也多有易学之论,如其论太平之世曰:"太平之时……故天不变经,地不易形,日月昭明,列宿有常。天施地化,阴阳和合,动以雷电,润以风雨,节以山川,均其寒暑。万民育生,各得其所,而制国用。故国有所安,地有所主。圣人剡木为舟,剡木为楫,以通四方之物,使泽人足乎木,山人足乎鱼,余衍之财有所流。故丰膏不独乐,硗确不独苦。虽遭凶年饥岁,禹汤之水旱,而民无冻饿之色。故生不乏用,死不转

---

① 陆玖译注《吕氏春秋》,中华书局,2011,第123页。
② 陈广忠译注《淮南子》,第445页。
③ 丁原明:《黄老学论纲》,第265页。
④ 许嘉璐主编《二十四史全译·汉书》,汉语大词典出版社,2004,第1782页。
⑤ 《汉书·艺文志》之《易》类著录《韩氏》二篇,已亡佚。后有以《子夏易传》为韩氏作品者,学术界意见不一,不从。参见周立升《两汉易学与道家思想》,上海文化出版社,2001,第17~18页。

尸。夫是之谓乐。《诗》曰：'於铄王师，遵养时晦。'"（《韩诗外传》卷三)① 很明显，其中"动以雷电，润以风雨""刳木为舟，剡木为楫"之语是对《易传》的借用。

三 《易》理与君道

黄老道家将无为与有为有机结合在一起，减弱了老庄道家批评现实和消解社会性价值的倾向，继而增强了其现实性、入世性与可操作性的理论品质。用学术界常用的话说，黄老道家其实是一种"君人南面之术"。换言之，黄老道家认为，作为国家最高管理者的君主要想成功地牧民驭世必须遵循一定的规则，掌握一套可行的方法。由此，黄老学便衍生出所谓的"君道"，即君主之德行修养问题。

秦汉以来的黄老道家，从不同的方面讨论了君道问题，而在探讨君道的过程中又往往援《易》以为说。君道问题所涉内容众多，据上文所述，君主应当既有清静无为的境界修养，又有审时度势、应时而动的气魄能力。以下，笔者主要从体道则天、重德修身、贵公爱民、尚贤防奸、深察远谋、改过远祸等几个不同的角度加以论述。

其一，体道则天。

黄老学认为万物皆由天地生成，而天地又根源于道，故人应体道则天，使言行与天地和大道相一致。如《淮南子》曰："道至高无上，至深无下，平乎准，直乎绳，圆乎规，方乎矩，包裹宇宙而无表里，洞同覆载而无所碍。是故体道者，不哀不乐，不喜不怒，其坐无虑，其寝无梦，物来而名，事来而应。主者国之心，心治则百节皆安，心扰则百节皆乱。故其心治者，支体相遗也；其国治者，君臣相忘也。黄帝曰：'芒芒昧昧，从天之道，与元同气。'故至德者，言同略，事同指。上下一心，无歧道旁见者，遏障之于邪，开道之于善，而民乡方矣。故《易》曰：'同人于野，利涉大川。'"（《缪称训》）② 在《淮南子》看来，君主乃国之心，心安则身安，故君安则国治。国治则君民上下一心而无分歧，故其引《周易》同人卦之辞以明之。

---

① 许维遹校释《韩诗外传集释》，第 102~103 页。
② 陈广忠译注《淮南子》，第 505~506 页。

陆贾《新语》则曰："圣人承天之明，正日月之行，录星辰之度，因天地之利，等高下之宜，设山川之便，平四海，分九州，同好恶，一风俗。《易》曰：'天垂象，见吉凶，圣人则之；天出善道，圣人得之。'言御占图历之变，下衰风化之失，以匡衰盛，纪物定世，后无不可行之政，无不可治之民，故曰：'则天之明，因地之利。'观天之化，推演万事之类，散之于弥漫之间，调之以寒暑之节，养之以四时之气，同之以风雨之化，故绝国异俗莫不知□□□，乐则歌，哀则哭，盖圣人之教所齐一也。"（《明诫》）① 陆氏在此援用《周易》系辞之言，认为圣人应当观天之象，则天之行，使人道与天地之道相合，如此则能实现移风易俗，齐一世间教化。由于天地以无为为其本性，无为而无不为，故韩婴又提出了"圣人寡为"之说，即："传曰：昔者舜甑盆无膻，而下不以余获罪。饭乎土簋，啜乎土型，而工不以巧获罪。麤衣而鳌领，而女不以侈获罪。法下易由，事寡易为，而民不以政获罪。故大道多容，大德多下，圣人寡为，故用物常壮也。传曰：易简而天下之理得矣。忠易为礼，诚易为辞，贤人易为民，工巧易为材。《诗》曰：'歧有夷之行，子孙保之。'"（《韩诗外传》卷三）② 在韩氏看来，大道无为，兼容万物，其因循万物自然之性而不妄加干涉，故体道之圣人亦应以"贵因"为性，因民而寡为。从本质上说，"贵因"寡为实际上是删繁就简，反对扰民苛民。因此，他又将"圣人寡为"之说与《周易》"易简"之说相互勾连在一起。《系辞》言："乾知大始，坤作成物。乾以易知，坤以简能。易则易知，简则易从。易知则有亲，易从则有功。有亲则可久，有功则可大。可久则贤人之德，可大则贤人之业。易简而天下之理得矣。天下之理得，而成位乎其中矣。"③ 由此，黄老学的"贵因寡为"之说与易学的"易简"之说得以血肉贯通。

其二，重德修身。

为君之道，德性为先，即君主的德性是治国成功与否的关键因素。秦汉黄老学也把重德修身作为君道的核心内容。贾谊《新书》曰："龙也者，人主之辟也。亢龙往而不返，故《易》曰：'有悔。'悔者，凶也。潜龙入而不能出，故曰'勿用。'勿用者，不可也。龙之神也，其惟飞龙乎，能与细细，

---

① 庄大钧校点《新语》，第15~16页。

② 许维通校释《韩诗外传集释》，第79~80页。

③ 周振甫译注《周易译注》，中华书局，1991，第229页。

能与巨巨，能与高高，能与下下。吾故曰：龙变无常，能幽能章。故至人者，在小不宝，在大不宄；狎而不能作，习而不能顺；佻不惛，卒不妄；饶裕不赢，迫不自丧；明是审非，察中居宜。此之谓有威仪。"（《容经》）①世人常以龙比喻君主，而《周易》乾卦诸爻亦以"六龙"入说，故贾谊在此以乾卦"潜龙勿用""亢龙有悔"云云论君主之威仪。亦即，君主居则有度，动则有法，日用常行皆应遵循一定的仪轨。《吕氏春秋》中也有一段意味深长的记载，即："人之所乘船者，为其能浮而不能沉也。世之所以贤君子者，为其能行义而不能行邪辟也。孔子卜，得贲。孔子曰：'不吉。'子贡曰：'夫贲亦好矣，何谓不吉乎？'孔子曰：'夫白而白，黑而黑，夫贲又何好乎？'故贤者所恶于物，无恶于无处。"（《壹行》）② 这个故事又见于《孔子家语》，只是文字略有不同，子贡则变成了子张，即："孔子尝自筮其卦，得贲焉，愀然有不平之状。子张进曰：'师闻卜者得贲卦，吉也，而夫子之色有不平，何也？'孔子曰：'以其离耶。在《周易》，山下有火谓之贲，非正色之卦也。夫质也，黑白宜正焉，今得贲，非吾兆也。吾闻丹漆不文，白玉不雕，何也？质有余，不受饰故也。'"（《好生》）③ 山火《贲》卦，上《艮》下《离》，山下有火，有文饰、修饰义。一般人以为该卦主亨通，为吉，但孔子却认为其非正色之卦，并不是好兆头。言外之意，人道以光明磊落、黑白分明为贵，反之则为人所厌恶和不齿。易言之，如果君主德无定止、行无轨范，那他绝对不会把国家治理好。

君德关乎治国之成败，故君主应时刻以修心养德为要。韩婴曰："孔子曰：'口欲味，心欲佚，教之以仁。心欲安，身恶劳，教之以恭。好辩论而畏惧，教之以勇。目好色，耳好声，教之以义。'《易》曰：'艮其限，列其夤，厉薰心。'《诗》曰：'吁嗟女兮，无与士耽。'皆防邪禁佚，调和心志。"（《韩诗外传》卷二）④ 亦即，包括君主在内的任何人都应当认识到自身德性之不足，并以相应的道德标准规约自己。他还援引《周易》艮卦九三爻辞，以说明违背道德的危险和心性修养的必要性。而在心性修养方面，韩婴十分强调谦德的重要性。《韩诗外传》卷三曰：

① 《贾谊集》，第109页。
② 陆玖译注《吕氏春秋》，第837页。
③ 王德明主编《孔子家语译注》，广西师范大学出版社，1998，第106~107页。
④ 许维遹校释《韩诗外传集释》，第39~40页。

　　周公践天子之位七年，布衣之士所执贽而师见者十人。所友见者十二人，穷巷白屋所先见者四十九人，时进善者百人，教士者千人，官朝者万人。当此之时，诚使周公骄而且吝，则天下贤士至者寡矣。成王封伯禽于鲁，周公诫之曰："往矣！子其无以鲁国骄士。吾文王之子，武王之弟，成王之叔父也，又相天子，吾于天下亦不轻矣。然一沐三握发，一饭三吐哺，犹恐失天下之士。吾闻德行宽裕，守之以恭者，荣。土地广大，守之以俭者，安。禄位尊盛，守之以卑者，贵。人众兵强，守之以畏者，胜。聪明睿智，守之以愚者，哲。博闻强记，守之以浅者，智。夫此六者，皆谦德也。夫贵为天子，富有四海，由此德也。不谦而失天下亡其身者，桀纣是也，可不慎欤！故《易》有一道，大足以守天下，中足以守其国家，小足以守其身，谦之谓也。夫天道亏盈而益谦，地道变盈而流谦，鬼神害盈而福谦，人道恶盈而好谦。是以衣成则必缺衽，宫成则必缺隅，屋成则必加措，示不成者，天道然也。《易》曰：'谦亨，君子有终吉。'《诗》曰：'汤降不迟，圣敬日跻。'诫之哉！子其无以鲁国骄士也。"①

卷八亦曰：

　　孔子曰："《易》先《同人》后《大有》，承之以《谦》，不亦可乎？"故天道亏盈而益谦，地道变盈而流谦，鬼神害盈而福谦，人道恶盈而好谦。谦者，抑事而损者也。持盈之道，抑而损之，此谦德之于行也。顺之者吉，逆之者凶。五帝既没，三王既衰，能行谦德者，其惟周公乎。周公以文王之子，武王之弟，成王之叔父，假天子之尊位七年，所执贽而师见者十人，所还质而友见者十三人，穷巷白屋之士所先见者四十九人，时进善者百人，官朝者千人，谏臣五人，辅臣五人，拂臣六人，载干戈以至于封侯，异族九十七人，而同姓之士百人。孔子曰："犹以为周公为天下党，则以同族为众，而异族为寡也。"故德行宽容而守之以恭者荣，土地广大而守之以俭者安，位尊禄重而守之以卑者贵，人众兵强而守之以畏者胜，聪明睿智而守之以愚者哲，博闻强记而守之以浅者不隘。此六者皆谦德也。《易》曰："谦：亨，君子有终，吉。"

---

①　许维遹校释《韩诗外传集释》，第116~118页。

能以此终吉者，君子之道也。贵为天子，富有四海，而德不谦，以亡其身，桀纣是也，而况众庶乎？夫《易》有一道焉，大足以治天下，中足以安家国，近足以守其身者，其惟谦德乎。《诗》曰："汤降不迟，圣敬日跻。"①

在这两段材料中，韩婴援用、发挥了《周易》谦卦之卦辞、象辞之理，论述了谦虚于君德的重要意义。他以周公为遵循谦德的典范，而与桀纣对举，以史实证明谦则安家国、治天下，而骄则丧国亡身的道理。尤其需要指出的是，他根据《周易》的卦序提出"易先《同人》后《大有》，承之以《谦》，不亦可乎"之论。他或许意在提醒，君主在初始创业阶段或许能够保有谦虚之德，故而能够"同人"而得民心，进而依靠民众的力量而使其事业"大有"或富足，然"大有"之后仍须坚守谦德，否则就会与桀纣一样落得丧身亡国的下场。

其三，贵公爱民。

欲治其国，则必爱其民。道家自老子始，就主张"爱民治国""以言下民""以身后民"，乃至提出"圣人无常心，以百姓心为心"之论。关于重民、爱民，《吕氏春秋》曰："尝试观上古记，三王之佐，其名无不荣者，其实无不安者，功大也。《诗》云：'有暗凄凄，兴云祁祁。雨我公田，遂及我私。'三王之佐，皆能以公及其私矣。俗主之佐，其欲名实也，与三王之佐同，而其名无不辱者，其实无不危者，无公故也。皆患其身不贵于国也，而不患其主之不贵于天下也；皆患其家之不富也，而不患其国之不大也。此所以欲荣而愈辱，欲安而益危。安危荣辱之本在于主，主之本在于宗庙，宗庙之本在于民，民之治乱在于有司。《易》曰：'复自道，何其咎，吉。'以言本无异，则动卒有喜。今处官则荒乱，临财则贪得，列近则持谀，将众则罢怯，以此厚望于主，岂不难哉！"（《务本》）② 其意是说，民乃国之本，民之治乱关乎国之兴衰。因此，治国贵在爱民、安民，而安民之要在于治国者抑制私欲，以民为本，以公为先，先公而后私。它又援引《周易》风天小畜卦初九爻辞，意在说明一旦偏离以民为本的原则，就应当及时加以纠偏，复反正道，如此仍可以趋吉避凶。

---

① 许维遹校释《韩诗外传集释》，第301~303页。
② 陆玖译注《吕氏春秋》，第397~398页。

君重其民，则民尊其君。贾谊在其《新书》中记载了邹穆公的故事，即：

> 楚王欲淫邹君，乃遗之技乐美女四人。穆公朝观，而夕毕以妻死事之孤，故妇人年弗称者弗蓄，节于身而弗众也。王舆不衣皮帛，御马不食禾菽，无淫僻之事，无骄熙之行，食不众味，衣不杂采，自刻以广民，亲贤以定国，亲民如子。邹国之治，路不拾遗，臣下顺从，若手之投心。是故以邹子之细，鲁、卫不敢轻，齐、楚不能胁。邹穆公死，邹之百姓若失慈父，行哭三月。四境之邻于邹者，士民乡方而道哭，抱手而忧行。酤家不仇其酒，屠者罢列而归，儌童不讴歌，春筑者不相杵，妇女抉珠瑱，丈夫释玦珥，琴瑟无音，期年而后始复。故爱出者爱反，福往者福来。《易》曰："鸣鹤在阴，其子和之。"其此之谓乎！故曰："天子有道，守在四夷；诸侯有道，守在四邻。"（《春秋》）①

邹穆公洁身自好，自刻广民，乃至亲民如子，不仅挫败了楚国的恶意，而且赢得了国民的爱戴。依贾谊之意，这种"爱出者爱反，福往者福来"之理，即与《周易》中孚卦九二爻辞"鸣鹤在阴，其子和之，我有好爵，吾与尔靡之"之理相通。亦即，君爱其民，则民爱其君，上下相和，则国家太平。对于中孚卦九二爻辞，贾氏一再援引，又如："《诗》曰：'恺悌君子，民之父母。'言圣王之德也。《易》曰：'鸣鹤在阴，其子和之。'言士民之报也。《书》曰：'大道亶亶，其去身不远，人皆有之，舜独以之。'夫射而不中者，不求之鹄，而反修之于己。君国子民者，反求之己，而君道备矣。"（《新书·君道》）② 这里，贾谊并引《诗》《书》与中孚卦九二爻辞，再次阐发了圣人君子深爱其民，则民将厚以报之的道理，并警示治国者要善于反己修身。

其四，尚贤防奸。

《老子》从防止争斗的角度，明确提出"不尚贤"。但现实中要治国理民，黄老学必然崇尚贤能。《吕氏春秋》曰：

> 赵简子将袭卫，使史默往睹之，期以一月。六月而后反，赵简子

---

① 《贾谊集》，第113～114页。
② 《贾谊集》，第130～131页。

曰："何其久也?"史默曰："谋利而得害,犹弗察也。今蘧伯玉为相,史鳅佐焉,孔子为客,子贡使令于君前,甚听。《易》曰:'涣其群,元吉。'涣者,贤也;群者,众也,元者吉之始也。'涣其群,元吉'者,其佐多贤也。"赵简子按兵而不动。凡谋者,疑也。疑则从义断事,从义断事则谋不亏。谋不亏,则名实从之。贤主之举也,岂必旗偾将毙而乃知胜败哉?察其理而得失荣辱定矣。故三代之所贵,无若贤也。(《召类》)①

可知,因为卫国有群贤辅佐,赵简子放弃了袭卫的计划。《吕氏春秋》由此指出,贤主治国必以尚贤为贵。为了说明这个道理,《吕》书引用了《周易》涣卦六四爻辞。一般解《易》者认为,涣意为离、涣散,如《周易·杂卦传》曰:"涣,离也。"《序卦传》曰:"兑者,说也。说而后散之,故受之以涣。涣者,离也。"《吕》书则以贤训涣,故"涣其群元吉"意为贤其群则吉也,这就引申出尚贤之理。陆贾《新语》曰:

> 夫口诵圣人之言,身学贤者之行,久而不弊,劳而不废,虽未为君□□□□□□已。孔子曰:"行夏之时,乘殷之辂,服周之冕,乐则《韶》《舞》。放郑声,远佞人。"□□□道而行之于世,虽非尧、舜之君,则亦尧、舜也。今之为君者则不然,治不法乎尧、舜,则曰今之世不可以道德治也。为臣者不师稷、契、周公之政,则曰今之民不可以礼义化也。为子者不执曾、闵之贤,朝夕不休,尽节不倦,则曰家人不敢也。学者不操回、赐之精,昼夜不懈,则曰世所不行也。自人君至于庶人,未有不法圣道而为贤者也。为善者卦,为恶者众,《易》曰:"丰其屋,蔀其家,窥其户,阒其无人。"无人者,非无人也,言无圣贤以治之耳。(《思务》)②

这就是说,人学圣贤则近于圣贤,君主效法圣道则近于圣君。这里,陆氏同样引用了《周易》丰卦上六爻辞"阒其无人"之说。亦即,如果国家治理不好,那是因为君主在尚贤远佞方面做得不够。巧合的是,东汉时王充在《论衡》中同样援用了丰卦的"无人"说,即:

---

① 陆玖译注《吕氏春秋》,第759~760页。
② 庄大钧校点《新语》,第17页。

《易》曰："丰其屋，蔀其家，窥其户，阒其无人也。"非其无人也，无贤人也。《尚书》曰："毋旷庶官。"旷，空；庶，众也。毋空众官，置非其人，与空无异，故言空也。夫不肖者皆怀五常，才劣不逮，不成纯贤，非狂妄顽嚚身中无一知也。德有大小，材有高下，居官治职，皆欲勉效在官。《尚书》之官，《易》之户中，犹能有益，如何谓之空而无人？《诗》曰："济济多士，文王以宁。"此言文王得贤者多，而不肖者少也。今《易》宜言"阒其少人"，《尚书》宜言"无少众官"。以"少"言之，可也；言"空"而无人，亦尤甚焉。五谷之于人也，食之皆饱。稻粱之味，甘而多腴。豆麦虽粝，亦能愈饥。食豆麦者，皆谓粝而不甘，莫谓腹空无所食。竹木之杖，皆能扶病。竹杖之力，弱劣不及木。或操竹杖，皆谓不劲，莫谓手空无把持。夫不肖之臣，豆麦竹杖之类也。《易》持其具臣在户，言无人者，恶之甚也。《尚书》众官，亦容小材，而云无空者，刺之甚也。（《艺增》）①

其中，王充并引《易》《诗》《书》，重申了陆贾的意思，即《丰》卦所说的"无人"，并不是指空无一人，而是讥刺不肖之人处其非位，贤人却不被重用而无法施展其才能的政治生态。

贤人的重要性，突出地表现在其可以帮助君主纾危解困上。韩婴曰："《易》曰：'困于石，据于蒺藜，入于其宫，不见其妻，凶。'此言困而不见据贤人者也。昔者秦穆公困于殽，疾据五羖大夫、蹇叔、公孙支而小霸。晋文公困于骊氏，疾据咎犯、赵衰、介子推而遂为君。越王勾践困于会稽，疾据范蠡、大夫种而霸南国。齐桓公困于长勺，疾据管仲、宁戚、隰朋而匡天下。此皆困而知疾据贤人者也。夫困而不知疾据贤人而不亡者，未尝有之也。《诗》曰：'人之云亡，邦国殄瘁。'无善人之谓也。"（《韩诗外传》卷六）② 韩氏以《周易》困卦六三爻辞为引语指出，战国诸霸主遇困之时，皆因依赖贤臣而摆脱困境，并最终成就其霸业。反之，处困而不尚贤则无法脱困而致大凶。

一旦小人得势，国君就会陷入危险之中。《新语》曰："秦二世之时，赵高驾鹿而从行，王曰：'丞相何为驾鹿？'高曰：'马也。'王曰：'丞相误

---

① 袁华忠、方家常译注《论衡全译》，第528~530页。
② 许维遹校释《韩诗外传集释》，第217页。

也，以鹿为马。’高曰：‘陛下以臣言不然，愿问群臣。’于是乃问群臣，群臣半言鹿半言马。当此之时，秦王不能自信其目，而从邪臣之说。夫马、鹿之异形，众人所知也，然不能分别是非也，况于暗昧之事乎？《易》曰：‘二人同心，其义断金。’群党合意，以倾一君，孰不移哉！”（《辨惑》）[①] 他以秦二世时赵高指鹿为马为例指出，不肖之人居于高位就会颠倒黑白、势压君主。他又借助《周易·系辞》“二人同心，其义断金”之言，认为小人结党也会形成合力而使君主式微。《淮南子》亦曰：“圣人在上，则民乐其治；在下，则民慕其意。小人在上位，如寝关曝纩，不得须臾宁。故《易》曰：‘乘马班如，泣血涟如。’言小人处非其位，不可长也。物莫无所不用。天雄乌喙，药之凶毒也，良医以活人。侏儒鼓师，人之困慰者也，人主以备乐。是故圣人制其剟材，无所不用矣。”（《缪称训》）[②]“乘马班如，泣血连如”出自《周易》屯卦上六爻辞，意为盘桓不进、血泪涟涟之象。《淮南子》借此说明，一旦小人处其非位，则整个国家将陷入困境，不得安宁。由此可知，亲贤臣、远小人对君主来说是多么重要。

其五，深察远谋。

世间万事，变幻多端，君主善于深察远谋方能避祸。对此，《淮南子》曰：“众人皆知利利而病病也，唯圣人知病之为利，知利之为病也。夫再实之木根必伤，掘藏之家必有殃，以言大利而反为害也。张武教智伯夺韩、魏之地而擒于晋阳；申叔时教庄王封陈氏之后而霸天下。孔子读《易》至《损》《益》，未尝不愤然而叹，曰：‘益损者，其王者之事与？’事或欲以利之，适足以害之；或欲害之，乃反以利之。利害之反，祸福之门户，不可不察也。”（《人间训》）[③] 它用孔子读《易》至《损》《益》而叹之事为例，认为君王应当深察世事利害互根、祸福相依、损益相连。对事物没有全面的把握，执着于一面就会陷入困境。《周易》六十四卦，卦与卦之间多有对待关系，除了《损》与《益》，还有《剥》与《复》，故其又曰：“圣人为善，非以求名，而名从之。名不与利期，而利归之。故人之忧喜，非为蹠蹠焉往生也。故至至不容。故若眯而抚，若跌而据。圣人之为治，漠然不见贤焉，终而后知其可大也。若日之行，骐骥不能与之争远。今夫夜有求，与瞽师

① 庄大钧校点《新语》，第 7 页。

② 陈广忠译注《淮南子》，第 511~512 页。

③ 陈广忠译注《淮南子》，第 1041~1042 页。

并，东方开，斯照矣。动而有益，则损随之。故《易》曰：'剥之不可遂尽
也。故受之以复。'"（《缪称训》）① 这同样是说，事物变化是必然的，损
益、剥复互相转化，君主应当深察其中变化之理。

事物内在矛盾的正负势力之间无时不处于变化之中，但其变化毕竟需要
一定的条件和时间。因此，提前发现变化的苗头，准确把握变化的契机而未
雨绸缪就成为君主的智慧所在。《淮南子》曰："昔太公望、周公旦受封而相
见，太公问周公曰：'何以治鲁？'周公曰：'尊尊亲亲。'太公曰：'鲁从此
弱矣。'周公问太公曰：'何以治齐？'太公曰：'举贤而上功。'周公曰：
'后世必有劫杀之君。'其后齐日以大，至于霸，二十四世而田氏代之。鲁日
以削，至三十二世而亡。故《易》曰：'履霜，坚冰至。'圣人之见，终始微
言。故糟丘生乎象樯，炮烙生乎热升。"（《齐俗训》）② 这里它又以《周易》
坤卦"履霜坚冰"之论指出，君主要通物知化，具备以小知大、以近知远的
治理智慧。

其六，改过远祸。

君主治国理民无论做什么事都要善始善终，尤其是尽量避免犯过错。关
于善始善终，贾谊曰："《易》曰：'正其本而万物理，失之毫厘，差以千
里。'故君子慎始。《春秋》之元，《诗》之关雎，《礼》之冠婚，《易》之乾
坤，皆慎始敬终云尔。"（《新书·胎教》）③ 韩婴曰："官怠于有成，病加于
小愈，祸生于懈惰，孝衰于妻子，察此四者，慎终如始。《易》曰：'小狐汔
济，濡其尾。'《诗》曰：'靡不有初，鲜克有终。'"（《韩诗外传》卷八）④
很明显，二者为了说明善始善终的道理，都引用了《周易》。在他们看来，
《周易》"失之毫厘，差以千里""小狐汔济，濡其尾"之论正是为了警示人
们不要犯错误。

然而，每一个人都很难避免犯错误，帝王君主亦然。故《淮南子》又
曰："夫人之情，莫不有所短。诚其大略是也，虽有小过，不足以为累。若
其大略非也，虽有闾里之行，未足大举。夫颜啄聚，梁父之大盗也，而为齐
忠臣；段干木，晋国之大驵也，而为文侯师。孟卯妻其嫂，有五子焉，然而

---

① 陈广忠译注《淮南子》，第 522~523 页。
② 陈广忠译注《淮南子》，第 568~569 页。
③ 《贾谊集》，第 175 页。
④ 许维遹校释《韩诗外传集释》，第 292~293 页。

相魏，宁其危，解其患。景阳淫酒，被发而御于妇人，威服诸侯。此四人者，皆有所短，然而功名不灭者，其略得也。季襄、陈仲子，立节抗行，不入污君之朝，不食乱世之食，遂饿而死，不能存亡接绝者何？小节伸而大略屈。故小谨者无成功，訾行者不容于众。体大者节疏，跕距者举远。自古及今，五帝三王，未有能全其行者也。故《易》曰：'小过，亨，利贞。'言人莫不有过，而不欲其大也。夫尧、舜、汤、武，世主之隆也；齐桓、晋文，五霸之豪英也。然尧有不慈之名，舜有卑父之谤，汤、武有放弑之事，伍伯有暴乱之谋，是故君子不责备于一人。"（《泛论训》）[1] 其中以众多的历史人物为证，认为人莫不有所短，过失亦在所难免。然一旦有过，须及时补救以阻止小过变大过，而其中的关键在于保持"大略是"，而不能"小节伸而大略屈"。它援用《周易》小过卦卦辞，意为犯了小过而能自省改过，则其后仍可亨通。无疑，《淮南子》这种改过而亨的观点是合乎人情和事实的。

明白了《淮南子》改过而亨的道理，就比较容易理解《吕氏春秋》中援《易》所记载的"武王拜虏"的故事了，即：

> 武王胜殷，得二虏而问焉，曰："若国有妖乎？"一虏对曰："吾国有妖，昼见星而天雨血，此吾国之妖也。"一虏对曰："此则妖也，虽然，非其大者也。吾国之妖甚大者，子不听父，弟不听兄，君令不行，此妖之大者也。"武王避席再拜之。此非贵虏也，贵其言也。故《易》曰："诉诉履虎尾，终吉。"（《慎大》）[2]

武王胜殷而问二虏殷是否有妖，二虏皆对之。然而，前虏所言"昼见星而天雨血"实乃自然界所现之灾异。然古人认为灾异源于人祸，或亦可谓之"人妖"。后虏所对"子不听父，弟不听兄，君令不行"即是"人妖"所致。换言之，后虏所答道出了殷灭亡的真正原因。诚如《吕》书所言，武王拜之，乃贵其言也。试想，君王能够时刻了解治国之失且谨慎防过，一定不会酿成大祸乃至落得亡国的下场。

---

① 陈广忠译注《淮南子》，第 761~763 页。
② 陆玖译注《吕氏春秋》，第 471 页。

结　语

综上所述，尽管早期黄老道家与易学的交涉较为复杂，但秦汉以后黄老道家有意识地沟通易学的努力却是不可否认的学术事实。在易道会通的过程中，黄老学不仅借助易理阐发了以无为、有为、君道思想为核心理念的直面现实的政治操控和社会治理体系，而且拓展了易学思想的阐释领域，丰富了易学思想的内涵。

当然，如果从学术史、思想史的视域观之，黄老道家与易学的思想会通不仅为其后魏晋玄学易学乃至道教易学的发展奠定了理论基础，而且在客观上成为《易》道会通史上一颗璀璨的理论明珠，一个不可绕过的理论思潮或环节。

礼之起源、秩序本性与文明历史

——以《礼运》礼之起源到大成的叙事为中心

陈 赟

(华东师范大学中国现代思想文化研究所暨哲学系)

摘 要:《礼运》刻画礼之从起源到大成的叙事,是以三代以上的典范案例来展示秩序(礼)的意义、历史及其本性的。对这一叙事进行整体性的文本分析,则可以看到,神显、圣创、文明构成三种理解秩序历史及其本性的关键词,但"神显""圣创"可以纳入"文明"之中,作为"文明"的构成部分而被理解。秩序的完备状态在《礼运》中具有通人人(人伦完备)、通天人(神人协合)、通古今(古今通达)的三重向度,三者构成秩序之"文"在历史中的展开的敞开或显著化("明")。

关键词: 礼运 文明 神显 圣创

《礼运》作为《礼记》的重要篇章,其文本的整体结构起于大同小康叙事,而归于大顺的秩序理想。而从大同到小康的叙事,则又对应于整体文本结构中的自"夫礼之初,始诸饮食"到"此礼之大成也"。对于礼之由隐而显、从原初状态到大成状态的历程的刻画,集中展现了礼(秩序)的本性。这里的关键是作为秩序的礼的起源与发展过程,其本质究竟是"神显"、"圣创",还是"文明"?我们以为《礼运》本质上是将"圣创"与"神显"纳入到"文明"的总体结构中,因此秩序的历史就是"文"之由"隐"而"明"的过程。

一 礼何以急：秩序的意义问题

《礼运》开篇始之以大同、小康，然归结却在"礼之急"。这让一般人很难不感到惊讶。事实上，刘咸炘就曾断言，其内容很是可疑。刘咸炘以为，问题在于，"前人皆读为二节"，这就自然导致了"遂谓孔旨贵二帝而贱三王"，但这样的观点"其说有不可通者四"："传子不始于禹世及非三王所创，吾已详论于《君位》。人有言：'至于禹而德衰。'孟子已非之矣。一也。此篇前文言三代之英，后文言先王承天治人而极言礼，亦举夏、商，若六君子不足邵，则与前后文背。二也。此篇大旨在礼，若谨礼止为小康，言优不应复言礼急而请极言。三也。且既贱谨礼，则必别有以致大同者，何不详言其道而但处拟其象，若谓'选贤'二句便是致之之道，则刑仁讲让何又止为小康。四也。"① 在刘咸炘看来，正是以大同、小康两节解析《礼运》开篇才会有上述的问题，毕竟"盖大同止是治效，谨礼乃是治术，若谨礼为单，则大同乃成空幻矣。《老经》本不贱礼，后世误解，效不具辨。庄周放言，何可援同孔子"②。在此基础上，他提出："断为三节，义较可通，第一节言大同之象，第二节言大同既过，治极而乱，民风日浇，故三王拨乱而谨礼，第三节，其次不能尽礼，仅得小康，谨礼可致大同，浅者犹得小康，故曰礼急。礼有广狭二义，狭者三百三千，广者自然天秩。《记》中论礼多举广义，此篇尤宏，亦学者所当先辨也。"③ 刘咸炘的以上看法，仍然对大道之"行"与"隐"没有深入的理解，而且他又接受了将帝王区分带入大同小康的郑玄式理解，而后才会产生大同小康叙事"贵二帝而贱三王"的认识，而对于"贵二帝而贱三王"，在三代秩序自北宋以来被理想化、典范化之后，其又是很难接受的。这才有了种种困难。但刘咸炘将大同小康两章重分为三章的做法，并不能在根本上解决其所提出的问题。更本质的问题是，《礼运》何以在小康之后提出秩序的迫切性（礼之急）的问题，而后进一步历史地探讨礼之从起源到大成的状态，这一从起源到大成显然是与三代以上从大同到小康的结构是相应的。

---

① 蔡曙辉编校《刘咸炘学术论集·哲学编》（上），广西师范大学出版社，2010，第100页。
② 蔡曙辉编校《刘咸炘学术论集·哲学编》（上），第100页。
③ 蔡曙辉编校《刘咸炘学术论集·哲学编》（上），第100页。

在《礼运》的整体结构中，在孔子陈说了大同与小康之后，子游的问题却是"如此乎礼之急也？"这是子游惊讶于秩序的迫切性，这从一个侧面说明礼在三代的兴起，是时代性的要求，是不得不然的，它并非一两个帝王的主观性创建，而是根植于与世变关联着的人心之变化。孔子对子游的回答是：

> 夫礼，先王以承天之道，以治人之情。故失之者死，得之者生。《诗》曰："相鼠有体，人而无礼；人而无礼，胡不遄死？"是故夫礼，必本于天，殽于地，列于鬼神，达于丧祭、射御、冠昏、朝聘。故圣人以礼示之，故天下国家可得而正也。（《礼记·礼运》）

这一回答包含以下几个要点。

其一，"以承天之道，以治人之情"，礼的创建是先王继承天道的表现，也是本着天道来治理人情，天道是秩序的根据，而人情则是被治理的对象。船山深刻地指出："天道人情乃一篇之大指，盖所谓大道者，即天道之流行，而人情之治忽则同异康危之所自分，斯以为礼之所自运而运行于天下者也。"[1] 天人之际在秩序思想中很大程度上是天道与人情的问题。"失之者死，得之者生"，呼应了"小康"节的"如有不由此者，在执者去，众以为殃"。

其二，秩序（礼）是人的定义性特征，人在三代以上被理解为一种礼仪的存在，《诗经·鄘风·相鼠》就传达了这一对人的理解。在三代以上的语境中，仪式化场景构成人的定义性特征，尽管没有个体的自觉，但仪式化场景本身却关联着集体主义的生存形式，通过仪式达成的一致渗透到人的意识深处，关联着无意识层面。自三代以下，虽然中国思想发展了以仁界定人的新途径，但礼并不能被排除在人的定义之外，船山云："缘仁制礼，则仁体也，礼用也；仁以行礼，则礼体也，仁用也。体用之错行而仁义之互藏，其宅固矣。人之所以异于禽兽，仁而已矣；中国之所以异于夷狄，仁而已矣；君子之所以异于小人，仁而已矣。而禽狄之微明，小人之夜气，仁未尝不存焉；唯其无礼也，故虽有存焉者而不能显，虽有显焉者而无所藏。故子曰：'复礼为仁。'大哉礼乎！天道之所藏而人道之所显也。"[2] 三代以下的人普

---

[1] 王夫之：《船山全书》第4册《礼记章句》，岳麓书社，2011，第540~541页。

[2] 王夫之：《船山全书》第4册《礼记章句》，第9页。

遍接受"仁者人也",进而将人禽之辨、华夷之辨、君子小人之辨通过仁来达成,但必须看到,即便是禽兽与小人那里也都有些微的仁,它们之所以有仁而不能显,有显而无所藏,本质上是因为它们没有礼。礼作为秩序,它既是天道之所藏,也是人道之所显。"仁之经纬斯为礼,日生于人心之不容已,而圣人显之。逮其制为定体而待人以其仁行之,则其体显而用固藏焉。"① 仁的秩序化与体制化形式,即是礼,也就是包含典章、制度、文物、规范、礼法、仪式等在内的广义的秩序。正是礼所表述的秩序,"以显天下之仁,其于人之所以为人,中国之所以为中国,君子之所以为君子,盖将舍是而无以为立人之本,是《易》《诗》《书》《春秋》之实缊也。天下万世之为君子,修己治人,皆以是为藏身之固,而非是则仁道不显,而生人之理息矣。是以先儒莫不依礼以为躬行之密用"②。没有礼,仁不可能持久。仁本身不能总是停留在主观阶段,而是必须通过客观性秩序或体制表现自身,这就是何以仁不能离开礼的原因;仁本身也不能只是停留在个体阶段,正是通过礼,仁才得以进入共同体的生活世界,成为人之共在的价值化确证方式。正是通过作为客观化、建制化的礼这一秩序形态,人类构建了广义的文化世界和社会状态,从而区别于自然存在以及自然界中的禽兽。自然界没有家、国、天下,家、国、天下作为人类社会组织形式,也是人之"共在"秩序的建制化形态,其无法仅仅在个体层面与主观意图层面被理解,而是展现为客观化的共同生活秩序;但如无礼,则家、国、天下无以成立。家、国、天下赖以成立的原理并不能化约为主观性的仁,但却可以在礼的视角内得以理解。而人则是在家、国、天下中生活的存在者,礼贯通在家、国、天下之中。就此而言,即便在"轴心时代"(卡尔·雅斯贝尔斯)或"天下时代"(埃里克·沃格林),以仁实现精神突破以后,以仁界定人也不能完全替代以礼界定人,相反,这两者唯有结合,才足以看到人之所以为人的全体。

其三,鉴于礼的根据是"本于天,殽于地,列于鬼神",礼的作用范围"达于丧祭、射御、冠昏、朝聘",即作用于公私生活世界的整体,礼是"天下、国、家可得而正"的基础。换言之,正家、正国、正天下,都不可能脱离礼。这是再次凸显礼的政治与文化意义。同样的道理,只要毁坏一家、一

---

① 王夫之:《船山全书》第 4 册《礼记章句》,第 9 页。
② 王夫之:《船山全书》第 4 册《礼记章句》,第 9~10 页。

国与其天下，只有毁坏其礼才可以从根本上实现。因为礼是将一家、一国、一个王朝的天下凝聚起来以建立共识和秩序的不可或缺者，它超出了个人的心智或作品，是集体性生活及其传统的沉淀和结晶。

在以上三点中，第一点与第三点凸显的是礼的政治意义，而第二点凸显礼构成人之所以为人的本性，是人的自我实现不可或缺的维度，礼因而在这里可以被纳入教化领域。以人作为礼义化存在的自我界定为中心，前者即"以承天之道，以治人之情。故失之者死，得之者生"的主语是"先王"，后者即"以礼示之，故天下国家可得而正也"的主体是"圣人"。在三代以上的语境中，本无所谓先王与圣人之分；但由于圣人之统独立于王者之统以后，立足于圣人之统处理三代以上的帝王之统，就有了不同于三代以下"明王"理想的"圣王"，也就是说，符合圣人之统的帝王就被称为"圣帝""圣王"。[1] 但严格意义上，先王是礼的运用者，圣人是礼的创建者，圣人对于秩序的开创、对于新格局的开辟具有里程碑意义。由于圣人是三代以下产生的称谓，其核心落实在教化之统的"人"字上，是"人伦之极""百世之师"，是在成就人性方面树立人极的人，也体现了人性的最高可能性。[2] 在这个意义上，圣人是人性的典范，他以自己的生命确立了人的法度，是人性的立法者。但在这里，圣人是作为秩序的创建者出现的，其作用在于"以礼示之"，这是天下国家可正的基础，但具体承担天下、国、家之正的实践主体则未必是圣人，而是王者以及他领导的人民。

刘咸炘分析了孔子对礼之急的回答："撮要以答礼急之间，而天人学治诸义皆该，下文详说皆源于此。本天、殽地、列鬼神，承天也。达丧、祭、射、乡、冠、昏、朝、聘，治人也。成己之理，失死得生，治人之道，躬率以示。"[3] 按照这一理解，"本天、殽地、列鬼神"。意在表达先王之承天制礼，而"达丧、祭、射、乡、冠、昏、朝、聘"，则显现先王以礼治人。人的自我成就原理、治理他人的原则，以及人作为礼义的存在……圣人都通过礼来显现，并以礼作为天下、国、家可得而正的根据。《礼运》通过孔子对

---

① 陈赟：《从帝王之统到圣人之统：治教分立与孔子圣化》，《儒林》第5辑，上海古籍出版社，2016，第66~88页。

② 圣、王分化的讨论，还可以参见陈赟《"明王"与"三代以下"的政治秩序：以〈庄子·应帝王〉阳子居与老聃关于明王的对话为中心》，王中江主编《老子学集刊》第七辑，中国社会科学出版社，2022，第16~36页。

③ 蔡曙辉编校《刘咸炘学术论集·哲学编》（上），第101页。

子游礼何以为急的回答，给出了礼作为秩序的意义问题。先王离开礼则无以为治，人离开礼则无以为人，礼一旦产生，便不可或缺。既然礼就其起源而言是"本于天，殽于地，列于鬼神"的，那么礼一经产生，便可与天地鬼神并立，对人而言，人之参赞天地便不能不以礼为根据，刘长乐指出："礼也者，能使三才安于其位而不失其宜者也，故天得其礼则阴阳和，地得其礼则刚柔顺，而无干沴之患，鬼神得其礼则生以时，而无咎征之失。"① 圣人法天地鬼神制礼，但礼反过来又是人对待天地鬼神的根据，也是人站在人的视角协调三才而使其各得其所、并行不悖的根据。至于礼之可以"达于丧祭、射御、冠昏、朝聘"，这恰恰意味着"得其礼则君臣、父子、兄弟、夫妇、朋友，各得其分而不失其常"，这才是据于礼然后"天下国家可得而正"的根源；其中的内在逻辑正如刘长乐所云："人之为道无礼焉，性命不可得而正矣。"② 因而，礼的意义，"若网之有纲，万目待之，然后理若木之有规，万器待之，然后成惟礼为然"③。

这里的关键是，制礼（秩序的创建）既是本于天道的（即以天道为依据），又是承接天道的，以人所得自天道的东西去承接天道；同理，礼是出乎人情的，制礼又是以得自人情之理还治人情。因而，"礼"正是天人"之际"的体现。④ 换言之，礼制（秩序的创建）其实是天人交互作用的产物，也是人会通天人的最重要方式。秩序并不是以自然主义方式的现成存在，脱离人之参与的天地之本然条理，并非人类可以直接遵循的礼法，蒋君实指出："礼之为说，虚为之机，而实为之用；理为之初，而形为之显。自其本于天者而承之，彼其理混然未分，吾孰得其洪纤小大而为之乎？"⑤ 本然意义上的天地万物并非没有条理，并非一团混乱，而是有其本然的秩序条理，但对人的生存而言，其意义仍然是浑然未显的，万物固然有其洪纤小大，但脱离了由人所设置的参照，脱离了与人的意义关系，万物自身的洪纤小大就没

---

① 卫湜：《礼记集说》第 54 卷《礼运》，《文渊阁四库全书》第 118 册，上海古籍出版社，2002，第 127 页。
② 卫湜：《礼记集说》第 54 卷《礼运》，《文渊阁四库全书》第 118 册，第 127 页。
③ 卫湜：《礼记集说》第 54 卷《礼运》，《文渊阁四库全书》第 118 册，第 127 页。
④ 方悫："礼本乎天之道，故先王制礼所以承天之道；礼出乎人之情，故先王制礼还以治人之情。"（卫湜：《礼记集说》第 54 卷《礼运》，《文渊阁四库全书》第 118 册，第 127 页）
⑤ 卫湜：《礼记集说》第 54 卷《礼运》，《文渊阁四库全书》第 118 册，第 129 页。

有了对人而言的意义。《礼运》以"本于天，殽于地，列于鬼神"表达秩序创建的依据，但人类创建的秩序却不能还原为天地鬼神本有的条理。当《易传》说"知崇礼卑，崇效天，卑法地"时，"方其为崇，有不可得而拟议者，圣人本天道之自然，即地形而有辨。故凡礼之所以为，是因人之情，顺物之称，制为高下广狭者，皆其所效而立之者也。由是而筑为宫室，设为宗祧，郊社以崇报，山川以阐幽，是列鬼神而礼有所寓矣"①。秩序创建者因着天地万物的殊类差异，而创制秩序，譬如制礼者把人与物死之精灵命名为鬼神，别加畏敬，所谓"因物之精，制为之极，明命鬼神，以为黔首则，百众以畏，万明以服"（《礼记·祭义》），不仅如此，"圣人以是为未足也，筑为宫室，设为宫祧，以别亲疏远迩。教民反古复始，不忘其所由生也。众之服自此，故听且速也"（《礼记·祭义》），这就把人物的自然死亡转化为礼乐事件，转化为生人秩序的存在论事件。鬼神本来是生物死后的气与魄，但通过将之命名为鬼神，并制作"报气""报魄"②的仪式化生命现场，而使得在自然界中本来就有的对待死亡的方式转化为人伦秩序的环节。在上述意义上，礼（秩序）的创建，是历代圣人先王在历史过程中会通天、地、人的实践之结晶。

《礼运》中孔子对礼何以急切的回答，很好地表明了大同与小康的关系。"礼急"一节，只有回到"大道流行"与"大道既隐"的脉络中，才能得到很好的把握。孙希旦看到了这种联系，他指出："三代之时，大道既隐，谋作兵起，圣人以礼治之，然后天下复安，则可以见礼之急矣。"③但"礼之急"并不限于大道既隐之后的秩序承担，而且在于人之所以为人之道："承天之道者，本其自然之秩序，礼之体所以立也。治人之情者，示以一定之仪则，礼之用所以行也。礼者，人之所恃以生，失礼则亡其所以生矣。"④王船山在"大道之行""大道既隐""礼之急"三节的整体脉络中，对之做了更

① 卫湜：《礼记集说》第 54 卷《礼运》，《文渊阁四库全书》第 118 册，第 129~130 页。
② 《礼记·祭义》说："二端既立，报以二礼：建设朝事，燔燎膻芗，见以萧光，以报气也。此教众反始也。荐黍稷，羞肝、肺、首、心，见间以侠甒，加以郁鬯，以报魄也。教民相爱，上下用情，礼之至也。"这里的"二端"指的是气和魄，更有尊名曰鬼和神。"二礼"指的是朝事（荐血腥时）与荐黍稷（馈食）。（参见郑玄注、孔颖达疏《礼记正义》第 47 卷《祭义》，李学勤主编《十三经注疏》（整理本）第 15 册，北京大学出版社，2000，第 1548 页）
③ 孙希旦：《礼记集解》，中华书局，1989，第 585 页。
④ 孙希旦：《礼记集解》，第 585 页。

为深刻的阐发：

> 此上三节，推上文之意而言三代圣人所以必谨于礼，非徒恃为拨乱反治之权，实以天道人情、中和化育之德皆于礼显之，故与生死之故、鬼神之情状合其体撰，所以措之无不宜，施之无不正，虽当大道既隐之世而天理不亡于人者，借此也。夫既合撰天地而为生死与俱之理，则自有生民以来，洋溢充满于两间而为生人之纪，大同之世未之有减，而三代亦莫之增也，则三代之英与大道之行，又岂容轩轾于其间哉！①

船山的分析阐发了一个最容易被忽视的真理。秩序的创建并不是拨乱反治的权宜之计，并不仅仅是一种工具化的为了克服失序状态而采用的临时性的策略化行为。一旦将秩序创建视为策略化行为，其工具化后果就是不可避免的，从儒家的思想视域来看，黄老申韩的问题正在于此。相反，秩序的创建显现的是"天道人情、中和化育之德"，是人之所得的建制化表达，也是作为共同体成员之人的确证方式，也就是说，它是人之所以为人的意义充实方式；唯其如此，即便在大道既隐的世代里，人们仍然可以把秩序创建而参与作为生人之纲纪的天理的显现。这就意味着秩序创建是通过人而彰显秩序之原理的方式，而秩序原理本身在大同与小康之世又岂有不同？哪里又能在二者之间区分高低优劣呢？船山此论，可谓真正回到秩序的原理或根基上。如果说大同是原初秩序经验的表达，它隐藏在一切秩序体验的背后，那么，小康则是历史中先王（以六君子为代表）显现秩序原理的创制活动，是大写的人参与大写的秩序的结果，那么秩序的原理只有在历史中通过人的参与才能展开为具体的秩序形态，而小康正是这样的秩序形态。

孔子作为三代以下的大人，他何以知晓三代的先王们如何创制秩序？这是子游向孔子提出的进一步的问题："夫子之极言礼也，可得而闻与？"孔子的回答是："我欲观夏道，是故之杞，而不足征也；吾得《夏时》焉。我欲观殷道，是故之宋，而不足征也；吾得《坤乾》焉。《坤乾》之义，《夏时》

---

① 王夫之：《船山全书》第4册《礼记章句》，第541页。

之等，吾以是观之。"① 《礼运》此段与《论语·八佾》的如下言述可以互释："子曰：'夏礼，吾能言之，杞不足征也。殷礼，吾能言之，宋不足征也。文献不足故也，足，则吾能征之矣。'"杞是夏王朝之后，宋为殷王朝之后，但是在孔子时代，杞宋两国没有贤人能实行夏殷之礼，也没有典籍记载夏殷之礼，孔子对夏殷王朝礼法秩序的了解，只能根据《夏时》《坤乾》两书，这就好像韩宣子到鲁国，看到《易象》《春秋》二书，就感慨周礼之在鲁国，与此类似，夏、殷之礼分别在《夏时》《坤乾》。孔子据此了解夏商二代先王们的创制。制作历法，授时与民，在上古茫昧时代，就是最大的立法活动，也是最重要的秩序创建形式，因为它是达成时空秩序的最基本的形式，而管理时间就是达成统治的最重要手段。这就是何以《夏时》是夏道、是夏代的秩序创建活动。② 这正如历史书写，本身也是整饬时间的方式，如和辻哲郎所云，它是"让时间成为纪年的过程"，本质上支配时间、对时间进行分节处理是编织历史的方式，对历史的编织本身也是对王权的编织方式。③《坤乾》作为对天地万物变化及其消息的揭示，它揭示的不仅是天地万物的运作，还有人事的代谢与变化。因而孔子通过这两本书领会夏殷之"礼意"。何以孔子不通过较近的周礼而探测礼意，反而通过遥远且缺乏翔实"文"（典籍）和"献"（贤人）的夏殷遗产来展示礼意呢？这是因为越是在礼的简单状态，礼意本身越是不被遮蔽，越是能够显发出来。《坤乾》的精义（黄启蒙谓"健顺之理，奇偶之象"④ 寓于其中）、《夏时》的秩序（黄启蒙说"岁月时日，甲乙先后"⑤ 寓于其间），成为孔子思考礼意的根本方式，其将目光转向礼的历史起源问题，这与通过"大同"与"太一"而揭示的原初秩序体验乃是不同层次的问题。

---

① 郑玄注，孔颖达疏《礼记正义》第 21 卷《礼运》，《十三经注疏》（整理本）第 13 册，第 776~777 页。

② 对此的研究可以参见高木智见《先秦社会与思想：试论中国文化的核心》，上海古籍出版社，2011，第 251~260 页。

③ 熊野纯彦：《和辻哲郎与日本哲学》，龚颖译，生活·读书·新知三联书店，2018，第 175~176 页。

④ 杭世骏：《续礼记集说》第 39 卷《礼运》，《续修四库全书》第 101 册，上海古籍出版社，2002，第 621 页。

⑤ 杭世骏：《续礼记集说》第 39 卷《礼运》，《续修四库全书》第 101 册，第 621 页。

二 "神显"：秩序的起源和本性

"礼之初"到"礼之大成"，构成了从上古直到三代盛时，礼在历史中从起源到大成的叙事，而"礼之大成"在全文脉络中隐秘对应的正是上文的"小康"叙事。按照孔颖达的理解，《礼运》礼之历史起源的叙事，结构如下：

> 自"夫礼之初"至"皆从其初"，论中古祭祀之事及死丧之礼。自"昔者先王"至"皆从其朔"，论昔者未有宫室、火化，后圣有作，始制宫室、炮燔、醴酪之事，今世取而行之，故云"皆从其朔"。但今世一祭之中凡有两节，上节是荐上古、中古，下节是荐今世之食。自"玄酒在室"至"承天之祜"，总论今世祭祀馔具所因于古及其事义，总论两节祭祀获福之义。自"作其祝号"至"是谓合莫"，别论祭之上节荐上古、中古之食，并所用之物。自"然后退而合亨"至"是谓大祥"，论祭之下节荐今世之食。"此礼之大成"一句，总结上所陈之言也。①

据此，本文可以分为以下 6 节：

1. 夫礼之初，始诸饮食，其燔黍捭豚，污尊而抔饮，蕢桴而土鼓，犹若可以致其敬于鬼神。及其死也，升屋而号，告曰："皋某复！"然后饭腥而苴孰。故天望而地藏也，体魄则降，知气在上，故死者北首，生者南乡，皆从其初。

2. 昔者先王，未有宫室，冬则居营窟，夏则居橧巢。未有火化，食草木之实、鸟兽之肉，饮其血，茹其毛。未有麻丝，衣其羽皮。后圣有作，然后修火之利，范金合土，以为台榭、宫室、牖户，以炮以燔，以亨以炙，以为醴酪；治其麻丝，以为布帛，以养生送死，以事鬼神上帝，皆从其朔。

3. 故玄酒在室，醴盏在户，粢醍在堂，澄酒在下。陈其牺牲，备其鼎俎，列其琴瑟管磬钟鼓，修其祝嘏，以降上神与其先祖。以正君臣，

---

① 郑玄注，孔颖达疏《礼记正义》第 21 卷《礼运》，《十三经注疏》（整理本）第 13 册，第 776 页。

以笃父子，以睦兄弟，以齐上下，夫妇有所。是谓承天之祜。

4. 作其祝号，玄酒以祭，荐其血毛，腥其俎，孰其殽，与其越席，疏布以幂，衣其浣帛，醴盏以献，荐其燔炙，君与夫人交献，以嘉魂魄，是谓合莫。

5. 然后退而合亨，体其犬豕牛羊，实其簠簋、笾豆、铏羹。祝以孝告，嘏以慈告，是谓大祥。

6. 此礼之大成也。

在孔颖达的《礼运》解释的整体系统中，本段 6 节构成全文的第三部分（自"言偃复问曰：夫子之极言礼也"至"此礼之大成也"为第三），其重点是"明礼之所起"，即《礼运》的秩序起源理论。开篇大同小康叙事为全文第一部分，"明孔子为礼不行而致发叹"；第二部分自"言偃复问曰：如此乎礼之急"至"天下国家，可得而正也"，"明须礼之急"；第四部分自"孔子曰：'呜呼哀哉'"讫篇末，"更正明孔子叹意也"。① 从孔颖达对以上文本的诠释中，可以看出其对秩序起源的理解，以及对秩序本性的认识。

孔颖达的解释系统的核心是充分考虑到《礼运》全文的中心是圣人孔子，所以自"故天子祭天地，诸侯祭社稷"至篇末，与上文自"呜呼，哀哉！我观周道"至"是天子之事守也"一节，都被看作孔子回答子游的话语。而这在后世并不被接受。如王船山以为孔子回答子游的话，只是到"是天子之事守也"，剩下的皆是记者所言："自此以下，皆记者推夫子之言而明礼不可僭之意。"②

这五个部分并非完全基于历史先后顺序的叙述，第 1 节"夫礼之初，始诸饮食"一段，在时间上被定位于中古，标志是火的发明以后。火的发明与使用使得"燔黍捭豚"（把黍米和小猪的肉放在火上烘烤，使之由生食成为熟食）、"蒉桴而土鼓"、（抟土烧制鼓槌，一说是抟土为鼓槌）"苴熟"（用

---

① 郑玄注，孔颖达疏《礼记正义》第 21 卷《礼运》，《十三经注疏》（整理本）第 13 册，第 766~767 页。

② 王夫之：《船山全书》第 4 册《礼记章句》，第 550 页。提出了同样质疑的还有吴澄："自此以下竟篇末，旧说以为皆夫子之言，未必然也。或是夫子既言之后，子游退而述其平日所闻所知以成篇。或是子游门人述其师所言之意而作，或是知礼者先述夫子、子游问答，及夫子之自言，而遂广言之欤！然非出于圣人之门者，不能及此！"（《朱轼全集》第 5 册《校补〈礼记纂言〉》，复旦大学出版社，2021，第 1047 页）

草包包裹熟肉送给死者）成为可能。而死后的升屋招魂、天望地藏、死者北首、生者南乡则被定位为五帝以下至于三王。因为中古时代并没有房屋，故而不存在"升屋而号"的可能性。

第2节同样包含了两个时段，"中古神农及五帝并三王之事"。具体而言，一是"未有火化"的"上古"，人们不得不穴居或者巢居，不得不饮血茹毛。孔颖达以为，没有宫室意义上的"上古"，"总是五帝之前"；"未有火化"的"上古"则在伏羲之前。二是"后圣""修火之利"改变了这一状态。孔颖达具体将"修火之利"的"后圣"定位为"中古"时代的神农，"以为台榭、宫室、牖户""以炮以燔""治其麻丝，以为布帛"之属则被系于五帝时代（当然理论上也包括三王时代）。第3节刻画的则是"今世"的"祭祀用品"，"因于古昔所供之物"，以及"酒所陈之处及获福之义"。第4节三代祭祀之礼仍然部分地沿用上古、中古之法。第5节郑玄认为"此谓荐今世之食也……今世之食于人道为善也"。[①]

孔颖达对《礼运》秩序起源的解释，并没有按照时间-历史的线性过程来展开。因为他所突出的秩序本性在于"神显"（theophany），即人以其生存投身于神的显现，也就是在其生存中体验与神的交通，通过这样的方式而达到秩序，而秩序的最重要本性就是人与鬼神的交通，这一交通不仅仅涉及外在的仪式，更重要的它关涉人类的内在心灵世界，即人情。无论是在物质文明尚未得到进展的洪荒邃古年代，还是得到充分发展的世代，都不影响"神显"作为秩序的本性。可以说，孔颖达的解释紧密地围绕着这一点展开：在第1节，"夫礼之初，始诸饮食，其燔黍捭豚，污尊而抔饮，蒉桴而土鼓，犹若可以致其敬于鬼神"。饮食本身并不是秩序经验的开显方式，"燔黍捭豚，污尊而抔饮，蒉桴而土鼓"也不是秩序本身，或抵达秩序的方式，[②] 在这里秩序的核心是活着的人们"致其敬于鬼神"。敬是人们的具有宗教意义的情感，这种情感作用的对象是"鬼神"，鬼神是什么并不重要，重要的是人们向鬼神表达敬意，即便是在最为基本、最为日常的饮食活动中，即便是

---

① 郑玄注，孔颖达疏：《礼记正义》第21卷《礼运》，《十三经注疏》（整理本）第13册，第777~790页。

② 张载已经认识到："夫礼之初，始诸饮食，饮食固不足以为礼，然言语有从本说出者，则必至微；有从末说出者，则必至近。示人之不得已处，其始必甚质，而渐至于文。如言礼之初始于拜起，亦此类也。人之始相见，则须如此。"（张载著，林乐昌编校《张子全书》增订本，西北大学出版社，2021，第268页）

在最为粗略简陋的物质条件下，人们依然可以"致其敬于鬼神"，这就是秩序的开显方式。人以自己的敬意参与鬼神在自己那里的显现，这就是孔颖达意义上的秩序之本性。事实上，正是在这里，秩序之"本"浑然于秩序之"始"中，"鼎饪未具""罍酌未设""声乐未备"，"礼之文"不著，然而礼之本却更加凸显，"彼其所交际应酬者，简素质实而巧伪不形，则以此而接乎鬼神，自其一念之诚而施之有余也"①。作为礼之重要维度的"人情"得以展现，它是一种朝向人与鬼神关系的诚敬之情，而且在"简素质实而巧伪不形"的状况下，它是如此的突出。后世在简素质实被文采日章取代之后，智巧虚伪出现之后，秩序的建设不得不以报本反始的方式一再地回到开端，就是因为礼之意在开端之时并没有受到来自人为的遮蔽。

而在第 1 节的下一单元，鬼神的内涵得到了展开，在祖先死后，人们登上屋顶，拉长声音喊着死者的名号，呼唤着让其回来，这种站在高处望着天空的招魂，本身就是与鬼神沟通的方式。而在招魂之后，生人们"饭腥而苴熟"（用生米填入死者口中，下葬则用草包包裹一些熟肉送给死者），将死者埋葬在土中。之所以望着天空招魂，再埋葬于土地之中，乃是因为人死之后，体魄下降归于阴、知气上升朝向阳，② 以至于后世死者下葬头朝北方，生人们面朝南方而居住，都是按照最初的习俗进行的。最初的习俗中以最简陋的形式和程序包含了生者与作为死者的鬼神沟通的内涵。人与人的共在，并不仅仅是同一个社会内部生者与生者的交通，还包含着生者与作为鬼神的死者的交通，正是这种人与鬼神的交通，使得人的共在超出了一个平面性的具体社会，而进入历史性的维度。可以说，人与鬼神的交通贯穿于人类历史的始终，构成秩序创建的最重要维度，它不因物质条件的变化而改变。在这

---

① 这里引用的是蒋君实的观点，参见卫湜《礼记集说》第 54 卷《礼运》，《文渊阁四库全书》第 118 册，第 136 页。相近的理解来自黄启蒙，"上古鼎饪未具而燔捭以为食，垒爵未设污尊以为饮，革木未设而蒉土以为侑，食如此其简陋，推其心之真实无伪，则一念之诚亦可以致其敬于鬼神，幽且不违，而况于人乎？是上古无礼之文而有礼之意"。（杭世骏：《续礼记集说》第 39 卷《礼运》，《续修四库全书》第 101 册，第 622 页）汤道衡由此进一步揭示了何以《礼运》讨论礼的起源从饮食开始："圣人制礼，有鼎饪以为食，有尊以为饮，有声乐以为侑。然其初始于上古饮食之时，而所谓饮食者，饭黍捭豚而已，污尊抔饮而已，蒉桴土鼓而已，虽简陋如此，然其真实无伪之心，已可交于神明矣。后圣得其意而制礼以饰之，此礼所以诸饮食也。"（汤道衡：《礼记纂注》第 9 卷《礼运》，《四库全书存目丛书》第 93 册，齐鲁书社，1997，第 695 页）

② 方悫指出："《郊特牲》不言体魄而言形魄，不言知气而言魂气者，亦互相备也。"（卫湜：《礼记集说》第 54 卷《礼运》，《文渊阁四库全书》第 118 册，第 135 页）

里最重要的当是生者对作为鬼神的死者之情："此以送死言之，见后世送死之礼，非后圣以私意制之，皆从古初，人心自有之哀戚耳。"① 礼既是对人情之节文，也是人情之有序化表达。离开了表达与节文，则秩序无以发生。在这里隐而未发的是，一方面，死者成为鬼神，乃是其生命分解为魂魄，重归天地的过程，因而与鬼神的交通，也是与天地宇宙的交通；另一方面，正如周谞所指出的，"所谓饮食者，止于燔黍捭豚、污尊抔饮与夫蒉桴土鼓，凡此不惟可施于人之所交际，而犹若可以致敬于鬼神，盖亦趋时而已矣"②。秩序创建关切的不仅仅是人人之际，还有人神（鬼神）之际，不仅仅是养生，还有送死，它将两者有机结合在一起，相互支撑，相互充实。

人在荒远时代物质条件简略，在饮食时犹能致其敬于鬼神，此与亲人死后望天招魂、埋葬地下，两者之间看似不相关联。然而，刘咸炘正确地指出："是篇要旨曰：'养生送死，事鬼神。'《祭统》曰：'礼有五经，莫重于祭，祭以人道事鬼神，神非嗜饮食也，诚报而气通也。'笾豆非食味之道，《礼器》《郊特牲》已详之。孟子曰：'仪不及物，惟不役志于享。'《祭义》曰：'餍者，乡也，乡之然后能响焉。'就报气通，人所难晓，故以魄降气上神申鬼归明之，与上文似不贯而实贯，复而饭苴，以生道事初死之人也，推至追远、事天亦然，《祭义》曰：'生则敬养，死则敬享。'《中庸》曰：'大德受命，宗庙响之。'其义固不在饮食矣。天望、北首，示反始也。"③《礼运》以祭礼为中心讨论秩序的起源，正如陈顾远主张："由祭仪所表现之礼，实质上不外礼之仪，礼之文，礼之容，礼之貌，对于礼之义，礼之质，礼之实，礼之节尚未发现。"④ 然而，在仪式尚未质朴而不完备的情况下，"致其敬于鬼神"的礼之义却被凸显了出来。

在上述第 1 节叙事的背后，生人与生人之间的关系，随着养生送死事鬼神的秩序，而得以升华；这就使得人与人之间的问题，和人与天地之间的关系、人与鬼神之间的关系，关联起来，交织起来，其成为意义之网的复合组构（complex）。在物质条件最为简陋的时代，人情反而能够得到充分的表

---

① 徐师曾语，杭世骏：《续礼记集说》第 39 卷《礼运》，《续修四库全书》第 101 册，第623 页。

② 卫湜：《礼记集说》第 54 卷《礼运》，《文渊阁四库全书》第 118 册，第 134 页。

③ 黄曙辉编校《刘咸炘学术论集·哲学编》（上），2010，第 101~102 页。

④ 陈顾远：《中国法制史概要》，（台北）三民书局，1964，第 363 页。

达。到了物质条件高度发展，礼文与礼器也因此而大为改观的后世，"养生之礼，后世圣人既变之矣，以其过于质野而且不足以养人也。若送死之礼，则虽其棺椁衣衾之美有踊事而增者，至于饭腥苴熟，以尽其事死如生之爱，天望地藏，以顺乎魂升魄降之宜，此则出乎心之所不容已，与顺夫理之所不可易者，夏、殷之礼，因之而不变焉，故曰'皆从其初'"。[1] 即便到了三代，人类社会日进文明，然而秩序创建者们并没有忘怀过去，而是始终保留着秩序发端时刻的某种文化记忆。所以，以神显为中心的秩序历史，总是唤起秩序的起源时刻。

在第 2 节中，火的发明之前和之后形成了鲜明的对比，火的发明是对人类历史具有深远影响的存在论事件，它深刻地改变了人类公私内外生活的诸多方面。随着新器物的不断发明，人类永不停息地突破现成的生存环境，但秩序的创建本身仍然在被分离的历史之间建立了连续性。在火被普遍使用之前，先王们引导人们穴处巢居，饮毛茹血，披鸟羽，穿兽皮；但是自从火得到推广以来，这些"上古时事，为大朴陋"，就显示了其"不可从"[2] 的一面。后来的圣贤们借助火之应用与推广，通过镕化金属的方式铸造模型，打造器皿，烧制砖瓦，进而发明了台榭、宫室、窗户，用火来弄熟各种肉类、酿制酒和醋、加工丝麻以织布和织绸……以此养生送死、祭祀鬼神上帝。现在人们依然如此，但这些都是从古代圣人教人们用火开始的。孔颖达的解释系统，将用火的圣贤归结为神农，神农以前则是"上古"，后圣有作，被解释为从"神农"开始，并一直延续到五帝时代。由于火在宫室、衣服、熟食等方面的应用一直延续到三代，故而孔颖达以为"此一节，论中古神农及五帝并三王之事"。"皆从其朔"被孔颖达解释为："今世所为范金、合土、烧、炙、醴酪之属，非始造之，皆仿法中古以来，故云'皆从其朔'。"[3]

这里的关键是"以养生送死，以事鬼神上帝"。养生与送死是人类生活的大事，死后葬之祭之，以事鬼神上帝。则人与鬼神的关系被纳入生人与圣人构成的人间。事鬼神上帝的礼仪，构成一种典型的秩序创建，它使

---

① 孙希旦：《礼记集解》，第 587 页。

② 《朱轼全集》第 5 卷《校补〈礼记纂言〉》，第 1049 页。

③ 郑玄注，孔颖达疏《礼记正义》第 21 卷《礼运》，《十三经注疏》（整理本）第 13 册，第 781 页。

人摆脱了自然界事物即死而即亡的命运，在人死归于天地之际，使人犹能以神的方式返回到与生者的间接关系中，它以超出自然界已有秩序的方式升华人类。对于这里的鬼神上帝，宋代方悫以为"言神则百神，上帝则天也"①。如果方悫所言不虚，那么，第 2 节的结穴仍属第 1 节所谓的"致其敬于鬼神"。因此，这里的"皆从其朔"的一种理解便是，"本前代之初意而文之也"②，而前代之意即可以理解为"致其敬于鬼神"。在这个意义上，修火以后而日渐于文的语境中的"事鬼神上帝"，不正是与礼之初起的"致其敬于鬼神"相通吗？"从初"和"从朔"，因此都可以被理解为"报本反始"的方式。

从神显的视角来看，第 3 节的归宿点，一在"以降上神与其先祖"，另一在"承天之祜"。就前者而言，孔颖达云："上神，谓在上精魂之神，即先祖也。指其精气，谓之上神，指其亡亲，谓之先祖，协句而言之，分而为二耳。皇氏、熊氏等云上神谓天神也。"③ 孔颖达将"上神"理解为作为亡亲的"先祖"，但正如汤三才所见，"上神与其先祖"中的"与"，意味着"上神"与"先祖"为二："上神即先祖，指其精气之在天则为上神，指其亡亲谓之先祖。此说有理，但于'与'字不协。旧言这是宗庙之祭，只以降其先祖。然'天子''神'无往不在，故曰'降上神'。"④ 郑元庆同样意识到将上神理解为先祖之不妥："此与下两节，承上文'以事鬼神上帝'说，杂言祭祀之礼。孔疏'上神即先祖'，恐未然。上神先祖，明明两祭，故曰'与'。盖祭天与祭庙，皆设馔具。郊祭之时，诸臣皆与，则君臣上下，何必定是宗庙之祭？承天之祜，天即上帝。后云'与其越席，疏布以幂'，何莫非事天之礼乎？唯第一节'夫妇有所'，第二节'君与夫人交献'，第三节'祝以孝告，嘏以慈告'，此则专言宗庙之祭耳。"⑤ 由于这里的祭祀，已经不是普通人的祭祀，而是王者的祭祀，它不是祭祀祖先的宗庙之祭，而是王

① 卫湜：《礼记集说》第 54 卷《礼运》，《文渊阁四库全书》第 118 册，第 138 页。
② 刘沅：《礼记恒解》第 9 卷《礼运》，《十三经恒解》（笺解本）第 6 卷，谭继和、祁和晖笺解，巴蜀书社，2016，第 164 页。
③ 郑玄注，孔颖达疏《礼记正义》第 21 卷《礼运》，《十三经注疏》（整理本）第 13 册，第 783 页。另有孙希旦将上神理解为尸："上神，谓尸也，若《诗》称尸为'神保'也。先祖，谓死者之精气也。"（孙希旦：《礼记集解》，第 589 页）
④ 汤三才：《礼记新义》第 9 卷《礼运》，《四库全书存目丛书》第 91 册，第 63 页。
⑤ 朱彬：《礼记训纂》，饶钦农点校，中华书局，1996，第 337 页。

者祀天，因而皇侃与熊安生都将"上神"理解为"天神"；陈澔以为"上神"即"在天之神"，① 刘咸炘强调上神是天地，先祖谓父母。② 只有将上神理解为天神，其在本节整体结构上才能与"承天之祜"形成义理上的呼应关系。所谓的"承天之祜"，如湛甘泉所说，"皆神之福所及"；这里所谓的"牺牲鼎俎"，皆"所以奉神"之具；这里所使用的"乐"（音乐），皆"所以乐神也"；而这里所谓的祝嘏，"祝为主人飨神之辞也；嘏，祝为尸致福于主人之辞也"，③ 皆"所以通人神之交也"。④ "承天之祜"中的"天"显然已经不再能为先祖所包含，无论如何处理，"神显"本身都不能被限定在人与祖先神的交通的范围之内。"以正君臣，以笃父子，以睦兄弟，以齐上下，夫妇有所"，这是将人与神交通，引入了人与人的关系，于是在与鬼神交通的过程中，生人彼此之间的人伦关系也得以敞开：君臣、父子、兄弟、上下、夫妇各得其序。刘沅强调："君臣、父子、兄弟、夫妇、上下，人伦之大者，皆于祭而见之。故可以承天之福。此只大概言礼乐祀神之事，不必区区据《仪礼》解之。"⑤

即便后退一步，站在孔颖达所理解的宗庙之祭的立场来看本节，也可以看到本节中的"上神"与"天"已经超出祖先神的范畴。在这方面，郭嵩焘做了详尽的阐发，具体如下：

> 经意由宗庙之祭推言之。《周礼·大宗伯》："掌天神人鬼地祇之礼，以佐王建保邦国。"《周颂》曰"怀柔百神"，曰"敷天之下，裒时之对"。王者礼百神，以导阴阳之和、顺性命之理，道固然也。祭祀之起，由孝子事亲之心，慎终追远，不忘其所由生。因而推及于百物之无知，凡有功德于民，皆为之祭以报之，以上达于郊，大报天以反始；而后精诚之积旁皇周浃，百神于斯受职焉，而祖宗之感格与子孙精神相接，尤显而易见者。故但以祖考之祭言之，而义实通乎群神。降其上神与其先祖，天神地祇赅具于是。《中庸》言春秋修其祖庙，

---

① 陈澔：《礼记集说》，万久富整理，凤凰出版社，2010，第172页。
② 蔡曙辉编校《刘咸炘学术论集·哲学编》（上），第102页。
③ 郑玄注，孔颖达疏《礼记正义》第21卷《礼运》，《十三经注疏》（整理本）第13册，第782页。
④ 湛若水：《湛甘泉先生文集》第3册，广西师范大学出版社，2014，第959页。
⑤ 刘沅：《礼记恒解》卷9《礼运》，《十三经恒解》（笺解本）第6卷，第164页。

而由宗庙之礼以推至郊社，亦此义也。上者尊也，不专主上下之义言之。

又案：经意由饮食通其义于鬼神，以有祭祀；由祭祀而尽其仪于馈献，以有五齐三酒、豚解体解及水草多品之供；而尊卑之分、昭穆之序，极爱与敬之致，以交于神明而合气于漠，德盛文备，而始事之质存而不敢变焉。此圣人制礼之原始，因人心自然之应，达之于幽明感格之地，以为之节文，使有以自致其情。世降而下，不知其所终极，犹赖此礼之存；扬诩万物，相与维持于不敝，不能如皇古之无为而成化也。因世运升降之分，而益见礼之不可废，其义微矣。①

郭嵩焘揭示，经由宗庙之祭礼而上推言之，仍然会达到王者郊祀于天，报天以返始，祀天而百神受职。由祖先之祭而上推，则可及于群神。因而这里的"降其上神与其先祖"，可以包括天神、地祇、人鬼。这种通过仪式化形式以达到神显体验的思路，与前文的"致其敬于鬼神""事鬼神上帝"，可谓具有极强的连续性。第 4 节的要点在于"以嘉魂魄"与"合莫"，"嘉魂魄"的目的在于"合莫"，即人与神之间的感通与合一体验。孔颖达指出："'以嘉魂魄'者，谓设此在上祭祀之礼，所以嘉善于死者之来魂魄。'是谓合莫'，莫，谓虚无寂寞。言死者精神虚无寂寞，得生者嘉善，而神来歆飨，是生者和合于寂寞。"② 由于人死后魂、魄分离，分别升天、归地，再也无行迹可寻，人只能如《礼记·祭义》所云"以其恍惚与神明交"，或如《礼记·中庸》所云"如在其上，如在其左右"的无定状态中与之交接，③ 是以蒋君实说，"合莫"意味着"本是精诚以求神于冥漠之间"④。重点不在鬼神之可见不可见，而在此心之诚敬。蒋君实指出："方其合莫以求神也，物味薄而诚敬在，礼文简而精神通，至于成礼而致详也。品物具而神祇乐，诚意散而词说行，学者苟能究观圣人终始考礼之意，而得之于想象形容之妙，则凡品物之陈、节文之变，皆有深长之义存乎其间。《大学》曰：'心诚求之，

---

① 《郭嵩焘全集》第 3 册《礼记质疑》，岳麓书社，2018，第 257~258 页。
② 郑玄注，孔颖达疏《礼记正义》第 21 卷《礼运》，《十三经注疏》（整理本）第 13 册，第 789 页。
③ 蔡曙辉编校《刘咸炘学术论集·哲学编》（上），第 102 页。
④ 卫湜：《礼记集说》第 54 卷《礼运》，《文渊阁四库全书》第 118 册，第 147 页。

虽不中不远矣'，此之谓也。"①

第5节的要点是"大祥","祥"是吉祥、"善"、"福"。而所以"大祥"者，不在"退而合亨，体其犬豕牛羊，实其簠簋、笾豆、铏羹"，而在于"祝以孝告，嘏以慈告"，其核心是"祝以人之孝而告于神，嘏以神之慈而告于人"②。祝嘏的职责便是沟通人神，但沟通方式不同，祝是立足于人而沟通神，嘏则立足于神而交通人。姜兆锡说："祝告尸以孝敬祖宗之道，嘏告主以慈爱子孙之道；而幽明上下祥善通贯，是之谓大祥，而非徒泛然感通已也。"③ 王船山也特别强调，所谓的"大祥"，"谓礼极文备，通于时宜，以尽协神人之情而咸受其福也"④。祥不仅是人与人之间的共悦，还必须上升到人神共悦的层次。秩序创建的一个重要功能便是协调人与神的关系，并将此关系引入人与人的关系架构之中。

以上5节，即五个意义单元，无不与养人事神相关，其以养人者事神，以事神来养人。从"致其敬于鬼神"到"天望而地藏"（埋藏死者而向天招魂），从"以养生送死，以事鬼神上帝"到"以降上神与其先祖……是谓承天之祜"，从"以嘉魂魄，是谓合莫"到"祝以孝告，嘏以慈告，是谓大祥"，无不弥漫着神显体验。按照这种理解，《礼运》显然内在地将秩序的本性视为神显，即人与神的交通，这是问题的一个方面。在《礼运》中，人神交通与人人交接两个维度被整合在祭礼所表达的秩序经验中，二者互为隐显。刘沅指出，在此，"养人即以事神，为礼制之本"⑤。刘咸炘则对此隐显线索有更深刻的体会："显者，伦常夫妇之有所。微者，鬼神魂魄之合莫。此节合而言之，告孝告慈，治神人，和上下也。天人交至，礼备

---

① 卫湜：《礼记集说》第54卷《礼运》，《文渊阁四库全书》第118册，第147~148页。与此相应的是黄启蒙的解释："鬼神之冥漠不可见，望其来而歆享，全在聚己之精神以□合之。然而非物不足以表其诚也，故如是而作其祝号矣。如是而祭玄酒、荐血毛、腥其俎，三者皆法上古之礼也。又孰殽之，是陈越席、布幂之必备，浣帛之为衣，醴盏之为荐，君与夫人交献，七者又法中古之礼也。凡此皆所以嘉其魂魄也，嘉魂魄者，盖死者之魂魄既分，唯是祭其尽物，君亲与夫人交献之际，俨然若事生者，然则既分之魂魄，其若复属，而与我相嘉会乎？是所谓嘉，事死者之魂魄也；是所谓契，合神明于冥漠之中也。"（杭世骏：《续礼记集说》第39卷《礼运》，《续修四库全书》第101册，第625~626页）
② 周谓语，卫湜：《礼记集说》第54卷《礼运》，《文渊阁四库全书》第118册，第149页。
③ 杭世骏：《续礼记集说》第39卷《礼运》，《续修四库全书》第101册，第627页。
④ 王夫之：《船山全书》第4册《礼记章句》，第548页。
⑤ 刘沅：《礼记恒解》第9卷《礼运》，《十三经恒解》（笺解本）第6卷，第165页。

而道完，故曰大成。"①

三　圣创、"文明"与"秩序"

"神显"的思路对于理解秩序的本性与结构，的确有其合理性，尤其是在秩序的起源时期。这一思路所包含着未经明言的假设是，人与神的关系是人的生存结构的基本向度，人并不能理解为一个与神完全隔离或封闭的存在者，而是一个朝向神的生存者，由于神在生存结构中的引入，人生因此被视为朝圣之旅。这种思路在西方古典的秩序理论中几乎成为主流。但在中国思想中，尤其是在《礼运》中，它只是一个解释进路，还存在着与之并行不悖，且可以相互协调的理解思路。而且，随着文明日进，单纯的神显思路已经不再能够理解复杂的秩序演化过程。

《礼运》秩序起源的解释，除了"神显"的思路之外，还有一种更具包括性的线索，即文明史观。文明的历史之展开，就是秩序从起源到随时损益而不断衍化的过程。但这并不意味着进化论或进步论，即秩序的起源与归宿都指向一个目的论的或末世论的结构，这个结构既可以规定秩序的本身，也可以限制秩序的幽深向度，而使得人可以通过理性化方式对秩序予以透明化把握。《礼运》秩序起源论向时间与历史开放，却从根子里防御目的论与末世论的构思。

王夫之对《礼运》秩序起源论的文本进行重新编排，编排后的文本如下：

> 1. 昔者先王，未有宫室，冬则居营窟，夏则居橧巢；未有火化，食草木之实、鸟兽之肉，饮其血，茹其毛；未有麻丝，衣其羽皮。后圣有作，然后修火之利，范金合土，以为台榭、宫室、牖户，以炮以燔，以亨以炙，以为醴酪；治其麻丝，以为布帛；以养生送死；以事鬼神上帝，皆从其朔。
>
> 2. 及其死也，升屋而号，告曰"皋某复"，然后饭腥而苴孰，故天望而地藏也。体魄则降，知气在上，故死者北首，生者南乡，皆从

---

① 蔡曙辉编校《刘咸炘学术论集·哲学编》（上），第102页。

其初。

3. 夫礼之初，始诸饮食。其燔黍捭豚，污尊而抔饮，蒉桴而土鼓，犹若可以致其敬于鬼神。

4. 故玄酒在室，醴盏在户，粢醍在堂，澄酒在下，陈其牺牲，备其鼎俎，列其琴瑟管磬钟鼓，修其祝嘏，以降上神与其先祖，以正君臣，以笃父子，以睦兄弟，以齐上下，夫妇有所，是谓承天之祐。

5. 作其祝号，玄酒以祭，荐其血毛，腥其俎，孰其殽，与其越席，疏布以幂，衣其浣帛，醴盏以献，荐其燔炙，君与夫人交献，以嘉魂魄，是谓合莫。

6. 然后退而合亨，体其犬豕牛羊，实其簠簋笾豆铏羹，祝以孝告，嘏以慈告，是谓大祥。

7. 此礼之大成也。①

船山并没有将"神显"放置在首要的位置，而是将先王、后圣的制作及其对人类生活的引导，作为秩序创建的关键。无论是小康叙事的六君子，还是这里的先王、后圣，都是大写的人，即所谓圣人。秩序的成立离不开人的参与，尤其是大写之人的参与。故而"圣创"作为一种理论，② 如同神显一样，贯穿《礼运》秩序起源的论说之中。尤其是三代以上，秩序的创建者——帝王——即人即神，作为神王（God-king），其具有在天神面前代表人类社会、在人类社会面前代表天神的双重代表性。而其代表性的获得，就与其创建密不可分。火的发明就是其中一个影响人类文明及其历史的重要创建。

火的普遍运用，划分了人类文明与人类历史的两个时代，火的普遍运用无疑是具有里程碑意义的存在论事件。詹姆斯·C.斯科特甚至建议将"人类世"（Anthropocene）这个用以指称一个揭示人类的活动开始对世界的生态系统和大气层产生决定性影响的新的地质纪元的概念，追溯到火的运用，那是人类第一次掌握某种重要工具，用于改变地貌景观，或者生态位的构建。③

---

① 王夫之：《船山全书》第 4 册《礼记章句》，第 543~548 页。
② 圣创意味着圣人的制作，即通常所谓的"制礼作乐"，圣人本身被视为立法者。王中江撰有《圣创论的图像和形态：社会起源论的中国版本》，《中国社会科学》2022 年第 6 期。
③ 詹姆斯·C.斯科特：《作茧自缚：人类早期国家的深层历史》，田雷译，中国政法大学出版社，2022，第 2~3 页。

"人类之所以能不断加强对自然的统治，火是其中关键——火为人类物种所垄断，且在全世界都成为一张王牌。"① 船山对《礼运》的改编，显然意味着历史中的秩序经验是从火的运用开始的，这并非说之前不存在秩序，而是人们对秩序没有意识。在"未有宫室""未有火化"的状态下，人以自己的方式参与秩序还没有真正开始；而学会用火则开创了人类的秩序。火的运用极大地变革了人类的生活环境与生存条件，衣、食、住三个层面都发生了巨变：穿衣方面，从上古先王时代"未有麻丝，衣其羽皮"转变到后圣通过修火之利而实现"治其麻丝，以为布帛"；在吃饭方面，从上古"食草木之实、鸟兽之肉，饮其血，茹其毛"到后圣以火之运用为基础，"以炮以燔，以亨以炙，以为醴酪"，即以火来炮、烤、煮、炙肉类，酿制酒醋，从而深刻改变了饮食结构；② 在居住方面，从上古先王"未有宫室，冬则居营窟，夏则居橧巢"转变到后圣"范金合土，以为台榭、宫室、牖户"从而建造宫室。正是火的使用使得陶工、铁匠、烘焙工、制砖工、剥离工匠、金属工匠、金银匠、酿酒工、木炭工……一大批手工艺者的出现有了可能，而这又使得人类的集中定居成为可能。③ 当食衣住发生巨变，人自身的变化也出现了，譬如考古学发现，"人类大脑的激增，与家户灶台和剩餐的遗迹是同时发生/出现的"——一种合理的解释便是营养效能的强化，导致了人类大脑激增为一般哺乳动物的三倍之多。④ 船山在这里强调的是："上古五行之用未修，天之道未显，人之情未得，至于后圣之作，因天之化，尽人之能，宫室衣食各创其制，人乃别于禽兽，而报本反始之情，自油然以生而各有所致。此礼之所

---

① 詹姆斯·C. 斯科特：《作茧自缚：人类早期国家的深层历史》，第 43 页。

② 斯科特强调："用火烹饪，将生食煮熟——这是使人口聚集起来的另一种方式。在人类进化的过程中，用火烹饪的意义再怎么强调都不为过。""人类烹饪所用的火，就是把各类此前无法消化的食物变得既营养，又美味。到此为止，为一餐饭而四处觅食的半径范围，就进一步得到缩小。不仅如此，经烹饪后，食物变得更柔软，作为一种人体外的预先'咀嚼'，一方面让婴儿更容易断奶，另一方面也能让老人或没了牙齿的族人有东西可吃。"（詹姆斯·C. 斯科特：《作茧自缚：人类早期国家的深层历史》，第 44~46 页）

③ 斯科特指出，由于学会用火，人类可以重新配置对人有益的植物和动物，将其集中安排在更紧凑的环状带里，狩猎和采集变得更加容易，人类借助火创造出某种生物多样性的组合以及某种更优化的资源配置，从而使得自然界更加适合人的欲求。正是由于火的使用，人类就有了作为生活中心的家户。（詹姆斯·C. 斯科特：《作茧自缚：人类早期国家的深层历史》，第 43~47 页）

④ 詹姆斯·C. 斯科特：《作茧自缚：人类早期国家的深层历史》，第 46 页。

自始，非三代之增加，实创于大同之世也。"①　"火的使用"，属于"五行之用"，是人尽地利、得地义的方式。如果说火的普遍运用是一道分水岭，那么此前，由于人尚未有修五行之用，因而也就没有与自然界浑然为一的状态，未能以自身方式参与天地万物，这就导致了如下结果："天之道"虽在，而对人"未显"；"人之情"虽有，但人"未得"——这两者意味着那些时段虽然并非没有秩序，但缺乏对秩序的意识。"修火之利"以及以此为基础的圣王制作，即"宫室衣食各创其制"，恰恰是在自然界中的圣王"因天之化"而"尽人之能"的方式，只要人的能力得以彰显，那么天之道和人之情也将随之而显现——天道、人情与人能的分别一旦在那些大写的人身上出现，那么，秩序意识也随之显现；而这里所谓的"后圣"作为"大写的人"，其发明制作体现的正是人别于禽兽的能力。

　　与《礼运》相似，《周易·系辞下》第二章中，我们看到古代圣王（庖牺氏、神农氏、黄帝、尧、舜）观象制器的制作活动，这些制作活动为人类文明奠定了基础和条件。②庖牺氏（也作包牺氏、庖牺氏）的制作包括作为人类符号系统的"八卦"，这一符号系统成为后世圣王制作的基础。包牺氏还有具体的制作，即"作结绳而为网罟，以佃以渔，盖取诸离"，其以离卦的原理制作了网罟，从而开辟了人类历史上的渔猎时代。"庖牺氏"作为一个符号，这个名字本身就已经具有象征性："'庖'代表熟食，'牺'涉及祭祀。前者随着火的发明，告别饮毛茹血，是人类的物质保障，后者沟通神圣

①　王夫之：《船山全书》第 4 册《礼记章句》，第 543 页。
②　原文如下："古者庖牺氏之王天下也，仰则观象于天，俯则观法于地，观鸟兽之文，与地之宜，近取诸身，远取诸物，于是始作八卦，以通神明之德，以类万物之情。作结绳而为网罟，以佃以渔，盖取诸离。庖牺氏没，神农氏作，斫木为耜，揉木为耒，耒耨之利，以教天下，盖取诸益。日中为市，致天下之民，聚天下之货，交易而退，各得其所，盖取诸噬嗑。神农氏没，黄帝、尧、舜氏作，通其变，使民不倦，神而化之，使民宜之。易穷则变，变则通，通则久。是以自天祐之，吉无不利，黄帝、尧、舜，垂衣裳而天下治，盖取诸乾坤。刳木为舟，剡木为楫，舟楫之利，以济不通，致远以利天下，盖取诸涣。服牛乘马，引重致远，以利天下，盖取诸随。重门击柝，以待暴客，盖取诸豫。断木为杵，掘地为臼，臼杵之利，万民以济，盖取诸小过。弦木为弧，剡木为矢，弧矢之利，以威天下，盖取诸睽。上古穴居而野处，后世圣人易之以宫室，上栋下宇，以待风雨，盖取诸大壮。古之葬者，厚衣之以薪，葬之中野，不封不树，丧期无数，后世圣人易之以棺椁，盖取诸大过。上古结绳而治，后世圣人易之以书契，百官以治，万民以察，盖取诸夬。"

的维度，是人类的精神追求。"① 神农氏的制作在于发明农业与市场，黄帝垂衣裳而天下治，而有等级秩序，正是日进文明的表现。② 可以与《礼运》呼应的是，《周易·系辞下》提到，先王的制作，使社会从"穴居野处"的时代转入"上栋下宇"的宫室时代，这就涉及日常生活的居住方式的变革；先王发明棺椁，改变了《礼运》所谓"地藏"死者的方式，建立了丧葬制度；文字符号的发明改变了结绳计事以交流信息的方式。③ 王夫之云："三代以上，与后世不同，大经大法，皆所未备，故一帝王出，则必有所创作，以前民用。《易传》《世本》《史记》备记之矣。其聪明睿知，苟不足以有为，则不能以治著。"④ 自从火的运用之后，种种发明制作使得人类一步步别于禽兽，而那些三代以上的制作者，也因此成为人类文明的建功立德者，被后人敬仰。这些制作的圣王于是成为被祭祀的对象："夫圣王之制祭祀也，法施于民则祀之，以死勤事则祀之，以劳定国则祀之，能御大灾则祀之，能捍大患则祀之。"（《礼记·祭法》）⑤ 秩序创建的根基并不仅仅在于这些发明制作，还在于对制作者的报本反始之情，这种情感就是对人道和文明本身的敬重。船山在《礼运》第 1 节中看到的是历史中从自然中分化出来以及在演化中的文明的兴起。之所以对于人类秩序的历史而言，火的运用构成一道重要的分水岭，就在于火不仅改变了衣食住的生存条件，更重要的是改变了人们

---

① 张文江：《试论中华文明的基础——从〈周易·系辞下〉第二章说起》，《文艺争鸣》2020 年第 7 期。

② 《九家易》说："黄帝以上，羽皮革木，以御寒暑。至乎黄帝，始制衣裳，垂示天下。"（李道平：《周易集解纂疏》，潘雨廷点校，中华书局，1994，第 627 页）船山在讨论"垂衣裳而天下治"时指出，"衣裳者，乾坤之法象，人道之纲纪"，"人之所以为人而别于禽兽者，上下之等，君臣之分，男女之嫌，君子野人之辨，章服焉而已矣"。（王夫之：《船山全书》第 4 册《礼记章句》，第 723 页）

③ 《九家易》曰："古者无文字，其有约誓之事，事大大其绳，事小小其绳。结之多少，随物众寡，各执以相考，亦足以相治也。"（李道平：《周易集解纂疏》，潘雨廷点校，第 624 页）船山从侧面说明文字的发明对人类文明的重大意义："文字不行，闻见不征，虽有亿万年之耳目，亦无与征之矣，此为混沌而已。"（王夫之：《船山全书》第 12 册《思问录·外篇》，第 467 页）

④ 王夫之：《船山全书》第 6 册《读四书大全说》，第 824 页。

⑤ 《礼记·祭法》举例说："是故厉山氏之有天下也，其子曰农，能殖百谷。夏之衰也，周弃继之，故祀以为稷。共工氏之霸九州也，其子曰后土，能平九州，故祀以为社。帝喾能序星辰以著众，尧能赏均、刑法以义终，舜勤众事而野死，鲧鄣鸿水而殛死，禹能修鲧之功，黄帝正名百物以明民共财，颛顼能修之，契为司徒而民成，冥勤其官而水死，汤以宽治民而除其虐，文王以文治，武王以武功去民之灾，此皆有功烈于民者也；及夫日、月、星辰，民所瞻仰也，山林、川谷、丘陵，民所取财用也。"

群居生活的结构。伦默莱（Henry de Lumley）指出，火的发现"在漫漫长夜中延续了白昼，为严寒的冬日带来了暖夏。在一定程度上，它也为人类创造了一个共同生活的场所：正是围着火光闪闪、温暖而令人振奋的火塘，人类的社会生活很快形成并发展起来。这是狩猎者聚谈的好地方，他们叙谈着捕猎大象、犀牛和野牛的故事；这些故事随着时间的推移而变得越来越庞杂，并逐渐演变为神话。那些出类拔萃的猎人变成了英雄，后来又演变成了神。随着家庭或部落狩猎传统的出现，很快联结成团体并给它以统一的地区文化。正是由这一时刻起，人类不同团体的文化史才以其各自特有的地方传统而区别开来"①。

第2节的内容是"天望地藏"，船山以为"此节就丧礼而言之始制，其道虽质，而原于本始之理，则自然有其秩叙而不妄，三代之英亦循是而修饰之尔。观此所言阴阳生死之义，则《夏时》《坤》《乾》为二代礼意之所存，亦可思也"。② 丧礼开端时，非常质朴，但本始之理已经初显，"魄著于体，知凭于气。人死则魄降，故养道藏之于地；知气升，故望天而求其神之复。……其理亦生阳死阴、望天藏地之义也。'初'，本始之理，所谓天之道而人之情也"。③ 在丧礼的草创时代，天之道与人之情浑然一体，如果说生阳死阴、望天藏地是天之道，那么生者不忍死者之不葬、生者以礼仪方式表达对死者的纪念，都是人之情的展现。不仅如此，尽管人类已经发现了火食，告别了饮毛茹血的早期岁月，尽管后世发展出了周备的丧葬礼仪，然而火食发明之前的"饭腥而苴熟""死者北首，生者南向"依然保留了下来。按照孔颖达的解释，未有火化时的"饭腥"（死者行含礼时，用生米填入死者口中）与火化发明之后的"苴熟"（下葬时包裹熟肉送给死者）在后世的丧葬仪式中一同出现，在后世的丧葬仪式中，上古中古的先王后圣的制作本身已经融入后世的习俗，而习俗本身也具有历史性，是将神圣的初始时刻引进自身之中的历史性。正如刘沅指出的那样，"人受气于天，成形于地，故其死也，亦顺阴阳之义而为之礼"④。

① 伦默莱：《人之初：人类的史前史、进化与文化》，李国强译，商务印书馆，2021，第69~70页。
② 王夫之：《船山全书》第4册《礼记章句》，第544页。
③ 王夫之：《船山全书》第4册《礼记章句》，第544页。
④ 刘沅：《礼记恒解》卷9《礼运》，《十三经恒解》（笺解本）第6卷，第163页。

第 3 节，当《礼运》说"燔黍捭豚""蒉桴而土鼓"时，已经是修火之利以后的事情。是故船山将其编到"后圣有作"与"天望地藏"之后。"此节言自后圣修火政以来，民知饮食则已知祭祀之礼，致敬于鬼神，一皆天道人情之所不容已，其所从来者远，非三代之始制也。自此以下，乃推三代之礼皆缘此以兴，而莫不唯其初朔之是从焉。"① 内在于在饮食中致敬鬼神的动力是天道与人情，它们是秩序的两大根基，而三代的秩序，包括作为典范的小康，都缘此而兴。至于"前言礼达于丧、祭、冠、昏、射、御、觐、问，而此下专言祭者"，船山以为，这是因为"吉礼为凶、宾、军、嘉之本。扬雄所谓'礼莫重于祭'者是已。抑此章因鲁蜡祭失礼而发，故其感为尤深也"。②

第 4~6 节所展现的礼在三代的大成状态，皆是《礼运》作者所记录的"今世之礼"。所以孔颖达说："'今礼馔具所因于古'者，此'玄酒在室'及下'作其祝号'并'然后退而合享'，皆是今世祭祀之礼。"③ 由"牺牲"与"鼎俎"，所见的礼物之盛与礼之初起时刻"燔黍捭豚，污尊而抔饮"的简单质朴构成鲜明的对比；由"琴瑟""管磬""钟鼓"乐器之丰，与"蒉桴而土鼓"的简陋构成对比，已经显现出人类文明的进展；"修其祝嘏"与"致其敬于鬼神"相比，人类通过专门的言辞更能表达对鬼神的敬意。这些对照颇能显现"文明"进展的印迹。但人类历史并不能因此而简单地理解为从原始野蛮到文明日盛的进化过程。就可积累的物质文化而言，的确有持续不断的发展与更新。但开端创始的初朔时刻，并没有从人类意识中随着物质文化的进展而被抹杀，相反，是被人类有意识地突出。这是因为初朔时刻作为本始合一的时刻，秩序的根基并不会被文饰所掩盖，而对始的敬重本身就是对根基的敬重。

对秩序根基的敬重，导致了一种将初朔时刻引入现世礼仪之中的秩序创构：玄酒放在室内北墙下，醴（曲少米多的甜醴酒之酒樽）盏（盛着很多白色糟滓的盏酒的酒樽）放在室内门边，粢齐放在堂上，澄酒放在堂下。在祭礼中酒的使用有其深刻的意义："玄酒上古所饮，四齐（《周礼·天官·酒正》有所谓五齐，即泛齐、醴齐、盎齐、醍齐、沉齐。《礼运》提及了醴齐、

① 王夫之：《船山全书》第 4 册《礼记章句》，第 544 页。
② 王夫之：《船山全书》第 4 册《礼记章句》，第 544 页。
③ 郑玄注，孔颖达疏《礼记正义》，《十三经注疏》（整理本），第 13 册，第 783 页。

盎齐、醍齐、沉齐）近古所用，三酒（按：指事酒、昔酒、清酒）则当时之所制也。"① 就酒而言，酒味越薄，其发明时代越古；时代越是久远，陈列的位置就越尊贵。五齐都是未经过滤的浊酒，三酒则是经过过滤的，更合乎人的口味。五齐用以享鬼神，而三酒则可以为人所饮用。"古酒奠于室，近酒奠于堂，或奠于下，是'重古略近'。"② 一个祭礼现场，不仅有当世精美的酒器与口味宜人的今世美酒，而且还有上古、中古的酒樽和味儿很薄的古酒。在排列位置上，从室（户之内）到户（室之外）到堂（阶之上），显示了人对朔初的尊重，对鬼神的敬重。这就是人类文明历史在一个祭祀现场的集中体现。事实上，这样的情形在《礼运》中不断出现，譬如火化时代下葬死者的含礼中，既用火化时代之前的"饭腥"，又采取圣人修火之利以后的"苴熟"；在三代文明已经盛大，火化已经很是发达时，仍然采用上古时代"荐其血毛，腥其俎"的方式，但这又与"孰其殽"结合在一起。在"合莫"一节中，"'醴盏'，近古之饮。'燔炙'，近古之食也"③。与上古、中古一样，近古也被引入祭祀现场。古今不同维度被整合在同一个祭祀现场，就如同过去和未来被陈列在现在，现在由于容纳了过去和未来因而成为历史现身的"当下"，人在此"当下"的生命现场，得以超出具体社会的眼光，而从历史与秩序、历史与文明的视角回看自身与其所置身其中的社会，就使得其生存方式被运送到存在方式上的远方。而且，对初始时刻的敬重被凸显。这是因为初始时刻，本始合一，"本"在"始"中浑然显现，"本"没有受到遮蔽。因而在人类文明进程中，尤其是在文胜于质的时代，"反始"本身就是"报本"。船山在第4节中看到的是："此节备举三代祭祀之礼，仪文事义之盛，而其所自始，一沿夫上古饮食致敬之意，推广行之，而天道人情皆得焉，盖亦莫不从其朔初也。"④ 在三代，礼器礼物越来越精美，仪礼越来越完备，与礼器、礼仪粗略古朴的时代相比，可以看出文明的进展。然而，三代祭礼之所以"莫不从其朔初"，乃是因为向着礼之本开放自身，上古时代饮食就能致敬鬼神，就是人类在其生活中展现礼之本（天道与人情为）的表现，后世的祭祀发展，不过是礼之本在文明的新的时段的合乎时宜的展现。

---

① 王夫之：《船山全书》第4册《礼记章句》，第546页。
② 郑玄注，孔颖达疏《礼记正义》，《十三经注疏》（整理本）第13册，第784页。
③ 王夫之：《船山全书》第4册《礼记章句》，第547页。
④ 王夫之：《船山全书》第4册《礼记章句》，第546页。

更重要的是，通过礼仪与先祖、上神的纵向交通，达到的却是横向的人伦关系的完善，即"以正君臣，以笃父子，以睦兄弟，以齐上下，夫妇有所"。事实上，郑玄与孔颖达曾将"玄酒在室，醴盏在户，粢醍在堂，澄酒在下。陈其牺牲，备其鼎俎，列其琴瑟管磬钟鼓，修其祝嘏，以降上神与其先祖"视为礼之"事"，而将"以正君臣，以笃父子，以睦兄弟，以齐上下，夫妇有所"视为礼之"义"。① 值得注意的是，事神的"修其祝嘏，以降上神与其先祖"被视为礼之事，而正人伦才被视为礼"义"所在。人神关系与人人关系便不再是同一层次的关系，人神关系最终要落实到人人关系中，神事最终落实到人事中，周谞指出："有齐酒、牺牲、钟鼓、祝嘏，则固足以降上神之与先祖，然必待正君臣、笃父子、睦兄弟、齐上下、夫妇有所而后可以。承天之祜者，以备物尽礼为不足以承天，而所可承天者，先修人事而已矣。"② 看起来，人与鬼神之交通是宗教性的特别体验，但实质上这一体验却成为人类文明进程的环节，人与神的关系说到底被引入具体社会人与人的关系内部，从而成为构建人与人关系的中介。在王安石对事上帝与事天子之间的关联的如下揭示中，不难明白这一点："盖有天子之命者，可以有事；无天子之命者，不容僭差；使人知天子如上帝之尊，诸侯以下社庙百神无不听命于天子，则尊无二上，孰敢干之？所以见其藏身之固也。"③

分而言之，第4节"言将祭之先，陈齐酒，修礼乐，省牲视濯，将以假祖考，备十伦。盖虽未与神交，而其虑事之预，备物之具，致爱致悫，而祭则受福者，已于是乎在矣。盖祭祀之行事，虽在于迎尸杀牲之后，而积其诚敬，以为昭格之地者，实在于未事之先。《易》所谓'盥而不荐，有孚颙若'，正此义也。故此下三节，备言祭礼，而受天之祜特于此言之"④。如果说第4~6节展示的是一个三代盛大的礼仪现场，那么，第4节则是礼仪的开始和准备，从礼器、礼物及其摆放，到祝辞和嘏辞的完成，是全方位的准备，正如海陵查氏所云，"'陈其牺牲'至'承天之祜'，于时未祭也，知其

① 郑玄谓："此言今礼，馔具所因于古及其事义也。"孔颖达疏解说："从'玄酒'以下至'其先祖'以上，是事也，'以正君臣'以下，至'承天天之祜'，是义也。"（郑玄注，孔颖达疏《礼记正义》，《十三经注疏》（整理本）第13册，第783页）
② 卫湜：《礼记集说》第54卷《礼运》，《文渊阁四库全书》第118册，第144页。
③ 卫湜：《礼记集说》第55卷《礼运》，《文渊阁四库全书》第118册，第166页。
④ 孙希旦：《礼记集解》，第589页。

必受福尔"①。第5节即"作其祝号"至"是谓合莫","盖当朝践之节"。第6节"退而合亨"以下,"盖当馈食之节"。② 蒋君实说:"自'是谓合莫'以上,先儒以为朝践之节;自'是谓大祥'以上,先儒指为馈食之节。夫朝践为礼之始,馈食为礼之终,始贵乎严,终极其备。"③ 朝践之节的重点在于事鬼神,馈食之节的重点在于备人伦或尽人伦。朝践之节之所以"因于古初者",乃在于对鬼神敬而远之,"报气报魄,合阴阳以求之,足以通合乎冥莫之中也"④。事鬼神与事人在礼仪上区分开来,反过来,正是礼仪本身区别了生人与鬼神:朝践礼"祝号尊而神之,美其名称,以别于生人。玄酒存太古之意,不忘其初。血毛俎腥以下,兼上古中古之制,而事之如生,以乐死者之魂魄,是其诚敬直合于冥漠中也"⑤。馈食之礼则在祭仪之末享食宾客兄弟,以可口宜人的今世熟食为善,它从饮食的视角来看更适合人情。如果说朝践之礼用以表达生人对鬼神的感情,那么,馈食之礼则表达生人对生人的感情。生人对死者的交通叫作"合莫",生者与生者交通叫作"大祥"。正如陆佃所指出的那样,"大祥"是对人而言的"人事""吉事","合莫"则是对人而言的"鬼事""哀事"。⑥ 尽其神事,重在表达诚敬之情,先王圣人秩序的设置,是为了整饬、调整、文饰人对鬼神的感情,使之恰如其分;但通过保存若干上古以来仪式、器物,将之与今世的整合视为整体,恰恰构成了连接古今的历史意识,这一意识的核心是文化与文明的意识。正如周谞所云:"奉上世之礼物而罕及于后世者,则无文;奉后世之礼物而罕及于上世者,则无本。"⑦

事实上,《礼运》使用了"皆从其朔""皆从其初"的表达,揭示了秩序的两种开端。陈祥道试图区分"初"与"朔":"夫开端之始谓之初,继终而有始谓之朔,故天地之始亦可以言初,一月之始则特谓之朔,是以言礼

---

① 卫湜:《礼记集说》第54卷《礼运》,《文渊阁四库全书》第118册,第144页。

② 卫湜:《礼记集说》第54卷《礼运》,《文渊阁四库全书》第118册,第144页。类似说法,还有陆佃。

③ 卫湜:《礼记集说》第54卷《礼运》,《文渊阁四库全书》第118册,第147页。

④ 孙希旦:《礼记集解》,第589页。

⑤ 刘沅:《礼记恒解》第9卷《礼运》,《十三经恒解》(笺解本)第6卷,第164页。

⑥ 卫湜:《礼记集说》第54卷《礼运》,《文渊阁四库全书》第118册,第149页。

⑦ 卫湜:《礼记集说》第54卷《礼运》,《文渊阁四库全书》第118册,第149页。

之初，则继之以'皆从其初'，言后世有作，则继之以'皆从其朔'也。"①
"初"可以是自然的开端，"朔"则是被人确认了的再开端；"初"可以没有
人的参与，而"朔"已离不开人的参与。项安世说："初者天地形气之始也，
朔者随时制作之始也。"② 王安石强调："初者一始而不可变，朔则终而复始，
故于始诸饮食则言初，于后圣有作则言朔。盖先王为后世所因，乃其所以为
朔也。"③ "初"作为起源，是一个确定的开端，自此秩序开始显现，那是人
们经验到秩序之开始。"朔"作为圣王制作之始，意味着秩序构建以及由此
而来的人文宇宙之开端。船山说："'朔'，初也。此言上古五行之用未修，
天之道未显，人之情未得，至于后圣之作，因天之化，尽人之能，宫室衣食
各创其制，人乃别于禽兽，而报本反始之情，自油然以生而各有所致。此礼
之所自始。"④ 朔、初作为历史中的两种开端，不同于原初秩序经验，它是秩
序在历史中的创始时刻，而原初秩序经验则未必可以从历史中的视野加以理
解。之所以向着"朔""初"两种开端开放，乃是人情与天道在那个时刻开
始彰显。

这样，三代大成的祭礼就具有了三个维度。一是通古今的维度，即在
当下的礼仪现场，把初朔之"古"（上古、中古乃至近古）与当世之
"今"会通，孔颖达指出："一祭之中，凡有两节，上节是荐上古、中古，
下节是荐今世之食。"⑤ 二是通人神的纵向会通，已经去世的共同体的先祖
以及天神，与礼仪现场中活着的人得以连接。三是人与人的横向人伦贯
通，这一贯通的核心是整饬人与人在社会中的秩序，使之各得其所，各循
其序。"天以其道阴骘下民，彝伦攸叙，而善承之以尽人道之大顺，斯以
为备福也。"⑥ 通过祭祀所达到的福备，既意味着天人两尽其道，更意味着
人道之大顺。

---

① 卫湜：《礼记集说》第 54 卷《礼运》，《文渊阁四库全书》第 118 册，第 137 页。
② 卫湜：《礼记集说》第 54 卷《礼运》，《文渊阁四库全书》第 118 册，第 137 页。
③ 王安石著，王水照主编《王安石全集》第 1 册，复旦大学出版社，2016，第 171 页。
④ 王夫之：《船山全书》第 4 册《礼记章句》，第 543 页。
⑤ 郑玄注，孔颖达疏《礼记正义》，《十三经注疏》（整理本）第 13 册，第 776 页。孔颖达
  又云："自'玄酒在室'至'承天之祐'，总论今世祭祀馔具所因于古，及其事义，总论
  两节祭祀获福之义。自'作其祝号'至'是谓合莫'，别论祭之上节荐上古、中古之食，
  并所用之物。自'然后退而合亨'至'是谓大祥'，论祭之下节荐今世之食。"
⑥ 王夫之：《船山全书》第 4 册《礼记章句》，第 546 页。

就以上三个维度而言，人神（人天）贯通的纵向维度以及人人贯通的横向维度，都在时间与历史中展开。船山认识到："礼之所以运天下而使之各得其宜，而其所自运行者，为二气五行三才之德所发挥以见诸事业，故洋溢周流于人情事理之间而莫不顺也。盖唯礼有所自运，故可以运天下而无不行焉。本之大，故用之广，其理一也。"① 秩序在天下的展开，其目的就在于使事物各得其宜，而秩序展开或运作的根据则是"二气五行三才之德"，人始终是秩序的参与者。"二气"指的是阴阳，关涉的是天道；五行指的是金木水火土，关涉的是地道，天道与地道各有其特征，人在地上沟通天道（广义的天道包含地道，等同于天地之道）的过程，正是历史的展开过程。这里的关键是，天道自身无所谓历史，但人对天道在不同地方不同时间中的体验，构成历史的内涵。面向时间与历史，则是由道体转向体道的经验。人类文明正是人类体道经验之展开，其中有断裂、突破，也有连续、继承，圣人先王从发明制作器具，到创建国家和礼法秩序，这一过程正是天人交互作用的展开："自火化熟食以来，人情所至，则天道开焉。故导其美利，防其险诈，诚先王合天顺人之大用，而为意深远，非徒具其文而无其实，以见后之行礼者，苟修文具而又或逾越也，则不能承天之祜，而天下国家无由而正矣。其曰：'礼始于饮食'，则见人情之不容已，其曰：'承天之祜'，则见天道之不可诬，自生民以来莫之或易者，亦即深切著明矣。"②

船山强调天道随人情而开显，落实在祭礼上，正如郑樵《礼经奥指》所指出的那样，"人生而不能无室家之情，冠婚之礼已萌乎其中；不能无交际之情，则乡射之礼萌其中；不能无追慕之情，则丧祭之礼萌其中，情至而文生焉。后起者文繁，不若古始之情真也"③。即便礼的创制尚未发生，但礼意已经体现在人情中，古代的圣王便以此为基础创建秩序，以让民情可以有表达的通道。同时又随着物质条件的改善，人情的表达也日趋繁富。向着初朔时刻的开放，意味着秩序的展开并不能仅仅理解为线性的进化，而是文与质交错损益的过程，以文来节饰质、以质来充实文，正是人参与文明和秩序的方式。所以，中国思想中的"文明"，与现代以可累计性的物质或技术进步、以城市公民生活为原型等那种具有线性意识的"文明"（civilization）不同。

① 王夫之：《船山全书》第4册《礼记章句》，第535页。
② 王夫之：《船山全书》第4册《礼记章句》，第548~549页。
③ 转引自徐世昌等编纂《清儒学案》，沈芝盈、梁运华点校，中华书局，2008，第7916页。

现代的文明与自然、野蛮等相对，如从中国思想的视域来看，是"文"（文饰）而不"质"（质朴）的。而古典中国的文明意味着文与质的居间与均衡，这样的"文明"并不是建立在与自然的对峙上，而是建立在与自然的平衡上。

在三代以上的"礼之大成"的构想中，事神尚质而用古，事人则是变文而用今。譬如，对以事神为主的朝践之礼，王船山云："先祖之神在虚无之中，异于生人之形质，不以亵昧文物黩之，而尚质以致其精意。所以希合于冲漠也。此节言朝践事尸于堂之礼，以神为用，以质为敬，皆原本朔初以起义也。"① 而在馈食之礼或事人上，则"变质为文，用今易古，以尽人之情而合诸天道，虽极乎文之盛，而要不离乎朔初致敬之诚也"②。文与质、古与今在不同环节有所偏胜，但总体上两不相废。因而所谓的秩序的大成之境，并不是文胜质，而是文质互补或动态均衡，至于具体时刻秩序创建者应当文偏胜于质，抑或当质偏胜于文，完全与时世相应，不能先验地确定。船山释"大祥"说："礼极文备，通于时宜，以尽协神人之情而咸受其福也。此节言事尸于堂馈食之礼。变质为文，用今易古，以尽人之情而合诸天道，虽极乎文之盛，而要不离乎朔初致敬之诚也。总结上文，礼因时向盛，而原委初终，实相因而立，则古今初无异致，斯三代之所以反斯世于大道之公。若其精义之存，一以天道人情为端，质文递变，与时偕行，而顺承天者，固可于《夏时》《坤》《乾》而得其斟酌损益之由矣。"③ 这里的关键是，天道与人情是秩序的根据，而时则是秩序的条件，文质则是秩序之根据因时损益递变者。

何谓"礼之大成"？姚际恒曾对《礼运》礼之大成提出质疑，理由是："祭礼不过五礼之一端，不得谓礼之大成。"④ 但他实在是错误地理解了礼之大成的意思，他以为主有五礼全备，才能算得上礼之大成。其实，礼之大成意味着礼的精神得到充分展现。历史上具体有以下几种可能的理解：

① 王夫之：《船山全书》第 4 册《礼记章句》，第 547 页。
② 王夫之：《船山全书》第 4 册《礼记章句》，第 548 页。
③ 王夫之：《船山全书》第 4 册《礼记章句》，第 548 页。
④ 杭世骏：《续礼记集说》第 39 卷《礼运》，《续修四库全书》第 101 册，第 627 页。

（一）养生送死之礼成，事身之礼成，教人之礼成，合三者而为礼之大成（陈祥道）；①

（二）"有本有文谓之大成"（周谞）；②

（三）"礼至于此，始于古而成于今，始于质而成于文矣，故曰'大成也'"③（方悫），汤道衡也有"古今并用，质文咸备，此为礼之大成"④的表述；

（四）"自初、中至末，祭礼大备，此即大成"⑤（吴澄）；

（五）"由'合莫'至'大祥'，而礼乃成"⑥（姜兆锡）；

（六）"告孝告慈，治神人，和上下也。天人交至，礼备而道完，故曰大成"（刘咸炘）。

结合以上理解，礼之大成包括：文质均衡、神人协合、古今通达、人伦完备。这些向度都可以被纳入历史中展开的"文明"。反过来，这些要素之间的结构性张力本身也界定了古典中国思想对文明的理解。由于三代的秩序离不开作为秩序创建者的大人，故而礼之大成与小康都无法脱离三代圣贤的创制。船山将《礼运》开篇至"礼之大成"视为《礼运》的首章，"此章问答，反复申明三代制礼之精英。自火化熟食以来，人情所至，则天道开焉。故导其美利，防其险诈，诚先王合天顺人之大用，而为意深远，非徒具其文而无其实，以见后之行礼者，苟修文具而又或逾越也，则不能承天之祜，而天下国家无由而正矣。其曰：'礼始于饮食'，则见人情之不容已，其曰'承天之祜'，则见天道之不可诬，自生民以来莫之或易者，亦即深切著明矣。"⑦船山对《礼运》礼之历史起源论的改编，凸显了历史过程中的圣王及其制作，使得《礼运》礼之从起源到大成的叙事，更为紧密地与三代小康关联起

---

① 陈祥道谓："夫饮食号复宫室布帛之用具，则养生送死之礼成矣。三酒、牺牲、鼓钟、祝瑕之用具，则事神之礼成矣。正君臣，笃父子，睦兄弟，齐上下，则教人之礼成矣。是合三者所以为'礼之大成'。"卫湜：《礼记集说》第55卷《礼运》，《文渊阁四库全书》第118册，第148页。

② 卫湜：《礼记集说》第55卷《礼运》，《文渊阁四库全书》第118册，第149页。

③ 卫湜：《礼记集说》第55卷《礼运》，《文渊阁四库全书》第118册，第149页。

④ 汤道衡：《礼记纂注》第9卷《礼运》，《四库全书存目丛书》第93册，第696页。

⑤ 《朱轼全集》第5册《校补〈礼记纂言〉》，第1053页。

⑥ 杭世骏：《续礼记集说》第39卷《礼运》，《续修四库全书》第101册，第627页。

⑦ 王夫之：《船山全书》第4册《礼记章句》，第548~549页。

来。秩序的本性不再仅仅是"神显",而是"文明"。圣贤参与秩序创建过程,正是参与文明及其历史的运动过程。"自羲农至孔孟皆圣人,而其事不同者,何也?所值之时,所居之位,时俗尤不同也。圣人因时俗而为之节文,在上则有礼乐制度,在下则有言行,皆适得乎中正,故能裁成天地之道,辅相天地之宜以左右民。"①

圣王制作参与文明进程,而其制作,包括火的运用在内的尽五行之利,以及器物(如宫室、衣服、醴酪,甚至《周易·系辞下》所谓的市场、舟楫、罔罟等),是人作用于自然,与自然交通的方式,但更重要的是规范人与人交往的人伦与制度,只有到了这个层面,圣王的制作才是真正的立法行动。只有到了人对自身的节文和治理时,真正意义上的文明才得以开启。而"神显"的思路之所以并非外在于文明的理路,就在于,其本质是以人神的关系来协理人人关系,在这个意义上,"神显"具有人对自身节文和治理的重要意义。从结构上看,即使按照郑玄、孔颖达版本的《礼运》,礼的起源从上古人们在饮食中能够致敬鬼神开始,但在礼之大成状态最终还是导向人类社会自身的有序化,这是由神事始,至人事终;反过来,人事不能协理,人神也就不能相悦。

---

① 刘沅:《礼记恒解》第 11 卷《俗言》,《十三经恒解》(笺解本),第 221 页。

谶纬与鸠摩罗什的形象

陈 超

（山东大学哲学与社会发展学院）

摘 要：谶纬是理解中古政治乃至中古社会的背景和切入点，也是当下对于中古史误解最多的部分。自西汉谶纬之学确立，这一"政治"传统一直影响着直到中古时代的政治表达与政治活动，成为这一时期最为基础的知识与信仰内容。在五胡时期"谶纬政治"的背景中审视中古佛教史家在鸠摩罗什传中为我们勾勒出的罗什的形象，其始终与谶纬这一"政治预言"相关联，僧传的内容明确提示，支撑着他历经劫难最终能够成为著名佛经翻译家、思想传播者的，是其卓越的政治能力与圆熟的政治技艺。僧人掌握谶纬断占之术，也就意味着其具备了政治参与乃至政治说服的可能性，虽然这并不能直接影响佛教思想的发展，但为经典译介、思想弘传提供了相对宽松的环境，乃至权力的支持，也为僧团的发展提供了必要的"风险控制"。

关键词：鸠摩罗什 谶纬 佛教

引言：僧传与正史中鸠摩罗什形象的分歧

佛教四大翻译家之首、佛教译经"新译"时代的开创者、龙树之学的传播者……在后人追认的种种身份中，鸠摩罗什的形象，始终不离佛典的翻译与思想的引介。现代学者对鸠摩罗什的这种认识，与成书于中古时期的《高僧传》将鸠摩罗什归入"译经"的定位可谓一脉相承。然而，在中古时期的

131

其他史料中，鸠摩罗什的形象与地位，却呈现出另一种面向。在《晋书》中，鸠摩罗什与佛图澄同被列入《艺术传》，所谓"艺术"，就是谶纬断占。《晋书·艺术传》载：

> 艺术之兴，由来尚矣。先王以是决犹豫，定吉凶，审存亡，省祸福。曰神与智，藏往知来；幽赞冥符，弼成人事；既兴利而除害，亦威众以立权，所谓神道设教，率由于此。①

《晋书》的撰集者明确说，在一个谶纬泛滥的时代，借精通谶纬之术而沽名钓誉之徒甚众，因此能够进入历史书写的，是"推步尤精，伎能可纪者"。② 从《晋书》成书年代和对佛图澄、鸠摩罗什生平的记载中可以明确看出，《艺术传》对《出三藏记集》与《高僧传》相关内容进行了借鉴。因此，史官不可能不知道佛图澄与鸠摩罗什在佛教的认知系统中分属不同的"专业领域"，却依然将二者一同列入《艺术传》，等视二人的推步之伎。官修历史与僧撰历史之间的这种分歧，提示我们有必要重新检视写作者的立场及这种立场对叙事的影响。将鸠摩罗什列入《艺术传》，反映出唐初权力中枢对于名僧的观感，同时也提示我们：虽然僧祐、慧皎的选择、编排是根据传主对佛教整体发展所做出的"最突出的贡献"，但不应忽视传主在真实的历史中所扮演的实际角色与多重面向，不能单单以《高僧传》的"分类"将高僧在历史中的实际经历进行"脸谱化"的处理。

本文将以僧传、诔文、经论序跋中有关鸠摩罗什生平的记述为依据，梳理曾被现代研究者忽略的谶纬内容，从五胡时期谶纬作为政治活动之知识、信仰与制度的背景出发，对谶纬在当时的意义及其所隐含的信息进行分析与发掘，以此为据，还原鸠摩罗什的另一重不被重视的身份——积极的政治活动参与者，并进一步分析中古佛教史家对记录译经名家的高僧的其谶纬能力与实践的实际用意。

一

虽然《高僧传》中记载苻坚特意强调出兵凉州，不为开疆拓土，只为得

---

① 房玄龄等：《晋书·艺术传》，中华书局，1974，第 2647 页。
② 《晋书·艺术传》，第 2647 页。

鸠摩罗什一人而已，但这种说法并不见于祐录版鸠摩罗什传，只存在于慧皎的版本中。同时，这种出兵只为得一高僧的"剧本"，属于"印度制造"，并非源自中国传统。在鸠摩罗什翻译的《马鸣菩萨传》中，马鸣就是这样一位被印度本土君主不惜以武力方式争夺的高僧。我们绝不否认苻坚乃至后来的姚兴对鸠摩罗什的重视程度。但是，对于苻坚何以如此重视鸠摩罗什，却需要仔细分辨。闻"太史奏有星见外国分野，当有大德智人入辅中国"后，苻坚的反应值得我们仔细推敲。

> 坚素闻什名，乃悟曰："朕闻西域有鸠摩罗什，将非此耶？"①

所谓"悟曰"，即是"恍然大悟"之"悟"。之所以会出现这种情况，是由于苻坚"素闻什名"。问题在于，苻坚从何处闻罗什之名。

已有学者指出，由于长安城内另一位姓鸠摩的法师译经水平有限，不能达到道安的"出经"要求，为了纾解译经事业人才不继的现实困境，道安向苻坚推荐了鸠摩罗什。② 因此笔者认为，所谓的"素闻"，实际就是道安的举荐，而且应该是"屡次"举荐。③ 在"有星见外国分野"的吉兆出现三年之后，苻坚决心经略西域，其派出吕光时的一段话，真实反映出鸠摩罗什在他眼中能够被称为"大德智人"的原因："闻彼有鸠摩罗什，深解法相，善闲阴阳，为彼学之宗。"④ 鸠摩罗什是否真的"深解法相"，苻坚是不可能具备判断力的，这一评价只能来自于道安。但是，对于意在统一北方，乃至统一中国的苻坚来说，迎请道安、鸠摩罗什等人的真正意图，主观上或者并非为了发展佛教，而是与迎请鸠摩罗什至长安的姚兴一样，以名僧作为吸纳人才的旗帜，从义学僧群体中选拔人才以备王权之用。⑤ 这一点从道安获得苻坚

---

① 慧皎：《高僧传》，中华书局，1992，第49页。
② 释道安所作《摩诃钵罗若波罗密经抄序》记载："会建安十八年，正车师前部王名弥第，或称弥箕来朝，其国师字鸿摩罗跋提献胡《大品》一部，四百二碟，言二十千首卢。"另外，在一篇未详作者的《阿毗昙心序》中，亦有提及此人"释和尚，即释道安，昔在关中，令就鸠摩罗跋提出此经，即《阿毗昙经》。其人不闲晋语，以本渴本难译，遂隐而不传"。参见陈楠《鸠摩罗什生平新证——汉藏文献记载的比较研究》，《世界宗教研究》2013年第2期。
③ "安先闻罗什在西国，思共讲析，每劝坚取之。"慧皎：《高僧传》，第184页。
④ 慧皎：《高僧传》，第50页。
⑤ 陈楠：《鸠摩罗什生平新证——汉藏文献记载的比较研究》，《世界宗教研究》2013年第2期。

信任的原因上更能得以凸显。①

道安出生于一个"文化资本"发达的家族，其先祖累世为儒，虽至道安时已没落，且其自幼出家，② 但不应小觑其家族"文化资本"对道安在知识储备与构成方面的影响。王权对道安的信任，直接来自其"多闻广识"。而"多闻广识"能够获得王权认可，其实是受东汉以来士大夫群体中兴起的"知识主义"之风的影响。③ 此风至五胡时期虽不甚兴盛，但汉儒"一物不知，是为耻也"的思想依然深刻影响了当时乃至现代人对于"有识之士"的直接观感：多闻广识就是一个人"有识"的表征。道安以多闻广识而受到信任，进而最终成为苻坚军国大事的咨议之臣，从弘法的角度看或许属于"枝节"，但在中古时期权力中枢对人才吸纳的视角上看，却是一种必然。因为，董仲舒以降的儒家之学，本就是始终与政治高度关联的。这就要求我们首先要理解作为五胡时期人们思想与行动之基础的知识、信仰与制度背景。

二

谶纬之学成于西汉末年，是儒学在制度化过程中，借助方术拓展解释范围、提高解释能力的一次努力与尝试。纬书中包含了大量源出方术的内容，其与方术的本质区别，在于以天人感应与阴阳五行为解释之依据与指向。这种本为经学辅助的学说，发展至东汉时期，甚至取得了与经学平起平坐的地位。据《汉书·艺文志》记载，数术包括天文、历谱、五行、龟蓍、杂占、形法等六类。其中，天文、历谱本属天学范畴，与占验吉凶往往相混杂。龟

---

① "安外涉群书，善为文章，长安中衣冠子弟为诗赋者，皆依附致誉。时蓝田县得一大鼎容二十七斛，边有篆名人莫能识，乃以示安，安云：此古篆书，云鲁襄公所铸。乃写为隶文。又有人持一铜斛，于市卖之，其形正圆，下向为斗，横梁昂春为斗，低者为合，梁一头为籥，籥同钟，容半合，边有篆铭。坚以问安，安云：此王莽自言出自舜皇龙，集戊辰改正即真，以同律量，布之四方，欲小大器钧令天下取平焉。其多闻广识如此。坚敕学士内外有疑皆师于安，故京兆为之语曰：学不师安，义不中难。" 慧皎：《高僧传》，第 181 页。
② "家世英儒，早失覆荫，为外兄孔氏所养，年七岁读书，再览能诵，乡邻嗟异，至年十二出家。" 慧皎：《高僧传》，第 177 页。
③ 葛兆光：《中国思想史》第二卷，复旦大学出版社，2013，第 281 页。

著与杂占本就是占验吉凶的方术，其中杂占"纪百事之象，侯善恶之征"，①包括对动物变怪的解释。因此，虽然不能将谶纬与吉凶占验简单地等而视之，但这种区别主要在于不能以谶纬视先秦之占筮，至少在本文所讨论问题的范围内，确实可以不加区分地使用二者。

谶纬的发展始于儒家的制度化，是儒学进入政治制度的产物，吉凶断占所涉，始终是为了服务于君王之事，且仅服务于君王之事，是政治、军事决策的重要依据。这一传统源自上古时期的天人交通模式。在上古的传统中，只有受命之人有资格通天。而受命之人取法天象订立制度、反省得失，所关并非一己之事，而是生民之事。包含天文、历法等内容的谶纬，以"天人合一""天人感应"为思想之基础，继承了这一王官独占之学的传统，占验的应用，始终是军国大事，而非个人的吉凶祸福。以天文为例。自颛顼"乃命重黎，绝地天通"之后，对于天象的观测、解释，始终是官方独占的，民间严禁私藏天学之书，私习天学的禁令历朝不断。如有学者指出的，谶纬之学发展到魏晋时期，曾被后赵石季龙、前秦苻坚毁禁。②但我们必须对"毁禁"的说法加以详细考察，即后赵、前秦毁禁的究竟是何类谶纬。后赵石季龙令"不得私学星谶"、苻坚"禁图谶之学"。禁私学，理由一如前述，是王权对政治解释与话语权的垄断。禁图谶，则与图谶的历史作用有关。最为知名的图谶，当属河图洛书。图谶出世，往往代表着将有受命之人出世，建立新王权。在当权者看来，这是对现有权力稳定性的极大挑战与破坏，因此禁止图谶，用意是防止民间有人借谶纬惑乱人心。在五胡竞逐的时代，这种行为尤其可以被理解。石季龙与苻坚的禁令，并非对谶纬之学的毁禁，恰恰是对谶纬所代表的政治权威的加强。这种毁禁并不能说明掌权者本身不信谶纬。否则，石季龙与苻坚本人在军国大事吉凶未卜之时屡屡请教于方术之士的行为就将无法获得合理解释。正如我们在前文中提到的，促使苻坚对于迎请鸠摩罗什之事下定决心的，正是太史对"外国有星分野"的占验、解释。有关历法的例子，将在后文对后秦时代谶纬情况的考察中加以说明。

再引"太史奏有星见外国星分野，当有大德智人入辅中国"的例子，太史不仅观测到了天象，还对天象的征兆做出了解释。这里面首先值得引起注

---

① 《汉书·艺文志》。

② 钟肇鹏：《谶纬论略》，辽宁教育出版社，1991，第32、33页。

意的是，为什么太史具备解释的权力。前引"乃命重黎，绝地天通"之语，说明王官对这种特殊政治解释与话语权的独占。这里的"王官"也是需要仔细分辨的。本来，受命之人是"王"，王（治民）巫（通天）合一是最合理的状态。但"绝地天通"的材料却提示我们，早在颛顼时代，通天的职责即已交付有司。历代职官的设置中，都会有负责"通天"的官员与专职机构，负责观测、断占。① 在前引材料中，苻坚时期这一职官是"太史"。司马迁在《史记·天官书》中记载，自重黎以降至其生活时代，"古之传天数者十四人"。江晓原就对其中的"巫咸"做过详细的考证分析，指出"巫咸"所代表的是一整个司天的阶层。这一阶层掌握着特殊的、不为外人所知的天学知识，而这种知识源自信仰，塑造制度并影响乃至决定其运行，因此这一阶层地位崇高。② 如黄一农就曾指出，"南北朝因动乱频仍，故屡见太史令参与战事定策之例"。③ 一方面禁止民间私习谶纬之术，必然导致人才供应不足；另一方面对这种特殊的"政治人才"又存在现实的、紧迫的需求。这就导致人才缺口与人才需求间的张力不断变大。

回到"太史奏"的材料，值得我们关注的第二个问题是，太史之言的凭据是什么。要回答这一问题，必须首先说明谶纬的特质。如张衡所言，谶纬是"立言于前，有验于后"，④ 尤其是星象占验，征验结果很快就会显现。虽然流行的谶纬之书、具注历为太史的解释提供了基于过往经验之总结的解释范本，但真正重要的是占验结果的准确性。从前文提到的人才缺口与需求之间存在的巨大张力合看，能够达到标准者，实在少之又少。好在，东西两汉在特殊政治人才吸引上的务实态度——广泛从民间吸引精通谶纬的人才，为后世不拘一格地吸纳善谶纬之士奠定了基础。因此，解释的凭据倒在其次，断占结果才是评价这类特殊人才的最终标准。

还有一点值得注意的，就是古今对于知识定义的不同。善理阴阳术数，在现代人的视野中，是不科学的，这种非理性的知识只能被视为巫术。但在古人的世界里，这就是最真实的知识，它可以合理地解释宇宙、人间的一切，并预测未来的发展走向，具备了信仰的特质，并与制度紧紧结合在一

---

① 江晓原：《天学真原》，辽宁教育出版社，1992，第55~62页。
② 江晓原：《天学真原》，第87~90页。
③ 黄一农：《社会天文学史十讲》，复旦大学出版社，2004，第87页。
④ 《后汉书·张衡传》，转引自钟肇鹏《谶纬论略》，第21页。

起，形成了一个完整的知识、信仰与制度体系。掌握了这种知识，就具备了政治参与的基本条件。一个典型的例证，就是与鸠摩罗什同时代的北魏重臣崔浩。崔浩以精于断占而著称，但非太史。良好的谶纬能力使其受到北魏道武帝的信任，谶纬能力成为崔浩仕途的"加分项"。① 崔浩擅天学占验受到重视，也向我们传达了两条信息：一是处在五胡时期的北魏权力中枢对谶纬也十分倚重，二是在谶纬领域确实存在着人才需求。

三

在这样的背景之下，我们再来看鸠摩罗什在前秦权力中枢中的出场方式与符坚对他的评价。"有星分野"，正是以星占理论解释人事。分野学说起源于战国，它之所以将天界星区与地理区域相互对应，其最初目的就是配合星占理论进行天象占测。② "众星列布，体生于地，精成于天，列居错峙，各有攸属。在野象物，在朝象官，在人象神。"③ 因此，能够出现在谶纬之中的人和事，必定是对现实政治极具影响的。如果仅仅是一般的德智之人入辅，必然不会有如此重大的天象出现。僧传载太史言此天象表征"大德智人"将出，绝非中古佛教史家基于佛教本位为鸠摩罗拉抬地位。如果当时真的出现了预示贤臣入辅朝廷的星象，则此人必为"大德智人"无疑，这方是理解天象占验的逻辑。在僧祐和慧皎的表达中，鸠摩罗什进入前秦权力中枢之视野，并最终被符坚相中的一个重要因素，就是星象占验的结果。

前文已经交代了"深解法相"背后的文化与政治利益，而符坚对于鸠摩罗什的另一评语"善闲阴阳"，或者正是他对鸠摩罗什真正感兴趣的地方。因"有星见外国分野"而联想到鸠摩罗什可能就是此星象对应的"大德智人"，本身就已说明符坚对"阴阳术数"的信赖。延聘、咨议于善理阴阳术数之士，也是前秦权力中枢的"政治常态"。《晋书·艺术传》中孟钦、王嘉、僧涉、郭黁等方士的生平中，均出现了符坚君臣的身影。曾与道安有交

---

① 江晓原：《天学真原》，第 61 页。崔浩断占之事，见《魏书·崔浩传》。
② 邱靖嘉：《"普天之下"：传统天文分野说中的世界图景与政治涵义》，《中国史研究》2017 年第 3 期。
③ 《晋书·天文志》，第 288 页。

涉、预言了姚兴灭符登的王嘉，在后赵政权灭亡后"潜隐于终南山，结庵庐而止……苻坚屡征不起，公侯已下咸躬往参诣，好尚之士莫不师宗之……坚将南征，遣使者问之"①。同样出现于《高僧传》中的僧涉，"苻坚时入长安……每旱，坚常使之咒龙请雨……天辄大雨，坚及群臣亲就钵观之。卒于长安。后大旱移时，苻坚叹曰：'涉公若在，岂忧此乎！'"② 预测出晋灭姚秦的郭黁，"苻氏每有西伐之问，太守赵凝使黁筮之"，"苻坚末，当阳门震，刺史梁熙问黁"，③ 他屡屡为政治活动与天象提供断占与解释。前秦权力中枢对谶纬之事的依赖，由此可见一斑。对于苻坚时期的这种风气，生长在长安的僧肇就曾在其写给先师的诔文中提及："大秦符、姚二天王……外扬羲和之风。"④ 羲和是前述"古之传天数者"之一，在诔文中所代表的，正是谶纬之潮流。在为帝王表功的语句之中，作者必然会拣选功绩最大且最为帝王本身认可的事件加以敷陈、赞扬。僧肇的记载，足够说明谶纬渗透在苻坚政权的知识、信仰与制度之中。正是在这种背景之下审视苻坚对鸠摩罗什的评价"善闲阴阳"，笔者才得出了苻坚认可鸠摩罗什主要在于鸠摩罗什具备谶纬能力的结论。一如前述，谶纬本身就是一种政治活动，因而苻坚对鸠摩罗什的需求，至少排在第一位的原因，是出于对现实政治利益的考量。

四

在吕光灭龟兹后不久，苻坚即在淝水之战中落败，两年后被杀。这也使鸠摩罗什的弘法生涯进入最为低落的时期，他不仅受到逼迫违反戒律，还无法翻译佛典、弘传释道，只能以其"善闲阴阳"的能力，为吕氏父子的军国大事提供解释与预测。这种叙事来自僧传的记录，满含弘道之人无法实现理想的悲剧色彩，是中古佛教史家从弘法的角度必然采取的叙事策略，但却难说是否真正符合鸠摩罗什的生活境况。对于鸠摩罗什被逼娶龟兹王妹为妻之事，从僧传对鸠摩罗什身世的铺陈、信仰受到压抑甚至压制时期信徒对"鸠摩罗什信仰受逼迫"这一事实的"感同身受"，以及中古

---

① 《晋书·艺术传》，第 2496 页。

② 《晋书·艺术传》，第 2497 页。

③ 《晋书·艺术传》，第 2496~2497 页。

④ 道宣：《广弘明集》卷二十三，《大正藏》第 52 册，第 264 页下。

佛教史家面临的最为紧迫的问题——是为高僧，却曾破戒——等种种角度切入，都会造成对鸠摩罗什被逼娶龟兹王妹事件的解读产生源自维护信仰的"偏见"。

但是，如果从中国古代政权对周边地区的征服史上看，征服者通过种种手段摧毁旧政权遗留的政治权威，是一种必然，并非新鲜事。汉贾谊作《过秦论》，称秦始皇"南取百越之地，以为桂林、象郡；百越之君，俯首系颈，委命下吏"，① 就是这种传统的代表。让曾经统治被征服地区的君主"俯首系颈"的目的，正是打破旧权威、宣示新权威。具体到前秦征服龟兹之事上，龟兹王已经战死，摧毁龟兹旧政权的文化与政治自信的突破口，自然转移到了王族及重臣身上。从吕光伐龟兹之前鸠摩罗什敢于进言不要抵抗这一点来说，不论官职的有无、高低，鸠摩罗什已然进入了龟兹的权力中枢。且其父辈既已见荣于龟兹，鸠摩氏在龟兹的声望与影响力自然不容小觑，这一点也成为吕光选中鸠摩罗什施威的原因。否则，仅仅是为了羞辱作为佛教徒的鸠摩罗什，没有必要以龟兹王之妹妻之，只要达成使其破戒的目的即可。但是，一定要以龟兹王之妹妻鸠摩罗什，或者说，逼迫龟兹王之妹嫁给本不能婚配的鸠摩罗什，直接反映出的是吕光的政治用心。以龟兹王之妹妻鸠摩罗什，则鸠摩罗什是不能娶而娶，造成了其最珍视的佛教徒身份受到极大的破坏，这种冲击对于以佛教为国教的龟兹而言，不言而喻。而造成这种"罪恶"的，不是别人，正是王族的代表，龟兹王之妹。笔者认为，吕光强以龟兹王之妹妻鸠摩罗什，本意即在于此。吕光确实是利用了鸠摩罗什作为佛教徒的禁忌，但是否蓄意羞辱佛教，笔者认为仍有待考校。

推断当时的历史实际，并非为了给中古佛教史家的记录"祛魅"，而是要更好地理解中古佛教史家在叙述时的增添、改变与凸显，从中分析、理解他们的诠释策略与问题意识。对真实历史情境进行的分析与重构，为我们提供了一条理解鸠摩罗什的有效线索：早在龟兹国时期，鸠摩罗什就是一个深度的政治参与者，具备政治参与的经验与能力。也正是由于其具备这种能力，才使其能够在全然不信佛教的吕氏父子的治下活下来。毕竟，吕光强令之骑牛马，除了令其出丑，不排除希望他坠落而亡的意思。对于鸠摩罗什何以能够在这样的环境里得以幸免，笔者在此只提示一点：僧传中对吕氏父子

---

① 严可均辑《全汉文》第16卷，商务印书馆，1999，第166页。

与鸠摩罗什之间在谶纬占筮问题上的互动，为我们理解鸠摩罗什提供了启示。抛开具体内容不谈，只看僧传中对双方互动时的用词，即可明了。起先的"什曰"，是在吕光并未向鸠摩罗什咨议的情况下，鸠摩罗什主动对吕光的决策提出建议。当鸠摩罗什"推数揆运"的占验能力屡屡被证实后，情势发生了逆转："光以问什。"到吕纂时期，则是"什奏曰"。从征服者对之极尽轻侮之能事，到偶然的机会鸠摩罗什主动提供建议，到征服者主动咨议，再到极富象征意义的"奏对"，鸠摩罗什利用自己"善闲阴阳"的能力，再一次成功进入凉州地区的权力中枢。

直接体现吕光对鸠摩罗什认知的，是后秦建立后，姚苌迎请鸠摩罗什，吕光拒不放人时的一段记载："诸吕以什智计多解，恐为姚谋不许东入。"（《高僧传》）足见，在吕氏父子的眼中，鸠摩罗什的价值，在于其"智计多解"。从鸠摩罗什为吕氏政权提供的各种咨议中可以看出，鸠摩罗什的"智计"出于其"多解"，而其所解，则是天文（暴雨）、地理（凶亡之地）、风角（不祥之风）、物候（有猪生子一身三头、龙出东厢井中、黑龙升于当阳九宫门），这再次提示我们需要直面这样一个时代背景：术数作为知识存在，谶纬就是信仰的一种构成，谶纬术数深刻影响着权力中枢的决策。在这样的现实环境中，鸠摩罗什被各个权力中枢看中并争夺的，最重要的不是译经弘法，而是其极其珍贵的"善闲阴阳"之能力。

五

前文已述，鸠摩罗什拥有卓越的谶纬断占技术与能力，这种技术与能力是极为稀缺的政治要素。但考僧祐、慧皎编撰的鸠摩罗什传，罗什自姑臧至长安后所行之事，均是译经、弘法一类，未见姚兴请罗什为之断占释疑之记录。将考察范围扩展到《晋书》，《艺术传》中所附与姚兴同时代的方士的生平中，均未见姚兴问决疑的记录。虽然这一时期还曾发生北魏太史令晁崇密谋投奔后秦并以谶纬之术使北魏道武帝退兵，最终保全后秦的事件。[1] 此外，见于《晋书·艺术传》、以断占闻名的郭黁也在吕氏归降后进入长安。[2]

---

① 黄一农：《社会天文学史十讲》，第78~82页。
② 《晋书·艺术传》，第2497页。

但这并不足以得出姚兴对谶纬断占不感兴趣的结论。从现存史料看，姚苌、姚兴父子对于谶纬至少是抱有实用主义的态度的。姚苌立国之初，即依五德终始之说，改正朔、易服色，改长安为常安，以彰显其"受命"，① 虽然五胡立国莫不如是，但这一思想正是谶纬的重要内容之一。《晋书·艺术传》载方士王嘉生平，有"姚苌之入长安，礼嘉如苻坚故事，逼以自随，每事谘之"② 的记载。到姚兴时，甚至变革历法，颁行由天水人姜岌创制的《三纪历》，从《晋书·律例志》保存的资料来看，这是五胡时期最早的历法。③ "历法在中古时期更多的不是一项现代意义上的纯粹的科学活动，而是一项基于天人感应、五德终始学说，与谶纬祥瑞、星占术数紧密相关的一项政治和文化活动。"④ 对于异常天象，"时天大雪，苌下书深自责罚，散后宫文绮珍宝以供戎事，身食一味，妻不重彩"。⑤ "兴以日月薄蚀，灾眚屡见，降号称王，下书令群公卿士将牧守宰各降一等。"⑥ 姚兴父子的应对行为，皆合乎谶纬之学的要求："人君大臣见灾异，退而自省，责躬修德，共御补过，则消祸而福至。"⑦

另外，《出三藏记集》与《高僧传》中记述鸠摩罗什自凉州至长安时，发生在长安的一个关键事件，就是出现了祥瑞："有树连理生于庙庭，逍遥园葱变为薤。"之所以能够出现祥瑞，其原因在于"天下太平，符瑞所以来至者，以为王者承天统理，调和阴阳。阴阳和，万物序，休气充塞，故符瑞并臻，皆应德而至"⑧。祥瑞种类繁多，其中一种就是"木连理"："德至草木，朱草生，木连理。"⑨ 而木生于庭，亦有所指："平路生于庭。平路者，树名也。官位得其人则生，失其人则死。"⑩ 如此，"有树连理生于庙庭，逍遥园葱变为薤"向我们传递了两重信息：于姚兴，是其在位有德，故能有祥

① 《晋书·姚苌载记》，第 2967 页。
② 《晋书·艺术传》，第 2496 页。
③ 〔日〕薮内清：《魏晋南北朝时期的历法》，杜石然译，《自然科学史研究》1996 年第 12 期。
④ 孙英刚：《神文时代——谶纬、术数与中古政治研究》，上海古籍出版社，2015，"绪论"，第 25~26 页。
⑤ 《晋书·姚苌载记》，第 2968 页。
⑥ 《晋书·姚兴载记》，第 2979 页。
⑦ 《晋书·五行志》，第 800 页。
⑧ 班固等：《白虎通疏证》，中华书局，1994，第 283 页。
⑨ 班固等：《白虎通疏证》，第 284 页。
⑩ 班固等：《白虎通疏证》，第 286 页。

瑞生；于鸠摩罗什，则与"将有大德智人入辅中国"之语并无二致——"大德智人""入辅"即是"官位得其人"。但是，姚兴并未对此祥瑞作出回应，我们无从判断其对谶纬的态度。虽然如此，前文所引僧肇《鸠摩罗什法师诔》中记载有"大秦符、姚二天王……外扬羲和之风"，① 明确指出了姚兴对于谶纬之学的崇好，为我们推断鸠摩罗什在长安的活动提供了线索。

译经、讲习对姚兴而言不仅是个人的喜好，更重要的是其所能带来的现实的政治、文化利益。自鸠摩罗什至长安，西至中亚，东至庐山，中外僧人慕鸠摩罗什之名，即使不能亲往，也必致函咨问。后秦确立起佛教文化中心地位，而文化中心对人才吸引的现实作用与意义明确。五千沙门聚集于长安，使得长安的人才密度迅速增大。而参与译经、讲经沙门中的佼佼者，也成了权力中枢争取的对象，如鸠摩罗什僧团中的道、标二僧被逼令还俗从政，② 又如鸠摩罗什本人被逼令受女妓十人也是为了后秦做"未来的人才储备"。③ 上述两例足以明确说明，姚兴崇佛虽然不假，但信仰之于现实的治乱存亡，处于第一顺位的始终是后者。因此，对于鸠摩罗什的谶纬断占能力，虽因文献不足征，未能有定论，但作为一个"外扬羲和之风"的政治实用主义者，姚兴不会不明白鸠摩罗什的谶纬断占能力对现实政治的意义。

我们反复强调，鸠摩罗什具有丰富的政治参与经验，这种政治成熟也体现在其对政治底线的认知上。这一点从其在长安时，僧团对僧人谶纬能力的管控上就有极为明确的体现。笔者拟从谶纬作为私人知识与行动禁忌的角度，再看所谓鸠摩罗什僧团对佛陀跋陀罗的驱逐。以中古时人的知识标准看，佛陀跋陀罗也是具备"神异"的僧人。通过《高僧传》的记载我们可知，在通过海路来华的过程中，佛陀跋陀罗展现了他对我们现今所谓"航海知识"的擅长，众人对此的态度是"方悟其神，咸师事之，听其进止"。④ 而僧䂮、道标在驱逐佛陀跋陀罗时的谈话里提到了他的"罪状"共有两条，其中一条就是"先言五舶将至，虚而无实"，⑤ 并视之违反戒律。而长安"旧僧"最初听到佛陀跋陀罗"我昨见本乡有五舶俱发"⑥ 的"预言"时，

---

① 道宣：《广弘明集》卷二十三，《大正藏》第 52 册，第 264 页下。
② 慧皎：《弘明集》卷十一，《大正藏》第 52 册，第 73 页下。
③ 慧皎：《高僧传》，第 53 页。
④ 慧皎：《高僧传》，第 70 页。
⑤ 慧皎：《高僧传》，第 71 页。
⑥ 慧皎：《高僧传》，第 71 页。

"咸以为显异惑众"。僧䂮、道标均为鸠摩罗什门下，不可能对罗什的种种"神异"不熟悉，因此也就不会对"神异"感到陌生。如从权力中枢对民间断占的管理来看，佛陀跋陀罗对门人所讲的断占，虽然内容上并无"犯禁"之处，但放在一个背景之下，情况就发生了微妙变化：从佛陀跋陀罗习禅法之人甚众，考虑到他的实际影响力，神异的显现从正面看有利于"聚众"，同时也意味着存在"惑众"的可能性。从政权的角度看，这种断占能力若非为权力中枢所用，其害甚大。在此试举一例说明。苻坚时洛阳人孟钦"有左慈、刘根之术，百姓惑而赴之。苻坚召诣长安，恶其惑众，命苻融诛之"。①

由此我们推断，佛陀跋陀罗的私人断占之所以会成为其遭到驱逐的理由，是因其没有按照合乎中土权力要求的方式，而是在极具社会影响力的情况下私自使用这种被定义为"政治技能"的能力。加之僧传中记载佛陀跋陀罗在僧人"往来宫阙，盛修人事"② 的环境里却"守静不与众同"，③ 虽则不离佛教的本旨，却不能不说这种疏离将导致对政治环境甚至是政治底线的不甚了了。因此，笔者并不认为以鸠摩罗什为中心的僧团会容不下"离群索居"修行的佛陀跋陀罗，而是佛陀跋陀罗对于政治的一无所知，极有可能引发对于整个僧团、至少是某一类僧人的灾难。虽然在佛陀跋陀罗离开后姚兴对道标说不能因一言以废人，但从僧团的长治久安来看，僧䂮、道标等人的决策具备从僧团的整体发展进行思考的自觉。

结　语

正如孙英刚所提示的："一句谶言，一个符瑞，往往背后有深厚的信仰背景和政治传统在支撑。"④ 谶纬是我们理解中古政治乃至中古社会的背景和切入点，也是当下我们对于中古史误解最多的部分。自西汉谶纬之学确立，这一"政治"传统一直影响着直到中古时代的政治表达与政治活动，成为这一时期最为基础的知识与信仰内容。

因此，不能理解谶纬之于五胡时期政治的真正意义，就无法理解僧传等

① 《晋书・艺术传》，第 2495 页。
② 慧皎：《高僧传》，第 71 页。
③ 慧皎：《高僧传》，第 71 页。
④ 孙英刚：《神文时代——谶纬、术数与中古政治研究》，"绪论"，第 16 页。

相关材料中有关鸠摩罗什参与谶纬的相关记录的真实意蕴。对僧传中塑造的鸠摩罗什形象的再发掘，有利于我们理解中古佛教史家借由选择、编辑与呈现史料所要传达的问题意识与弘法构想。

在五胡时期"谶纬政治"的背景中审视僧传中呈现的鸠摩罗什，称其"历仕三朝"并不为过。正如我们始终强调的，虽然未必有官职，但谶纬断占作为极稀缺的政治资源，意味着具备断占能力之人在进入权力核心这件事上具有极高的可能性。中古佛教史家在鸠摩罗什传中为我们勾勒出的罗什的形象，始终与谶纬这一"政治隐喻"① 相关，僧传的内容明确提示我们，支撑着他历经劫难最终成为著名佛经翻译家、思想传播者的，是其卓越政治能力与成熟度。僧人掌握谶纬断占之术，也就意味着其具备了政治参与乃至政治说服的可能性，虽然这并不能直接影响佛教思想的发展，但却为经典译介、思想弘传提供了相对宽松的环境，乃至权力的支持，也为僧团的发展提供了必要的"风险控制"。

合思想与行动而观之，或者才是中古佛教史家想要为我们描摹的鸠摩罗什的"丰满"形象：佛教的传播不仅仅是一个佛教思想本身是否合理的问题，鸠摩罗什就是一个在尝试让佛教进入制度、成为制度话语的过程中找到了理想主义与实用主义平衡的高僧，他深知策略的重要，而非单纯凭借理想。高僧之所以"高"，或者正在于此。

---

① 对于现代读者而言，中古时期谶纬话语的政治意涵，就是一种不知其内涵的隐喻——自注。

宋代思想研究

不可将戒慎与慎独滚为一事

——论朱子《中庸首章》诠释引发的争议

田智忠

（北京师范大学哲学学院）

摘　要： 朱子一改前人在对《中庸首章》的诠释中以"戒惧"与"谨独"为一事的旧说，而是强调二者相分。此"新解"自朱子初编《中庸章句集注》提出后，始终备受质疑。朱子在与张栻、吕祖俭等人的讨论中，虽对"新解"的具体表述略有调整，但始终不改其主旨。朱子的"新解"有三种略有不同的表述：其一，戒惧工夫、慎独工夫分别与未发、已发时对应；其二，戒惧是统体工夫，慎独是在特殊节点时在戒惧工夫上的"又加谨焉"；其三，动态地看，戒惧与慎独工夫可以相互贯通。在与质疑者的讨论中，朱子深入讨论了界定"不睹不闻"时和"慎独"时的复杂性，辨析了主敬与戒惧、慎独工夫的同异分合关系。在朱子身后，其"新解"逐渐被接受为阐释《中庸首章》的主流说法，但也不断经受质疑，尤以饶鲁的质疑最为典型。

关键词： 戒惧　慎独　《中庸》　主敬

一　问题的提出

朱子在编订《中庸章句集注》时对《中庸首章》的诠释，做了一个有违诸家旧说的决定。对于并不轻易反驳二程的朱子来说，这一决定足够"艰

难"。概言之，朱子对于《中庸首章》"道也者，不可须臾离也，可离非道也，是故君子戒慎乎其所不睹，恐惧乎其所不闻……莫见乎隐，莫显乎微，故君子慎其独也"的阐释，一反前人"皆以戒慎不睹、恐惧不闻即为谨独之意"的旧说，而强调以"戒慎不睹、恐惧不闻"与"谨独"为二事的"新解"：

> 道者，日用事物当行之理，皆性之德而具于心，无物不有，无时不然，所以不可须臾离也。若其可离，则为外物而非道矣。是以君子之心常存敬畏，虽不见闻，亦不敢忽，所以存天理之本然，而不使离于须臾之顷也。

> 隐，暗处也。微，细事也。独者，人所不知而己所独知之地也。言幽暗之中，细微之事，迹虽未形而几则已动，人虽不知而己独知之，则是天下之事无有著见明显而过于此者。是以君子既常戒惧，而于此尤加谨焉，所以遏人欲于将萌，而不使其滋长于隐微之中，以至离道之远也。①

朱子将"戒慎其所不睹、恐惧其所不闻"解读为"君子之心长存敬畏……所以存天理之本然"，将"慎独"解读为"君子既常戒惧，而于此尤加谨焉，所以遏人欲于将萌"，这的确发前人之未发，也招致了诸多质疑。那么，朱子为何要做出上述区分，他又为何始终坚持这一备受争议的说法？我们需要汇聚相关文献，认真做出梳理。

二 朱子提出"新解"的历程

《中庸章句集注》在初刊后又经过多次修改，今人所见者是朱子的最后定稿。但资料显示，朱子在1174年9月中初刊《中庸章句集注》时，可能已形成了"新解"。在此之前，在作于1170年的《中庸首章说》中，朱子仍然主张"旧说"：

> ……又曰："道也者，不可须臾离也，可离非道也。是故君子戒谨

---

① 朱熹撰，朱傑人等编《朱子全书》第6册，《中庸章句集注》，上海古籍出版社、安徽教育出版社，2002，第32~33页，下同。

乎其所不睹，恐惧乎其所不闻，莫见乎隐，莫显乎微，故君子谨其独
也"，何也？曰：率性之谓道，则无时而非道，亦无适而非道，如之何
而可须臾离也？可须臾离，则非率性之谓矣。故君子戒谨乎其所不睹，
恐惧乎其所不闻。盖知道之不可须臾离，则隐微、显著未尝有异，所以
必谨其独，而不敢以须臾离也。然岂怠于显而偏于独哉？盖独者，致用
之源，而人所易忽，于此而必谨焉，则亦无所不谨矣。①

据陈来先生考证，《中庸首章说》大概作于1170年中。② 朱子在经历
"己丑之悟"后，首次尝试将"中和新说"的立场贯彻到对《中庸首章》的
诠释上。在此文中，朱子将"戒谨乎其所不睹，恐惧乎其所不闻"与"谨
独"都视为"道也者不可须臾离"的体现，认为二者"未尝有异"。朱子又
以"独"处人所易忽，故君子于此而必谨焉，这也意味着，为学工夫应当
"无时不谨""无所不谨"。朱子"未尝有异"的表述也说明他在此时尚未形
成"新解"。

1174年9月，朱子首次刊刻《中庸章句集注》。在此前后，朱子曾将自
己解读"中庸首章"的手稿寄给张栻，以求质正。张栻对朱子解读"谨独
处"提出批评，可惜我们已见不到朱子的这份手稿，也见不到张栻的回信，
故对二人这轮讨论的内容所知不多。在看到张栻的质疑后，朱子随即写信予
以回应：

《中庸》谨独处，诚觉未甚显焕，然着尽气力只说得如此。近欲只
改末后一句云："所谓独者，合二者而言之，不睹之睹、不闻之闻也。"
比旧似已稍胜，然终亦未为分明也。更乞以尊意为下数语，如何？③

朱子承认对"谨独处"的解读存在问题，但也只是改动了"末后一句"，
原因是朱子在此问题上还"未为分明"。张栻对朱子的修改并不满意，认为
朱子的解释颇显支离：

"修道之君子审其如此"以下。此一段觉得丛迭有剩句处。以鄙意

① 《朱子全书》第22册，《朱文公文集》卷六十五，《中庸首章说》，第3264~3265页。
② 陈来：《朱子哲学研究》，华东师范大学出版社，2000，第182页。
③ 《朱子全书》第21册，《朱文公文集》卷三十一，《答张敬夫中庸谨独处》，第1345页。

详经意：不睹不闻者，指此心之所存，非耳目之可见闻也。目所不睹，可谓隐矣；耳所不闻，可谓微矣；然莫见、莫显者，以善恶之几，一毫萌焉，即吾心之灵，有不可自欺而不可以掩者，此其所以为见、显之至者也。以吾心之灵独知之，而人所不与，故言独，此君子之所致严者，盖操之之要也。今以不睹不闻为方寸之地，隐微为善恶之几，而又以独为合。是二者，以吾之所见乎此者言之，不支离否？①

张栻总体上持此前"旧说"立场，认为不睹不闻既是隐微，同时又是莫见、莫显。当然，张栻也区分了"不睹、不闻时是己不知"而"莫见、莫隐时是人不知、己独知"，由此对朱子"以不睹不闻为方寸之地，隐微为善恶之几，而又以独为合"的表述提出质疑。张栻认为，"善恶之几，一毫萌焉"之时自己独知之，这才是"独"的真意。从朱子后来对"新解"的修订看，朱子接受了张栻的建议。面对张栻的质疑，朱子很快又予以回复：

"不睹"、"不闻"等字，如此剖析诚似支离，然不如此，则经文所谓"不睹"、"不闻"，所谓"隐微"、所谓"独"，三段都无分别，却似重复冗长。须似熹说，方见得戒慎不睹、恐惧不闻是大纲说，结上文"可离非道"之意；"莫见乎隐，莫显乎微"，是就此不睹不闻之中提起善恶之几而言，故"君子慎其独"，盖其文势有表里宾主之异，须略分别，意思方觉分明无重复处耳。②

朱子提出辩解的理由是：之所以要做出如此剖析，就是要强调"不睹""不闻""隐微""独"的区别，以避免《中庸》文本显得"重复冗长"的问题。朱子认为，自己的解说颇能分辨出"戒慎不睹、恐惧不闻是大纲说"；"'莫见乎隐，莫显乎微'，则是就此'不睹不闻'之中提起善恶之几而言"，如此区分才能凸显出《中庸》文本包含的"表里宾主之异"。从朱子的回复看，朱子此时已经有了将《中庸首章》分为三段的想法，但其"新解"此时还尚未形成。

1174 年 9 月中，朱子首次正式刊刻其《中庸章句集注》，此初稿我们同

---

① 张栻著，杨世文点《张栻集》第 4 册，《新刊南轩先生文集》卷三十，《答问》，中华书局，2015，第 1218 页。

② 《朱子全书》第 21 册，《朱文公文集》卷三十一，《答张敬夫论中庸章句》，第 1344~1345 页。

样无缘得见。通常来说，《中庸或问》的相关讨论针对此初稿而发，但目前所能见到的《中庸或问》，其中讨论《中庸首章》的部分是否后来又经过朱子的修改，我们同样不得而知。不过，笔者趋向于认为朱子此时已经有了将三段说修改为以"不睹不闻"与"慎独"为二事的"新解"。而在目前所见的《中庸或问》中，朱子不但已经明确主张"新解"，还以自设问答的形式，对"新解"做了详细说明：

> 或问："既曰'道也者，不可须臾离也，可离非道也，是故君子戒慎乎其所不睹，恐惧乎其所不闻'矣，而又曰'莫见乎隐，莫显乎微，故君子慎其独也'，何也？"曰："此因论率性之道，以明由教而入者，其始当如此，盖两事也。其先言道不可离，而君子必戒谨恐惧乎其所不睹不闻者，所以言道之无所不在、无时不然，学者当先其事之未然而周防之，以全其本然之体也。又言莫见乎隐，莫显乎微，而君子必谨其独者，所以言隐微之间，人所不见而己独知之，则其事之纤悉无不显著，又有甚于他人之知者，学者尤当随其念之方萌而致察焉，以谨其善恶之几也。盖所谓道者……盖无须臾之顷可得而暂离也……是以君子戒慎乎其目之所不及见，恐惧乎其耳之所不及闻，了然心目之间，常若见其不可离者，而不敢有须臾之间以流于人欲之私，而陷于禽兽之域……"
>
> 夫既已如此矣，则又以谓道固无所不在，而幽隐之间，乃他人之所不见而己所独见；道固无时不然，而细微之事，乃他人之所不闻而己所独闻，是皆常情所忽，以为可以欺天罔人，而不必谨者，而不知吾心之灵，皎如日月，既已知之，则其毫发之间无所潜遁，又有甚于他人之知矣。又况既有是心藏伏之久，则其见于声音容貌之间、发于行事施为之实，必有暴著而不可掩者，又不止于念虑之差而已也。是以君子既戒惧乎耳目之所不及，则此心常明，不为物蔽，而于此尤不敢不致其谨焉，必使其几微之际，无一毫人欲之萌，而纯乎义理之发，则下学之功尽善全美而无须臾之间矣。二者相须，皆反躬为己，遏人欲、存天理之实事。盖体道之功莫有先于此者，亦莫有切于此者，故子思于此首以为言，以见君子之学必由此而入也。①

---

① 《朱子全书》第6册，《中庸或问》，第554~555页。

问者质疑朱子的二事说语义颇显重复，这也是张栻的疑问。对此，朱子做了详细的解答。首先，朱子明确强调"……盖两事也"，这无疑是其形成"新解"的标志。其次，朱子强调"戒惧"工夫是"先其事之未然而周防之，以全其本然之体也"，而"慎独"工夫则是"随其念之方萌而致察焉，以谨其善恶之几"。如此，慎独工夫是在关键节点所做的关键工夫。朱子做出如此区分，就是要避免《中庸》文本的重复。朱子此处显然是引入了未发已发、大本达道的思维模式来处理戒慎于不睹不闻与慎独于隐微之间的关系。

问者又质疑朱子的"新解"有支离破碎之嫌，对此朱子再以长文予以回应：

> 曰："诸家之说，皆以戒慎不睹、恐惧不闻即为谨独之意，子乃分之以为两事，无乃破碎支离之甚耶？"曰："既言道不可离，则是无适而不在矣，而又言'莫见乎隐，莫显乎微'，则是要切之处，尤在于隐微也。既言'戒谨不睹、恐惧不闻'，则是无处而不谨矣。又言谨独，则是其所谨者，尤在于独也，是固不容于不异矣。若其同为一事，则其为言又何必若是之重复耶……"曰："子又安知不睹不闻之不为独乎？"曰："其所不睹不闻者，己之所不睹不闻也。故上言道不可离，而下言君子自其平常之处，无所不用其戒惧，而极言之以至于此也。独者，人之所不睹不闻也，故上言莫见乎隐，莫显乎微，而下言君子之所谨者，尤在于此幽隐之地也。是其语势自相唱和，各有血脉，理甚分明。如曰是两条者皆为谨独之意，则是持守之功无所施于平常之处，而专在幽隐之间也，且虽免于破碎之讥，而其繁复偏滞而无所当亦甚矣。"①

朱子给出了戒惧与慎独"固不容于不异"的理由，又集中回复了自设的"子又安知不睹不闻之不为独乎"之问。我们知道，朱子此前有"所谓独者，合二者而言之，不睹之睹、不闻之闻也"，而朱所答给出了"戒惧于不睹不闻"时不为"独"的理由："不睹不闻"是指君子自己不睹、不闻，这种状态不可称为"独"；而"独"专指别人所不睹不闻，而自己"独知独闻"的状态，这是人的"幽隐之地"。朱子又指出，若以独为戒惧于不睹不闻和慎

---

① 《朱子全书》第 6 册，《中庸或问》，第 554~555 页。

独于独睹独闻之合，则会导致"持守之功无所施于平常之处，而专在幽隐之间也"之弊。显然，朱子此时采纳了张栻的建议，突出了"独"是"自己独知于幽隐之地"这一核心。对"独"的独特理解，既表明朱子找到了区分戒惧与慎独的有效手段，也表明其"新解"已趋于成熟。

在1186年中，朱子与胡大时（季随）再次就此问题展开辩论：

> 所示诸说，似于《中庸》本文不曾虚心反复详玩……恭叔所论，似是见熹旧说而有此疑，疑得大概有理，但曲折处有未尽耳。当时旧说诚为有病，后来多已改定矣。大抵其言"道不可离，可离非道，是故君子戒慎乎其所不睹，恐惧乎其所不闻，乃是彻头彻尾、无时无处不下工夫，欲其无须臾而离乎道也"（不睹不闻与独字不同，乃是言其戒惧之至，无适不然，虽是此等耳目不及无要紧处，亦加照管。如云听于无声、视于无形，非谓所有闻见处却可阔略，而特然于此加功也）。又言"莫见乎隐，莫显乎微，故君子谨其独"，乃是上文全体工夫之中，见得此处是一念起处、万事根原，又更紧切，故当于此加意省察，欲其自隐而见、自微而显，皆无人欲之私也（观两莫字，即见此处是念虑欲萌而天理人欲之几，最是紧切，尤不可不下工处，故于全体工夫之中，就此更加省察，然亦非必待其思虑已萌而后，别以一心察之，盖全体工夫既无间断，即就此处略加提撕，便自无透漏也）。此是两节，文义不同，详略亦异。前段中间著"是故"字，后段中间又著"故"字，各接上文以起下意。前段即卒章所谓"不动而敬，不言而信"，后段即卒章所谓"内省不疚，无恶于志"，文义条理大小甚明。从来说者多是不察，将此两段只作一段相缠说了，便以戒慎恐不睹不闻为谨独，所以杂乱重复，更说不行。前后只是粗瞒过了，子细理会，便分疏不下也……①

陈来先生以为："书云'……如中间熹说读书须是精熟……'，此说说中间熹说者即甲辰答胡季随第二书……以此书'中间'之语观之，此书当在甲辰后一二年，当在丙午为近。"② 故此文系朱子1186年之作。"恭叔"即朱子弟子潘友恭（字恭叔）。胡大时此前来信向朱子通报了自己和潘友恭、周椿

---

① 《朱子全书》第22册，《朱文公文集》卷五十三，《答胡季随·所示诸说》，第2507~2508页。
② 陈来：《朱子书信编年考证》，生活·读书·新知三联书店，2007，第256页。

（字伯寿）、一之等人围绕《中庸首章》以及朱子"新解"的疑问。朱子先是对其中的部分说法进行集中的回应，是为《答胡季随·所示诸说》，随后又在胡大时寄来的诸人问题之下详细做了批注（即《答胡季随·所示诸说》中所说"其他小节，各具于所示本条之下"），是为《答胡季随·戒惧者所以涵养于喜怒哀乐未发之前》。在《答胡季随·所示诸说》中，朱子先是承认潘友恭"疑得大概有理"，但也指出其"曲折处有未尽"，并说自己已经对"旧说"有所改定。随后，朱子又解说了其"新解"的核心思想："戒慎"是无时无处不能离的工夫，而非只在不睹不闻处用功，可以忽略在有闻有睹处的工夫；"谨独"工夫则是全体工夫之中的紧切处，故"盖全体工夫既无间断，即就此处略加提撕"。

在对众人问题的逐一批注中，朱子高度评价了友恭的问题，认为"此说甚善"：

> 戒惧者，所以涵养于喜怒哀乐未发之前（当此之时，寂然不动，只下得涵养功夫。涵养者，所以存天理也）。慎独者，所以省察于喜怒哀乐已发之后（当此之时，一毫放过，则流于欲矣。判别义利，全在此时。省察者，所以遏人欲也。已发之后，盖指已发之时，对未发而言，故云已发之后）。不知经意与日用之工是如此否？（友恭，字恭叔）①

潘友恭所疑的到底是什么？从后引"一之"的疑问"省察于已发之时，此句之病，恭叔已言之矣"的表述看，潘友恭的疑问似乎是针对如何准确界定"独"而发，故其反复思考，寻求最佳的表述：

> "已发之后"，立语自觉未稳，今欲改作"欲发之时"。然欲发即不属静、不属动，又欲改作"已发之初"。（友恭）

友恭为什么会认为"已发之后"表述"未稳"？因为在彻底的"已发之后"，就不存在别人不知而自己独知的情况，"已发之初"的表述同样存在这一问题。但是，友恭"欲发之时"的表述同样不准确，因为"欲发"的本意却是"尚未发"，这无异于将"独知时"推向了心的未发时。朱子后来采纳了小程子"迹虽未形而几则已动"的表述来弥补上述缺陷，将"独知时"牢

---

① 《朱子全书》第22册，《朱文公文集》卷五十三，《答胡季随·戒惧者所以》，第2509页。

牢限定在心之已发上，将"独"和彻底的"已发"区别开来。此时朱子肯定了友恭的努力："作'欲发'是，但亦不属欲发时节别换一心来省察他，只是此个全体戒惧底略更开眼耳。"①

一之认为，慎独与省察恐不可分：

> 戒惧，乃所以慎独也。涵养、省察之际，皆所当然。未发之前不容著力，只当下涵养工夫，来教得之。省察于已发之时，此句之病，恭叔已言之矣，正所以存天理，遏人欲也，恐不可分？（一之）

一之认为，戒惧乃所以慎独者，故不可分。朱子的回应是："作两事说，则不害于相通；作一事说，则重复矣。不可分中，却要见得不可不分处，若是全不可分，《中庸》何故重复说作两节？"② 朱子的态度仍然是可分，但也充分肯定了一之的质疑精神。

同时，朱子又对另一位问者的问题予以回应：

> 戒谨、恐惧、慎独，统而言之，虽只是道，都是涵养工夫。分而言之，则各有所指："独"云者，它人不知、己所独知之时，正友恭所谓已发之初者。不睹、不闻，即是未发之前。未发之前，无一毫私意之杂。此处无走作，只是存天理而已，未说到遏人欲处。已发之初，天理人欲由是而分，此处不放过，即是遏人欲、天理之存有不待言者。如此分说，自见端的。

这段文字之后并未标注问者为谁，但很有可能是一之所问。问者认为戒谨、恐惧和慎独的关系既可以统看，也可以分看。但戒惧与慎独之分，也是未发之前与已发之初之分，工夫上又对应存天理与遏人欲之别。朱子对此的点评是："此说分得好，然又须见不可分处，如兵家攻守相似，各是一事，而实相为用也。"

又有问者提出：

> 涵养工夫实贯初终，而未发之前只须涵养，才发处便须用省察工夫。至于涵养愈熟，则省察愈精矣。

① 《朱子全书》第22册，《朱文公文集》卷五十三，《答胡季随·戒惧者所以》，第2509页。
② 《朱子全书》第22册，《朱文公文集》卷五十三，《答胡季随·戒惧者所以》，第2510页。

朱子当时的回应是"此数句是"。但是否才发后只有省察工夫而无戒惧（涵养）工夫？问者并未予以辨析。又有问者强调涵养工夫的根本地位，以为：

> 窃谓操存涵养乃修身之根本，学者操存涵养，便是未发之前工夫在其中矣。凡省察于已发，正所以求不失其操存涵养者也。学者于是二者不可缺一，然操存涵养乃其本也。诸友互相点检多得之，然却不曾推出所谓根本，故论未发之前者，竟归于茫然无着力处，或欲推于欲发之初省察，则又似略平日之素；或兼涵养省察言之者，又似鹘突包笼。①

对此，朱子的点评是："此一段差胜，然亦未有的当见处。"朱子也未明言此段问目的"未当处"是什么。

胡大时自己的问题是：

> 省察于欲发之时，平日工夫不至而欲临时下手，不亦晚乎？

朱子的回应是："若如此说，则是临时都不照管，不知平日又如何做工夫？"

随后，朱子又写信给胡大时，对上述诸人的问题做了整体性的回应：

> 所示问答皆极详矣，然似皆未尝精思实践，而多出于一时率然之言，故纷纭缴绕而卒无定说也。夫谓未发之前不可著力者，本谓不可于此探讨寻求也，则固无害于涵养之说；谓当涵养者，本谓无事之时常有存主也，则固无害于平日涵养之说；谓省察于将发之际者，谓谨之于念虑之始萌也；谓省察于已发之后者，谓审之于言动已见之后也。念虑之萌固不可以不谨，言行之著亦安得而不察？以熹观之，凡此数条本无甚异。善学者观之，自有以见其不可偏废，不至如此纷纭竞辨也。细看其间，却有一段（名一之者）说得平正的确，颇中诸说之病，不知曾细考之否？②

---

① 《朱子全书》第22册，《朱文公文集》卷五十三，《答胡季随·戒惧者所以》，第2510页。
② 《朱子全书》第22册，《朱文公文集》卷五十三，《答胡季随·戒惧者所以》，第2513页。

总体而言，在 1186 年前后，有多位弟子对朱子的"新解"提出质疑。朱子针对这些问题"似皆未尝精思实践，而多出于一时率然之言，故纷纭缴绕而卒无定说也"的情况，强调大家要把握基本精神，不必如此纷纭竞辩。朱子认为，涵养工夫既可以施于"无事之时"，也可以贯彻在平日之中（其实就是已发时），省察工夫既可以施于"念虑始萌时"，也可以落实在"言动已见之后"，但不应超出心之已发的范围。

　　这轮讨论参与的人数众多，辨析极为细致，但也使朱子对辨析内容的琐碎渐生烦意。

　　在 1191 年中，朱子在与弟子郑子上（可学）的书信往复中，亦提及此问题：

　　　　论《中庸》：此书从前被人说得高了，更不曾子细推考文意。若细读而深味之，其条理脉络晓然可见。非是固欲如此剖析，自是并合不聚也。如"道也者，不可须臾离也"，至"故君子谨其独也"，若不分作两段，则"是故君子"云云，"故君子"云云，此两处岂不重复？况"不可须臾离"与"莫见乎隐，莫显乎微"、"戒谨恐惧于不睹不闻"与"谨其独"，分明是两事，验之日用之间，理亦甚明。只是今人用心粗浅，下工不亲切，故不见其不同耳。①

　　朱子此书并无更多新意，也未引出郑可学的更多争论。

　　值得注意的是，庆元之际，晚年的朱子与吕祖俭围绕其"新解"展开了持续的论战，这场论战一直持续到吕祖俭去世才画上句号。在一年后，朱子也与世长辞，故二人的这场论战可谓朱子平生最后之辩。值得玩味的是，朱子此前就此问题的论辩皆很温和，但朱子与吕祖俭的论战非常激烈，最后甚至已经变成了意气之争，故这场论辩也可谓朱子的"平生最后之战"。这场论辩的导火索是吕祖俭对《中庸或问》中朱子"新解"的质疑：

　　　　"戒惧于不睹不闻"者，乃谨独之目，而谨独者，乃戒惧于不睹不闻之总名，似未可分为二事也。今曰"道固无适而不在，而其要切之

---

　　① 《朱子全书》第 23 册，《朱文公文集》卷五十六，《答郑子上·此心之灵即道心也》，第 2681~2682 页。

处，尤在于隐微。虽无所不谨，而所谨者尤在于独"，固欲学者用功转加切近（云云）。若末章"潜虽伏矣""不愧屋漏"分为两节，虽可以各相附属，然前一节谓人所不见则属乎人，后一节谓己之所有则犹有迹，比之己之不睹不闻，则又有间矣。今以人之所不见为谨独，意虽切而反轻，以不愧屋漏为不睹不闻，则又几于躐等。①

吕祖俭认为，"慎独"和"戒惧于不睹不闻"是总名与细目的关系，故强调"二者似未可分为二事"，这是传统的说法。吕固然能领会朱子的本意是"固欲学者用功转加切近"，但他认为朱子讲"潜虽伏矣""不愧屋漏"分为两节，以与戒惧、慎独之分相对应的做法似乎并不恰当。对此，朱子写了很长的文字予以回复：

> 来示所疑《中庸》首章数句，文义亦通，比之《章句》之说，尤省力而有味。但以上文考之，既言"道不可须臾离"，即是无精粗隐显之间皆不可离，故言"戒谨乎不睹不闻"以该之，若曰"自其思虑未起之时早已戒惧，非谓不戒谨乎所睹所闻，而只戒谨乎不睹不闻也"，此两句是结抹上文"不可须臾离"一节意思了。下文又提起说无不戒谨之中，隐微之间念虑之萌尤不可忽，故又欲于其独而谨之，又别是结抹上文"隐微"两句意思也。若如来说，则既言不可须臾离而当戒谨矣，下句却不更端，而偏言唯隐微为显见，而不可不谨其独，则是所睹所闻、不隐不微之处皆可忽而不谨，如此牵连，即将上句亦说偏了。只这些子意思，恐于理有碍，且于文势亦似重复而繁冗耳。所谓"固欲学者用功转加谨密"，熹之本意却不如此。盖无所不戒谨者，通乎已发、未发而言，而谨其独则专为已发而设耳。卒章所引"潜虽伏矣"，犹是有此一物藏在隐微之中，"不愧屋漏"，则表里洞然，更无纤芥查滓矣。盖首章本静以之动，卒章自浅以及深也。且所不见，非独而何？不动而敬、不言而信，非戒谨乎其所不睹不闻而何？若首章不分别，即此等处皆散漫而无统矣。②

---

① 《朱子全书》第22册，《朱文公文集》卷四十八，《答吕子约·戒惧于不睹不闻者》，第2232~2233页。

② 《朱子全书》第22册，《朱文公文集》卷四十八，《答吕子约·戒惧于不睹不闻者》，第2232~2233页。

朱子首先承认，"来示所疑《中庸》首章数句，文义亦通"，对吕祖俭的所疑有所肯定。其实，仅就《中庸》的文本而言，传统的说法和朱子的"新解"都可言之成理，自圆其说。故朱吕二人各是其是，亦无不可。但朱子重申，《中庸或问》首章的核心在于"道不可须臾离"，而"无所不戒谨"工夫亦通乎已发未发，故自己的表述中本无"非谓不戒谨乎所睹所闻，而只戒谨乎不睹不闻也"之意。不过，朱子强调尤当重视专为"隐微"之时而设的"慎独"工夫，认为此"专设"工夫自然与"普说"的"戒惧"工夫不同。与之相对，朱子反而认为吕的说法有"偏言唯隐微为显见，而不可不谨其独，则是所睹所闻、不隐不微之处皆可忽而不谨"之嫌。朱子此处强调了区分"慎独"与"戒惧于不睹不闻"的必要性，又提出"无所不戒谨者，通乎已发、未发而言，而谨其独则专为已发而设""盖首章本静以之动，卒章自浅以及深也"的新说法，突破了以未发已发来区分戒惧与慎独工夫的说法。

二人的争论并未就此平息，吕祖俭又有来信予以回应，而朱子则再次予以回应（这轮讨论也可能是二人多轮往来书信，后朱子文集的编者编为一封书信）。这篇文献篇幅较长，我们不妨逐段予以分析：

> 吕：不睹不闻即是隐微之间，念虑之萌则所谓"莫见乎隐，莫显乎微"者，盖非别有一段工夫在戒惧不睹不闻之后明矣。
>
> 朱：只为"道不可须臾离"与"莫见乎隐，莫显乎微"不同，"戒谨不睹，恐惧不闻"与"谨独"不同，所以文意各别。今却硬说做一事，所以一向错了也。①

双方至此已是直接表明立场，并不再详述理由，似乎二人的分歧已经近乎不可调和。

> 吕：即以不睹不闻为己所不知，若能于此致谨，则所谓隐微之间、念虑之萌，固已不能不谨。
>
> 朱：若果如此，则上段文意已足，不知何故又须再说必谨其独耶？

---

① 《朱子全书》第 22 册，《朱文公文集》卷四十八，《答吕子约·不睹不闻既即是隐微之间》，第 2233 页。

（曷尝有如此烦絮底圣贤？）①

吕再次强调"不睹不闻"与"慎独"相同，而朱子则强调，若如此，则《中庸》文本有重复之嫌。双方只是在重申自己的立场，并不再展开说明。

吕又认为，朱子对于"不愧屋漏"的解读有"躐等""陵节"之嫌：

> 吕：不愧屋漏，亦未免于微有迹也，谓之表里洞然、更无查滓，则恐几于陵节矣。
>
> 朱：若犹有迹，便是未能无愧于屋漏矣。此段说得愈更支离，若只管如此缠绕固执，则只己见便为至当之论，亦不须更讲论矣。前书写去已极分明，只是不曾子细看，先横着一个人我之见在胸中，于己说，则只寻是处，虽有不是，亦瞒过了；于人说，则只寻不是处，吹毛求疵，多方驳难，如此则只长得私见，岂有长进之理？此亦便是论司马迁底心也。今更不能再说得，只请将旧本再看，将此两节虚心体认，只求其分，勿求其合，认来认去，直到认得成两段了，方是到头。如其未然，更不须再见喻也。

至此，双方的争论已经流于意气之争，所争者亦多是细枝末节。这与朱子与陆九渊之间围绕无极太极之辨的十番书信论辩的走向极为相似，朱吕二人已经不可能达成共识。

朱吕这场争论的第二阶段，吕氏认为，心的未有闻、未有见的状态是人致知居敬之功长期积累下的高深境界，不可简单视为众人的日常工夫、最初入手工夫，入手工夫当从有见闻的动处入手：

> 谓未有闻、未有见为未发，所谓冲漠无朕，万象森然已具，不知众人果能有此时乎？学者致知居敬之功积累涵养，而庶几有此尔。

吕氏认为，以未有闻、未有见为未发的说法不适合于大众。朱子则强调"未发处"并非心的完全未有闻见，而是"有见闻觉知而无喜怒哀乐时节"者：

---

① 《朱子全书》第22册，《朱文公文集》卷四十八，《答吕子约·不睹不闻既即是隐微之间》，第2233页。

子思只说喜怒哀乐，今却转向见闻上去，所以说得愈多，愈见支离纷冗，都无交涉。此乃程门请问记录者之罪，而后人亦不善读也。不若放下，只白直看子思说底。须知上四句分别中和，不是说圣人事，只是泛说道理名色地头如此。下面说致中和，方是说作功夫处，而唯圣人为能尽之。若必以未有见闻为未发处，则只是一种神识昏昧底人，睡未足时被人惊觉，顷刻之间不识四到时节，有此气象。圣贤之心湛然渊静，聪明洞彻，决不如此。若必如此，则《洪范》五事当云："貌曰僵，言曰哑，视曰盲，听曰聋，思曰塞。"乃为得其性，而致知居敬费尽工夫，却只养得成一枚痴呆人矣。千不是万不是，痛切奉告，莫作此等见解。若信不及，一任狐疑，今后更不能说得也（详看此段来意，更有一大病根，乃是不曾识得自家有见闻觉知而无喜怒哀乐时节。试更著精彩看，莫要只管等闲言语，失却真的主宰也）。①

朱子断定吕祖俭主张耳目无所见闻才是心之未发状态，但这或非吕的本意。朱子以自己的切身反思为例，特别强调心之未发时要心有所主，虚灵不昧。不过，就《中庸》文本而言，何以称"自家有见闻觉知"的状态为"不睹不闻"？这一点仍然需要进一步分殊。

随后，在吕祖俭去世之年的三月中，吕又给朱子写信强调"寂然不动"，但朱子在吕去世后才收到这封信，只能与弟子讨论吕的来信：

可怜子约一生辛苦读书，只是竟与之说不合！今日方接得他三月间所寄书，犹是论"寂然不动"，依旧主他旧说（时子约已死），它硬说"'寂然不动'是耳无闻，目无见，心无思虑，至此方是工夫极至处"。伊川云："要有此理，除是死也！"几多分晓！某尝答之云："《洪范》五事：貌曰恭，言曰从，视曰明，听曰聪，思曰睿。若如公说，则当云：貌曰僵，言曰哑，视曰盲，听曰聋，思曰塞，方得！还有此理否？"渠至死此论不晓，不知人如何如此不通……②

朱吕的这场论辩只能以吕祖俭的离世而画上并不完美的句号，令人唏

---

① 《朱子全书》第22册，《朱文公文集》卷四十八，《答吕子约·不睹不闻既即是隐微之间》，第2233页。
② 《朱子全书》第18册，《朱子语类》卷一二二，第3857~3858页。

嘘。不过，朱子在这场论辩中的立场非常明确：反对合戒惧、慎独工夫为一，反对"以未有见闻为未发处"，强调戒惧工夫贯彻始终，而非不适合做初学者的入门工夫。

三 朱子对"新解"的调整与完善

在朱子身后，以戒惧、慎独为二事的说法虽然受到了饶鲁、阳明等人的质疑，但却仍然渐成对《中庸首章》的主流解释。同时，朱子此说也逐渐被后人简化为主张心之未发、已发时分别对应戒惧、慎独工夫的说法。朱子讨论此话题的曲折性与复杂性，却被严重忽略了。那么，何以朱子会在遭受重重质疑下，仍然坚持其"新解"？朱子在讨论此话题时又有哪些具体的顾虑和纠结？这就需要我们深入朱子的相关文献，细致探索。

首先，我们注意到朱子在不同时期、不同语境下，对于"新解"的阐释多有调整，他对这个问题的看法大致可分为互有关联的三种表述，这足以体现出朱子相关讨论的复杂性。

朱子的第一种表述广为人知：以心之未发时对应戒惧工夫、存养天理工夫；以心之已发时对应慎独工夫、省察善恶工夫。如前述潘友恭的问题，其主张"戒惧者，以涵养于喜怒哀乐未发之前……慎独者，所以省察于喜怒哀乐已发之后"，朱子认同潘的这一表述。依照朱子的逻辑，"其所不睹不闻者"，是指"己之所不睹不闻也"。之所以自己无所睹闻，不是因为自己此时丧失了"能知"的机能，而是因为此时心未与物相接，故此信并无所睹所闻的对象，故无从睹闻，这就对应心"思虑未萌"的未发时；而"独"则是指"人虽不知而己独知之"，之所以自己"独知"，是因为几虽已动，但其迹尚未形于外，故外人尚不能知，这就对应心的已发时。朱子做出如此区分，显然是希望将其"中和新说"的成果融入对《中庸首章》的诠释中。不过，朱子绝不会认为戒惧与慎独是毫无关联的两种工夫，他始终强调以主敬工夫来统摄二者，强调慎独是在戒惧工夫基础上的"又加紧焉"。我们注意到，朱子将"不睹不闻"时与"心之未发"时相对应的做法本无问题。但问题是，朱子又反复强调无时不戒惧，则戒惧已不再限于"未发"时的工夫，也不再与"中和新说"下的"未发时涵养"相对应。这种工夫层面的不对应关系，势必会影响到朱子第一种表述的合理性，导致主张"不睹不闻时戒惧"是否意味着"不戒谨乎所睹所闻,而只戒谨乎不睹不闻"的疑问。

朱子的第二种表述更为常见:认为"戒慎乎其所不睹,恐惧乎其所不闻,乃是彻头彻尾、无时无处不下工夫,欲其无须臾而离乎道也";认为慎独工夫"乃是上文全体工夫之中,见得此处是一念起处、万事根原,又更紧切,故当于此加意省察",二者是统体工夫与统体当中重要节点工夫的关系。朱子的第二种表述显然是针对多人质疑其第一种表述给人以"非谓不戒谨乎所睹所闻,而只戒谨乎不睹不闻也"印象的回应。朱子转而强调"盖无所不戒谨者,通乎已发、未发而言,而谨其独则专为已发而设耳",改变了戒惧工夫只与心之未发时相对应的设定。问题是,朱子的第二种表述无异于将《中庸》文本的"戒慎乎其所不睹,恐惧乎其所不闻"变成了"无时无处不戒惧"。这有些不忠实于原典的字面意,虽然恰恰又符合朱子"以意逆志"的诠释风格。此外,通乎未发已发的戒惧工夫,自然已不再只是"持养""存天理"工夫,而是包含了更为丰富的内容。这对朱子"中和新说"强调未发时涵养、已发时省察的工夫次第未尝不是一种颠覆。

朱子的第三种表述,则是从动态的视角重新界定所睹所闻与不睹不闻、戒惧与慎独的互涵关系:

> 戒谨恐惧乎其所不睹、不闻,是从见闻处戒谨恐惧,到那不睹不闻处。这不睹不闻处是功夫尽头。(焘录)
>
> 又曰:"'戒谨恐惧'是由外言之,以尽于内;'谨独'是由内言之,以及于外。"问:"自所睹所闻以至于不睹不闻,自发于心以至见于事,如此方说得不可须臾离出?"曰:"然。"(胡泳录)①

朱子认为,戒惧工夫应该从所睹所闻处开始,直到不睹不闻处的极致尽头,遵从了从外到内、从广大到精微的先后次序。与之相对,慎独工夫则遵从着从隐到显、从内到外的内外次序。如此来说,戒惧与慎独就都有通乎内外的一面,都呈现出既有相分的一面,又有不可分一面的复杂性。朱子如此处理,自然是要贯彻其主张戒惧工夫贯通已发未发,慎独工夫亦贯通隐微与显著的复杂性,打破以二分法来界定二者关系的僵化思路。由此,就不可将戒惧与慎独的关系理解为"起头处"和"后继"工夫的关系:

---

① 《朱子全书》第16册,《朱子语类》卷六十二,第2027~2035页。

用之问："戒惧不睹、不闻，是起头处；至莫见乎隐、莫显乎微，又用紧一紧？"曰："不可如此说。戒谨恐惧是普说，言道理逼塞都是，无时而不戒谨恐惧。到得隐微之间，人所易忽，又更用谨，这个却是唤起说。戒惧无个起头处，只是普遍都用。如卓子有四角头，一齐用着工夫，更无空缺处。若说是起头，又遗了尾头；说是尾头，又遗了起头。若说属中间，又遗了两头，不用如此说。只是无时而不戒谨恐惧，只自做工夫，便自见得。曾子曰：'战战兢兢，如临深渊，如履薄冰。'不成到临死之时，方如此战战兢兢？他是一生战战兢兢，到死时方了"（僩录）

问："林子武以谨独为后，以戒惧为先；谨独以发处言，觉得也是在后。"曰："分得也好。"又问："余国秀谓戒惧是保守天理，谨独是检防人欲。"曰："也得。"又问："觉得戒谨恐惧与谨独也难分动静。静时固戒谨恐惧，动时又岂可不戒谨恐惧？"曰："上言'道不可须臾离'，此言'戒惧其所不睹、不闻'，与谨独皆是不可离。"又问："泳欲谓戒惧是其常，谨独是谨其所发。"曰："如此说也好。"又曰："言'道不可须臾离'，故言'戒谨恐惧其所不睹、不闻'；言'莫见乎隐，莫显乎微'，故言'谨独'。"又曰："'戒谨恐惧'是由外言之，以尽于内；'谨独'是由内言之，以及于外。"问："自所睹所闻以至于不睹不闻，自发于心以至见于事，如此方说得不可须臾离出？"曰："然。"（胡泳录）①

从"不睹不闻"时念虑尚未起，而"慎独"时则几已动的分别而言，戒惧与慎独工夫未尝不可分先后，但即使如此相分，却仍然要强调"静时固戒谨恐惧，动时又岂可不戒谨恐惧"。如此，戒惧与慎独工夫又有动静、内外互涵的一面。二者合一才能体现出"道不可须臾离"的真意。

四 对"新解"几个问题的辨析

朱子阐释"新解"的复杂性还表现在，他对如何才是"不睹不闻"状态、如何界定"慎独"、如何做到以主敬来统摄戒惧与慎独的问题，都做出

---

① 《朱子全书》第16册，《朱子语类》卷六十二，第2027~2035页。

了深入的辨析，澄清了很多似是而非的质疑。

其一，如何才是"不睹不闻"状态。在朱子与吕祖俭的问辨、弟子们对朱子的提问中，都涉及了如何才是"不睹不闻"状态的问题。吕祖俭认为"不睹不闻"状态是指"耳无闻，目无见，心无思虑，至此方是工夫极至处"，并非人人都可做到，这一说法遭到了朱子的激烈批评。朱子强调，"不睹不闻"状态的直接含义是指此心念虑未起，故可与"心之未发时"对应。不过，朱子也对"不睹不闻"状态的复杂性有足够的认识。他强调，所谓的"不睹不闻"并非绝对，而是指在人无所睹、所闻对象时，人的"能知"机能仍在正常运转的状态，即"有见闻觉知而无喜怒哀乐时节"。朱子认为，心在此时更要"恁地戒谨恐惧，常要提起此心常在这里"，不能昏沉、不能放失。不过，又不可对这种戒惧心态"执持太过"，流于着想。故朱子对于如何才是"不睹不闻"状态颇有"难言"之叹：

> 刘黻问："不知无事时如何戒谨恐惧？若只管如此，又恐执持太过；若不如此，又恐都忘了？"曰："也有甚么矜持？只不要昏了他，便是戒惧。"（与立录）

> "戒谨乎其所不睹，恐惧乎其所不闻"，这处难言。大段着意，又却生病；只恁地略约住，道著戒谨恐惧，已是剩语，然又不得不如此说。（贺孙录）①

落在具体操作上，"不睹不闻"时的戒惧工夫同样极难把捉，太重了就会越过心之未发的界限，太轻了又容易导致昏沉：

> 又问："致中是未动之前，然谓之戒惧，却是动了？"曰："公莫看得戒谨恐惧太重了，此只是略省一省，不是恁惊惶震惧，略是个敬模样如此。然道著敬字，已是重了。只略略收拾来，便在这里。伊川所谓'道个敬字，也不大段用得力。'孟子曰：'操则存。'操亦不是着力把持，只是操一操，便在这里。如人之气，才呼便出，吸便入。"（赐录）

总之，心的"不睹不闻"时并非绝对的"无"的状态，而应时时常存"防闲""警卫"之意。朱子强调，此时切不可用力过猛，越过未发的界限。

---

① 朱子的相关讨论集中在《朱子语类》卷六十二，如无特殊情况，不再单独出注。

问题是，同样是戒惧工夫，在"不睹不闻"时与在"可睹可闻"时又不能毫无差别。针对如此复杂的问题，朱子亦认为："戒谨恐惧是未发，然只做未发也不得。便是所以养其未发，只是耸然提起在这里，这个未发底便常在，何曾发？"故"这处难言"。虽然如此，朱子仍然确认"不睹不闻"时属于心之未发时，"莫见莫隐"时属于心之已发时。朱子如此反复辨析，就是要避免如吕祖俭那样以"耳无闻，目无见"来诠释戒惧工夫，进而通过泯除戒惧与慎独界限的方式，将所有心性工夫都导入"虚无"之学的倾向。朱子亦不希望将"独"训解为与世隔绝的独自一人，而是强调"慎独"可以是自己在与人、与物相接时的"独知"，这就很好地将"戒惧"与"慎独"工夫与佛老的"静坐"区别开来：

> 问："'谨独'莫只是'十目所视，十手所指'处，也与那暗室不欺时一般否？"先生是之。又云："这独，也又不是恁地独时，如与众人对坐，自心中发一念，或正或不正，此亦是独处。"（椿录）

朱子对"独知"的理解颇与阳明"良知自知"说相通，也很好地回答了在人心与物相接时可否仍然有"独知"的问题。

其二，对"慎独"的定性问题。如前所述，张栻和潘友恭都有对朱子论"独"的质疑。"慎独"工夫发于心隐微之间，又通乎有无、动静、隐显，而与"完全形态的心之已发"不同：

> 问："'谨独'章，'迹虽未形，几则已动'，'人虽不知，己独知之'，上两句是程子意，下两句是游氏意？先生则合而论之，是否？"曰："然。两事只是一理。几既动，则己必知之。己既知，则人必知之。故程子论杨震四知曰：'天知，地知，只是一个知。'"（广录）
>
> 问："迹虽未形，几则已动，看莫见、莫显，则已是先形了，如何却说迹未形，几先动？"曰："莫见乎隐，莫显乎微，这是大纲说。"（贺孙录）①

朱子对"慎独"时的基本规定是："人虽不知，己独知之。"但既然"慎独"时已经是心之已发时，何以又人却不知？对此疑问，朱子引入了二

① 《朱子语类》卷六十二。

程"迹虽未形，几则已动"说来回应。虽然如此，在如何协调既说"莫见莫显"，又说"迹未形故人虽不知"的矛盾上，朱子只能草草以"己既知，则人必知之"来回应。当然，如果说"莫见莫显"只是对"己"而言的，就不会与"迹未形故人虽不知"的说法相矛盾。但朱子却并未明确强调这一点。正是由于"慎独"时的特殊性，才会有潘友恭的疑问：究竟是该将其定位为"已发之后"、"已发之初"，还是"欲发之时"？朱子认同"欲发之时"的表述，其显然是注意到了"慎独"时与"完全形态的心之已发"的不同。但问题是，"欲发"正是"尚未发"之意，势必会与其将"慎独"时划入心之已发的立场相矛盾。这一点恰恰表明了对"慎独"时定性的复杂性。可以说，朱子对于"慎独"时的界定同样有"然只做已发也不得"之感叹。无论如何，朱子最终是从"几已动"这一点上，判断"慎独"时属于心之已发。

朱子慎独论还有一点引人注目，即以"独知"来解释"独"。此"知"是对自己心中几之动的"自己知"。我们知道，牟宗三提出了一个非常有争议的观点，他认为朱子对"知"的理解是静态的、知解性的，所知的对象又是对象性的，只存有不活动的。牟先生的这一观点受到了多方的质疑：朱子也有对心之良知的强调。朱子慎独论中强调"独知"，颇与心学对"良知"的解读相通，体现出明显的动态和非对象化的因素。这是对牟先生观点的有力反驳。

其三，我们知道，在代表"中和新说"定论的《诸说例蒙印可》中，朱子表达了以"主敬"来统合已发未发工夫的意愿：

> 盖心主乎一身，而无动静、语默之间，是以君子之于敬，亦无动静、语默而不用其力焉。未发之前是敬也，固已主乎存养之实；已发之际是敬也，又常行于省察之间。方其存也，思虑未萌而知觉不昧……及其察也，事物纷纠而品节不差……①

令人生疑的是，既然朱子希望以"主敬"工夫统摄静时存养与动时省察工夫，何以又要强调戒惧与慎独工夫为二？在面对弟子就此问题的提问时，朱子的回答较为含混：

---

① 《朱子全书》第 21 册，《朱文公文集》卷三十二，《答张钦夫·诸说例蒙印可》，第 1418~1421 页。

　　问："'戒谨不睹，恐惧不闻'与谨独虽不同，若下工夫，皆是敬否？"曰："敬只是常惺惺法，所谓静中有个觉处。只是常惺惺在这里，静不是睡着了。"（贺孙录）

　　问："《中庸》戒惧谨独，学问辨行，用功之终始。"曰："只是一个道理，说着要贴出来，便有许多说话。"又问："是敬否？"曰："说着'敬'，已多了一字。但略略收拾来，便在这里。"（夔孙录）①

　　对朱子来说，简单说"若下工夫皆是敬"，对于其苦心强调戒惧与谨独之不同主张是不利的，但他确实又有以主敬工夫来统摄存养与省察工夫的言论。对朱子而言，作为统体的主敬工夫，在心之未发、已发的不同阶段，可以具体呈现出存养和省察的不同形式，这恰恰说明在不同的心理阶段，相应的心性工夫也可以有不同的侧重。这正如朱子的"仁包四德"说，仁与仁义礼智之间也是一而二、二而一的关系。因此，朱子提出以"主敬"工夫来统摄存养与省察工夫，不是要彻底抹除两工夫的界限，泯除心之未发已发的界限，而是在承认二者相分的前提下，强调二者又有二而一的关系。

　　总体而言，朱子强调二者相分的意见是主流，这也是其"新解"与传统说法最大的不同：

　　问："'不睹不闻'与'谨独'何别？"曰："上一节说存天理之本然，下一节说遏人欲于将萌。"又问："能存天理了，则下面谨独似多了一截？"曰："虽是存得天理，临发时也须点检，这便是他密处。若只说存天理了，更不谨独，却是只用致中，不用致和了。"（赐录）

　　朱子对"主敬"工夫的理解有一个随着"中和之悟"的推进而日益深化的复杂进程。随之，朱子对"敬"的诠释，也在敬畏、诚敬、恭敬的基础上，衍生出静时涵养和动时省察的因素。

　　其四，关于朱子以涵养未发为本与强调"慎独"时为"万事根原，又更紧切"的疑问。我们知道，朱子在"中和新说"中确立了以涵养未发为本的心性工夫体系："但平日庄敬涵养之功至而无人欲之私以乱之，则其未发也

---

　　① 《朱子全书》第16册，《朱子语类》卷六十二，第2027~2035页。

镜明水止，而其发也无不中节矣，此是日用本领工夫。至于随事省察即物推明，亦必以是为本。"但是，朱子在处理戒惧与慎独工夫关系的时候，明显又强调"慎独"时为"万事根原，又更紧切"，而此时的省察工夫是在戒惧工夫的基础上"又加紧焉"之意。这不能不让人生疑：二者哪个更为"枢要"？朱子对"慎独"时关键性的强调，是否意味着其有从重视以平日涵养，向重视"动几"转变的新动向？

五　朱子"新解"的回响

在朱子去世后，其"新解"迅速转变为学界的主流看法，但也有人对此提出质疑。这些质疑在一定程度上推进了对相关问题的深入研究。同样值得关注。此处仅以饶鲁的质疑为样本略作讨论。

饶鲁为黄幹后学，晚年自号"饶圣人"，其学素以"离经叛道"著称。元儒陈栎在其《定宇集》中就有对饶鲁的大肆批判：

> 问："饶双峰有功于朱学，有发明极好处，亦有拘处，其大可怪。入闽，回过邵武，守邀讲《尚书》'人心惟危'至'允执厥中'一节，妄改朱子之言以非朱，殆不可晓？"答曰："饶氏《四书讲议》内多有好处，亦多有可非处。如朱子补'大学格物致知章'，渠发明其意甚精密，末一段却疵朱说、改其文，似是两人所为。吾尝疑其人有心疾，清明在躬时说得好；其非改朱子之说，乃心疾发作时。不然，何故如此纰缪，自相背驰？晚年自号'饶圣人'，真心恙矣。"①

饶鲁近乎"怪魁"的言行也使得其著作丧失殆尽，明儒王朝璩辑佚有饶鲁的《饶双峰讲义》，而元儒史伯璿的《四书管窥》中也有对饶鲁《四书讲议》的详尽反驳，这才使我们了解到饶鲁的部分言论。比较而言，王朝璩辑本更为完备，而史伯璿的批驳则更多记录了饶鲁的一些"出格"的言论。

总体而言，饶鲁的态度非常明确，即主张"戒惧恐惧便是慎独之慎，详言之，则曰'戒慎恐惧'；约言之，只是'慎'之一字"。饶鲁此论又回到

---

① 陈栎：《定宇集》卷七，四库全书本。

了朱子提出"新解"之前的"旧说"：

> 戒惧恐惧便是慎独之慎，详言之，则曰"戒慎恐惧"；约言之，只是"慎"之一字。
>
> 道者，率性之谓，其体用具在吾身；敬者，所以存养其体，省察其用，乃体道之要也。戒惧，存养之事；慎独，省察之事。《中庸》始言戒惧慎独，终之以笃恭，皆敬也。①

无论饶鲁说"戒惧恐惧便是慎独之慎"，还是说戒惧和慎独分别是敬之体用，是一体关系，都表明他并不认同朱子的"新解"。饶鲁在众多细节问题上也与朱子的立场不同。如，在论为学之序上，饶鲁不认同朱子以戒惧工夫贯彻始终的主张：

> 《中庸》是传道之书，如首章一则曰"君子"，二则曰"君子"，盖戒惧、慎独亦成德之事，非初学所易到。

《中庸》言戒惧不闻不睹与慎其独，《大学》只言慎其独，不言戒惧不睹不闻，初学之士且令于动处做工夫。② 饶鲁和吕祖俭一致，认为"戒惧于不睹不闻"是一种高深境界，非初学者所宜。不过，饶鲁明确强调"初学之士且令于动处做工夫"，似乎主张"慎独"工夫（省察）要先于"戒惧"工夫（涵养）的次序。这与朱子自"中和新说"之后主张涵养先于察识的为学次序不同。

在"戒惧"与"慎独"的常暂上，朱子主张"戒惧"为统体工夫，贯通未发已发，"慎独"则为"审几"时的"顷刻"工夫，只对应已发之初。前者为常，后者为暂。饶鲁则认为"谨独工夫阔"：

> 《章句》以慎独专为谨于方萌之时，则其动察之工有所不周。鲁则以为，谨独工夫阔。独不但是念虑初萌时，虽应事接物显显处，亦自有个独。

不但如此，饶鲁还别出心裁地区分了"事物既往、目无所睹耳无所闻、

---

① 王朝璩：《饶双峰讲义》卷九，《天命节》，第2~5页。
② 王朝璩：《饶双峰讲义》卷九，《天命节》，第2~5页。

思虑未萌"的不同：

> 君子之心常存敬畏，虽当事物既往、思虑未萌、目无所睹耳无所闻暂焉之顷，亦不敢忽。"事物既往"，是指前面底说；"思虑未萌"，是指后面底说；"不睹不闻"，正在此二者之间。看上文"道不可须臾离"，则自所睹以至于所不睹，自所闻以至于所不闻，皆当戒惧，而此不睹不闻，在事物既往之后；看下文喜怒哀乐未发，则此不睹不闻又在思虑未萌之前，故须看此二句，方说得上下文意贯串，紧要在须臾之顷四字，于此见得子思所以发"须臾"二字之意。

"事物既往"是指此前已往的所睹所闻，"不睹不闻"是此时的无所睹闻，"思虑未萌"是"不睹不闻"的后面底说，而不睹不闻则是夹在二者之间，三者共同构成"须臾之顷"。但是，饶鲁对"不睹不闻"和"思虑未萌"的区分并不明显，也没有交代"思虑未萌"何以又在"不睹不闻"之后。饶鲁强调，"自所睹以至于所不睹，自所闻以至于所不闻，皆当戒惧"，故戒惧工夫贯彻始终，在戒惧之外并无一个独立的慎独工夫。不止如此，饶鲁还脑洞大开地区分了戒慎与恐惧的不同：

> 恐惧较之戒慎尤重，意虽已萌，犹未见于事，尚可著救。言一出口，则驷不及舌矣，故尤当加畏。

饶鲁明显是将恐惧与意、戒慎与言相对应，这一区分实质上打乱了朱子以"不睹不闻"对应心之未发，以"莫见莫隐"对应心之已发的心性论基本框架。

在对"独"的训解上，饶鲁以"意已萌""言已发"训"独"，但又认为"在意已萌""言已发"时，仍然可以实现"人虽不见而己所独见，人虽不闻而己所独闻"：

> 不睹是意未萌时，不闻是言未发时。意未萌时，自家亦无所见；言未发时，自家亦无所闻。到意已萌、言已发时，人虽不见而己所独见，人虽不闻而己所独闻，故于此必慎其独。以此观之，不睹不闻与独睹独闻，皆指里面底说。朱子《敬斋铭》其说亦然。"防意如城"，是戒惧于意未萌之时；"守口如瓶"是恐惧于言未发之时。

不睹不闻与独睹独闻，皆是指里面底说，若以为睹闻于外，则与自家何干涉？（《四书管窥》）

饶鲁此解对朱子来说，自然不可理解：既然"意已萌""言已发"，何以人却不可见？但对饶鲁来说，"虽应事接物显显处，亦自有个独"，这即是后来阳明的"良知自知""良知独知"之意。

其四，在动静关系上，饶鲁对朱子的"新解"也有批评：

"上节《章句》云：'君子之心常存敬畏，虽不见闻，亦不敢忽。'观'常'字、'亦'字，则戒惧不睹不闻为该动静。此节《章句》云：'君子既当戒惧，而于此犹加谨焉。'观既当、尤加之意，则谨独为动之初。然窃以上下文意求之，所谓不睹不闻者，即下文喜怒哀乐未发之时，而独则已发之时也。戒惧不睹不闻是静时工夫，谨独是动时工夫。"

《章句》戒慎恐惧是兼动静说，然施于此章，毕竟多了"不睹不闻"四字。且无时不中，亦非文意。不若只言随处中。要之，《章句》自君子知其在我以下，与本文意不同。（《四书管窥》）

子思不说未睹、未闻，而曰不睹、不闻，"不"字与"未"字不同。"未睹未闻"，是指事未至之前而言；"不睹不闻"是指事以往之后而言。"指事未至之前而言"，是由静处说向动处去；"指事以往之后而言"，是由动处说入静处来。君子于日用应事接物之际，随处操存，到得事物既往，若无所用，其戒惧之心犹不敢忘，是用工最密处。《章句》曰："君子之心常存敬畏，虽不见闻，亦不敢忽"，当观常字、亦字，见得动处做工夫到静时，亦不敢忽也。

在动静的问题上，饶鲁不同意朱子"戒惧不睹不闻为该动静""则谨独为动之初"的划分，而是强调"所谓不睹不闻者，即下文喜怒哀乐未发之时，而独则已发之时也。戒惧不睹不闻是静时工夫，谨独是动时工夫"，饶鲁有时又强调"'不睹不闻'是指事以往之后而言……'指事以往之后而言'，是由动处说入静处来"，这在一定程度上又突破了其"戒惧不睹不闻是静时工夫"的说法。似乎饶鲁的说法前后有所调整，未始终如一。资料所限，我们无法全面把握饶鲁观点的变化轨迹。

总之，饶鲁并不认同朱子的"中和新说"，也不认同朱子的"新解"。饶鲁说法对朱子思想的破坏性也不容小觑。

结　语

就朱子提出"新解"的初衷而言，他很希望将"中和新悟"的收获贯彻到对《中庸首章》的解读中，将戒惧和慎独与未发时的涵养工夫、已发时的察识工夫相对应。但在被质疑这一说法是否意味着心在可睹可闻时就不该戒惧的情况下，朱子无奈调整了自己的说法，将戒惧与慎独调整为统体工夫与统体工夫中特殊节点之工夫的关系。这一调整，又与对朱子自"中和新说"后主张未发时涵养、已发时察识的工夫次序有冲突；而其强调戒惧工夫贯通未发已发，也会导致在心之已发时有两种工夫的情况（在几初发时慎独，在迹已形后省察）。这也正是朱子提出"新解"所遭遇的复杂性所在。对此困境，朱子既强调以主敬来统摄涵养与省察、戒惧与慎独之意，也强调上述工夫实为一而二、二而一的关系。总之，朱子既有强调为学统体工夫的一面，也有强调在不同的具体心境下，为学工夫又须各有侧重的一面。这同样体现出了朱子思想的复杂性。

朱熹对王安石的批评

——兼及熙宁变法

李 哲

（清华大学国学研究院）

摘 要：王安石于北宋哲宗绍圣之初（1094）被谥为"文"，配享神宗庙庭；崇宁三年（1104）配享孔庙，其新学思想在道统流传中得以占据一席之地。朱熹于南宋宁宗嘉定二年（1209）被谥为"文"，淳祐元年（1241）从祀孔庙。二人谥号相同，又相继配享或从祀孔庙；二人所代表的新学与道学均是政治影响与学术思想双重结合的体现，并先后成为官学。聚焦朱文公对王文公的批评，不仅是对新学与道学的差异进行整体辨析，亦是对熙宁变法在南宋的余绪影响进行回应。

关键词：朱熹 王安石 新学 熙宁变法

朱熹对王安石新学的态度，可上溯至其师承，即二程与王安石的交游。熙宁变法期间，程颢"首出异论"，屡次上疏批评变法，于熙宁四年（1071）被贬为京西路提点刑狱，不受，又改为签书镇宁节度判官。熙宁五年（1072）程颢辞官归洛，与程颐于洛阳讲学十余载，直至去世。而程颐在荆公变法期间，一直未获任用，与旧党人物司马光、吕公著等来往密切。哲宗即位后，旧党掌权，程颐入朝做崇政殿说书，后在党争中失势。

一　二程与荆公

1. 认同变革

二程所创立的道学并不是一开始就与荆公新学针锋相对。熙宁变法之前，面对当时的社会现状，二程的初衷本是支持变革。程颐在《上仁宗皇帝书》中有言：

> 臣请议天下之事。不识陛下以今天下为安乎？危乎？治乎？乱乎？乌可知危乱而不思救之之道！如曰安且治矣，则臣请明其未然。方今之势，诚何异于抱火厝之积薪之下而寝其上，火未及燃，因谓之安者乎？《书》曰："民惟邦本，本固邦宁。"窃惟固本之道，在于安民，安民之道，在于足衣食。今天下民力匮竭，衣食不足，春耕而播，延息以待，一岁失望，便须流亡。以此而言，本未得为固也，……今国家财用，常多不足，不足则责于三司，三司责诸路转运。转运何所出？诛剥于民尔。或四方有事，则多非时配卒，毒害尤深。急令诛求，竭民膏血，往往破产亡业，骨肉离散。众人观之，尤可伤痛，陛下为民父母，岂不悯哉？①

他已敏锐洞察当时的政治危机，并提出了改革的要求。就此而言，其与王安石并无不同。熙宁变法初期，王安石创设制置三司条例司，并遣提举官颁行新法于天下，程颢即为提举官之一。熙宁二年，程颢任监察御史里行，上书《论十事札子》："圣人创法，皆本诸人情，极乎物理，虽二帝三王不无随时因革，踵事增损之制；然至乎为治之大原，牧民之要道，则前圣后圣，岂不同条而共贯哉？"② 这与荆公《上皇帝万言书》中倡言"法先王之意"的宏论如出一辙，而程颢此篇札子中陈列的十事，亦即师傅、六官、经界、乡党、贡士、兵役、民食、四民、山泽、分数等，比照庆历三年（1043）范仲淹《答手诏条陈十事》、嘉祐三年（1058）王安石《上皇帝万言书》，颇多互通之处。

---

① 程颢、程颐：《二程集·河南程氏文集》第5卷，中华书局，1981，第510页。
② 程颢、程颐：《二程集·河南程氏文集》第1卷，第452页。

2. 倡行王道

二程和王安石同样认为社会潜伏着危机，亟须更革，但是二程更重内圣之学，认为根本解决的方法蕴藏在王道中。所以他们虽也谈正经界、恤民灾，却不是通过建立法度来解决，这是其与王安石以理财为核心的变法思想的差异。

程颐于皇祐二年（1050）在《上仁宗皇帝书》中反复言及施行王道之重要性："臣窃谓今天下犹无事，人命未甚危，陛下宜早警惕于衷，思行王道。不然，臣恐岁月易失，因循不思，事势观之，理无常尔。虽我太祖之有天下，救五代之乱，不戮一人，自古无之，非汉唐可比，固知赵氏之祀安于泰山。然而损陛下之圣明，陷斯民于荼毒，深可痛也。臣料群臣，必未尝有为陛下陈王道者，以陛下圣明，岂有言而不行者乎？"① 又言："臣以谓，治今天下，犹理乱丝，非持其端，条而举之，不可得而治也。故臣前所陈，不及历指政治之阙，但明有危乱之虞，救之当以王道也。"② 对此，朱熹可谓独具慧眼："新法之行，诸公实共谋之。虽明道先生不以为不是，盖那时也是合变时节。但后来人情汹汹，明道始劝之以不可做逆人情底事。及王氏排众议行之甚力，而诸公始退散。"③ 并曾感慨如果神宗将改革大任交给明道而不是安石，天下早就大治了。

二程最终站到了王安石的对立面，其主要原因就是王安石倡言兴利。而二程等理学家澄怀涤虑，专情于内圣之道，对政治践履始终抱持一种若即若离的态度。程颐《明道先生行状》的叙写可见一斑：

> 时王荆公安石日益信用，先生每进见，必为神宗陈君道以至诚仁爱为本，未尝及功利。……荆公浸行其说，先生意多不合，事出必论列，数月之间，章数十上。尤极论者：辅臣不同心，小臣与大计，公论不行，青苗取息，卖祠部牒，差提举官多非其人及不经封驳，京东转运司剥民希宠不加黜责，兴利之臣日进，尚德之风浸衰等十余事。④

---

① 程颢、程颐：《二程集·河南程氏文集》第 5 卷，第 512 页。
② 程颢、程颐：《二程集·河南程氏文集》第 5 卷，第 514 页。
③ 朱熹著，朱傑人、严佐之、刘永翔主编《朱子全书·朱子语类》第 18 册，第 130 卷，上海古籍出版社、安徽教育出版社，2002，第 4035 页。
④ 程颢、程颐：《二程集·河南程氏文集》第 11 卷，第 634 页。

如果单从法令出发，程颐曾肯定过募役法，程颢也认为青苗法不过"一失"，但如果强制推行青苗法就可能会伤害到其他改革措施。归根结底，二程认为王安石兴利聚财乃是损下益上，损不足以补有余；并且其选用邪佞，摒弃贤臣，颠倒贵贱，罔顾民意。在具体的实行方法上，他们更是不认同变法派的做法，认为变法派并不鼓励品性的崇高，而只追求物质的丰足。

3. 肯定人品

政见相左，学理不一，并不意味着二程对荆公人品的附带否定，况且彼此之间的情分和善感也并未因此而消磨殆尽。程颐《明道先生行状》中有言："荆公与先生虽道不同，而尝谓先生忠信。先生每与论事，心平气和，荆公多为之动。而言路好直者，必欲力攻取胜，由是与言者为敌矣。""荆公尝与明道论事不合，因谓明道曰：'公之学如上壁。'言难行也。明道曰：'参政之学如捉风。'及后来逐不附己者，独不怨明道，且曰：'此人虽未知道，亦忠信之人也。'"① 程颢后来反思新法初行时的情况说："新政之改，亦是吾党争之有太过，成就今日之事，涂炭天下，亦须两分其罪可也。……以今日之患观之，犹是自家不善从容。至如青苗，且放过，又且何妨?"② 遗憾反对派的言行过于激烈，导致朝廷一分为二，两党争斗不休。在新旧党争如火如荼，甚而欲置对方于死地而后快的情形之下，程颢能不把罪责一概归于荆公，较之同时诸公，已然公允平和了许多。

而真正造成道学与王学彻底敌对，让道学的舆论全面反对王安石的是二程弟子杨时。靖康元年（1126）杨时上书宋钦宗，指责王安石学术荒谬，结果朝廷取消了王安石的"舒王"封号，毁去孔庙中的王安石塑像，将之迁出大成殿，送去两庑从祀。

二　朱熹对荆公的评价

作为二程的私淑弟子，朱熹基本承继了二程对王安石的评价，其评价总体上可谓毁誉参半。概而言之，肯定的是王安石的道德节义和变革主张，否定的是王安石的新学思想和新法措置。不过各中情形较为复杂，需要分而述之。

---

① 程颢、程颐：《二程集·河南程氏文集》第 11 卷，第 634 页。
② 程颢、程颐：《二程集·河南程氏遗书》第 2 卷（上），第 28 页。

1. "跨越古今，斡旋宇宙"：推崇人品风骨与得君行道

《朱子语类》中有所记载，学生问"万世之下，王临川当作如何评品？"朱熹回答"陆象山尝记之矣，何待它人问？"① 这里所说的"陆象山尝记之矣"，应为陆九渊所作《荆国王文公祠堂记》。

陆九渊认为王安石以尧舜之君砥砺神宗，而神宗亦以"卿宜悉意辅朕，庶同济此道"勉励王安石，可谓君臣际遇，千载一时。陆九渊对王安石的人品情操极为赞赏："盖世之英，绝俗之操，山川炳灵，殆不世有。"更有甚者：

> 英特迈往，不屑于流俗，声色利达之习，介然无毫毛得以入于其心，洁白之操，寒于冰霜，公之质也。扫俗学之凡陋，振弊法之因循，道术必为孔孟，勋绩必为伊周，公之志也。不蕲人之知，而声光烨变，一时巨公名贤为之左次，公之得此，岂偶然哉？用逢其时，君不世出，学焉而后臣之，无愧成汤高宗。君或致疑，谢病求去，君为责躬，始复视事，公之得君，可谓专矣。②

如此赞誉，足见钦敬之情。然而涉及天下大事，陆九渊却一反前说，认为王安石《上皇帝万言书》虽能"指陈时事，剖析弊端，枝叶扶疏，往往切当"，但对法度却不能深究其义，最终以此自蔽。

朱熹与陆九渊相同，对荆公的人品德行极为推崇，钦敬其掀动政坛、重整乾坤的气概。在《跋王荆公进邺侯遗事奏稿》中，朱熹说："独爱其纸尾三行，语气凌厉，笔势低昂，尚有以见其跨越古今，斡旋宇宙之意。甚矣！神宗之有志而公之得君也。"③ 从"跨越古今，斡旋宇宙"八字可见，在朱熹心中，荆公的形象非常崇高。朱熹还欣赏荆公的人格情操："盖介甫是个修饬廉隅孝谨之人……论来介甫初间极好，他本是正人，见天下之弊如此，锐意欲更新之，可惜后来立脚不正，坏了！"④

---

① 朱熹著，朱傑人、严佐之、刘永翔主编《朱子全书·朱子语类》第18册，第130卷，第4040页。
② 《陆九渊集》，中华书局，1980，第232页。
③ 朱熹著，朱傑人、严佐之、刘永翔主编《朱子全书·晦庵先生朱文公文集》第24册，第83卷，第3904页。
④ 朱熹著，朱傑人、严佐之、刘永翔主编《朱子全书·朱子语类》第18册，第130卷，第4054页。

另外，朱熹极其称赞王安石和神宗之间的君臣相得："神宗聪明绝人，与群臣说话，往往领略不去，才与介甫说，便有'于吾言无所不说'底意思，所以君臣相得甚欢。""王荆公遇神宗，可谓千载一时，惜乎渠学术不是，后来直坏到恁地。"① 其《感怀》诗中有言："经济夙所尚，隐沦非素期。几年霜露感，白发忽已垂。凿井北山址，耕田南涧湄。乾坤极浩荡，岁晚将何之。"② 开篇两句恰与荆公好友，亦是与其同列"嘉祐四友"之一的韩维"安石盖有志经世，非甘老于山林者"③ 之语相吻合。如荆公般"得君行道"的君臣遇合，应是朱熹与陆九渊等人最为绮羡的。纵观朱熹一生，其并非没有"致君尧舜上，再使风俗淳"的政治抱负，惜乎"未得其方"，引得李心传为其作《晦庵先生非素隐》一文，陈说其政治履迹，对其平生遭际大为惋惜。

2. "遗形骸、离世俗"：剖析气习性格与江西士风

对于荆公高自标置、执拗坚毅的性格，朱熹亦深有了解："荆公气习自是一个要遗形骸、离世俗底模样。"④ 并引《邵氏见闻录》记载：包孝肃公请司马光与安石赏牡丹，席间劝酒，"光不喜酒，亦强饮，介甫终席不饮，包公不能强也。光以此知其不屈"。⑤ 在《朱子全书》中，朱熹多次引述他人话语描述荆公形象。诸如引《涑水纪闻》记载，熙宁六年十一月，有官吏不附新法，安石要加罪惩罚，神宗不许，安石再三争辩，神宗终不许，"介甫不悦，退而属疾家居。数日，上遣使慰劳之，乃出"。引《上蔡语录》记载："（安石）尝上殿进一札子拟除人，神宗不允，对曰：'阿除不得？'又进一札子，拟除人，神宗亦不允，又曰：'阿也除不得？'下殿出来，便乞去，更留不住。"⑥

---

① 朱熹著，朱傑人、严佐之、刘永翔主编《朱子全书·朱子语类》第18册，第130卷，第4033页。

② 朱熹著，朱傑人、严佐之、刘永翔主编《朱子全书·晦庵先生朱文公文集》第20册，第4卷，第358页。

③ 叶梦得：《石林燕语》卷七，商务印书馆，1941，第64页。

④ 朱熹著，朱傑人、严佐之、刘永翔主编《朱子全书·朱子语类》第18册，第130卷，第4050页。

⑤ 朱熹著，朱傑人、严佐之、刘永翔主编《朱子全书·三朝名臣言行录》第12册，第6卷，第537页。

⑥ 朱熹著，朱傑人、严佐之、刘永翔主编《朱子全书·三朝名臣言行录》第12册，第6卷，第552页。

在他看来，荆公的性格受到了地域的强烈影响："江西士风好为奇论，耻与人同，每立异以求胜。如陆子静说告子论性强孟子，又说荀子行恶之论甚好，使人警发，有缜密之功……昔荆公参政日作《兵论》，稿压之砚下。刘贡父谒见，值客，径坐于书院，窃取视之……荆公问近作，贡父遂以作《兵论》对，乃窃荆公之意而易其文以诵之。荆公退，碎其砚下之稿，以为所论同于人也。皆是江西之风如此。"① 钱锺书先生在《谈艺录》中，援引了宋人俞文豹《吹剑录》的解释："韩文公、王荆公皆好孟子，皆好辩……三人均之好胜。孟子好以辞胜、文公好以气胜、荆公好以私意胜。"② 综观荆公《临川文集》，翻案文章比比皆是，诸如《读孟尝君传》《明妃曲》《商鞅》等篇，蔚为大观。难怪苏轼说王安石是"希世之异人"。可以说，王安石刚强好胜而又执拗独立的个性对其思辨与文风有着不小的影响。

不过，除了自身性格使然，据李德身《王安石诗文系年》考证，王安石大部分翻案诗文皆作于熙宁变法前后。朱熹所说的"每立异以求胜"，就不单单是私人偏好。详加考证，即能发现荆公往往通过对历史人物和事件的重新审视，推翻既有的成见，借以申明自己的政治主张，回应诸方的质疑和攻讦。比如《商鞅》篇言："自古驱民在信诚，一言为重百金轻。今人未可非商鞅，商鞅能令政必行。"③ 这与荆公一贯"变风俗，立法度"的宗旨严丝合缝，不能不说是时势所趋。但后来二程的弟子杨时却就此认为王安石是"挟管、商之术，饬六艺以文奸言"（《宋史·杨时传》）的奸人，此等推断难以服众。

3. "其心固欲救人，其术足以杀人"：认同变法主张与批评新法内容

言及新法，正如《周易·革卦》所说："大人虎变，其文炳也；君子豹变，其文蔚也；小人革面，顺以从君也。"朱熹同于程颢，认为变法是大势所趋，民意所归，时运所至。所谓"黄帝尧舜氏作，到这时候，合当如此变，垂衣裳而天下治是大变他以前的事了"。④ "熙宁更法，亦是势当如此。凡荆公所变更者，初时东坡亦欲为之。及见荆公做得纷扰狼狈，遂不复言，

① 朱熹著，朱傑人、严佐之、刘永翔主编《朱子全书·朱子语类》第 18 册，第 124 卷，2002，第 3879 页。
② 俞文豹著，张宗祥校定《吹剑录》，古典文学出版社，1958，第 21 页。
③ 高克勤：《王安石诗文选评》，上海古籍出版社，2002，第 239 页。
④ 朱熹著，朱傑人、严佐之、刘永翔主编《朱子全书·朱子语类》第 16 册，第 76 卷，第 2583 页。

却去攻他。"① "子由初上书，煞有变法意。只当是时非独荆公要如此，诸贤都有变更意。"② "且如仁宗朝是甚次第时节，国势却如此缓弱，事多不理，英宗即位已自有性气要改作，但以圣躬多病，不久晏驾，所以当时谥之曰'英'。神宗继之，性气越紧，尤欲更新之。"③ 反对泥古守常："居今之世，若欲尽除今法，行古之政，则未见其利，而徒有烦扰之弊。"④ 继而在《读两陈谏议遗墨》中提出："祖宗之所以为法，盖亦因事制宜，以趋一时之便，而其仰徇前代，俯徇流俗者，尚多有之，未必皆其竭心思法圣智，以遗子孙，而欲其万世守之者也。是以行之既久，而不能无弊，则变而通之，是乃后人之责。故庆历之初，杜范韩富诸公变之不遂而论者至今为恨，况其后此又数年，十其弊固当益甚于前，而当时议者亦多以为当变。……则是安石之变法固不可谓非其时，而其设心亦未为失其正也。"⑤

朱熹不仅认同变法的主张，还对变法的内容进行了具体分析。如保甲法，朱熹在《婺州金华县社仓记》一文中说："京岁保甲之法，荆公做十年方成，至元时，温公废了，深可惜！盖此得已成之事，初时人固有怨者，后来做得成，想人亦安之矣，却将来废了，可惜！"特别是青苗法，"抑凡世俗之所以病乎此者，不过以王氏之青苗为说耳。以予观之前贤之论，而以今日之事验之，则青苗者，其立法之本意固未为不善也。但其给之也，以金而不以谷；其处之也，以县而不以乡；其职之也，以官吏而不以乡人士君子；其行之也，以聚敛亟疾之意而不以惨怛忠利之心。是以王氏能以行于一邑而不能以行于天下。子程子尝极论之，而卒不免于悔其已甚而有激也"。⑥ 朱熹对保甲法的废除深感惋惜，并认为青苗法虽在具体施行过程中有错当之处，但

① 朱熹著，朱傑人、严佐之、刘永翔主编《朱子全书·朱子语类》第 18 册，第 130 卷，第 4040 页。
② 朱熹著，朱傑人、严佐之、刘永翔主编《朱子全书·朱子语类》第 18 册，第 130 卷，第 4052 页。
③ 朱熹著，朱傑人、严佐之、刘永翔主编《朱子全书·朱子语类》第 18 册，第 130 卷，第 4033 页。
④ 朱熹著，朱傑人、严佐之、刘永翔主编《朱子全书·朱子语类》第 17 册，第 108 卷，第 3516 页。
⑤ 朱熹著，朱傑人、严佐之、刘永翔主编《朱子全书·晦庵先生朱文公文集》第 23 册，第 70 卷，第 3378 页。
⑥ 朱熹著，朱傑人、严佐之、刘永翔主编《朱子全书·晦庵先生朱文公文集》第 24 册，第 79 卷，第 3775 页。

本身立法无误。

不止如此，受青苗法的启发，朱熹于乾道七年（1171）在五夫里首创"社仓"，又在福建和浙江等地推广。朱熹在《建宁府崇安县五夫社仓记》中说道："山谷细民，无盖藏之积，新陈未接，虽乐岁不免出倍称之息，贷食豪右，而官粟积于无用之地，后将红腐不复可食。顾自今以来，岁一敛散，既以纾民之急，又得易新以藏。俾愿贷者出息什二，……岁或不幸小饥，则弛半息，大则侵则尽蠲之，于以惠活鳏寡，塞祸乱原。甚大惠也，请著为例。"①

但支持变法不等于认同全部的新法内容。在朱熹看来，荆公虽然声称"天下之财未尝不足，特不知生财之道，无善理财之人，故常患其不足"，"便专错置理财，编置回易库，以笼天下之利，谓《周礼》泉府之职正是如此，即不知周公之制，只为天下之货有不售，则商旅留滞而不能行，故以官钱买之，使后来有欲买者，官中却给与之，初未尝以此求利息也"。② 但在践履中，市易法却大有唯利是图之嫌，与《周礼》泉府之职大相径庭。

朱熹对熙宁变法的指导思想亦颇多抵牾，可以说是对荆公之学颇有不以为然之意，认为他对道的体悟不够透彻："洞视千古，无有见道理不透彻，而所说所行不差者。但无力量做得来，半上落下底，则其害浅。如庸医不识病，只胡乱下那没紧要底药，便不至于杀人。若荆公辈，他硬见从那一边去，则如不识病症，而便下大黄附子底药，便至于杀人。"人言"其心本欲救民，后来弄坏者，乃过误致然"，朱熹却认为："不然。正如医者治病，其心岂不欲活人？却将砒霜与人吃。及病者死，却云我信本欲救其病，死非我之罪，可乎？介甫之心固欲救人，然其术足以杀人，岂可谓非其罪？"③ 此处"其术足以杀人"正是儒家正统对法家权术的成见。荆公援法入儒，以刑名之术佐儒家王道，必然被以醇儒自居的朱熹所诟病。

不过朱熹也并非一味排斥刑名度数，只是他对刑名之术的理解，脱离不开醇儒的立场。其在《读两陈谏议遗墨》中表明："道德性命之与刑名度数，

---

① 朱熹著，朱傑人、严佐之、刘永翔主编《朱子全书·晦庵先生朱文公文集》第 24 册，第 77 卷，第 3720～3721 页。

② 朱熹著，朱傑人、严佐之、刘永翔主编《朱子全书·朱子语类》第 18 册，第 130 卷，第 4035 页。

③ 朱熹著，朱傑人、严佐之、刘永翔主编《朱子全书·朱子语类》第 18 册，第 130 卷，第 4036～4037 页。

则其精粗本末虽若有间，然其相为表里，如影随形，则又不可得而分别也。今谓安石之学独有得于刑名度数，而道德性命则为有所不足，是不知其于此既有不足，则于彼也何自而得其正耶？"① "若言荆公学术不正，负神庙任委之意，是非谬乱，为神庙圣学之害，则可。"② 足见朱熹连同荆公的刑名之学，一概否定了。

其实包括朱熹在内的南宋理学家，之所以时时以"内圣"为圭臬，与熙宁变法的失败息息相关。他们普遍将熙宁变法的倾圮归因于荆公新学的谬误，试图从道学的学理上寻求问题根源。如张栻在《寄周子充尚书》第二书中说："熙宁以来人才顿衰于前，正以王介甫作坏之故。介甫之学乃是祖虚无而害实用者。伊洛诸君子盖欲深救兹弊也。"③ 又在《与颜主簿》中说："高谈性命，特窃取释氏之近似者而已。"④ 此种言论，为朱熹所认同："（荆公）学术不正当，遂误天下。"⑤

朱熹等人特别关注内圣之学，正是出于对王安石"外王"建立在错误的"性命之理"之上的共识。即便是尊崇其人格操守的陆九渊，亦不得不评骘甚严："荆公之学，未得其正。"⑥ 这里值得注意的是，表面上看他们把熙宁变法的失败归结于荆公一身，但实则有指斥乘舆之嫌，将神宗一并囊括，因为神宗曾嘉奖荆公"道德之说"以及"性命之理"。⑦ 朱熹言及"道德性命"，意在从根柢上推翻荆公新学的合理性，指出其变法失败的根由，亦是对二程"倡行王道"的复归。

4. "借其名高以服众口"：重新解读荆公"法先王之政"

王安石在《上皇帝万言书》中提出"法先王之政"的主张，并加以解释。"当法其意"，亦即"视时势之可否，因人情之患苦，变更天下之弊法"，使之扭转当前"所遭之变""所遇之势"，认为只有这样"则吾所改易更革，

① 朱熹著，朱傑人、严佐之、刘永翔主编《朱子全书·晦庵先生朱文公文集》第23册，第70卷，第3378页。
② 朱熹著，朱傑人、严佐之、刘永翔主编《朱子全书·朱子语类》第18册，第130卷，第4038页。
③ 张栻撰，邓洪波校点《张栻集》第19卷，岳麓书社，2010，第664页。
④ 张栻撰，邓洪波校点《张栻集》第19卷，第667页。
⑤ 朱熹著，朱傑人、严佐之、刘永翔主编《朱子全书·朱子语类》第18册，第127卷，第3972页。
⑥ 《陆九渊集》，第177页。
⑦ 李焘：《续资治通鉴长编》第233卷，中华书局，1993，第5661页。

不至于倾骇天下之耳目，嚣天下之口，而固已合乎先王之政矣"。① 足见荆公所谓"法先王之政"不过是在此口号的掩护下，达到"改易更革"诸多累文成宪，甚而至于祖宗之法的目的。对此，朱熹在《读两陈谏议遗墨》中发其诛心之语："彼安石之所谓《周礼》，乃姑取其附于己意者，而借其名高以服众口耳，岂真有意于古者哉！若真有意于古……凡古之所谓当先而宜急者，曷为不少留意，而独于财、利、兵、刑为汲汲耶？……及论先王之政，则又聘私意，饰奸言，以为违众自用，剥民兴利，斥逐忠良，杜塞公论之地。"②

王安石在《周礼义序》中说过："惟道之在政事……其人足以任官，其官足以行法，莫盛乎成周之时。其法可施于后世，其文有见于载籍，莫具乎《周官》之书。"③ 可见荆公认同《周礼》为"周公致太平之迹"的实录，并且坚信"其法可施于后世"，当然此处之法，依然是"法其意"。但朱熹显然不以为意。针对荆公独尊《周礼》、废黜《仪礼》的一系列举动，朱熹在《乞修三礼剖子》中说："熙宁以来，王安石变乱旧制，废罢《仪礼》，而独存《礼记》之科，弃经任传，遗本宗末，其失已甚。而博士诸生又不过诵其虚文以供应举，至于其间亦有因仪法度数之失而立文者，则咸幽冥而莫知其源。一有大议，率用耳学臆断而已。"④

不仅朱熹，《四库全书总目提要》在《周官新义》提要中也批评道："《周礼》之不可行于后世，微特人人知之，安石亦未尝不知也。安石之意，本以宋当积弱之后，而欲济之以富强，又惧富强之说必为儒者所排击，于是附会经义以钳儒者之口，实非真信《周礼》为可行……"⑤

无论朱熹"借其名高以服众口"，还是《四库全书总目提要》"附会经义""以钳儒者之口"，都是将其作为王安石的罪状加以揭发，但却恰恰从反面揭示了荆公"法先王之政"的真实用意，亦即托古改制。这也是熙宁变法与庆历新政的根本不同：如果说范仲淹端本澄源的办法是要"约前代帝王之道，求今朝祖宗之烈，采其可行者"，希冀"庶几法制有立，纲纪再振"

① 王安石著，唐武标校《王文公文集》，上海人民出版社，1974，第 2 页。
② 朱熹著，朱傑人、严佐之、刘永翔主编《朱子全书·晦庵先生朱文公文集》第 23 册，第 70 卷，第 3378 页。
③ 王安石著，唐武标校《王文公文集》，第 426 页。
④ 朱熹著，朱傑人、严佐之、刘永翔主编《朱子全书·晦庵先生朱文公文集》第 20 册，第 14 卷，第 687 页。
⑤ 纪昀：《四库全书总目提要》经部四，礼类一，周礼之属。

（《答手诏条陈十事》）；那么王安石则是"至于祖宗之法不足守，则固当如此。且仁宗在位四十年，凡数次修敕；若法一定，子孙当世世守之，则祖宗何故屡自改变？"① 站在今人的立场回看历史，必定赞许荆公棋高一着，即便同范文正公相较，其变革的思路与做法也更为激进彻底。

其实，"法先王之政"、回向"三代"的改革议论并非源于荆公，而是源自宋代政治文化的肇始。宋仁宗时期的石介、尹洙、欧阳修、李觏等诸公都有此等议论。今日文学史常将此四人作为宋代古文运动的先驱人物，但在政治思想上，四人都主张跨越汉唐，复归三代。朱熹所言"国初人……欲复二帝三代"确指仁宗时期无疑。可以说，回向"三代"的政治主张是熙宁变法的思想背景，而王安石《上皇帝万言书》则是此一思潮的最后结晶。清代学者蔡上翔在其《存是楼读〈上皇帝万言书〉》一文中指出，王安石此文不少观点出自范仲淹条陈的"十事"之中。而石介、尹洙、欧阳修、李觏诸人"回向三代"的主张亦与庆历新政时间吻合。

5. "天下之公言"

诚然，朱熹否定新学与新法，并不意味着肯定旧党等人的做法。他评论涑水学派司马光："温公忠直，而于事不甚通晓。如争役法，七八年间直是争此一事。他只说不合令民出钱，其实不知民自便之。此是有甚大事？却如何舍命争。"②"元祐诸贤议论，大率凡事有据见定底意思；盖矫熙丰更张之失，而不知其堕于因循。既有个天下，兵须用练，弊须用革，事须用整顿。如何一切不为得！"③

他评论蜀党苏轼："东坡之德行那里得似荆公！东坡初年若得用，未必其患不甚于荆公。但东坡后来见得荆公狼狈，所以都自改了。初年论甚生财，后来见青苗本法行得狼狈，便不言生财；初年论甚用兵，如曰：'用臣之言，虽北取契丹可也。'后来见荆公用兵用得狼狈，更不复言兵。他分明有两截底议论。"④"东坡只管骂王介甫，介甫固不是，但教东坡作宰相时，

① 杨仲良：《续资治通鉴长编纪事本末》第59卷，《王安石事迹（上）》。

② 朱熹著，朱傑人、严佐之、刘永翔主编《朱子全书·朱子语类》第18册，第130卷，第4043页。

③ 朱熹著，朱傑人、严佐之、刘永翔主编《朱子全书·朱子语类》第18册，第130卷，第4045页。

④ 朱熹著，朱傑人、严佐之、刘永翔主编《朱子全书·朱子语类》第18册，第130卷，第4039页。

引得秦少游黄鲁直一队进来，坏得更猛。"①

甚而至于评价其父苏洵："介甫是个修饬廉隅孝谨之人，而安道之徒，平日苟简放恣惯了，才见礼法之士，必深恶之。如老苏作《辨奸》以讥介甫，东坡恶伊川，皆此类耳。……若论他甚样资质孝行，这几个如何及得他！他们平日自恣惯了，只见修饬廉隅不与己合者，即深诋之，有何高见！"② 可见朱熹固以新法为非，亦并非以旧党为是。此处的"这几个"本是指代张方平与苏轼、苏辙等反对派。在朱熹眼中，荆公之风骨远非"这几个"所能匹敌。

朱熹对荆公的评价后被《宋史》引述："以文章节行高一世，而尤以道德经济为己任，被遇神宗，致位宰相，世方仰其有为，庶几复见二帝三王之盛，而安石乃汲汲以财利兵革为先务，引用凶邪，排摈忠直，流毒四海，至于崇宁宣和之际，而祸乱极矣。"《宋史》评其为"天下之公言"。比之新旧党争中以己为是、以人为非、立场大于是非的做法，朱熹之论确实不失平实。

6. 肯定《三经新义》的学术价值

《三经新义》作为熙宁变法的指导思想，亦是荆公学术思想的集中体现。其成书，却并非荆公一人之力。熙宁六年（1073）王安石设立"经义局"，从事经学研究工作。王安石自任首长，其长子王雱负责具体事务。熙宁八年（1075）经义局重新注释了三经，即《三经新义》，敕令为官学的标准教材。其中《诗经新义》《书经新义》是王雱所作，《周礼新义》是王安石所作。王安石还重注了《春秋左氏传》《礼记》《论语》《孟子》《孝经》等几乎所有儒家典籍。王学的实（新法）和名（《三经新义》）就此完备。在程朱理学成为唯一官学之前的极短时间内，王学占据了政学两界的至高地位。

对此，朱熹有言："王氏新经尽有好处，盖其极平生心力，岂无见得著处？因著书中改古注点句数处，云：'皆如此读得好。此等文字，某尝欲看一过，与撮撮其好者而未暇。'"他还经常教学生诵读王安石的文章。《朱子

---

① 朱熹著，朱傑人、严佐之、刘永翔主编《朱子全书·朱子语类》第18册，第130卷，第4053页。

② 朱熹著，朱傑人、严佐之、刘永翔主编《朱子全书·朱子语类》第18册，第130卷，第4054页。

语类》记载朱熹曾取荆公议府兵的奏章文字，"令诸生诵之，曰：'如今得个宰相如此，甚好。'"①

《三经新义》虽为熙宁变法期间的新法成果，但其独立于政治之外的学术价值却不容小觑，这也是朱熹执论的出发点。如果说荆公之学的关键是在典籍的世界和理念与其实现的方式之间寻求一座桥，那么《三经新义》就是其经世致用之学的体现，亦即从经典中找出当下的意义与效用。

三 结语

总体而言，朱熹品评人物一向以"义理"为准："论古今人物，以别其是非邪正，则理存于古今人物。"② 在《读两陈谏议遗墨》中，朱熹说："（荆公）以其躁率任意而不能熟讲精思为在百全弊可久之计，是以天下之民不以为便，而一时元臣故考贤士大夫群起而力争之者，乃或未能究其利病之实，至其所以为说，又多出于安石规模之下，由是安石之信愈益自信，以为天下之人，真莫己若，而阴幸其之不足为己病。因遂肆其狠愎，倒行逆施，固不复可望其能胜己私以求得病之实，而充其平日所以任之本心矣。此新法之祸所以率至于横流而不可救。"③ 在朱熹看来，以"义理"衡量新法，后者多有乖戾之处，遂至祸不可免。

但与此同时，他又能兼顾人性的复杂之处："某是某非，某人是底，犹有未是处；不是底，又有彼善于此处。"④ "品藻人物，须先看他大规模，然后看他好处与不好处；好处多与少，不好处多与少。又看某长某短，某有某无；所长所有底是紧要与不紧要，所短所无的紧要与不紧要。如此互将来品藻，方定得他分数优劣。"⑤ 这就在符合"义理"的大原则、大框架之下，

① 朱熹著，朱傑人、严佐之、刘永翔主编《朱子全书·朱子语类》第 18 册，第 130 卷，第 4041 页。
② 朱熹著，朱傑人、严佐之、刘永翔主编《朱子全书·朱子语类》第 14 册，第 18 卷，第 598 页。
③ 朱熹著，朱傑人、严佐之、刘永翔主编《朱子全书·晦庵先生朱文公文集》第 23 册，第 70 卷，第 3378 页。
④ 朱熹著，朱傑人、严佐之、刘永翔主编《朱子全书·朱子语类》第 15 册，第 55 卷，第 1804 页。
⑤ 朱熹著，朱傑人、严佐之、刘永翔主编《朱子全书·朱子语类》第 14 册，第 13 卷，第 411 页。

对其长短优劣分别品评，适当增加了批评的弹性空间。

　　基于此，才有了《宋史》中朱熹之评可为"天下之公言"的论断。所谓"后之视今，亦犹今之视昔"，今人审视朱熹对王安石的诸多批评，亦应如同千年前晦庵先生面对前人评骘荆公的态度：确立标准，逐一辨析，既不盲从迎合，亦不标新立异。

明清思想研究

王阳明九声四气歌法的思想意蕴[*]

张卫红　杨　鑫

（中山大学哲学系、东西哲学与文明互鉴研究中心）

摘　要： 在明中叶以来儒者复兴古乐、古歌法的历史背景中，王阳明基于心学理论创制了九声四气歌法作为致良知的重要工夫，在讲会及书院教育中得到广泛流传。阳明歌法以春夏秋冬四气互摄的结构，演绎道体生生变化的丰富节律，具有两层唱法与境界：普通唱法通过调适音声，达到平和气机、怡情养性之目的；深层唱法以音声直入心体本原，呈现心体—元气—元声—天地运化一体贯通的生命结构，体现了阳明学"心物同构互摄、同一运化节律"的宇宙观。阳明歌法的义理远绍先秦儒学，同时有取于邵雍的先天之学，并对刘蕺山之学有一定影响，体现了儒家以先天之心气建构本真世界的一脉传衍。

关键词： 九声四气歌法　元声　元气　心体　心物同构互摄

中国古代诗学传统中，诗与乐、诗与歌唱从源头处就是相伴而生的。在中晚明的王学讲会上，歌诗是一项重要的活动环节和教化手段。阳明以心学为基本理论，亲自创制了九声四气歌法作为乐教及致良知的工夫方法，并推行于中晚明的讲会及书院教学中，流传甚广。随着近年对阳明遗失文献的重新收集整理，原载于《虞山书院志》中的阳明歌法开始为人所知。惜乎学界对阳明歌法的关注甚少，本文尝试对阳明歌法的创作背景、具体唱法及思想意蕴进行梳理，阐发阳明学乐教思想背后的心学义理。

---

*　本文为贵州省 2019 年度哲学社会科学规划国学单列课题阶段性研究成果（19GZGX19）；北京大学高等人文研究院"精神人文主义研究"课题阶段性研究成果。

一 创作背景及广泛影响

在传统中国社会，制礼作乐不仅是国家治理体系的重要一环，歌诗习礼也是儒家士大夫用以实施教化的重要方式，恢复三代礼乐可谓儒者永恒的理想。有明一代，朱元璋建国之初即锐志雅乐，实行乐制改革和相应的配套改革，设置教坊司主掌礼乐，将乐府、小令、杂剧、戏文等俗乐纳入雅乐系统规范后，将其通过官方礼乐系统层层播于天下，期以礼乐教化达到正纲常、厚风俗的目的。然自正统之初雅乐即开始衰微，尤其成化、弘治以来，雅乐逐渐失去对地方的控制力，官方乐教机构也日益俗化。俗乐与商品经济的繁荣、市民商人阶层的俗乐享受合流，地方社会渐渐以俗乐相尚。正德即位，宦官刘瑾以钟鼓司入司礼监，俗乐大炽。刘瑾伏诛后，朝廷的腐败糜烂之风依然不止。正德七年（1512），王阳明在写给父亲的信中毫不避讳地披露了正德皇帝的荒淫无耻：

> 府库外内空竭，朝廷费出日新月盛，养子、番僧、伶人、优妇居禁中以千数计，皆锦衣玉食……资费不给，则索之勋臣之家，索之戚里之家，索之中贵之家。又帅养子之属，遍搜各监内臣所蓄积，又索之皇太后，又使人请太后出饮，与诸优杂剧求赏。或使人给太后出游，而密遣人入太后宫，检所有，尽取之。太后欲还宫，令宫门毋纳，固索钱若干，然后放入。太后悲咽不自胜，复不得哭……宫苑内外，鼓噪火炮之声昼夜不绝，惟大风雨或疾病乃稍息一日二日。臣民视听习熟，今亦不甚骇异……祸变之兴，旦夕巨测。①

阳明当时在京师任考功清吏司郎中，信中"养子、番僧、伶人、优妇"的主语就是武宗，他耽迷俗乐，四处搜刮钱财以豢养赏赐诸人，甚至为"诸优杂剧求赏"而明目张胆地向太后索取，甚至偷盗，京师"鼓噪火炮之声昼夜不绝""臣民视听习熟"，如是等等，无不说明一个礼崩乐坏的时代已经来临。

---

① 王守仁：《上父亲大人二札·二》，钱明、吴光等编校《王阳明全集》（新编本）第五册，卷四十四《补录六》，浙江古籍出版社，2010，第 1787~1788 页。

另外，成化、弘治以来，不少儒家士人以复兴古乐为己任。如明孝宗即位之初，礼部右侍郎丘濬即呈上《大学衍义补》，力主恢复古乐为治国首务，然未得到具体落实；明世宗嘉靖朝的"大礼仪"事件，激发了儒家士人对礼乐的探讨以及对世宗肆意礼乐之举的反动，其间产生了一批学者及礼乐作品。万历间皇氏后裔朱载堉在此基础上撰成《乐律全书》，他在序言中描述嘉靖士人阐发礼乐之状况："当此之时，于历数则有若乐頀、华湘、唐顺之、赵贞吉、顾应祥等诸臣出焉，于乐律则有若张鹗、吕柟、廖道南、王廷相、韩邦奇等诸臣出焉。如是诸臣，未能殚举，各有著述。"① "未能殚举"的儒家士人还有何瑭、崔铣、黄佐、王阳明及其弟子等，他们或从理学学术的角度探讨礼乐之本，或在官办学府提倡恢复古代礼乐教化，或在地方社会以讲学、乡约等方式积极重建礼乐秩序。如是，复兴古乐以移风易俗也是一种呼吁甚高的思潮。故明中叶以来，一方面是朝廷失去了对地方礼乐的控制力，俗乐伴随商品经济的发展、社会风气日益世俗化而兴盛于民间；另一方面是儒家士大夫在各自的著述与实践中力图化俗为雅、复兴古乐的不断努力，这两种交织并进的趋势一直延续到明末。②

明中期以来，与复兴古乐相伴的还有以诗歌理论阐发及吟诵等方式来复兴"古歌法"的潮流。提倡复兴古文的李东阳、李梦阳等人对诗歌的音乐性十分重视，提倡歌诗乐律与声韵合一的古典传统。李东阳《麓堂诗话》开篇即言："《诗》在六艺中别是一教，盖六艺中之乐也。乐始于诗，终于律。人声和则乐声和，又取其声之和者，以陶写情性，感发志意，动荡血脉，流通精神，有至于手舞足蹈而不自觉者。后世诗与乐判而为二，虽有格律，而无音韵，是不过为排偶之文而已，使徒以文而已也，则古之教何必以诗律为哉！"③《麓堂诗话》中多处记载了对歌诗的评论及歌诗之法，强调回归诗教在于"往复讽咏，久而自有所得，得于心而发之乎声"④ 的歌诗之法，其诗乐合一之说确立了复古派诗论的一个用力方向，具有重要影响。其后复古派代表人物李梦阳同样以声论诗："诗至唐，古调亡矣，然自有唐调可歌咏，高者犹足被管弦。宋人主理不主调，于是唐调亦亡……夫诗比兴错杂，假物

---

① 朱载堉：《乐律全书序》，《文渊阁四库全书·经部》第213册，第24页。
② 相关研究参见李舜华《礼乐与明前中期演剧》，上海古籍出版社，2006，第183～246页。
③ 李东阳著、李庆立校释《怀麓堂诗话校释》，人民文学出版社，2009，第1页。
④ 李东阳著、李庆立校释《怀麓堂诗话校释》，第21页。

以神变者也，难言不测之妙。感触突发，流动情思，故其气柔厚，其声悠扬，其言切而不迫。故歌之心畅，而闻之者动也。"① 他主张扬唐抑宋的原因在于，诗发展至唐代虽然已经不知古调，但仍有唐调可歌咏，但宋诗只诵读而无歌咏；诗是感物而发的情思流动，须借沉厚悠扬的声气发而为歌，方能感人。李梦阳认为，唐宋诗之高下即在于是否可歌、可入乐。随着诗歌复古的思潮，当时文人士大夫歌诗的现象，在书院教育、为官员歌颂政绩、宴饮娱乐等多个生活层面时或可见。②

有学者研究，明儒对歌诗之法的具体实践，主要从两个角度展开。一是由《礼记·乐记》的经学解释而延伸出的"七声"歌法系统，即依据《乐记》对上古歌法的描述"歌者，上如抗，下如队，曲如折，止如槁木，倨中矩，句中钩，累累乎端如贯珠。故歌之为言也，长言之也。说之，故言之；言之不足，故长言之；长言之不足，故嗟叹之；嗟叹之不足，故不知手之舞之，足之蹈之也"，总结探索出"上""下""曲""止""倨""句（勾）""累累"七种吐字和演唱声情的技法。二是阳明心学一系的"四气-九声"系统。③ 王阳明的青年时代曾醉心于辞章歌赋，与当时提倡古诗文的文士多有交游。如李东阳与阳明父王华曾为同僚，对青年阳明的才华甚为欣赏；④李东阳不仅是明孝宗时期的内阁首辅，也是文坛十数年的领袖，他在诗歌创作和诗歌理论方面颇具影响力，阳明在京师取中进士后的一段时间，亦曾与之交游。阳明交游的诸公名士还有古诗文运动的倡导者李梦阳、何景明、顾璘等，与之"以才名相驰骋"。⑤ 这些经历，当使阳明对歌诗之法早有心得。再者，阳明本人具有良好的音乐造诣，⑥ 从雅士的琴瑟之学到民间的越曲小

① 李梦阳：《缶音序》，《空同集》卷五十二，《文渊阁四库全书·集部》第1262册，第477页。
② 参见孙之梅《明代歌诗考——兼论明代诗学的歌诗品质》，《文学评论》2012年第1期。
③ 胡琦：《知识与技艺：明儒歌法考》，《文艺研究》2021年第7期。
④ 《年谱一》弘治五年条："明年春，会试下第，缙绅知者咸来慰谕。宰相李西涯（按，即李东阳）戏曰：'汝今岁不第，来科必为状元，试作来科状元赋。'先生悬笔立就。"参见王守仁撰、吴光、钱明等编校《王阳明全集》卷三十三，上海古籍出版社，1992，第1223页。再如阳明二十八岁时在京师骑马坠伤，李东阳多来探望，阳明作《坠马行》唱和。参见束景南编《王阳明年谱长编》第一册，上海古籍出版社，2017，第168~173页。
⑤ 束景南编《王阳明年谱长编》第一册，上海古籍出版社，2017，第156~157页。
⑥ 参见钱明《儒学正脉——王守仁传》，浙江人民出版社，2006，第90~108页。

调无不涉猎，贬谪龙场期间，阳明"月榭坐鸣琴，云窗卧披卷"，[①] 并教门人歌咏："坐起咏歌俱实学，毫厘须遣认教真。"[②] 正德八年阳明任官滁阳，"日与门人遨游琅琊、瀼泉间。月夕则环龙潭而坐者数百人，歌声振山谷。诸生随地请正，踊跃歌舞"。[③] 门人栾惠在《悼阳明先生文》中亦称阳明讲学的特点是"风月为朋，山水成癖，点瑟回琴，歌咏其侧"。[④] 抚琴歌诗不仅是阳明自青年时代以来的爱好，而且是他讲学授徒之初就采用的重要教学方式，并贯穿于后来的讲学中。正是在明中叶以来复兴古乐、古歌法的历史背景下，阳明在不断的歌诗实践中，创立了以心学理论为基础、有别于文人式抒发性情的歌诗之法，即以歌诗来体道的九声四气歌法。此外，比阳明更早的岭南琴家陈白沙（献章，1428～1500）也创制有古歌法并传之于后学，阳明歌法参考了白沙歌法，以古歌法歌诗在此后的讲会中逐渐传播开来。这或许可以视作理学家以理学为基础复兴古乐的一种努力。

阳明对歌诗促进心性修养的理论论述，早见他于正德十五年撰写的《教约》中。前年阳明平定南赣匪患，是年六月阳明至赣州，于当地立社学书院，[⑤] 开展文教。他撰写《教约》等文，将歌诗、习礼、读书作为教化童子的三个途径。他针对童子"乐嬉游而惮拘检"的特点主张教育当疏导而非拘束，"如草木之始萌芽，舒畅之则条达，摧挠之则衰痿。今教童子，必使其趋向鼓舞，中心喜悦，则其进自不能已"。故阳明特别重视以歌诗习礼来感发善心、惩创逸志，这与心学强调彰显本心以化除私欲习气的思路一致。其谓："诱之歌诗以发其志意，导之习礼以肃其威仪，讽之读书以开其知觉。""凡此皆所以顺导其志意；调理其性情，潜消其鄙吝，默化其粗顽，日使之渐于礼义而不苦其难，入于中和而不知其故。是盖先王立教之微意也。"[⑥] 歌诗与习礼、读书并为书院每日的必修功课，"每朔望，集各学会歌于书院"，[⑦]

① 《诸生来》，《王阳明全集》卷十九，上海古籍出版社，1992，第697页。

② 《春日花间偶集示门生》，《王阳明全集》卷十九，第713页。

③ 《年谱一》，《王阳明全集》卷三十三，第1236页。

④ 《门人祭文》，《王阳明全集》卷三十八，第1438页。

⑤ 钱德洪撰的《年谱》认为，阳明在赣州立社学在正德十三年四月。据束景南考证，其说甚误，阳明大兴社学、颁教约在正德十五年六月。参见《王阳明年谱长编》第三册，第1292～1294页。

⑥ 以上引文均见陈荣捷《传习录详注集评》195条《训蒙大意示教读刘伯颂等》，（台北）学生书局，1983，第276～277页。

⑦ 陈荣捷：《传习录详注集评》197条《教约》，第278页。

"久之，市民亦知冠服，朝夕歌声，达于委巷，雍雍然渐成礼让之俗矣"①。江右学者邹东廓目睹盛况，深受震动："往岁从阳明先生于虔，获睹社学之训，群童子数百人，歌诗习礼，中规中矩，雍雍威仪之盛……"② 可见其成效。

阳明在《教约》中主张歌诗"须要整容定气，清朗其声音，均审其节调；毋躁而急，毋荡而嚣，毋馁而慑。久则精神宣畅，心气和平矣"，③ 可视为"九声四气歌法"的早期雏形。阳明于正德十六年返乡居越城后的六年间，孜孜以讲学为务，门人大进，文献载：

> 甲申年，先生居越。中秋月白如洗，乃燕集群弟子于天泉桥上。时在侍者百十人。酒半行，先生命歌诗。诸弟子比音而作，翕然如协金石。少间，能琴者理丝，善箫者吹竹，或投壶聚算，或鼓桴而歌，远近相答……四方来者日众，癸未已后，环先生之室而居，如天妃、光相、能仁诸僧舍，每一室常合食者数十人，夜无卧所，更番就席，歌声彻昏旦。④

诸弟子比音而作、歌声彻昏旦的盛况，表明阳明已将歌诗立为讲会的重要环节，这也是阳明创制歌法的重要契机。据束景南先生考证，嘉靖四年阳明作诗《咏良知四首示诸生》，乃最终审定此歌法。⑤ 阳明说："学者悟得此意，直歌到尧舜羲皇，只此便是学脉，无待于外求也。"⑥ 不仅将其视为体悟良知的工夫方法，甚或可以此直入古圣人之境界，故深为重视之。因此，在浙中王龙溪（畿，1498～1583）、江右邹东廓、泰州王心斋（艮，1483～1540）及罗近溪（汝芳，1515～1588）、闽粤薛中离（侃，1486～1545）以及北方朱近斋（得之，1485～?）、尤西川（时熙，1503～1580）等阳明后学的文献中均有对歌法的相关记载，歌诗成为阳明及其后学在书院教育、讲学聚会、宴饮郊游之际的重要环节，阳明歌法流传甚广，在此列举数例。据王龙

① 《年谱一》正德十三年条，《王阳明全集》卷三十三，第1252页。
② 邹守益撰、董平编校《邹守益集》（凤凰出版社，2007年）卷一八，第843页。
③ 陈荣捷：《传习录详注集评》197条《教约》，第278页。
④ 钱德洪：《刻文录叙说》，《王阳明全集》卷四十一，第1576页。
⑤ 束景南：《阳明佚文辑考编年》，上海古籍出版社，2012，第819页。
⑥ 王畿撰，吴震编校《王畿集》卷七，凤凰出版社，2007，第160页。

溪记载：

> 昔者泉翁及东廓、南野诸公为大司成，与诸生轮日分班讲学、歌诗、习礼，示以身心之益，弦诵之声达于四境，翕然风动。①

这是指湛甘泉（若水，1466～1560）及阳明弟子邹东廓、欧阳南野（德，1496～1554）于嘉靖年间任职南京国子监期间，在官办最高学府推行讲学、歌诗、习礼之教化。湛若水是陈白沙弟子，不难想象，甘泉、东廓等是以古歌诗法教导诸生的。此外，泰州学派的王心斋、罗近溪，北方王门的代表人物尤西川对阳明歌法尤为重视，将歌诗作为王学讲会及教化的重要方式。在泰州学者的文献中，常见以歌诗直抒胸臆、教化一方的动人场景。先看擅长歌诗的心斋仲子王东崖（襞，1511～1587）。东崖于少年时代跟从心斋游学江浙，阳明归越城后，东崖曾亲侍在侧。文献载：

> （东崖）至会稽，每遇讲会，先生以童子歌诗，声中金石。阳明问之，知为心斋子，曰："吾固疑其非越中儿也。"令其师事龙溪、绪山，先后留越中几二十年……心斋没，遂继父讲席，往来各郡，主其教事。归则扁舟于村落之间，歌声振乎林木，恍然有舞雩气象。②

东崖《年谱》嘉靖三年条载："是年精音律，善操。阳明公以玉琴赠先生曰：'此王侯物也'。遂辞之。"③可知东崖青少年时代就擅长歌诗与乐律，并得阳明器重。其精音律的嘉靖三年也正是阳明最后审定九声四气歌法的前夕，兼之其在越中留居几二十年方归，因此东崖不仅从阳明学得歌诗之法，且深造自得，日后方能以歌诗为教。此外，两位甚有影响力的泰州平民学者都擅长歌诗，如师从心斋的樵夫朱恕：

---

① 王畿：《南游会纪》，《王畿集》附录二《龙溪会语》卷五，第 768 页。

② 黄宗羲著，沈芝盈点校《明儒学案》卷三十二《泰州学案一·本传》，中华书局，2008，第 718～719 页。

③ 王艮著，陈祝生点校《王心斋全集》附录《明儒王东崖先生遗集·年谱纪略》，江苏教育出版社，2001，第 206 页。按，束景南考证王襞从学阳明当在嘉靖四年正月，时东崖当为十五岁，认为东崖《行状》载其从学阳明为正德十四年（时年九岁）有误（参见《王阳明年谱长编》第三册，第 1656 页）。若是，则东崖《年谱》嘉靖三年条所载时间亦有误，存疑。

一日过心斋讲堂，歌曰："离山十里，薪在家里，离山一里，薪在山里。"心斋闻之，谓门弟子曰："小子听之，道病不求耳，求则不难，不求无易。"樵听心斋语，浸浸有味。于是每樵必造阶下听之。饥则向都养乞浆，解裹饭以食。听毕则浩歌负薪而去。门弟子睹其然，转相惊异。①

朱恕心性质朴浑然，其兴而浩歌、饥而饮食、负薪山间的生命状态与道体之流行若合符节，故他能与心斋之学天然应合。再如从学于心斋父子及朱恕的陶匠韩乐吾（贞，1509~1585），其传世文献只有诗歌。歌诗不仅是韩乐吾体道的自我抒发，所谓"悟来吾道足，适意起高歌"；② 也是他讲学过程中的重要一环，所谓"聚徒谈学，一村即毕，又之一村，前歌后答，弦诵之声，洋洋然也"。③ 耿天台在传记中描绘了乐吾以歌诗教化乡野村民的动人情景：

> 每秋获毕，群弟子班荆跌坐，论学数日。兴尽则拏舟偕之，赓歌互咏，如别村聚所，常与讲如前。逾数日，又移舟如所欲往。盖遍所知交居村乃还。翱翔清江，扁舟泛泛，下上歌声洋洋，与棹音欸乃相应和，睹闻者欣赏若群仙子嬉游于瀛阆间也。④

泰州学者多为平民，其教化对象也多是平民，因此非常适合以歌诗来寓教于乐，其直抒胸臆、使良知当下呈现的方式也与泰州王学的良知现成说相契合。以上二人的歌诗虽然没有文献直接证明其为阳明歌法，但从其师承关系看，可以推知为阳明歌法。再如在罗近溪主持的讲会中，常歌咏阳明、心斋之诗，当有讲友提出心斋"入室先须升此堂"之句"音韵聱牙，不得和协"时，近溪说："讲学诸儒，则止以诗咏学，而其律少谐，间或于春夏秋冬之调难合尔。"⑤ 心斋之诗虽不合于一般诗歌的平仄用韵，但目的在于"以

---

① 《明儒学案》卷三十二《泰州学案一·本传》，第719~720页。
② 颜钧著，黄宣民点校《颜钧集》附录《韩贞集》《除夕》，中国社会科学出版社，1996，第170页。
③ 《明儒学案》卷三十二《泰州学案一·本传》，第720页。
④ 耿定向著、傅秋涛点校《耿定向集》卷十四《王心斋先生传樵朱陶韩二子附》，华东师范大学出版社，2015，第547页。
⑤ 罗汝芳撰、方祖猷等编校《罗汝芳集》，凤凰出版社，2007，第219页。

诗咏学",故泰州讲会歌诗多选取理学家以兴发心志、教化人伦为宗旨之诗,与传统文士之歌诗有别。①"歌诗"在近溪文集中时时可见:

> 童子秩叙歌诗,长者请曰:"先生其教之。"罗子曰:"是皆所以教我者也,诸英俊其知之乎!夫教且学,以明人伦而已。明有二义,如讲求以致其精,则明白之明也;秩叙以尽其分,则明显之明也。今一堂之中,或坐而听,或立而诵,坐者又辨上下前后,诵者又互相唱和,疾徐中节,则父子叔侄、兄弟宾朋,昭然若发蒙矣。其为明白显设,不亦多乎!其为敦睦恭敬,不亦至乎!"长者谢曰:"某等今日益信,致良知之学,乃知行合一之功。"②

这是在面向大众的讲会中,童子列叙歌诗,其教化人伦的内容配合互相唱和的形式、疾徐中节的韵律,直接感召了会众对良知学的信心与知行合一的动力,起到很好的教化作用。再如:

> 歌诗少间,觉和气充然,共相语曰:"此真学者涵养之大助也。"罗子曰:"涵养和气,在寻常士人犹可稍缓,至吾辈作官则一时一刻不可已也。盖居官之事,近俗而冗,冗生厌,厌生躁,厌躁相乘,则刑罚不中,而民将无所措手足矣。故君子无故琴瑟不离于侧,正所以预致中和而为位育之本也。"③

在文教程度较高的士子聚会中,歌诗同样发挥了重要作用。近溪强调通过歌诗来涵养和气的重要性,尤其是居官者处理冗俗事务容易产生厌烦急躁的心态,甚或以此影响政事,因此更要以琴瑟歌诗之方式涵养中和心体。近溪常以良知当下呈现、打破执念为教法,故直抒心意的歌诗对讲学最有辅助之功。近溪任宁国知府时,以讲会、乡约治郡,按察使王吉泉(号)视察当地,观父老子弟歌诗习礼、全郡平安无事,对近溪的教化之功深加赞赏:

---

① 参见鹿博《"气"的介入:中晚明歌教的缘起与呈现》,《中华文化论坛》2017年第9期。该文认为,中晚明阶段,不同于传统《诗》教的"歌诗"文体兴起,王阳明《九声四气歌法》立章法,有罗汝芳等人承继其用,反映了当时儒者以通俗化的歌教来教化、抚世的趋势。该文考证罗汝芳主持的讲会歌诗也采用的是阳明歌法。

② 《罗汝芳集·语录汇集类·近溪罗先生一贯编》,第369页。

③ 《罗汝芳集·语录汇集类·近溪子集》,第68页。

"他郡皆惩恶，而此郡独赏善，尤不易得也。"①

北方王门、洛阳籍学者尤西川，对阳明歌法也非常重视。他记载在京师与同道聚讲之情形：

> 予一日访何吉阳，王云野及数友在坐。吉阳设饭，予因请益诸友，各有论说。予未契。曰："诸兄言良有见，但于予心尚觉鹘突，不舒畅。"吉阳曰："此是吾兄心中自不舒畅，不干诸兄事。"因谓云野曰："云野歌诗。"云野遂歌少陵、白沙七言律各一章，为阳明先生调。予时忽觉身心洞然，真有万物一体之意，向来问答，豁然无影响矣。乃知歌诗于学更是直截，不涉阶级，愧未能缉熙耳。②

王云野是江西吉安府泰和县人，擅以阳明歌法歌诗。尤西川的老师、泰和籍阳明学者刘晴川（魁）也常以歌诗为教："乡人饮酒，有客行令，下座饮，上座唱曲令，到晴川先生，先生歌诗。"③ 王、刘均为举人出身，在江右王门学者中不属于影响力大的学者，他们对于歌诗的擅长与推崇，抑或体现出歌法在江右地域之传播与影响力。王云野歌诗之情境，打破了西川对知性论说及因费力思索而心中堵塞的不舒畅，他当下脱落种种障蔽，感到身心洞然，乃至对良知心体的最高境界万物一体有所契会，他深刻体会到歌诗是直显心体不落阶次的简洁功法。故西川对阳明歌法甚为重视，聚讲时每与弟子以此法歌诗，其弟子孔彦记载：

> 一日聚讲，先生命叔龙歌诗，自齐和之。王子敬斋、朱子桂□、傅子心虞、王子见朋、苏子嵩阳皆侍坐，一时甚兴起。予目其气貌皆异常时，皆有个坐春风意，以是知朋友之益最大。④

此番歌诗，在座弟子"气貌皆异常时"，当下身心即得受益。西川高徒孟化鲤深得其传，同样重视歌诗在养心工夫中的重要作用，他说：

---

① 《罗汝芳集·附录·罗近溪师行实》，第 840 页。
② 尤时熙：《拟学小记》卷六《纪闻》，孔穆辉、尤时熙等撰，邹建锋、李旭等编校《北方王门集》，上海古籍出版社，2017，第 229 页。
③ 尤时熙：《拟学小记》卷六《纪闻》后附《北方王门集》，第 231 页。
④ 尤时熙：《拟学小记续录》卷七《私录》《北方王门集》，第 317 页。

> 凡遇不如意处，多是私意，须细察之。如不脱然，歌诗一二首，或
> 求正师友，务求融释，不可放过。①

> 只是存心如歌诗。心地光净，一声歌出，只是此一声，何等自慊！若别
> 有思虑，便不舒畅，便声音亦拘缓。即此便可验之。②

与泰州学派平民化的歌诗方式有所不同的是，上述尤西川、孟化鲤等人属于士人类型的歌诗。如果说前者是一种满足百姓感性欲求并寓教于乐的教化方式，那么后者就是一种自觉以歌诗来融释涵养心体、更深入的致良知工夫方法。实则九声四气歌法本来就有面向社会大众和精英士人两个层面的唱法，这一点将在后文详说。

综上可知，阳明歌法在阳明后学中流传甚广。从传世文献来看，最早记载阳明歌法的是与心学渊源甚深的三一教创立者林兆恩（1517～1598）所作的《歌学解》，成书于嘉靖四十四年；万历年间的东林书院、虞山书院亦流传之，晚明顾宪成、刘蕺山等均传其歌法，完整的歌法被保存在《虞山书院志》（成书于万历三十五年）中。《虞山书院志》收录的《会约》中云："歌咏以养性情，乃学之要务……今后同志相会，须有歌咏，无论古乐，即阳明九声四气歌法，其意亦甚精深。"③ 歌咏不仅是中晚明讲会的一个重要环节，阳明歌法更是被中晚明诸多学者视为心学的乐教演绎，得到极高的推崇。

二 理论基础与具体唱法

《礼记·乐记》言："乐者，天地之和也。"在儒家的礼乐文明传统中，乐律具有通达天德的内涵，制乐律被视为制事立法之本。乐律之确定，首先在于元声即十二音律之首的黄钟之确定。元声即指十二音律之首的黄钟之声，被视为定律吕之根本与基准，如朱子即说："律历家最重这元声，元声

---

① 孟化鲤：《初学每日用工法》，《孟云浦集》卷六《杂著》，《北方王门集》，第501页。
② 孟化鲤：《读〈参元三语〉臆言》，《孟云浦集》卷七《杂著》，《北方王门集》，第516页。
③ 张萧等纂《虞山书院志》卷四《会约》，载赵所生、薛正兴主编《中国历代书院志》第8册，江苏教育出版社，1995，第73页。

一定，向下都定；元声差，向下都差。"① 然古人定乐律之法早已失传，朱子
即曾感慨："自唐以前，乐律尚有制度可考；唐以后，都无可考。""今世无
人晓音律，只凭器论造器，又纷纷如此。"② 在阳明的时代，时人也多从器物
长短的层面讨论元声的确定，而阳明的看法与之迥异。正德十五年，阳明在
南昌与舒芬会面论学：

> （舒芬）自恃博学，见先生问律吕。先生不答，且问元声。对曰：
> "元声制度颇详，特未置密室经试耳。"先生曰："元声岂得之管灰黍石
> 间哉？心得养则气自和，元气所由出也。《书》云'诗言志'，志即是乐
> 之本；'歌永言'，歌即是制律之本。永言和声，俱本于歌。歌本于心，
> 故心也者，中和之极也。"芬遂跃然拜弟子。③

状元出身的舒芬自恃博通乐律而向阳明请教律吕，阳明未径答，反问他
定律吕之本的元声如何确定，舒芬应之以文献所说的制管候气之法，阳明不
以为然，阐述了他以心体为本的元声论，舒芬折服，遂拜入门下。阳明的元
声之论涉及对礼乐本原的认识，这在《传习录》中论述更详：

> 问《律吕新书》，先生曰："学者当务为急。算得此数熟，亦恐未有
> 用，必须心中先具礼乐之本方可。且如其书说多用管以候气，然至冬至
> 那一刻时，管灰之飞，或有先后，须臾之间，焉知那管正值冬至之刻？
> 须自中心先晓得冬至之刻始得。此便有不通处。学者须先从礼乐本原上
> 用功。"
> （钱德洪）曰："洪要求元声不可得，恐于古乐亦难复。"先生曰：
> "你说元声在何处求？"对曰："古人制管候气，恐是求元声之法。"先
> 生曰："若要去葭灰黍粒中求元声，却如水底捞月，如何可得？元声
> 只在你心上求。"曰："心如何求？"先生曰："古人为治，先养得人心
> 和平，然后作乐。比如在此歌诗，你的心气和平，听者自然悦怿兴起。
> 只此便是元声之始。《书》云'诗言志'，志便是乐的本。'歌永言'，
> 歌便是作乐的本。'声依永，律和声'，律只要和声，和声便是制律的

---

① 《朱子语类》卷九十二，中华书局，1986，第 2338 页。
② 《朱子语类》卷九十二，第 2342、2344 页。
③ 《年谱二》正德十五年条，《王阳明全集》卷三十四，第 1278 页。

本。何尝求之于外？"曰："古人制管候气法，是意何取？"先生曰："古人具中和之体以作乐。我的中和，原与天地之气相应；候天地之气，协凤凰之音，不过去验我的气果和否。此是成律已后事，非必待此以成律也。今要候灰管，先须定至日。然至日子时，恐又不准，又何处取得准来？"①

《律吕新书》是朱子高徒、精通乐律的蔡元定所作的乐学名作，为宋代乐学的高峰，明初被收入《性理大全》中，成为官方正统的乐论。自弘治至嘉靖朝，随着当时的复兴古乐思潮，儒家士人对《律吕新书》的著述与评论开始增多，分化为三种立场，第一种是支持蔡氏的白良辅、韩邦奇、李文察等，第二种是质疑蔡氏乐学的刘绩、李文利等，这种质疑在嘉靖朝逐渐升温。前两种是就乐律本身的理论讨论，第三种是阳明及其后学以心体论乐律的理学立场。在这样的历史背景中，阳明弟子对乐律学多有关注，如季本著有《乐律纂要》、蔡宗兖著有《律同》，都受蔡氏乐学的影响。心学一系的湛若水著《古乐经传全书》，其弟子吕怀著《律吕古义》，都维护支持蔡氏乐学。② 因此就不难理解上述诸弟子对阳明的提问了。实际上，制管候气是一套确定十二音律之音阶高低等的乐律技术，阳明歌法与之不是同一套认定系统。因为阳明的本意不在于追求音律的技术操作，而在于通过歌诗达到体认心体的目的。通观《传习录》中的师弟问答，阳明往往不直接回答弟子的具体问题，而是扭转到"须从本原上用力""体认得自己良知明白"③ 的为学宗旨，因此就能理解上文阳明的用意了。他从心学角度阐发《尚书·尧典》之义，更强调诗、歌、声、律均是心志的表达，乐律之本在于呈现"天地之和"的中和心体。吾人养得中和心体，自能与天地之气相应，感应到冬至的时刻，自能以中和之气发为元声以作乐。故而，阳明并不否认以制管候气来确立音阶的技术层面，而是视之为中和心体发为元声的某种印证；反之，若没有养得中和心体而依靠器物、时间等外在条件为定律标准，则难以精准达到。因此，"制礼作乐，必具中和之德，声为律而身为度者，然后可以语此。若夫器数之末，乐工之事，祝史之守，故曾子曰：'君子所贵乎道者三，笾

① 陈荣捷：《传习录详注集评》61 条，第 93 页；297 条，第 346~347 页。
② 参见潘大龙《蔡元定〈律吕新书〉在明代的传播与接受》，《黄钟》2016 年第 1 期。
③ 陈荣捷：《传习录详注集评》30 条，第 68 页；146 条，第 205 页。

豆之事，则有司存也。'"① 阳明以心体为本阐发了制乐之本在于涵养中和心体，《乐记》之"乐由中出"之"中"在心学视域中即是中和心体，② 以此定元声、制律吕、提点良知，方为复兴古乐之途。阳明以心体定乐律元声之说，奠基于心物一体同构的心学理论，也是他后来创制九声四气歌法的理论基础。

在诸多乐教形式中，阳明学者们又特别推崇歌咏。王龙溪云："古人养心之具，无所不备，琴瑟简编、歌咏舞蹈，皆所以养心。然琴瑟、简编、舞蹈皆从外入，惟歌咏是元气元神欣合和畅，自内而出，乃养心第一义。舜命夔典乐教胄子，只是诗言志、歌永言，四德中和，皆于歌声体究，荡涤消融，所以养其中和之德，而基位育之本也。"③ 琴瑟、简编、舞蹈与歌咏作为乐教的方式，虽然都是为了涵养心性，然前者由外而入，歌咏自内而出，能够更直接地调节元气元神，也即是涵养中和本体，④ 为发用之本。阳明正是基于心体—元气—元声（心声）一体贯通的理路，创制了与先秦儒家乐教歌法有所区别的九声四气歌法，并将其作为致良知功夫的重要手段。这一点后文详说。当然阳明歌法并非孤明先发，如四声的发明者之一、南朝沈约就有以音声之四声（平上去入）分别对应春夏秋冬的声调之说，⑤ 北宋邵雍亦有发声之开闭对应四气的韵法之论（见后文）；此外，九声之渊源虽然目前难以考证，不过可以肯定的是，阳明歌法受到了明儒陈白沙古歌诗法的影响，保留在《虞山书院志》中的白沙古歌法是少了振声的八声。束景南先生认为，白沙歌法是引《诗经》中的四言诗解说，所以少用了振声。陈白沙是广东新会人，保留了中原古音的广东话原本就是九

---

① 陈荣捷：《传习录详注集评》141 条《答顾东桥书》，第 190 页。

② 阳明之说是当时心学一系学者的共识，如湛甘泉弟子蔡汝楠（1514～1565，号白石）也说："古人声律，非止发之咏歌，被之管弦。虚明之体，合乎元声，凡言皆中律言也……故孟子知言，非知言也，知心声也。"蔡汝楠：《端居臆言》，《明儒学案》卷四十，第 971 页。

③ 王畿：《华阳明伦堂会语》，《王畿集》卷七，第 160 页。

④ 元气在阳明学中指形上的中和之心体，在朱子则视之为形下之气。《朱子语类》载："音律只有气。人亦只是气，故相关。""向见一女童，天然理会得音律，其歌唱皆出于自然，盖是禀得这一气之全者。"（《朱子语类》卷九十二，第 2348、2349 页）这是说女童天然秉承一气之全，故能通音律。

⑤ 参见沈约著、陈庆元校笺《沈约集校笺》，浙江古籍出版社，1995，第 468～469 页。

声调。① 阳明歌法在吸收这些学说的基础上，形成了心学式的歌法理论与
工夫方法。

《虞山书院志》中以阳明《咏良知四首示诸生》第一首和邵雍的七言律
诗《自述》第一首为例，详细记载了九声四气歌法之七言诗的具体唱法。一
首七言绝句的九声歌法是："平舒折悠平折悠，发扬折悠平折串，串串平舒
折悠叹，平舒折悠振折悠。"七言律诗则将后四句重复前四句的唱法。《虞山
书院志》的《乡约仪》记载了一般大众在乡约聚会之时所唱《孝顺父母诗》
《尊敬长上诗》《和睦邻里诗》《教训子孙诗》《各安生理诗》《勿作非为诗》
《孝弟诗（三首）》共九首诗的内容和"依阳明先生旧法"的具体歌法，并
解释了九声的通俗唱法：

> 九声颇有精义，今为俗解：平者其声平平，不高不下也；舒者，渐
> 入于舒畅；折者，其声反入，即曲折之意；悠者，悠久之意，其声长
> 也；发、扬二声，皆是高大之声；串者，两句相连、贯串之意；叹者，
> 声如慨叹；振者，振起之意，其声低而复高也。九声中，又有四气之
> 说，其义更为精微。但百姓们不必精求，且将这九章诗按此俗解，时时
> 歌咏，处处歌咏，人人歌咏，自然心平气和，自然孝亲敬长，自有无限
> 好处。②

九声即平、舒、折、悠、发、扬、串、叹、振九种声调，阳明说："歌
诗之法，直而温，宽而栗，刚而无虐，简而无傲，'歌永言，声依永'而已。
其节奏抑扬，自然与四时之叙相合。"③ 即以抑扬中和的声调节奏与春生夏
长、秋收冬藏的四气运作特点相应和。当然九声唱法远不止于此，尚有"其
义更为精微"的深层唱法，即四气唱法：

> 平者，机主于出，声在舌之上齿之内，非大非小，无起无落，优柔
> 含蓄，气不促迫。舒者，声在舌齿，而洋洋荡荡，流动轩豁，气度广

① 参见束景南《阳明大传："心"的救赎之路》，复旦大学出版社，2020，第 1274 ~
   1277 页。
② 张萱等纂《乡约仪》，《虞山书院志》卷四，赵所生、薛正兴主编《中国历代书院志》第
   八册，第 85 页。
③ 朱得之：《稽山承语》第 33 条，《王阳明全集》（新编本）第 5 册，卷四十《补录二》，
   第 1612 页。

远。折者，机主于入，而声延于喉，渐渐吸纳，亦非有大小起落，其气顺利活泼。悠者，声由喉以归于丹田，和柔涓涓，其气深长，几至于尽，而复有余韵反还。发者，声之豪迈，其气直递而磊磊落落。扬者，声之昌大，其气敷张而襟怀畅达。串者，上句一字连下句二字，声仅成听，其气累累如贯珠然。叹者，其声浅短，气若微渺剥落。振者，声之平而稍寓精锐，有消索振起之意。①

这里细致规定了九种声调分别对应舌、齿、喉、丹田等不同发声部位，具有不同的表现力，并深入结合了春夏秋冬四气特点。例如，通俗悠声只是拉长声音以体现悠远，深层的悠声则进一步要求发声由喉归于丹田，气息柔和深长、几尽而复有余韵，以此与冬季万物于收敛闭藏中暗含一阳初动的生命特性相应。不仅如此，在一首七言绝句中，四气更体现为每一字句分别与春夏秋冬四气相对应的嵌套结构，并有更为精细的发声要求：

四气：曰春，曰夏，曰秋，曰冬。每四句分作春夏秋冬，而春夏秋冬中，又自有春夏秋冬。如第一句春，第二句夏，第三句秋，第四句冬，每句上四字各分作春夏秋冬，第一字春，第二字夏，第三字秋，第四字冬；下三字稍仿上四字，亦分作春夏秋冬……第一字口略开，声要融和；第二字口开，声要洪大；第三字声返于喉，秋收也；第四字声归丹田，冬藏也。春而融合，夏而洪大者，达其气而泄之，俾不淤也。秋而收之，冬而藏之，收天下之春而藏之肺腑也。其不绝之余声，复自丹田而出之，以涤邪秽，以融渣滓，扩而清之也。春之声稍迟，夏之声又迟，秋之声稍疾，冬之声又疾。变而通之，则四时之气备矣。②

为了更方便理解九声与四气的关系，笔者据文献将阳明歌法制成二表：一是九声四气关系表（见表1），二是将《咏良知四首示诸生》第一首的四气歌法与九声歌法合成《咏良知四首示诸生》歌法表（见表2）。

---

① 王守仁：《阳明九声四气歌法》，《阳明佚文辑考编年》，第815页。
② 王守仁：《阳明九声四气歌法》，《阳明佚文辑考编年》，第816页。

表1　九声四气关系

九声	发声部位	声音与气息表现	气机与思想含义	对应四气
平	声在舌之上、齿之内	机主于出，非大非小，无起无落，优柔含蓄，气不促迫	出无所出	第一字、句，春，口略开，声要融合，春之声稍迟
舒	声在舌齿	洋洋荡荡，流动轩豁，气度广远	出而不轻于出	第二字、句，夏，口开，声要洪大，夏之声又迟
折	声延于喉	机主于入，渐渐吸纳，亦非有大小起落，其气顺利活泼	入无所入	第三字、句，秋，声返于喉，秋收也，秋之声稍疾
悠	声由喉以归于丹田	和柔涓涓，其气深长，几至于尽，而复有余韵反还	入而不轻于入	第四字、句，冬，声归丹田，冬藏也，冬之声又疾
发	声在舌齿	声之豪迈，其气直遂而磊磊落落	渐于粗厉，弘而舍也	口略开，对应春
扬	声在舌齿	声之昌大，其气敷张，而襟怀畅达	渐于粗厉，弘而舍也	口开，对应夏
串		声仅成听，上句一字连下句二字，其气累累如贯珠然	三而若一，而不至于间绝，微而缜也	过渡音
叹	声在喉	其声浅短，气若微渺剥落	敛其气	声在喉，对应秋
振	声在丹田	声之平而稍寓精锐，有消索振起之意	鼓其机，抑而张也	冬声归于丹田，而口无闭焉，振起坤中不绝之微阳

资料来源：参见王守仁《阳明九声四气歌法》，《阳明佚文辑考编年》，第813~817页。

表 2 ·《咏良知四首示诸生》歌法

前序		🥁🥁🥁🥁🥁🔔🔔🔔：司鼓者击鼓五声，司钟者击钟三声						
第一句 春之声	歌词	个	个	人	心	有	仲	尼
	九声	平	舒〇	折	悠〇	平	折	悠🔘〇🔔
	四气	春之春 口略开	春之夏 口开	春之秋 声在喉	春之冬 声归丹田	下三字稍仿上四字，亦分作春 夏秋冬，而俱有春声		
第二句 夏之声	歌词	自	将	闻	见	苦	遮	迷
	九声	发	扬〇	折	悠〇	平	折〇	串🔘〇🔔
	四气	夏之春 口略开	夏之夏 口开	夏之秋 声在喉	夏之冬 声归丹田	亦分作春夏秋冬，而俱有夏声		
第三句 秋之声	歌词	而	今	指	与	真	头	面
	九声	串	串〇	平	舒〇	折	悠	叹🔘〇🔔
	四气	秋之春	秋之夏	秋之秋	秋之冬	末三字（按，真头面）平分， 无疾迟轻重，但要有萧条之 意。声在喉，秋也，亦宜春、 宜夏、宜冬		
		第三句首二字稍续上句（按，迷一而一今），末三字各平分，不甚疾迟 轻重，以第三句少变前二句，不叠韵而足听也。						
第四句 冬之声	歌词	只	是	良	知	更	莫	疑
	九声	平	舒〇	折	悠〇	振	折	悠🔘〇🔔
	四气	冬之春 声归丹田 口略开	冬之夏 声归丹田， 口开	冬之秋 声在喉	冬之冬 声归丹田， 口略开	末三字，有一阳来复之义		
		上四字（按，只是良知），至冬之冬时，物闭藏剥落殆尽。此三字（按， 更莫疑），一阳初动，剥而既复。 第四句第四字，乃冬之冬，闭藏已极，然阴不独胜，阳不终绝，消而必 息，虚而必盈，所谓既剥将复，而亥子之间，天地人之至妙至妙者是也。 第五字声要高，以振起坤中不绝之微阳。六字、七字稍低者，阳气虽动， 而发端于下，则甚微也。要得冬时不失冬声，声归丹田，冬也，亦宜春、 宜夏、宜秋。天有四时，而一不用，故冬声归于丹田，而口无闭焉。						
结束		🔘🔘🔘：歌毕，司磬者击磬三声						

资料来源：参见王守仁《阳明九声四气歌法》，《阳明佚文辑考编年》，第 813～817 页。

简言之，九声四气歌法是一套把握发声吐气之部位、口型、气息、声调、节奏、情态等的歌诗方法，发为平（平声）、舒（舒展）、折（曲折）、悠（悠长）、发（豪迈）、扬（昌大）、串（连读）、叹（慨叹）、振（振起）九种声调，与春生夏长、秋收冬藏的四气流转特点相应和。此歌法具有深浅两个层面：面向普通百姓的通俗歌法以普通的九声为主，通过抒发情志、平和气机来涵养性情，令百姓自然孝亲敬长，修德进学；面向精英学者的深层歌法，在九声基础上对四气具有更精微的要求，将春夏秋冬嵌套在每一句、字中，对发声之口型、气息等要求更高，以呈现道体流行的丰富节律。张昭炜认为，九声四气歌法可分为三个层次：一是吟诵歌咏表演，二是日常的调气功夫，三是调心意，透肌决髓。[1] 笔者认为，歌咏表演同样要求调适气机、涵养平和心性，故前两个层次均属于通俗歌法，第三个层次即笔者所说的深层唱法。《虞山书院志》区分了两个层次，笔者从其说。阳明歌法对良知体认与呈现，通俗唱法得其粗、深层唱法得其精。

三 思想意蕴与心学理路

九声四气歌法奠基于心体为元声之本、心物一体之心学理论，在伴奏、唱法、结构诸方面，均演绎了心物同构互摄、同一运化节律的心学义理，结合两表可清晰直观地显示之。

首先，歌诗的乐器伴奏与停顿，即𝑔𝑢金玉〇，与春夏秋冬四气一一对应。𝑔𝑢即鼓，鼓声咚咚，与春之生发相应，金即钟，钟声铛铛，与夏之洪大相应，玉即磬，磬声泠泠，与秋之萧瑟相应，〇即停顿，出现在每句夏声、冬声及每句之后，表示气息转换之际稍作停顿，不至于急促，与冬之静默类同。其停顿节奏与近体诗的平仄规律是一致的。如"个个人心有仲尼"，阳明歌法的停顿节奏为"平舒、折悠、平折悠"，平仄节律为"仄仄、平平、仄仄平"，均为每二字一断、后三字一断。歌诗之前，击鼓五声、击钟三声，以钟鼓之激昂领起第一句春声，展现生命运化之始；之后每句结束以玉〇金为伴奏，玉〇应和句末秋冬之声的萧瑟余韵，金为振起之音，领起下一句，也表示生命运化之转折。歌毕，司磬者击磬三声，清泠悠扬，自带〇之停

---

① 张昭炜：《王阳明九声四气法的三个层次》，《世界宗教研究》2015年第1期。

顿，与第四句冬声之微渺萧索、余韵不绝相应和。

其次，七言绝句的每一字句均为春夏秋冬的嵌套结构，发声吐气从每一字句到整体篇章都体现了春夏秋冬四气流转之特性，以此演绎道体生生不息之流变，这是阳明歌法的核心精义。九声之平舒折悠分别对应春夏秋冬：平舒为出气，声气舒展，气息缓缓向外生发至洪大，平为春声，其优柔含蓄、气不促迫与春气的融合迟缓一致，象征初春生命之萌动，舒为夏声，其流动轩豁、气度广远与夏气的洪大舒放一致，象征盛夏生命之茂盛；折悠为吸气，声气急促，气息逐渐向内收敛，折为转折之秋声，比夏声稍急促，由舒声的洪大广远转为柔和涓涓、顺畅活泼，象征秋季生命的收敛，悠为冬声，比秋声更为急促，气息进一步收敛，深长至尽而余韵不绝，象征冬季万物闭藏至极的同时蕴含新生的希望。此外，出现在后三句的发扬叹振也分别与春夏秋冬一一对应，是比平舒折悠之表现力更为强烈的歌诗变调：发声出现在绝句的第二句（夏声）第一字（夏之春），故比第一句（春声）第一字（春之春）更加豪迈，其气直遂而磊磊落落；扬声出现在第二句（夏声）第二字（夏之夏），故比春之夏、夏之春声更加昌大，其气敷张而襟怀畅达，发扬二字乃夏声基础上的春、夏之声，故气息比第一句粗犷广远；叹声出现在第三句（秋声）最后一字，表示由秋入冬的转折，比折声代表的秋气更加收敛，故其声浅短，气若微渺剥落；振声出现在第四句（冬声）第五字（冬之春），即冬之冬声的后一字，须鼓其机，音声要高，然非盛夏之高亢，而是声平而稍寓精锐，抑中有张，振起冬之消索，以表达至阴之中一阳来复之义。因此，发扬叹振与平舒折悠一一对应，是比后者更为强烈的变调。此外，阳明歌法没有为串声对应四气，串声即第二句最后一字（夏之冬）与第三句前二字（秋之春、夏）的连串，乃前二句与后二句变调的转折，表示盛夏将近、秋气初来之转折，须敛气发声，一方面从夏声之洪大转为声仅成听之萧索，另一方面又要保持夏秋变化之连续和歌诗整体的一气周流，故其气息连贯，累累如贯珠然，三而若一，而不至于间绝。"贯珠"语出《乐记》"累累乎端如贯珠"，指"累累"的发声特点在于转折之气须保持连续，如连贯的珍珠一般。宋人沈括认为："古人谓之'如贯珠'，今谓之'善过度'是也。"① 故串声表示夏秋之间的过渡，体现歌诗韵律的转折变化。总之在一首七言绝

---

① 沈括著，胡道静校注《梦溪笔谈校注》，上海人民出版社，2016，第 191 页。

句诗中，在每一句分领春夏秋冬的基础上，每一字又分有春夏秋冬不同，粗说有九、四之法，细论则四句二十八字每一字唱法均不同，以此呈现道体生生变易之丰富与精妙。

最后，发声部位与春夏秋冬四气分别对应。九声之㊉舒折悠及发扬叹振分别发声于舌、齿、喉、丹田，由舌齿之声的宣发而内敛于喉，进而复归于丹田，对应于四气中春夏之开敷、秋冬之敛藏。高明者以丹田之气发声，甚或直入声气之元的心体，这是更为高明的体道工夫。这里需要注意两个问题。

一是舌、齿、喉、丹田发声部位在人体中一线贯穿并经过心脏，今人歌法中的胸腔共鸣、胸腹式联合呼吸都与心部有关，而阳明为何不提"声在心"呢？原因可能在于，中国传统认知中的"心"不仅仅是西医系统中具体化为心脏的脏器，《内经·素问》言"心主神明"，心是生命整体系统的生理与精神性主宰，故难以具体化为某一生理性的发声部位；但是，歌诗时声出喉舌抑或丹田，任何一种发声都要贯穿精神意义的至诚之心，从这个意义上说，"声在心"又可谓是舌、齿、喉、丹田所有发声部位不言自明的发声基础。

二是歌诗之声气发于丹田时则可能通达元气元声，其原理为何？究其源流，因丹田在佛道二教修炼及中医养生传统中具有重要地位，故意守丹田、发声于丹田之说最早源于佛道二教之传统。丹田是道教内丹学术语，早见于东汉道教经典中，如《太上黄庭外景玉经》载："丹田之中精气微。"[1] 葛洪《抱朴子》第一次提出了上中下三丹田之说，尤其下丹田（位于脐下，包括关元、气海、神阙、命门等穴位），是中医养生及佛道修炼的核心穴位。道教经典认为，"下丹田，真气所生也"，[2] "丹田者，人之根也，精神之所藏也，五气之元也"，[3] 宋末元初道教学者俞琰谓"精、神、魂、魄、意相与混融，化为一气而聚于丹田也"，[4] 简言之，丹田是道教所谓元气元神的生发之地，通过意守丹田，神气归于脐下，以此息止妄念，达到真息（又名胎息）

---

① 《太上黄庭外景玉经》，《道藏》第 5 册，文物出版社、上海书店、天津古籍出版社，1988，第 913 页。
② 曾慥编《道枢》卷三十四，《道藏》第 20 册，第 789 页。
③ 张君房编《云笈七笺》卷十八，《道藏》第 22 册，第 136 页。
④ 俞琰注《周易参同契发挥》卷二，《道藏》第 20 册，第 204 页。

状态。此时身心虚无，返本归元（元神），不仅延命长生，而且通于大道。丹田在佛教修行传统中同样十分重要，佛典多称之为"脐""脐轮"。佛教的禅定工夫要求"系心在脐"，与道教的意守丹田一致，为基本的修定工夫。其中的原理，隋高僧智颢有云：

> 所以系心在脐者，息从脐出，还入至脐，出入以脐为限，能易悟无常。复次，人托胎时识神始与血合，带系在脐，脐能连持。又是诸肠胃源，寻源能见不净，能止贪欲。若四念处观，脐能成身念处门；若作六妙门，脐是止门；兼能入道，故多用之。正用治病者，丹田是气海，能锁吞万病。若止心丹田，则气息调和，故能愈疾。①

佛教把构成吾人生命的要素之一"风大"分为五种："又内风有五种：一息风，出入息从脐轮起；二消风，向下消食；三持风，令人行健；四灾风，令人成病；五力风。"② 从脐部出入之息（息风），相当于道教所说维系吾人生命最原始的元气、真息。佛教认为，从生命形成上看，脐部是人的神识进入母胎的据点，胎儿通过脐部进行出入呼吸，以此出入之息可悟无常；从生命运作上看，吾人贪着的食物在肠（在脐部）胃中即化为不净之物，以此可制止贪欲；故从修道工夫上看，系心在脐是止（息止贪欲、妄想）、观（观身不净）法门之方。不仅如此，佛教也认同道家之说，丹田也是气海穴即生命元气所在，故系心在脐兼有调和身心、锁吞诸多病气之养生功能。

综上，佛教言"系心在脐"具有息止妄念、养生祛病的功能，这与道教的意守丹田之说完全一致，所不同者，佛教认为证悟生命的实相还要超越息风（元气）而达到空性。修证空性成就之时，神识转为佛性，肉身气化之丹田转为法身之"脐轮"。《大乘理趣六波罗蜜多经》中，弥勒菩萨言："三千大千世界一切所有入我脐轮，我身不增、彼像不减。何以故？法性如是。"③《华严经》言诸佛将成佛时，"十方所有一切诸佛，皆从脐轮放大光明"，④脐轮转为佛性智慧的生发之地。因此就不难理解，佛陀说法之声亦为"从脐而出"：

---

① 智颢：《摩诃止观》卷八，《大正藏》第 46 册，第 107 页。
② 法藏：《华严经探玄记》卷二，《大正藏》第 35 册，第 134 页。
③ 般若译《大乘理趣六波罗蜜多经》卷六，《大正藏》第 8 册，第 894 页。
④ 般若译《大方广佛华严经》卷二十六，《大正藏》第 10 册，第 780 页。

音深不散，柔软悦耳。从脐而出咽喉、舌根、鼻颡、上颚、齿唇，气激变成音句，柔软悦耳。如大密云雷声隐震，如大海中猛风激浪，如大梵天音声，引导可度众生。①

这是印度龙树于《十住毗婆沙论》中所言的，佛陀说法之声是从脐部发出，上达至咽喉舌根唇齿，深广、柔和、悦耳的声音，如云雷激浪，如大梵天人之声，佛典言"梵声语深远，微妙闻十方"，② 具有化度众生的宏大震撼力。佛经记载佛说法时具足八种梵音，其中第八种为深远音，唐澄观云："八深远者，脐轮发声。"③ 智𫖮释云：

> 佛智照穷，如如实际之底，行位高极。故所出音声，从脐而起，彻至十方。令近闻非大，远闻不小，皆悟甚深之理，梵行高远。故名深远音也。④

佛教梵呗传入中国后，梵呗唱诵也要求"从脐而出"，即从丹田发声，这一传统保留至今。以上表明，佛道二教在各自传统中都对丹田赋予了生命根源的重要地位。在佛道二教的共同影响下，至少自唐代起，就有"声出丹田"之说，如医家孙思邈言："凡言语诵读，常想声在气海中（脐下也）。"⑤ 音律家段安节言："善歌者，必先调其气。氤氲自脐间出，至喉乃噫其词，即分抗坠之音。既得其术，即可致遏云响谷之妙也。"⑥ 至明代，丹道养生、武术乃至戏曲艺术等诸多领域都延续了对丹田的重视，⑦ 被后世目为昆曲之祖的万历间曲家魏良辅有云："择具最难，声色岂能兼备？但得沙喉响润，发于丹田者，自能耐久。"⑧ 发声于丹田自明清以降成为各个戏剧剧种的发声

---

① 〔印〕龙树造、鸠摩罗什译《十住毗婆沙论》卷九，《大正藏》第26册，第70页。

② 〔印〕婆薮槃豆造、菩提流支译《无量寿经优波提舍·愿生偈》，《大正藏》第26册，第231页。

③ 澄观：《大方广佛华严经随疏演义钞卷第三十五》，《大正藏》第36册，第271页。

④ 智𫖮：《法界次第初门》卷下《八音初门第五十九》，《大正藏》第46册，第697页

⑤ 孙思邈：《重刊孙真人备急千金要方·养性第二》，北京图书馆出版社，2004，第8页。

⑥ 段安节：《乐府杂录·歌》，中华书局，1985，第16页。

⑦ 参见许敬生、耿良《道教内丹理论对明清中医养生学的影响》，《江西中医学院学报》2005年第4期；韩梅：《"丹田气息"发声理论的历史梳理与现实思考》，《现代传播》2017年第7期。

⑧ 魏良辅：《曲律》，中国戏曲研究院编《中国古代戏曲论著集成》（五），中国戏剧出版社，1959，第5页。

原则，一直延续至今。可以说，丹田在佛道修行、中医养生、戏曲艺术等诸多领域都被赋予生命的根源性地位，意守丹田、声归丹田，都意味着从本源处对生命活动进行的实践与探索。

阳明歌法之声归丹田，与他三十一岁在阳明洞天修习道家内丹功法有直接关系。在中晚明三教合流的背景下，阳明及其后学多借鉴了佛道二教意守丹田的静坐功法并加以儒家价值观的转化，将道教偏重身体意义的丹田真息转化为偏重德性生命的良知心体。深通胎息工夫的王龙溪即言，"真息者，性命之玄机，非有待于外也"，"良知便是真息灵机"。① 声归丹田不仅是一种歌咏之法，更是以此直达心体的致良知工夫。当以丹田真息发声之时，已非普通的呼吸吐纳，其出气乃是"出无所出""出而不轻于出"，其吸气乃是"入无所入""入而不轻于入"，直透性命之元。如林兆恩解释冬之冬声云：

> 斯乃无声无臭之至，不睹不闻之时，太极之先，茫乎无极，不显惟德，而声气之元统于此矣。歌者知此，则南风之薰，可以解吾民之愠，而太和之气，流行于唐虞宇宙间矣。②

这是以声归丹田的唱法而直入不睹不闻之心体，声气之元即是道体之本，唯深层唱法乃能达之，高明者确乎可以歌诗之功而契会道体。再如泰州学者王一庵（栋，1503~1581）有《示讲堂诸生》一诗："讲堂游侣发歌声，天籁无端日夜鸣。真乐得来非色相，良知悟破自灵明。见闻情识休相混，势和纷华岂足撄？此是乾坤真诀窍，敢矜私秘说师承。"③ 因会上讲友兴发情志之歌诗，一庵当下契入超越色相见闻情识的良知心体，他十分自信这是为学之诀窍、师门之秘义，这是阳明后学以歌诗入道的又一例证。因此就可以理解，阳明何以在歌法的技术性介绍之后，极言呼吸开阖之间畅演道体之运化：

> 开阖宣天地之化机，屈伸昭鬼神之情状，卷舒尽人事之变态。歌者

---

① 王畿：《寿史玉阳年兄七十序》，《王畿集》卷十四，第390页；《留都会纪》，《王畿集》卷四，第97页。
② 林兆恩：《歌学解并小引》，《林子三教正宗统论》上，宗教文化出版社，2016，第106页。
③ 王栋：《明儒王一庵先生遗集》卷二，《王心斋全集》附录，江苏教育出版社，2001，第198页。

陶情适性，闻者心旷神怡，一道同风，沦肌浃髓，此调燮之妙用，政教之根本，心学之枢要，而声歌之极致也。

变而通之，则四时之气备矣；阖而辟之，则乾坤之理备矣。幽而鬼神屈伸而执其机，明而日月往来而通其运，大而元会运世统其全，此岂有所强而然哉？广大之怀，自得之趣，真有如大块噫气，而风生于寥廓；洪钟逸音，而声出于自然者。融溢活泼，写出太和真机；吞吐卷舒，妙成神明不测。故闻之者不觉心怡神醉，恍乎若登尧舜之堂，舞百兽而仪凤凰矣。①

根本上，九声四气歌法是基于心体—元气—元声（心声）—天地运化一体贯通的生命结构，是通过歌诗对道体的演绎与呈现：心体枢机发为万象，发声部位、口型、声调、气机、伴奏等要素为全息同构的宇宙生命结构，仿之以春夏秋冬四气流转，发之以舌、齿、喉、丹田，出之以音声高低弛缓，合之以气机出入长短，配之以钟鼓玉音，于呼吸开阖之间，演绎生命之开起—流动—敷张—微渺—振起的往复循环，呈现宇宙万物生生不息的演化规律。当其时，音声、气息、身心高度专一凝聚，故能音声活泼自然，身心沦肌浃髓，一道而同风，一体而同构，尽天地鬼神人事之变。此歌法在圣贤乃是率性之道，明体达用，是对宇宙生命运化节律的深刻演绎，在百姓则是修道之教，因用求体，以音声气机合于节律而上求道体。故谓政教之根本、心学之枢要、声歌之极致也，子曰"成于乐"不亦如是乎！

那么，如何认识阳明歌法在儒家乐教思想中的价值？笔者以集先秦儒家音乐讨论之大成的《礼记·乐记》为参照来简要说明之。《乐记》以先王（圣人）制礼作乐教化百姓为总的宗旨，乐教可分为两个教化层次与功能。一是以乐治心而通达天道，二是以道化欲而节制七情。《乐记》云：

天高地下，万物散殊，而礼制行矣。流而不息，合同而化，而乐兴焉……故圣人作乐以应天，制礼以配地。礼乐明备，天地官矣。天尊地卑，君臣定矣。卑高已陈，贵贱位矣。动静有常，小大殊矣。方以类聚，物以群分，则性命不同矣。在天成象，在地成形。如此，则礼者天地之别也。地气上齐，天气下降，阴阳相摩，天地相荡，鼓之以雷霆，

----

① 王守仁：《阳明九声四气歌法》，《阳明佚文辑考编年》，第815~817页。

> 奋之以风雨，动之以四时，暖之以日月，而百化兴焉。如此，则乐者天
> 地之和也……乐著大始而礼居成物。著不息者，天也；著不动者，地
> 也。一动一静者，天地之间也。故圣人曰礼乐云。

这里把礼乐之本溯源于万物起源生成的宇宙论。圣人通达天地起源生化
之道而制礼作乐，礼乐是天地阴阳二气相摩相荡的一种显化，即天地之道的
显现，礼体现的是天地之气分殊为万物的种种差别之相，乐体现的是天地之
气融合差别、流行不息的本原状态。古来注家多以乐属阳、礼属阴来解释乐
以应天、礼以配地，故乐高于礼。"乐者，所以象德也；礼者，所以缀淫
也"，乐是对德性的开显，礼是对欲望的节制，显然乐对于彰显德性更具积
极意义。其中的原理在于：

> 诗言其志也，歌咏其声也，舞，动其容也。三者本于心，然后乐器
> 从之。是故情深而文明，气盛而化神，和顺积中而英华发外，唯乐不可
> 以为伪。
>
> 致乐以治心，则易、直、子、谅之心油然生矣。易直子谅之心生则
> 乐，乐则安，安则久，久则天，天则神。

徐复观先生认为，"本于心"的心，包含耳目感官的情欲和良心，后者
占较为重要的地位，因为"儒家认定良心更是藏在生命的深处，成为对生命
更有决定性的根源"，同时这种道德良心"本来就带有一种'情绪'的性格
在里面"，当诗、歌、舞经乐的发扬而使"情"从极深的生命根源流露出来，
"便解消了情欲与道德良心的冲突性"，"此时情欲与道德，圆融不分，于是
道德便以情绪的形态而流出"，于是和易、顺畅、慈祥、诚实（易直子谅）
等道德情感便油然生发出来，道德"成为生命力的自身要求"。此时"生命
得到充实，这即是所谓'气盛'"，"（情欲）凑泊上良心而来，化得无形无
象，所以便可称之为'化神'"，"于是此时的人生，是由音乐而艺术化了，
同时也由音乐而道德化了"。① 徐先生论说音乐消解情欲之私而合于德性可谓
十分精彩，这也是儒家乐教普施大众以移风易俗的基本原理；但若论乐教的
功能止于艺术化、道德化，则未深入触及乐乃"天地之和"的宇宙论层面。

---

① 徐复观：《中国艺术精神》，辽宁人民出版社，2019，第 24~28 页。

事实上,《乐记》将乐之"和"搭挂于"地气上齐,天气下降,阴阳相摩",即是将乐所兴发的个体身心之和气与天道之和气相贯通,具有更为广阔的宇宙论为支撑。[①] 因此,"情深而文明,气盛而化神,和顺积中而英华发外"表达的是,乐的发扬可促进吾人身心之气中和饱满、直达深刻的性命根源,从而与天地之气相贯通并参赞天地,"乐—安—久—天—神"体现的是这一由人至天的上达过程,由此方能"礼乐之极乎天而蟠乎地,行乎阴阳而通乎鬼神,穷高极远而测深厚。乐著大始而礼居成物"。换言之,乐教的最高境界是乐气、身心之气与天地之气的通一无二,这当然是少数君子圣贤之能事,故云"唯君子为能知乐""乐也者,圣人之所乐也"。由乐而贯通人天,这一维度在先秦典籍里是一种浑沦式表达,至宋明理学兴起,《乐记》的这一思想成为理学的重要思想资源,形成了体系化的心性—乐教论。[②]

另外,《乐记》乃至《性自命出》、《荀子乐论》等先秦儒家典籍的乐论思想对普通百姓,并没有以通达天道的圣贤标准要求之,"乐和民声"包含对普通人的情感欲望采取尊重宽容并加以节制的态度,[③] 这是乐教功能的第二个层面,即以道化欲而节制七情。《乐记》云:"夫民有血气心知之性,而无哀乐喜怒之常,应感起物而动,然后心术形焉。"这是承认在经验世界中,吾人具有血气心知的感官本性,以及随外物而波动无常的喜怒哀乐之情。《乐记》言:

> 是故其哀心感者,其声焦以杀;其乐心感者,其声啴以缓;其喜心感者,其声发以散;其怒心感者,其声粗以厉;其敬心感者,其声直以廉;其爱心感者,其声和以柔。六者非性也,感于物而后动。是故先王慎所以感之者。

> 是故志微噍杀之音作,而民思忧;啴谐慢易、繁文简节之音作而民康乐;粗厉猛起、奋末广贲之音作,而民刚毅;廉直劲正、庄诚之音作,而民肃敬;宽裕肉好、顺成和动之音作,而民慈爱;流辟邪散、狄成涤滥之音作,而民淫乱。

---

① 陈来先生认为:"乐自身包含有气的属性,即乐不仅与人心有关,也与气有关,乐在根本上来源于天地之气的协和运化,又符合人身之气的平衡和合,并能促进天地、社会、人身的和谐安宁。"参见陈来《〈乐记〉的儒学思想》,《孔子研究》2016 年第 5 期。

② 参见陈来《〈乐记〉的儒学思想》,《孔子研究》2016 年第 5 期。

③ 这一点,笔者受益于许美平兄的观点,特此致谢。

这一经验层面的哀乐喜怒敬爱之心—情"非性也",并非"人生而静,天之性也"的先天本原之性,而是经验之心—情,一方面,先秦儒者认识到其"感于物而后动"的无常,乃至放任自流对民心及政治的危害,所谓"乱世之音怨以怒,其政乖。亡国之音哀以思,其民困";另一方面,《乐记》言"乐者,乐也,人情之所不能免也",孔颖达释为:"乐之为体,是人情所欢乐也……是人道自然之常。"①《乐记》又言:"论伦无患,乐之情也;欣喜欢爱,乐之官也。"这都是肯定音乐的直接功能在于兴起经验之心—情的快乐以及这种快乐的自然性、正当性。以上两段引文极尽描述情绪、心志与音声的交互影响,可知先秦儒者并不是对其各种音乐及情绪加以简单摒弃,而是采取"慎所以感之者"的重视态度,"是故先王之制礼乐也,非以极口腹耳目之欲也,将以教民平好恶,而反人道之正也",礼乐教化的目的不仅是让人民远离导致淫乱的靡靡之音,而且重视调节、节制人民的喜怒好恶之情,重视各种良善特性的音乐,以培养人民康乐、刚毅、肃静、慈爱等品格。

此外,《乐记》也很重视以音乐本身的节律度数对心性的调节与作用,如言"先王本之情性,稽之度数,制之礼义","八风从律而不奸,百度得数而有常",其度数又是以"五声"为基础:"声音之道,与政通矣。宫为君,商为臣,角为民,徵为事,羽为物。五者不乱,则无怗懘之音矣。"《乐记》还总结了"七声"的演唱声情技法,这些都为后世的音律学所继承发展。

综上,《乐记》对音乐功能的讨论可用"乐者乐也。君子乐得其道,小人乐得其欲"概括,即乐教的两个层面:君子以乐治心而通达天道,普通人以道化欲而节制七情。此可对应于阳明歌法的深浅两个层面。与之有别的是,《乐记》以乐通达天德之一面,在先秦时代尚是一种浑沦表达,所谓"夫歌者,直己而陈德也,动己而天地应焉,四时和焉,星辰理焉,万物育焉",这在阳明歌法中,则以心物同构互摄、同一运化节律的心学义理加以系统化的理论阐释,并形成一种具体的可操作的修身功夫而极尽演绎。《礼记》对音乐本身的技术性、音乐种类丰富性的重视,对经验层心性情感之复杂多元性的包容以及重视对各种德性培养,都体现了先秦乐教的丰富性与包容性,相形之下,阳明歌法直指心性涵养,与当时流行的歌法(如文人歌

---

① 孙希旦:《礼记集解》,中华书局,1989,第1032页。

诗）以平仄韵律之咏唱来抒发情志有别，其根底仍是歌诗体道的理学底色，并以此对抗明中叶以来的音乐世俗化娱乐化倾向。盖不同时代的思想家须解决不同的时代问题，故阳明歌法的特色与价值，确实要从阳明论学每每强调的"立言宗旨"来理解。

当然，体道式歌诗与抒情式歌诗并非两种对立的系统，而是可以互相对应。这里简要探讨阳明歌法与明中期以来以《乐记》七种发声为基础的古歌法之关系。王龙溪认为：

> 《礼记》所载"如抗""如坠""如槁木""贯珠"，即古歌法。后世不知所养，故歌法不传。至阳明先师，始发其秘，以春夏秋冬、生长收藏四义，开发收闭，为按歌之节，传诸海内，学者始知古人命歌之意。①

尽管王龙溪并未在歌诗的技术层面将《乐记》的七种发声法直接等同于阳明歌法，但从龙溪对歌法的评价来看，阳明歌法之开发收闭所演绎的春夏秋冬、生长收藏之生命运化节律，正是古歌法之秘义，故阳明自信其歌法可"直歌到尧舜羲皇"。就音声情态而言，两种歌法确乎有相互契合之处，例如"句中钩"之平缓优柔，可对应九声之平音，"上如抗"指音声指高亢发扬，可对应于九声之舒音，"累累如贯珠"可对应九声之串音等，虽然两种唱法所依据的经典和具体技法有所不同，但七声与九声歌法所展现的音声曲折变化，都是对生命开展情态的模拟。据胡琦的研究，因两种歌法可互相对应，故明清之际有胡渊、李塨等儒者通过理论著述及实践，尝试将"九声"与"七声"两派歌法整合为一个整体系统。胡琦认为，两种歌法的区别在于，"七声"歌法以吐字为核心，展现声容的曲折变化；"四气—九声"歌法，则以篇章结构为指归，关注气息的出入运行，二者的出发点和侧重点虽有不同，但本质上皆是人"声"高下疾徐的表现。② 笔者认为，此说指出了两种歌法的某些差异，然更有进者，九声四气歌法相比于七声唱法，不仅对吐字、声容表现乃至发声部位之要求细微到每一字句，而且阳明歌法的四气之说奠基于心学与易学的宇宙观，无论是技术要求还是理论根基都体现了心学式的细致与丰富。

---

① 王畿：《华阳明伦堂会语》，《王畿集》，第 160 页。
② 参见胡琦《知识与技艺：明儒歌法考》，《文艺研究》2021 年第 7 期。

余　论

　　如前所述，阳明歌法的理论基础有二：以心体所发之元气元声为礼乐本原，以心物一体律动、全息互摄同构为基本结构。这两方面均与阳明之前的儒家思想资源相呼应。

　　首先，阳明以心之元气论礼乐本原，在先秦儒学中有类似的思想。《乐记》中已有将心气与天地之气相贯通的浑沦之义，这在《礼记·孔子闲居》中表达得更为充分，即以"志气"论礼乐之本。限于篇幅，笔者仅以此文的思想进行说明。此文通过孔子与子夏的对话，探讨民之父母（君主）"必达于礼乐之原"的途径，即"五至""三无""五起"说：

　　　　孔子曰："志之所至，诗亦至焉；诗之所至，礼亦至焉；礼之所至，乐亦至焉；乐之所至，哀亦至焉。哀乐相生，是故正明目而视之不可得而见也，倾耳而听之不可得而闻也，志气塞乎天地。此之谓五至。"子夏曰："五至既得而闻之矣，敢问何谓三无？"孔子曰："无声之乐，无体之礼，无服之丧，此之谓三无。"

　　"五至"即志、诗、礼、乐、哀五者接踵而至：心志发而为气，气流贯于诗、礼、乐、哀，这种心志之气塞乎天地，类似孟子所谓浩然之气塞于天地之间（《公孙丑上》），是经验世界之视听所无法把捉的，故清人孙希旦注云："五者本乎一心，初非见闻之所能及，而其志气之发，充满乎天地而无所不至。"① 此志气与阳明歌法"出无所出""入无所入"之气，同为直透性命之原的形上先天之气。孙希旦又云："盖五至者礼乐之实，而三无者礼乐之原也"，五至是礼乐的表象，根源则是礼乐表象背后无声无臭的心志，与阳明学之心体同为形上先天的精神主体。孔子又将"三无"分为五个层次，即"五起"：

　　　　无声之乐，气志不违；无体之礼，威仪迟迟；无服之丧，内恕孔悲。无声之乐，气志既得；无体之礼，威仪翼翼；无服之丧，施及四

---

　　① 孙希旦：《礼记集解》，第 1275 页。

国。无声之乐，气志既从；无体之礼，上下和同；无服之丧，以畜万邦。无声之乐，日闻四方；无体之礼，日就月将；无服之丧，纯德孔明。无声之乐，气志既起；无体之礼，施及四海；无服之丧，施于孙子。

按孙希旦的解释，无声之乐所从出的气志，乃君子"发而中节而无多乖戾"（不违），故能"得于理"（既得），进而"顺于民"（既从），进而"著闻乎四方"，于是感发"民之气志皆起而应之"（既起）。同理，无体之礼与无服之丧也呈现为从个人修身行仪扩展到家国天下的教化功效。五个层次基本以"气志"为领起，这是一个形上心志不断提升扩大的修身境界，也是一个以此不断感通天地人心、与天地相参的政教过程。孔子认为，这是圣人效法了"天无私覆，地无私载，日月无私照"而普施教化："天有四时，春秋冬夏，风雨霜露，无非教也；地载神气，神气风霆，风霆流形，庶物露生，无非教也。"先天心志与天地之气、礼乐教化贯通，如同天地间春夏秋冬、风雨霜露之自然流转一样，无往而非教化，无往而非道体流行。《孔子闲居》《乐记》等先秦经典所展示的是一种不同于荀子奠基于后天经验意识并规范之的礼乐思想，其以先天纯然至善、贯通天地的志气为礼乐之原，为儒家的王道政治确立了超越性的精神基础。阳明深谙这一奠基于先天的心性之学并借歌法演绎之，以元声元气"开阖宣天地之化机，屈伸昭鬼神之情状，卷舒尽人事之变态"，谓其为"政教之根本，心学之枢要"，与先秦传统遥相呼应，表达的都是以先天心志（心体）承载并贯通天地自然与人事政教的形上理境。

其次，阳明歌法的结构，是心物全息同构思想的典型体现。究其渊源，早在先秦《月令》《吕氏春秋》、汉代《春秋繁露》等典籍中就有以五行与四时、五德、五方、五音等相匹配之说；不过阳明歌法从结构到义理之渊源，当与北宋邵雍的先天易学及宇宙观关系最为密切，此非本文论述主旨，仅举二三例证说明之。

其一，阳明歌法为何不以更加工整的八声来对应四气，而是以九声对应四气？四九之数或许与邵雍易学有关。阳明对易学早有涉猎，他在正德元年被逮下锦衣卫狱期间写有《读易》诗："瞑坐玩羲易，洗心见微奥。乃知先天翁，画画有至教。"[1] 邵雍称先天易学为伏羲易，"羲易""先天"都是邵

① 《读易》，《王阳明全集》卷十九，第675页。

雍的提法。阳明在赴龙场途中及贬谪期间继续究心易学，从《玩易窝记》看，他不仅以易学之旷达度过苦厄，而且将易理融入其心学思想中："易者，吾心之阴阳动静也；动静不失其时，易在我矣。"① 阳明歌法可谓借歌诗以演绎心体阴阳动静的体道方式。其九四之数，正是邵雍易学的体用之数："天有四时……四时，体数也……体虽具四，而其一常不用也。故用者止于三而极于九也。体数常偶，故有四有十二。用数常奇，故有三有九。"② 四气之"四"体现道体变化之数，九声之"九"体现道用之极数。四气为道体之纲维，九声乃道体之运用，四九之数，表示体中有用，用中有体，体用相即，这或许是阳明以四、九之数歌诗的深层义理。

其二，阳明歌法的发声口型要求，与邵雍韵法颇为一致。邵雍对音韵学十分重视，创制有《声音唱和图》。其韵法云：

> 韵法：开闭者律天，清浊者吕地。韵法：先闭后开者，春也；纯开者，夏也；先开后闭者，秋也；冬则闭而无声。③

就发声技术而言，邵雍韵法中的先闭后开、纯开、先开后闭、闭而无声，与阳明歌法的春声口略开、夏声口开、夏秋声返于喉、冬声归丹田，都是以口型气息来描摹四气开、发、收、闭之特点。阳明犹有进者，在开发收闭的基础上明确了口、舌、喉、丹田之发声部位，将歌法深化为养心功法。

其三，也是更为重要的，阳明歌法的四气嵌套结构与邵雍《皇极经世书》的四维嵌套结构一致，而且同样以先天之心为根源。四时四维是邵雍易学及宇宙观的基本架构，四时指春夏秋冬，广义的四维指万事万象的四种特性或功能。《皇极经世书》以四维架构建立了一个囊括天地人、全息互摄的整体宇宙观：从天之日月星辰、昼夜寒暑，到地之水火土石、雨风露雷，从物态之走飞草木、色声气味、性情形体等，到人事之士农工商、仁义礼智、皇帝王伯等，四维之每一维都是以一摄四的全息结构，不同维度之间亦可互摄，构成万事万物的丰富多样与秩序规律。在此结构中，邵雍将历史发展的元会运世比配于春夏秋冬四气：

---

① 《与道通周冲书五通（一）》，《王阳明全集》卷三十二，第 1205 页。
② 邵雍著，郭彧、于天宝点校《邵雍全集》，上海古籍出版社，2015，《皇极经世书》卷十二，《观物外篇上》，第 1177~1178 页。
③ 《观物外篇下》，《皇极经世书》卷十二，《邵雍全集》，第 1221 页。

元之元，以春行春之时也；元之会，以春行夏之时也；元之运，以春行秋之时也；元之世，以春行冬之时也。会之元，以夏行春之时也；会之会，以夏行夏之时也；会之运，以夏行秋之时也；会之世，以夏行冬之时也。运之元，以秋行春之时也；运之会，以秋行夏之时也；运之运，以秋行秋之时也；运之世，以秋行冬之时也。世之元，以冬行春之时也；世之会，以冬行夏之时也；世之运，以冬行秋之时也；世之世，以冬行冬之时也。

"以春行春之时"即是春之春，"以春行夏之时"即是春之夏，"以春行秋之时"即是春之秋，"以春行冬之时"即是春之冬，其余夏秋冬同此。再看阳明九声四气歌法春夏秋冬之互摄结构，与邵雍的结构同出一辙。阳明又说：

人一日见，古今世界，都经过一番。只是人不见耳。夜气清明时，无视无听，无思无作，淡然平怀，就是羲皇世界。平旦时，神清气朗，雍雍穆穆，就是尧舜世界。日中以前，礼仪交会，气象秩然，就是三代世界。日中以后，神气渐昏，往来杂扰，就是春秋战国世界。渐渐昏夜，万物寝息，景象寂寥，就是人消物尽世界。学者信得良知过，不为气所乱，便常做个羲皇以上人。①

阳明所谓的羲皇、尧舜、三代、春秋战国世界，分别对应邵雍所说的皇、帝、王、伯四个历史阶段；阳明以一日与皇帝王伯同构，邵雍则以一年与皇帝王伯同构："三皇春也，五帝夏也，三王秋也，五伯冬也，七国，冬之余冽也。"② 二说都是以小观大、小中摄大的全息式思路。阳明之说虽不似邵雍有完整的体系性，但论述中时亦有之，兹不具论。

不仅如此，二人都将万物全息同构的根本归于心性。邵雍的宇宙论奠基于先天之心："先天学，心法也。故《图》皆自中起。万化万事，生乎心也。"③ 这在阳明表达为良知心体创生万物；邵雍谓"心为太极。又曰：道为

---

① 《传习录详注集评》311 条，第 354 页。
② 《观物篇之六十》，《皇极经世书》卷十一，《邵雍全集》，第 1170 页。
③ 《观物外篇下》，《皇极经世书》卷十二，《邵雍全集》，第 1228 页。

太极"，① 这在阳明表达为"良知即是易"。② 邵雍重象数，侧重对心所生之
万物同构性的分类描摹，阳明重义理，强调万物同构性的根源在于心体。邵
雍多有道家气质，偏重冷眼观物，所谓"以一心观万心，一身观万身，一物
观万物，一世观万世"。③ 阳明以儒学为宗，强调"致吾心之良知于事事物
物"④ 的济世承担。二人的心性论与宇宙观同为先天心学的理路，只是论说
重点有别。因此邵雍《自述》诗第一首被阳明选为"九声全篇"的唱法示
范，就绝非偶然了。

后世刘蕺山深谙阳明歌法的义理旨趣，并将这一理路扩展至整个宇宙论：

> 四气在人，无物不有，无时不然，即一言一动皆备。诚通处，便是
> 喜而乐；诚复处，便是怒而哀。贞下起元，循环不已，故《记》曰：
> "哀乐相生。"即一呼一吸间，亦可理会，如方呼方吸，即是喜与怒；既
> 呼既吸，即是乐与哀。如阳明歌法，备春夏秋冬。开口定轻微，从之必
> 重畅，舒畅后必急疾，急疾后必收敛，末复悠扬振起。这声气自然而
> 然，岂是强安排者？⑤

蕺山之学将经验世界之自然与人事上提到天道运化的层面，道体囊括了
"无物不有，无时不然"的一切生命现象，构建了喜怒哀乐、仁义礼智、元
亨利贞、春夏秋冬等一体同构的形上生命理境，心性论、宇宙论彻底贯通为
一。实则，这一形上理境在阳明思想中已见端倪，蕺山在批评阳明的同时，
又不能不受阳明思想及歌法的影响。唐君毅先生评价蕺山之学："由上所说，
则此心体中当有一纯情、纯意、纯气，可由吾人推想以知之，亦为宋明儒学
之发展，不能不归向。"⑥ 从更深广的思想渊源看，邵雍、阳明与蕺山之学，
无不是对先秦儒家所开创、以先天心气建构本真世界的继续探源，是以吾人
本有的纯情、纯意、纯气向生命本真的挥手致意。

① 《观物外篇上》，《皇极经世书》卷十二，《邵雍全集》，第 1214 页。
② 《传习录详注集评》340 条，第 383 页。
③ 《观物篇之五十二》，《皇极经世书》卷十一，《邵雍全集》，第 1149 页。
④ 《传习录详注集评》135 条、第 172 页。
⑤ 刘宗周著、吴光主编《刘宗周全集》，浙江古籍出版社，2012，第 3 册《语类》，《读易图说》，第 124 页。
⑥ 唐君毅：《中国哲学原论·原教篇——宋明儒学思想之发展》，中国社会科学出版社，2005，第 313 页。

机制、存有与政教

——明代哲学"自然"之辨的三个向度

陈　畅

（中山大学哲学系）

　　摘　要： 陈白沙思想以自然为宗，明代朱子学者对其有详尽的批评；而阳明学派聂豹与王畿，甚至刘宗周中年与晚年两个阶段，对陈白沙"自然"思想则有不同的认知与评价，从而分别展开复杂的思想辨析。由此，明代朱子学派与阳明学派围绕白沙展开的理论辨析，构造出自然之辨的独特思想论域。本文通过对明代"自然"之辨的理论辨析，探讨"心"作为一个哲学概念的多重思想蕴涵。一方面，明代自然之辨厘清了作为天道机制、存有与政教秩序的诸面向，能够丰富和扩展吾人对于心体概念的理解。另一方面，白沙思想中作为天道机制的自然，阳明思想中作为存有的自然，与刘宗周、黄宗羲思想中作为政教秩序的自然，这三个层面的自然之辨在时间上先后发生，而在义理上则是结合明代心学发展和社会政治状况的变化而呈现逐层深入的态势。总而言之，通过明代自然之辨获得新的观察角度和研究视野，深入理解明代心学思潮的多层次意蕴，如心学与政教秩序之间的复杂关联等，是本文研究的意义所在。

　　关键词： 自然　心学　政教秩序　陈白沙

引言：问题与路径

　　中国哲学中的"自然"观念蕴含非常丰富。概言之，"自然"主要指充

满生机的天地宇宙"自己如此""本来样子"之意；它指示出一个自发、完美而和谐的状态，其中排除了造物主的观念，亦杜绝任何人为制作的因素。在宋明理学中，"自然"的重要性表现在理学家普遍将其确立为天理良知的核心内容；如程明道所称："天地万物之理，无独必有对，皆自然而然，非有安排也。"① 而哲学家对"自然"多重内涵的不同侧重及其运用，正是吾人借以考察哲学思想发展的线索所在。从理学家的使用方式中，可以概括出天之自然、人之自然等用法②；前者如春夏秋冬之往复、日月星辰之运转，具有公共必然、秩序、规律的含义；后者如人的情感和工夫修养所指向的不思不勉境界，具备个体生命与情境的含义。由于人的生命牵涉语言、历史与社会政治等内容，故而个人与群体共在的公共社会之建立，便是其题中应有之义。中国古典政治传统的特质——在守护人之自然本性的基础上确立政教秩序③——在此豁显。如杨儒宾先生所论，"自然"在理学家的用法中是作为状词来使用的，用以描述理学的形上学、工夫论。这主要是源自中国哲学内在超越的特性，此超越的内在性见之于自然世界，也见之于人的构造。④ 正因为这种特点，作为状词的"自然"能够以一种别致的方式让吾人深入了解理学的深层意蕴。吾人对于宋明理学的本体、工夫与政教秩序的探讨，由此具有新的观察角度和研究视野。

众所周知，明代哲学家陈白沙提倡"学宗自然"，⑤ 对后世哲学思想发展产生深远的影响。明代哲学家围绕白沙"自然"思想展开了非常详尽的批评、辨析和推进。批评来自朱子学阵营，从胡居仁、罗钦顺到顾宪成，明代朱子学者强烈批评白沙"自然"宗旨，转而提出自己的"自然"思想。辨析和推进来自阳明学者，阳明学者普遍认同白沙"自然"思想，同时其与学派内部对良知教不同发展方向的辩论同步，展开多层面的理论辨析与推进。本文将通过分析明代哲学"自然"之辨的前提预设与概念构成，厘清其中最核心的"自然"三义：一是作为天道机制的自然；二是作为根源存有的自然；

---

① 程颢、程颐：《河南程氏遗书》卷第十一，《二程集》，中华书局，2002，第121页。
② 杨儒宾先生指出："'自然'有二相：天道之自然与人道之自然。"详见杨儒宾《理学论述的"自然"概念》，《自然概念史论》，（台北）台湾大学出版中心，2015，第205页。
③ 陈赟：《"天下"或"天地之间"："政-治"生活的境域》，《天下或天地之间：中国思想的古典视域》，上海书店出版社，2007，第9~10页。
④ 杨儒宾：《理学论述的"自然"概念》，《自然概念史论》，第206页。
⑤ 陈献章：《与湛民泽（九）》，孙通海点校《陈献章集》，中华书局，1987，第192页。

三是作为政教秩序基础的自然。白沙与朱子学者重视机制含义，并且此义与《中庸》"不思而得，不勉而中"契合，两家辩难转而为对"不思不勉"与"思勉"关系议题的诠释。这也展现出白沙学术与朱子学在理论上具有某种同构性。王阳明和王畿重视存有含义，在王畿的诠释中，阳明与白沙学术具有本质性差异：阳明将白沙"自然"宗旨的静养顺率，转变为良知之主动创造。阳明后学刘宗周、黄宗羲师徒则注重政教含义，这种特质建立在其对朱子学、阳明学流弊的解决基础上。

通过上述思想史脉络的梳理与诠释，吾人发现，"自然"之辨的理论实质可概括为个体性与公共性关系之辨，它展现了宋明理学对于本体与工夫、时代政教秩序的多层面思考。换言之，在白沙"自然"宗旨的基础上，明代哲学家们建立了一个"自然"之辨思想论域；吾人通过梳理与分析这一论域，可以获得理解明代哲学发展的一个新视野。

一　白沙心学与作为天道机制的"自然"

明代哲学"自然"之辨的源头与主线，是陈白沙思想的评价问题。白沙的思想创新开明代心学风气之先，推动学界打破"此亦一述朱，彼亦一述朱"①的僵化、沉闷状态。明代朱子学与阳明学两大阵营在此问题上壁垒分明：前者视之为禅学异端，后者盛赞其为圣学。由此产生明代哲学史上最有趣的现象之一：白沙"学宗自然"，而明代朱子学者却一致批评白沙不明"自然"真义、近禅；思想界由此被充分调动起来，各方围绕"自然"展开了蕴含丰富的思想辩论。

如前所述，理学家对"自然"用法可概括为天之自然、人之自然等含义。白沙思想中的"自然"，首先是在天道的意义上言说。例如，白沙称：

> 人与天地同体，四时以行，百物以生，若滞在一处，安能为造化之主耶？古之善学者，常令此心在无物处，便运用得转耳。学者以自然为宗，不可不著意理会。②

---

① 黄宗羲：《明儒学案·姚江学案》，沈善洪主编《黄宗羲全集》第7册，浙江古籍出版社，2005，第197页。
② 陈献章：《与湛民泽（七）》，孙通海点校《陈献章集》，第192页。

天地之间四时运行不停歇，百物蓬勃生长，均体现了天道创生的意义，这就是天道之自然。人与天地同体，亦应效法天道之自然，以契入和体现天道。如牟宗三先生所说："儒家的创造性本身，从人讲为仁、为性，从天地万物处讲为天道。……中国的传统精神，儒教立教的中心与重心是落在'如何体现天道'上。"① 上引文中白沙所说的"以自然为宗"，便是在如何体现天道的意义上言说的。白沙认为作为造化之主的天道，最重要的特质是生生不息，不滞在一处。这实际上就是朱子所说的"通"："天地之化，生生不穷，特以气机阖辟，有通有塞。故当其通也，天地变化草木蕃……；当其塞也，天地闭而贤人隐……"② 天地之间充盈生生之机，万物本真地处于互相敞开的境域，处于一种动态、生机的关系之中。这是理学家共同认可的天道内涵。不同的是，朱子认为只谈论气机生化、动静阖辟是不够的，天道最重要的内容是动静背后的"所以动静之理"，亦即太极；③ 而白沙则认为天道的创生性体现在鸢飞鱼跃、通而不滞的生生化化过程中，由此判定朱子的太极之理"太严"。④ 在朱子，太极、天道（天理）是天地万物的超越根据，是能够以理性加以把握的根本法则，在确认生机的同时也将其先验地限定在一定范围内。天道、天理之自然，表现在天理是"天地之间自有一定不易之理，不假毫发意思安排，不着毫发意见夹杂"，⑤ 能抑制个人私见并起到公平正义的社会政治效用。然而，人心是生生变化的活物，朱子天理观在限制生机的同时亦限制了心的活力，甚至可能导致对生机的遏制。正是在这一意义上，荒木见悟将朱子作为"天地之间自有一定不易之理"的天理观称为先验地限制了心的定理论，⑥ 甚为恰当。这就是白沙认为朱子之天理观"太严"的根源。上引文中，白沙提出"常令此心在无物处，便运用得转耳"，则是通过松动朱子理论中对心的先验限制，恢复心的活力或者说是此心生生化化之机，以实现天道的创生性。综上可知，白沙思想中的"自然"是在天道创

---

① 牟宗三：《中国哲学的特质》，《牟宗三先生全集》第 28 册，（台北）联经出版公司，2003，第 104～108 页。

② 朱熹：《中庸或问上》，《四书或问》，上海古籍出版社、安徽古籍出版社，2001，第 72 页。

③ 朱熹：《答杨子直》，《晦庵先生朱文公文集》卷四五，《朱子全书》第 22 册，上海古籍出版社、安徽教育出版社，2002，第 2071 页。

④ 陈献章：《复张东白内翰》，孙通海点校《陈献章集》，第 131 页。

⑤ 朱熹：《答黄叔张》，《晦庵先生朱文公文集》卷三八，《朱子全书》第 21 册，第 1694 页。

⑥ 荒木见悟：《心学与理学》，《复旦学报》（社会科学版）1998 年第 5 期。

生性机制意义上使用的。

从哲学史的角度看，明代朱子学者对白沙自然思想的批评，主要是在两个维度展开。第一个维度是在本体论层面的理气之辨、心性之辨。朱子学者从定理论的立场出发，批评白沙将生生化化的活力和创生性赋予心的做法。例如，白沙同门胡居仁批评白沙之学"认精魂为性"。① 该批评源自理学家惯用"鸢飞鱼跃"表述自然天机，而程朱一系理学家解释《中庸》"鸢飞鱼跃"时称："会得的活泼泼地，不会得的只是弄精魂。"② 显然，胡居仁批评白沙不明自然真义，徒然耗费精神。因为从朱子学的立场看，气机是形而下者，道义则是形而上者，两者不可混淆；白沙从气机生化论述的自然只是"以气为性""认欲为理"而已。罗钦顺也从这一立场出发批评白沙之学不能极深研几。③ 依唐君毅先生的解释，这是批评白沙之学只及于虚灵明觉之心，未能及于洁静精微之性。④ 从形上学的层面看，理气之辨与心性之辨涉及的问题是一致的，都是形而下者与形而上者之辨。黄宗羲对此有一个分析，他认为其根源在于罗钦顺等人错认心性为二，由此错误批评白沙明心而不见性。换言之，这涉及心性（理气）一还是二的哲学立场差异，并非白沙的失误。⑤ 黄宗羲观点的深入之处在于指出双方哲学立场上的差异。至于是否可以直接论定白沙主张心性合一，则需要结合下文第二维度的辨析来判断。

第二个维度是在工夫论层面的"思勉"与"不思不勉"之辨。明代朱子学者强调天道自然所具有的规律性、必然性含义，批评白沙之学无法达到真正的自然。晚明东林学者顾宪成由此批评白沙自然之学导致错误的"不思不勉之说盈天下"，流弊不已。他认为真正的"不思不勉"是指"行乎天理之不得不行，止乎天理之不得不止"，一般人需要通过各种后天强制性的"思勉"功夫锻炼才能掌握之，最终达到"不思不勉"的自然境界⑥。罗钦顺也

① 胡居仁：《居业录》卷七，四库全书本。
② 程颢、程颐：《河南程氏遗书》卷三，《二程集》，第59页；朱熹：《答吕子约》，《晦庵先生朱文公文集》卷四八，《朱子全书》第22册，第2216页。
③ 罗钦顺：《困知记》卷下，中华书局，1990，第39页。
④ 唐君毅：《白沙在明代理学之地位》，《唐君毅全集》第27卷，九州出版社，2016，第433页。
⑤ 黄宗羲：《白沙学案上》，沈善洪主编《明儒学案》，第81页。
⑥ 顾宪成：《小心斋札记》卷十三，《顾端文公遗书》，《四库全书存目丛书》子部14册，齐鲁书社，1997，第331~332页。

从这一立场出发，批评白沙的静养端倪工夫所得"不过虚灵之光景"。因为白沙一味静坐，缺乏日常经验的锻炼，根本无法掌握事物的客观规律。① 如前所述，白沙对朱子学天理观过于严苛的特质感到不满，进而提出思想创新；而朱子学者的上述批评却是基于白沙所不满的特质，可见这种批评并不相应。白沙弟子湛甘泉曾针对类似的质疑作出回应，他强调白沙主静思想的主旨，与《中庸》"先戒惧而后慎独"、"先致中而后致和"，以及朱子"体立而后用有以行"等思想是一致的。② 甘泉的辩护非常关键，事实上这是理解白沙自然思想最重要的切入点。

湛甘泉的回应说明了白沙学与朱子学具有某种同构性。以白沙著名的"为学须从静中坐养出个端倪"③ 思想命题为例。这一命题的关键是端倪。白沙本人的解释是："上蔡云：要见真心。所谓端绪，真心是也。"④ 谢上蔡曾举例说，见孺子将入井时的恻隐之心就是真心，其特点是不思而得、不勉而中地自然生发。⑤ 这里提到的端倪、端绪、真心都是对自然生机的表述。白沙指出要在静中坐养出端倪，正说明其最重要的内涵是未经人为因素污染、未被人类理智和观念歪曲。白沙文集中多处提及养出真心的过程与状态，例如他主张心具有"通塞往来之机，生生化化之妙，非见闻所及"，主张"去耳目支离之用，全虚圆不测之神，一开卷尽得之矣"。⑥ 从这些文献可知，白沙力图打破"太严"之理对生命的限定，主张回归于未经"太严之理"穿凿的自然本心，由此获得富有天机意趣和创造性的生命状态。这与道家"无"之智慧颇有可比较之处。牟宗三先生在论述道家"无"的哲学时指出，道家有让开一步的"不生之生"智慧，开其源让万物自己生长。⑦ 显然，白沙主张回归于未经穿凿的自然本心，可视为采取了从"太严之理"让开一步的思维，与道家"无"的智慧亦有类似之处。而两者的不同之处则在于，白沙所

---

① 罗钦顺：《困知记》卷下，第 42 页。

② 湛若水：《白沙子古诗教解》，孙通海点校《陈献章集》附录一，第 710~711 页。

③ 陈献章：《与贺克恭黄门（二）》，孙通海点校《陈献章集》，第 133 页。

④ 陈献章：《陈献章诗文续补遗·与林缉熙书（五）》，孙通海点校《陈献章集》，第 970 页。

⑤ 谢良佐：《上蔡语录》卷中，朱杰人、严佐之、刘永翔主编《朱子全书外编》第 3 册，华东师范大学出版社，2010，第 20 页。

⑥ 陈献章：《送李世卿还嘉鱼序》《道学传序》，孙通海点校《陈献章集》，第 16、20 页。

⑦ 牟宗三：《中国哲学十九讲》，《牟宗三先生全集》第 29 册，第 105~108 页。

说的天道自然是儒家意义上的积极创生①。本小节篇首对于白沙天道自然观内涵的论述已足以说明。此处再举两例以进一步证之。在白沙的文本中，大量使用"机""妙""神"等词以描述自然生化，其目的显然是展现天道活泼泼的创生机制。此为例证一。例证二，见于白沙描述的宇宙本然秩序是"天自信天，地自信地，吾自信吾；自动自静，自阖自辟，自舒自卷；甲不问乙供，乙不待甲赐；牛自为牛，马自为马；感于此，应于彼，发乎迩，见乎远"②，亦即天地万物均自然伸展（自动、自静、自阖、自辟、自舒、自卷、自为）而又富有生机地关联为一个整体。这种使每一事物不受外力干扰而自然、自由地生长的天道机制，能令天地万物以最高效的方式组织起来发挥创造性的效用。而白沙静养本心的目标，就是通过心之静澄工夫契入这个天道机制，在日用间顺率此天道而行动。

综上，白沙思想中作为天道机制的自然，处理的核心问题是道与物之间的生化、创生关系。心之自然是天道生生化化之活机的一个入口（端倪）。这也表明，白沙所论心性之关系，并非以心为主道，而是以道为主道，以道融摄心性。因此，黄宗羲所论白沙思想中的心性合一特质毫无疑问是正确的，但其同时亦需要进一步确认为心与性皆契入道而为一。与阳明思想比较起来，这一特质尤为彰显。如后文将要论述的，白沙以顺率天道秩序为内容的心之自然观，区别于阳明以存有论意义上的主动创造为内容的心体观。上文引用的白沙弟子湛甘泉对其师的辩护，事实上就是对这一问题的最佳说明。因为白沙的道物观，与朱子学"体立而后用有以行"思想，实际上是同一套体用论思维。双方在确认心要契入天道自然这一问题上有共同之处；差异在于各自体认的契入方式并不相同而已——白沙之心体自然是天道生化之端倪，端倪即意指其本来并非为二，静养端倪则是心契入道而展现其本来为一的途径；朱子学则将天道（天理）视为心外之物（心、理为二），以心认知天理为途径。由此可见，作为白沙思想起点的朱子学，的确在白沙思想结构上留下了鲜明的印迹。这些都表明白沙与阳明思想之间具有微妙的差异。当然，这只是在明代心学阵营内部的义理差异。因为，白沙承认心与性（理

---

① 此处"积极创生"一义参考了牟宗三先生的用法。牟先生指出，儒家之"道"有积极的创生作用，道家的"道"严格讲没有这个意思，所以结果是不生之生，成了境界形态。参见牟宗三《中国哲学十九讲》，《牟宗三先生全集》第 29 册，第 103～104 页。
② 陈献章：《与林时矩》，孙通海点校《陈献章集》，第 242 页。

与气）、心与道的本来为一，此为明代心学的基本立场；却与朱子将自然或天理视为心外之物的哲学立场差异很大。并且，白沙自然思想赋予心以积极的活力，指出心具有虚圆不测之神用、能够洞察事物的动静有无之机的本然状态；这种思路毫无疑问是明代心学对心之创造性的一种开发途径。

二　阳明心学与作为存有的“自然”

笔者曾著文论述阳明对“自然”用法大致可区分为三种互相蕴含而又稍有区别的含义：1. 无为（自在，毫无掩饰造作的纯真）；2. 自发的趋势（自动，不容已）；3. 规律（秩序，必然如此）。① 在实际的语境中，这三种用法将天之自然、人之自然的含义错综交织在一起，展现了阳明心学独特的思想结构。而对自然思想的分析，是吾人理解阳明去世之后阳明学派思想发展的一个重要切入口。这首先体现在对白沙自然思想的评价问题上，阳明第一代弟子有尖锐的对立意见。这种对立构成阳明学派“自然”之辨的核心议题。

阳明对白沙的态度问题存而不论。② 在阳明去世之后，阳明第一代弟子对白沙有两种针锋相对的评价。王畿提出“我朝理学开端，还是白沙，至先师而大明”的观点，影响深远。他认为白沙“以自然为宗”之学是孔门别派，而阳明动静合一的良知学直承孔子“兢兢业业，学不厌、教不倦”之旨，为圣门嫡传。③ 聂豹则推崇白沙自然之学，“平时笃信白沙子‘静中养出端倪’与‘橹柄在手’之说”，有“周程以后，白沙得其精，阳明得其大”之论。④ 评价差异的根源，在于双方对良知学发展方向的理解产生了严重分歧，而白沙自然思想就成为双方理论发展的重要参照或直接理论来源。

从王畿与聂豹“自然”之辨的文本来看，双方的关注点集中于白沙学与

---

① 陈畅：《自然与政教——刘宗周慎独哲学研究》，上海人民出版社，2016，第6~18页。
② 黎业明认为阳明并非如黄宗羲所说那般从不说起白沙。他通过细致的文献梳理，指出阳明不愿多提白沙是在正德十五年以后的事情——阳明此前与白沙弟子湛甘泉关系友好，多次提及白沙并有所认同；此后则因为与湛甘泉在学术宗旨上的分歧以及激烈辩论，不愿称颂或批评白沙。参见黎业明《王阳明何以不愿多提陈白沙——从湛若水与王阳明关系的角度考察》，《明儒思想与文献论集》，商务印书馆，2017，第157~180页。
③ 王畿：《复颜冲宇》、《天根月窟说》，吴震编校整理《王畿集》，凤凰出版社，2007，第260、186页。
④ 王畿：《致知议辨》，吴震编校整理，《王畿集》，第138页。聂豹：《留别殿学少湖徐公序》，吴可为编校整理《聂豹集》，凤凰出版社，2007，第98页。

阳明学的两个对立命题。第一个命题是工夫论上的主静与动静合一之对立。王畿指出，"师门常有入悟三种教法：从知解而得者，谓之解悟，未离言诠；从静坐而得者，谓之证悟，犹有待于境；从人事练习而得者，忘言忘境，触处逢源，愈摇荡愈凝寂，始为彻悟"。① 在他看来，白沙主静工夫只是作为权法的证悟之学，不同于阳明无分语默动静、从人情事变彻底练习的彻悟之学。如前所述，白沙静养端倪的工夫要求隔绝外在环境，以类似于道家"无"的工夫消解形躯与世俗的羁绊，以"我"的让开一步，令天道秩序自然开显。这种工夫论不只是强调有待于静养的工夫入路，在修养境界上也呈现出对于更为广大高明的天道秩序之顺承（静）的风格。牟宗三先生批评白沙把实践工夫当作四时景致来玩弄，有流于"情识而肆"之嫌。这个批评是基于牟先生对于心体的存有论内涵阐释而来的，对于厘清白沙与阳明自然思想差异极有启发意义。阳明指出，"盖良知只是一个天理自然明觉发见处，只是一个真诚恻怛，便是他本体"。② 按牟先生的分析，这个命题是指良知之心不是一认知心，而是具有存有论内涵的形上实体；天理不是外在的抽象之理，而是由真诚恻怛之本心自然地呈现出来。这种呈现不是抽象的光板的呈现；而是性体心体本身之呈现，亦即在经验中而为具体的真实的体证与呈现。本心觉识活动的内容不是认知外在的理，而是心自身所决定者；就此决定活动本身说，良知是即活动即存有的。③ 在这一意义上，阳明所说的"良知自然"是有积极和真实内容的觉情，是本心不容已力量的自我跃动，它为道德行为提供标准和动力；而白沙则是在消解或做减法的意义上讲静澄之心。对比而言，白沙主静工夫的确偏于神秘内省，主要在精神境界的层面着力，稍有不慎便有流于光景之弊。阳明致良知工夫则不同，良知是道德本心同时亦是形而上的宇宙心，致良知工夫的要点是令其充分呈现出来并见之于行事；"致"之工夫是积极而动态地随事推致扩充于实地，无分于动静。由此可见，王畿对白沙与阳明之间的证悟与彻悟之辨有其合理之处。有趣的是，聂豹对白沙主静工夫的诠释与评价完全不同于王畿，他强调"静以御乎

---

① 王畿：《留别霓川漫语》，吴震编校整理《王畿集》，第 466 页。
② 王守仁：《传习录中·答聂文蔚二》，吴光、钱明、董平、姚延福编校《王阳明全集》第 1 册，上海古籍出版社，2014，第 95 页。
③ 以上引用牟宗三先生观点，详见牟宗三《从陆象山到刘蕺山》，《牟宗三先生全集》第 8 册，第 236 页、第 180~181 页。

动"并以此克服阳明动静合一之学的流弊。聂豹的诠释展示出白沙主静工夫尚有另一层内涵，此见于双方自然之辨关注的第二个命题。

王畿与聂豹"自然"之辨关注的第二个命题，是体用论层面的"即用见体"与"体立而用自行"之对立。王畿与聂豹围绕"良知是性体自然之觉"议题展开辩论。在辩论过程中，聂豹重点关注的是性体，王畿侧重于觉。由于双方关注点有异，"自然"一词便呈现出完全不同的蕴涵。王畿说："触机而发，神感神应，然后为不学不虑、自然之良也。自然之良即是爱敬之主，即是寂，即是虚，即是无声无臭，天之所为也。"① 显然，这是在阳明自然三义中的无为与自发的趋势意义上来诠释，而支撑这一诠释的则是王畿"即寂即感""即未发即已发"的体用浑一论。如前所述，阳明"天理之自然明觉"一语是指天理在心体中具体而真实地呈现，它不是一个有待认知的抽象概念。这种具体而真实地呈现，就是性体自然之觉或称为自然明觉，亦即王畿强调的无为与自发。因此，王畿诠释的"性体自然之觉"之自然，是在未发已发浑一、寂感浑一、心体即性体的意义上说的。

事实上，王畿的诠释是符合阳明原意的。阳明论"未发之中"为"无前后内外而浑然一体者"，其表现就是未发在已发之中、已发在未发之中。② 此即阳明即用见体的本体观：一方面，心体即性体，不存在超然于本心的超越之物的存在；另一方面，寂感浑一、未发已发浑一，良知之自然明觉就是良知（性体）当体自己。这一体用观确保良知的创造性在每一行事的实践过程中得到实现，但同时也造成了另一层的效果。因为人心当下呈现的，不一定是良知，可能是肆无忌惮的情识，也可能是玄虚事物。所以在当下之"用"中自然呈现的，不仅仅是超越的道德理性，亦有可能是情、意、欲等。在这一意义上，"存乎心悟"③ 是这一体用观得以发挥理想效用的前提。悟则良知呈现而自作主宰，不悟则此心从躯壳起念。由前者，如阳明《拔本塞源论》

---

① 王畿：《致知议辨》，吴震编校整理《王畿集》，第 136 页。
② 王守仁：《传习录中·答陆原静书》，吴光、钱明、董平、姚延福编校《王阳明全集》第 1 册，第 72 页。
③ 王守仁：《大学古本序》，吴光、钱明、董平、姚延福编校《王阳明全集》第 1 册，第 271 页，引文依照王畿的诠释改动标点。详见王畿《书滁阳会语兼示水西宛陵诸同志》，吴震编校整理《王畿集》，第 693 页。

描述的"恻然而悲，戚然而痛，愤然而起，沛然若决江河而有所不可御"①的真诚恻怛之情，便能通过良知学的体用结构获得广大高明的意义；由后者，人心则被局限在情识或玄虚当中，带来种种弊端。问题在于，心悟与否由个体自行体证，这就无法避免由于误认或过于自信而带来的鱼目混珠、自以为是的状况。当阳明学作为一种教法风行天下以后，即用见体观引发的情识与玄虚之弊便难以避免。牟宗三先生认为这些弊端是人病，而非法病。②但是，站在儒者维系世教的角度来看，阳明学派学者势必要在理论结构上做出改进。聂豹与王畿开展的辩论，就展现了这一努力。

聂豹的改进措施便是退回到白沙自然之学"体立而用自行"的体用论模式。聂豹在辩论书信中答复王畿："欛柄、端倪，白沙亦指实体之呈露者而言，必实体呈露，而后可以言自然之良，而后有不学不虑之成。"③此处所说的实体，就是性体。聂豹充分认识到即用见体的流弊，在于人心无所拘束容易造成情欲的自然、自由发散。因此他根据白沙体用观，将良知分拆为虚明不动之寂体（未发之中）和感发之用（已发之和）。在他看来，感生于寂，和蕴于中，真正的致良知工夫应该是"立体"工夫；而王畿所言作为明觉的良知只是在感发之用的层面，不是真正的良知自然。在聂豹看来，致良知教的前提是性体之确立，然后才能呈露于本心之中并随事自然推扩出去。聂豹的意图是在心之上树立一个超越于心的形上实体，由此重建致良知工夫得以可能的前提。在这种体用结构中，性体能够避免人心被局限在情识或玄虚当中，但其后果是心不再具有存有论的含义。这一特质导致聂豹的思路在救正良知学流弊的同时，亦受到了质疑：未发已发（寂感）浑一是良知学的基本结构，不容许分拆为单独存在的未发与已发。因此，黄宗羲评论聂豹及其盟友罗洪先"举未发以救其弊，……然终不免头上安头"而遭到"同门环起难端"。④这种理论对立，就是中晚明时期阳明学派难以解决的困局。

综上，阳明思想中作为存有的自然，涉及的核心问题是心与物之间的创

---

①　王守仁：《传习录中·答顾东桥书》，吴光、钱明、董平、姚延福编校《王阳明全集》第1册，第64页。

②　牟宗三：《从陆象山到刘蕺山》，《牟宗三先生全集》第8册，第256页。

③　聂豹：《答王龙溪》，吴可为编校整理《聂豹集》，第395页。

④　黄宗羲：《明儒学案》卷二十、卷十七，沈善洪主编《黄宗羲全集》第七册，第539~540、413页。

生性关系。阳明心学中的心体自然是在存有论意义上的表述，其思想结构是心体即性体。由此导致人之自然与天之自然含义贯通为一，心体本具的不容已力量的自我跃动，以无为和自发的方式展现性体秩序。这与朱子学、白沙学都完全不同。如果说白沙的自然之心是顺率天道秩序的静澄之心，那么阳明的心体自然则是存有论意义上的主动创造。另一方面，虽然白沙主静工夫如牟宗三先生所批评有流于光景之弊，但聂豹的阐释表明其天道自然观蕴含的以人心契入天道自然秩序的途径，能够救正阳明学流弊。这在晚明刘宗周、黄宗羲师徒的心学体系中得到了进一步确认和阐发。

三　刘宗周、黄宗羲哲学与作为"政教"的自然

从现存文献来看，刘宗周对白沙的评价经历了一个从批评到推崇的转变。刘宗周50岁时的著作《皇明道统录》现已佚失，该书对白沙的评论文字保存于黄宗羲《明儒学案》一书的《师说》部分，其中使用了朱子学者的口吻批评白沙主静自然之学为"弄精魂"之禅学。① 而刘宗周62岁至66岁期间的语录，却表达了其对白沙学说的推崇，并感叹于50岁时的误解："静中养出端倪，端倪即意即独即天""静中养出端倪，今日乃见白沙面"。② 笔者的前期研究已指出，刘宗周思想以57岁为界，57岁以后方为晚年成熟期思想；其晚年思想与50岁时思想具有结构性的重大差异，故而对白沙自然之学的评价亦截然不同。③ 需要进一步指出的是，发生上述变化的根源在于刘宗周找到了一条不同于江右王门聂豹的思路，创造性地将白沙自然之学与阳明学结合起来，解决了阳明学派的内在困境。上引两则语录代表刘宗周从白沙那里得到启发，但并不表示他简单地回到白沙的立场，因为刘宗周晚年慎独哲学的义理结构与白沙学有较大差异。而晚年刘宗周从白沙自然之学得到的启发，主要表现在他修改了阳明心学中心体即性体的浑一关系，将其改

① 黄宗羲：《明儒学案·师说》，沈善洪主编《黄宗羲全集》第七册，第12页。
② 刘宗周：《会录》《学言下》，戴琏璋、吴光主编《刘宗周全集》第二册，（台北）"中央研究院"中国文哲研究所筹备处，1996，第611、527页。按：本节后续引用的刘宗周文献，均出自刘宗周57~68岁晚年思想成熟期，不再另外说明。
③ 陈畅：《自然与政教——刘宗周慎独哲学研究》第三章，第109~131页。

为未发已发一体而有分的体用论，并由此重新诠释"端倪"。① 自述"间有发明，一本之先师"②的刘宗周忠实继承者黄宗羲，对此亦有精彩阐述。对比，本文从三方面加以说明：一是刘宗周、黄宗羲心学思想的外王面向，二是刘宗周自然思想的义理结构，三是黄宗羲对师学的独特阐释。

第一，关于刘、黄师徒心学思想的外王面向，要从刘宗周思想中浓郁的救世情怀说起，而驱动刘宗周思想从中年推进到晚年阶段的根本动力亦在此。刘宗周处于晚明大厦将倾、危机四伏的时代，国家政治和社会伦理秩序都在崩溃边缘，他认为祸根在于"学术不明，人心不正"，而"救世第一要义"就在于解决学术流弊。③ 明清鼎革之后，黄宗羲也指出"今日致乱之故"在于"数十年来，人心以机械变诈为事"。④ 师徒两人的看法完全一致。问题是，为何刘宗周所说的学术具有救世的功能？原因在于，理学形上学在根本上塑造着宋明时代的政教结构。且以朱子天理观为例作出说明。朱子对天理的定义是："至于天下之物，则必各有所以然之故，与其所当然之则，所谓理也。"⑤ 所当然之则是指事物变化的个别性之理；所以然之故则是指超越个别性限定的根源之理、结构之理，天下万事万物因此而被纳入相互通达、彼此相与的贯通状态。笔者此前的研究指出，上述两个含义分别代表个体性与公共性，说明天理观内在蕴含个体性与公共性的恰当平衡结构。这是理学家针对宋代以后平民化社会"一盘散沙"之政教秩序问题而提出的解决方案，具有最根源的政教意义。⑥ 在这一意义上，将机械变诈之人心引导回礼义主宰的轨道，就成为刘宗周、黄宗羲学术救世的首要任务。

刘宗周所说的"学术不明"是有其明确指向的，此即朱子学与阳明学流弊："王守仁之学，良知也，无善无恶，其弊也必为佛、老，顽钝而无耻。

---

① 按：匿名审稿人的审读意见指出，刘宗周此处除了上溯白沙自然观之外，亦有回归周敦颐思想源头之所在的意义。笔者认同这一判断，唯因本文的论述主题集中于白沙自然观及其影响，故而对于刘宗周与周敦颐思想之关联有所忽略，日后将另外撰文处理。

② 黄宗羲：《明儒学案序》，沈善洪主编《黄宗羲全集》第十册，第 78 页。

③ 刘宗周：《与黄石斋少詹》，戴琏璋、吴光主编《刘宗周全集》第三册上，第 528 页。《刘宗周全集》第三册上所载许多奏疏都有论及，如著名的《不能以身报主疏》（圣学三篇）等奏疏。

④ 黄宗羲：《诸敬槐先生八十寿序》，沈善洪主编《黄宗羲全集》第 11 册，第 66 页。

⑤ 朱熹：《大学或问上》，《四书或问》，第 8 页。

⑥ 陈畅：《理学道统的思想世界》，上海书店出版社，2017，第 1~57 页。

宪成之学，朱子也，善善恶恶，其弊也必为申、韩，惨刻而不情。"① 牟宗三先生曾指出刘宗周之学乃乘阳明后学玄虚、放肆之流弊而起②，这段文字则指出刘宗周之学的另一面向是修正朱子学流弊。在刘宗周看来，东林学者固守朱子学立场却至于思维僵化不知变通，有惨刻不情之弊；阳明学者玄虚放肆之弊引发顽钝无耻、世道沦丧。这种批评正反映出刘宗周的学术担当：基于心学立场，寻求全面克服朱子学和阳明学流弊的思路，以解决时代危机。而晚年刘宗周对白沙自然思想的评价转变，正表明他在接续明代心学学统的基础上开创出全新的解决思路和方案。此即见于下文所述的第二方面。

第二，关于刘宗周自然思想的义理结构。晚年刘宗周转变立场，改为高度评价白沙自然思想，主要原因是他找到了将聂豹与王畿的立场融合为一，以解决朱子学与阳明学流弊的思想道路。他一方面借助白沙的思路，在心体结构中安立一个超越于作为"心之所发"之知觉的形上实体（心之所存）；另一方面，他始终坚持阳明-王畿一系心学未发已发一体化的思路。前者，刘宗周称为"静中养出端倪，端倪即意即独即天"；后者，刘宗周称为作为独体之妙的"存发总是一机，故中和浑是一性"③。刘宗周使用"意"取代了良知，意与良知同为即存有即活动的性体、心体。不同于阳明将本心的觉识活动视作良知当体自身，刘宗周认为"意者，心之所存，非所发也"。也就是说，"意"不是心的觉识活动之现象；而是"心之所以为心"，是觉识活动得以可能的根据。④ 由此，刘宗周将本心区分为"所存（未发之中）"和"所发（已发之和）"两个层次。存发一机、中和一性则是指发先于发、中先于和；中和及存发浑然一体但有分，具有由中道和、由存道发的机制。刘宗周使用"好恶"和"善恶"之间的联系和区别来表述该机制：

> 意根最微，……而端倪在好恶之地，性光呈露，善必好，恶必恶，彼此两关，乃呈至善。故谓之如好好色，如恶恶臭。此时浑然天体用

① 刘宗周：《修正学以淑人心以培国家元气疏》，戴琏璋、吴光主编《刘宗周全集》第三册上，第 23 页。
② 牟宗三：《从陆象山到刘蕺山》第六章，《牟宗三先生全集》第 8 册，第 365 页。
③ 刘宗周：《学言中》，戴琏璋、吴光主编《刘宗周全集》第二册，第 489 页。
④ 刘宗周：《学言上》《答董生心意十问》，戴琏璋、吴光主编《刘宗周全集》第二册，第 459、397 页。

事，不著人力丝毫。①

意是超越的性体，其超越性首先表现为好善恶恶；因此"好恶"是"性光呈露"，也就是聂豹所说的"实体呈露"，具有善必好、恶必恶的特点。刘宗周将其视为白沙所说的端倪，它是杜绝人为干扰的天道自然之动，具有"如好好色，如恶恶臭"般渊然定向于善的内涵。此所谓自然，具有《孟子·离娄下》"可坐而致"般的规律性和必然性。意之超越性的另一个表现，则是"意有好恶而无善恶""意之于心，只是虚体中一点精神，仍只是一个心，本非滞于有也，安得而云无？"② 善恶是在所发的层面对具体事务之判定；好恶则具有不滞于有无的整全性和普遍性意义，澄然在中。虚体中一点精神，其意义是指好恶不是超越于心的形上实体，而是心的内容，具有生生变化的活泼性。这有点类似于白沙以静虚破除朱子学"太严"之理，能够避免朱子学天理观限制心之活力的流弊。这种活泼的道德理性观，在刘宗周以元气论述未发已发关系时有更为清晰的说明。

刘宗周认为"生意之意，即是心之意"，意是贯通天人的生意、自然生机。他把自然生意分为性宗和心宗两部分，分别对应于天道自然与人道自然。天道自然是离心而言的性情之德，一气流行自有其秩序，分别命名为喜怒哀乐，对应于天道之元亨利贞；人道自然是即心而言的性情之德，心体生化的秩序，也是喜怒哀乐，对应于人道之仁义智礼四德。③ 由上可知，刘宗周思想中的气和喜怒哀乐，首先是在天道运行的意义上说，而非在下坠为自然主义的实然意义上说。基于喜怒哀乐而界定的未发已发关系，就表现为："自其所存者而言，一理浑然，虽无喜怒哀乐之相，而未始沦于无，是以谓之中；自其所发者言，泛应曲当，虽有喜怒哀乐之情，而未始著于有，是以谓之和。"④ 作为气序的喜怒哀乐，是心体，也是性体。就心体而言，未发已发的关系是元气存诸中与发于外的表里关系，不是时间上的前后关系。元气运行自有其一气周流不可乱的秩序，在元气论的论域中界定心体，能够摆脱

① 刘宗周：《学言下》，戴琏璋、吴光主编《刘宗周全集》第二册，第535~536页。
② 刘宗周：《答叶润山民部》，戴琏璋、吴光主编《刘宗周全集》第三册上，第387页。《答董生心意十问》，戴琏璋、吴光主编《刘宗周全集》第二册，第397页。
③ 刘宗周：《学言下》《学言中》，戴琏璋、吴光主编《刘宗周全集》第二册，第553、487页。
④ 刘宗周：《答董标心意十问》，戴琏璋、吴光主编《刘宗周全集》第二册，第398页。

在人心觉识活动层面界定良知带来的虚无放肆流弊。就性体而言,喜怒哀乐本身是元气运行之秩序,是活泼泼、不滞于有无的天理。在元气论的论域中界定性体,能摆脱朱子学定理论的僵化之弊。

第三,关于黄宗羲对师学的独特阐释。黄宗羲对其师自然思想的继承与发展,在明代哲学自然之辨中具有独特的意义。① 这主要表现在其对"意"的诠释,以及对"主宰与流行"之辨的诠释:

> 觉有主,是曰意。离意根一步,便是妄,便非独矣。故愈收敛,是愈推致。然主宰亦非有一处停顿,即在此流行之中,故曰"逝者如斯夫,不舍昼夜"。②

上引文是黄宗羲对其师思想的概括和评论,清晰展示了刘宗周自然思想的理论效应。主宰与流行之辨源自刘宗周,刘氏提出"主宰处著不得注脚,只得就流行处讨消息"③ 之说,流行是一气流行(已发),主宰则是气之秩序(未发之中)。这是对刘宗周自然思想的概括。黄宗羲将其师"意"评价为愈收敛、愈推致,可谓独具慧眼,指示出刘宗周哲学承前启后的开新一面。在黄宗羲看来,刘宗周说的诚意就是阳明之致良知。④ 这主要是说明诚意学说发挥作用的意义机制,与良知学之事上磨炼一样。由于主宰即在流行之中,超越的意根展现为每一事物皆得其理,个别性事物亦由此而呈现其高明广大的意义。黄宗羲将其概括为最收敛之物也是最广大之物,极富深意。事实上,这是对刘宗周"总名"思想的提炼和说明。刘宗周称:

> 天者,万物之总名,非与物为君也。道者,万器之总名,非与器为体也。性者,万形之总名,非与形为偶也。⑤

---

① 按:牟宗三先生曾批评黄宗羲对于其师学所得甚浅,甚至下坠为自然主义实然平铺。蔡家和对这个问题有所辨析,他通过比较黄宗羲与刘宗周思想,指出黄宗羲思想并非自然主义,也没有背离刘宗周的讲法。参见牟宗三《心体与性体》(中),《牟宗三先生全集》第6册,第126~146页。蔡家和:《牟宗三〈黄宗羲对于天命流行之体之误解〉一文之探讨》,《湖南科技学院学报》2006年第1期。
② 黄宗羲,《明儒学案·蕺山学案》,沈善洪主编《黄宗羲全集》第八册,第890~891页。
③ 刘宗周:《学言上》,戴琏璋、吴光主编《刘宗周全集》第二册,第444页。
④ 黄宗羲:《董吴仲墓志铭》,沈善洪主编《黄宗羲全集》第八册,第454页。
⑤ 刘宗周:《学言中》,戴琏璋、吴光主编《刘宗周全集》第二册,第480页。

刘宗周此处直接援引郭象《庄子》注提出的"天者，万物之总名"命题，① 意在强调天地万物都是自然而然、自生自长，不应将天、道、性视作脱离天地万物别立一层的概念。参照前文所引刘宗周"存发一机、中和一性"的提法，这些命题清晰表明刘宗周心学的特质：一是关注每一具体、活生生的真实，拒斥脱离当下别立一层的虚构物；二是强调万物都是自生、自得、自化、自足的，天（道、性）具体化为万物自生自长内在的通达条理，其意义在于确保每一事物成为它自己。这两点特质也说明了，刘宗周、黄宗羲思想与白沙学之间的另一个相似之处：强调天地万物均自然伸展而又富有生机地关联为一个整体，这是令天地万物以最高效的方式组织起来发挥创造性效用的天道机制。正是在这一意义上，诚意学说以朝向心之意根最微处（内向）用力的方式，却开展出最能通达万物秩序（外向），确保天地万物之个体性与公共性之恰当平衡的内涵。这就是黄宗羲所说的愈收敛、愈推致。结合钱穆先生的一个评论："宋明儒的心学，愈走愈向里，愈逼愈渺茫，结果不得不转身向外来重找新天地。"② 可知其中实际上隐然预示了明清之际学术的新变化。另外，由于意的超越性，每一个体事物在实现其自身秩序的同时亦臻于高明广大之境地，展现出心学世界的丰富性与创造性：一方面，更多的个体呈现自身条理，意味着更多的可能性，此之谓道体之无尽；另一方面，富有活力和创造力的共同体由此奠立。这一思想蕴涵，在黄宗羲的名著《明儒学案》和《明夷待访录》中有精彩呈现。学界对此亦有研究，本文不再赘述。③

综上，刘宗周、黄宗羲思想中作为政教秩序的自然，涉的核心问题是心与物的政教秩序面向。晚年刘宗周的自然思想，在保留阳明心学体系中的存有论意蕴的同时，重点突出政教秩序的含义。其"存发一机、中和一性"

---

① 郭象注《庄子·逍遥游》"夫吹万不同"之句，参见郭象注、成玄英疏《南华真经注疏》，中华书局，1998，第 26 页。

② 钱穆：《前期清儒思想之新天地》，《中国学术思想史论丛》第八卷，安徽教育出版社，2004，第 2 页。

③ 朱鸿林先生指出，《明儒学案》以平面类比的方式组织知识，能客观地彰显各家学术特质，具有独立和开放意义。参见朱鸿林《为学方案——学案著作的性质与意义》，《中国近世儒学实质的思辨与习学》，北京大学出版社，2005，第 368~373 页。另外，笔者亦有两篇论文论及：《〈明儒学案〉中的"宗传"与"道统"》，《哲学动态》2016 年第 11 期；《理学与三代之治：论黄宗羲思想中形上学、道统与政教的开展》，《哲学动态》2021 年第 6 期。

的义理结构，既注重由存道发、由中道和，亦保证存与发、中与和的一体性；其理论效应是令超越的意根内在于流动、活泼的现实事物，由此磨炼对现实的快速应对能力。这种活泼的理性观，展现了刘宗周、黄宗羲师徒两人浓郁的救世情怀，这是晚明清初心学思想家在面对国家和社会政治危急时刻淬炼出来的解决方案。

结　语

明代自陈白沙、王阳明为代表的心学思潮兴起以来，"心"成为哲学界首出的概念。学术界的相关研究历来众多，本文没有直接研究"心"的概念，而是通过对于明代哲学家群体围绕"自然"开展的丰富辨析，探讨"心"作为一个哲学概念的多重思想蕴含。"自然"一词在明代心学中并非主要的概念，而是作为解释主要概念的辅助词。然而，这种辅助词有独特的作用。陈白沙思想以自然为宗，明代朱子学者对其有详尽的批评；而阳明学派聂豹与王畿，甚至刘宗周中年与晚年两个阶段，对陈白沙"自然"思想则有不同的认知与评价，从而分别展开复杂的思想辨析。由此，明代朱子学派与阳明学派围绕白沙展开的理论辨析，构造出自然之辨的独特思想论域。

本文的论述表明，明代哲学自然之辨的重心分别指涉"心"所蕴含的天道、存有和政教秩序，而非仅仅对自然词义的辨析。具体说来，白沙思想中作为天道机制的自然，阳明思想中作为存有的自然，与刘宗周、黄宗羲思想中作为政教秩序的自然，这三个层面的自然之辨在时间上是先后发生，而在义理上则是结合明代心学发展和社会政治状况的变化而呈现逐层深入的态势。以上便是本文通过明代自然之辨获得的新观察角度和研究视野，这对于吾人深入理解明代心学的多层次意蕴，显然具有独特的意义和价值。略作两点分析，总结如下。

其一，明代心学的特质表现在开发心的蕴涵和活力，令天道创造性具体而真实地呈现于人的生活世界。自然之辨厘清了作为天道机制、存有与政教秩序的诸多面向，能够丰富和扩展吾人对于心体概念的理解，也能够帮助澄清一些误解。例如，明代心学发展出气论的向度，研究者容易有自然主义的印象。然而，通过自然之辨的分析，可知刘宗周、黄宗羲气论思想是在天道运行的意义上说的，具有超越性、理想性的内涵。由此，吾人必须正视这种心学之气论所带来的思想新动向。这对于深入理解明清之际新的学风及思想无疑具有积极意义。

其二，与西方哲学意义上剥夺了人的社会属性、文明属性的自然状态不同，中国哲学意义上的"自然"是贯通天道、人性与社会政治等内涵的。如前文所引述，中国古典政治思想的特质表现在守护人之自然本性的基础上确立政教秩序。具体到宋明理学，其关注的核心不只是论述天道自然的秩序，更是涉及以此秩序为基础建构理想世界的途径。由此，理学形上学实际上是理学家对宋明时代的重大社会政治问题（解决平民化社会"一盘散沙"的局面）解决方案的理论探讨。朱子学天理观"所当然"与"所以然"之辨，蕴含个体性与公共性的平衡结构；明代心学与朱子学之间的理论争端，本质上是对此平衡结构的意义重建。而明代哲学的自然之辨对此展开逐层深入的理论辨析，正反映了明代心学与政教之间复杂的意义关联。

方以智哲学的本体："余"论

张昭炜

（中国社会科学院世界宗教研究所）

摘　要："余"是方以智原创的哲学概念，是其重要哲学著作《易余》的主旨。"余"与"正"相对，《易余》开篇以冬与三时、大一与天地、无声与有声、道与法、死与生之喻来诠释"余"与"正"，结尾以三眼喻点睛，包含"正""余"的超越与归实。从现代哲学解读，"余"可被视为藏密之体、生生之源、根本之故。藏密之体如冬之收敛退藏、至日闭关，冬至一阳来复，导出生生之源；生生之源包括声音的旋生与大一天地的返生，形成旋出与旋入的混合双旋结构；由死与生之喻引出根本之故，追问"何以"，牵带出"所以"。方以智"余"论源于传统中国哲学的创造性转化，具有现代哲学的雏形，可称之为"中国前现代哲学"。

关键词：方以智　余　冒　形而上学　体用

三时以冬为余，冬即以三时为余矣。大一以天地为余，天以地为余。然天分地以立体，而天自为余以用之，即大一之自为余自用之矣。角徵羽者，商之余。商者，宫之余。五音为无声之余。无声发声，发声不及无声十之一也，无声者且与之用余矣。法者，道之余，法立而道转为余，以神其用矣。死者，生之余，生者，死之余。以生知死，以死治生。无生死者，视生死为余。生如是生，死如是死，视无生死又为余矣。（《易余小引》）①

---

① 方以智：《易余（外一种）》，上海古籍出版社，2018，第 1 页。

中国哲学在明清之际迎来了一个创造性高峰：从"继往"而言，是对宋明理学的总结与评判；从"开来"而言，是在创新中指引中国哲学的发展方向。方以智是明清之际思想家的杰出代表，"生今之世，承诸圣之表章，经群英之辩难，我得以坐集千古之智，折中其间，岂不幸乎！"① 在中国哲学集大成的基础上，方以智深度阐发《东西均》之"均"、《易余》之"余"等原创哲学范畴，"《东西均》和《易余》，是两朵哲学姊妹花。谈论方以智、为方以智立传而不提他的哲学成就者，毫无疑问，一定未能读到这两部书；凡读过的人，也毫无疑问，一定会为它的深邃博辩所折服，惊信方以智是近代启蒙时期的伟大哲学家"。② 在方以智遇难至 20 世纪 60 年代之间，《东西均》《易余》隐退在历史长河中，致使方以智的哲学思想处于"封存"状态。在此期间，中国哲学经历了清代朴学、西方哲学的引入与发展，渐趋形成中国哲学的学术话语，如本体、本质、现象、根本因等，这些话语有助于理解方以智哲学的特色，同时也存在套用而导致的断章取义及曲解。这要求研究者兼顾传统与现代的同异，既要深度挖掘方以智的哲学概念的深隐含义，又需审慎解读，以期全面展现方以智哲学的传统继承性以及开拓创新性。

从书名来看，《易余》是方以智的《周易》哲学论著，与其父方孔炤《周易时论合编》的象数图表之论不同，《易余》将《周易》哲学的核心精神归结为"余"，超越具体的象数，发挥《周易》余之体，并贯彻到显微、体用等诸多宋明理学重要范畴。《易余》接近现代哲学著作体例：首先是《易余小引》，这相当于哲学著作的引言；其次是《三子记》，记录著作缘起；再次是《易余目录》，分述各章要义，这相当于哲学著作的摘要及各章提要；正文分两卷，上卷多为形上之学，下卷重在伦理社会；结尾以《附录》点睛。由于《东西均》整理付梓早于《易余》，学界对于"均"已多有论证，而与之关联的"余"论较少。有鉴于此，下文将从藏密之体、生生之源、根本之故三方面阐释"余"，以传统与现代两个角度综合解读。

① 方以智：《考古通说》，《音义杂论》，《通雅卷首之一》，《通雅》，《方以智全书》第 1 册，上海古籍出版社，1988，第 2 页。
② 庞朴：《东西均注释序言》，《东西均注释（外一种）》，中华书局，2016，第 9 页。

一 藏密之体

余（餘）的字面意思是多余，一直沿用至今，"舍余安有《易》乎？"[1]按照常识，余作为多余、无用之物，理应舍弃，或置之不顾，而方以智将余视作最重要的《周易》哲学范畴。余与《周易》的关系是存则俱存、亡则俱亡；换言之，如果不能准确理解余，则无法把握《周易》的精髓。在方以智之前，中国哲学家并未将"余"看得如此重要，甚至鲜有人论及《周易》之"余"。从方学渐、方大镇、方孔炤三代，《周易》一直是桐城方氏家学的重要内容，在继承家学的基础上，方以智却将《周易》的哲学精神凝练成一个无用之"余"，不免令人费解。

从一个无用的概念升格为最重要的概念，要讲清楚这种化腐朽为神奇的转换，实属不易。为避免复杂的论证，《易余》引言开篇以五喻来形象诠释"余"，这五喻分别是冬与三时、大一与天地、无声与有声、道与法、生与死。五喻各有特点，相互印证，共同烘托"余"的深隐之义。首先来看第一喻。据《易传·系辞上》"圣人以此洗心，退藏于密"，由此可发展出藏密之体。"三时以冬为余，冬即以三时为余矣。"[2] 这包含正余互换，可称之为"互余"：其一，三时为正，适所用，冬为余，无所用；其二，冬为无用之用，是大用，为正；其三，三时为余，是小用。理解"余"从冬入门，可见冬与余的特质最为接近，冬喻可分解出四层意蕴。

第一层，冬是收敛退藏之象，如同植物春生、夏长、秋收、冬藏。冬藏，是将春夏秋三时所生成的果实收回，收亦是卷，卷其所舒。冬的卷藏是余，春夏秋的发舒是正，卷涵舒，余藏正。卷藏并非将卷藏之物束之高阁，而是"冬炼三时"，在卷藏中沉淀熟化，以便下一次发舒的展开。从运动特征来看，春夏秋是动，冬是静。藏关联着洗心，无欲主静，寒冬沉淀浮躁，将浮躁之动归入静根。静为躁君，不沉淀浮躁，则漫漶无根，通过收摄浮躁，能够将末归本，正余是本末一贯。"退藏于密"，密是隐微，正余是显微无间的关系。综上，冬喻之余的含义有卷、藏、本、静、微，对应的正余关

① 方以智：《小引》，《易余》，《易余（外一种）》，上海古籍出版社，2018，第1页。
② 方以智：《小引》，《易余》，《易余（外一种）》，第1页。

系为舒卷、用藏、末本、动静、显微，由此关联中国哲学的动静一体、本末一贯、显微无间等。

第二层，至日闭关。冬天至日闭关，不是闭门在家，无所事事，而是为远行蓄积储藏。闭关仍是卷藏的延伸，是以退求进，退是手段，进是目的。如《庄子·逍遥游》："适莽苍者，三餐而反，腹犹果然；适百里者，宿舂粮；适千里者，三月聚粮。"鲲鹏厚积，所以能行九万里。又如胡直所言："适千里者三月聚粮，则大之贵积也审矣。"① 闭关如聚粮，只有储备充足，才能满足遥远的路途之需。行路的远近取决于闭关蓄积的多寡；转到中国哲学的体用问题，用取决于体，正之用取决于余之体储备的资源。从宋明理学功夫论角度而言，至日闭关如同功夫的积聚，"凡言敬慎戒惧、屈蛰精入者，北冬表之"②。功夫即是本体，藏密之体需要功夫积聚，至日闭关是积聚功夫以涵养本体，如同"冬炼三时"之"炼"。按照宋明理学的功夫论，"敬慎戒惧"指向持敬与慎独，这是程颐、朱熹的道德修养功夫；"屈蛰精入"指向周敦颐的无欲主静以及江右王门的收摄保聚。将功夫引入藏密之体，显示出藏密之体处于动态发展中，体的大小取决于功夫深浅，在此意义上，藏密之体不是固定的，而是发展的；不是现成的，而是有待功夫揭示的。

第三层，冬至一阳来复，是生生之春展开之体。冬去春归，时间的顺序隐含着体用关系。冬储蓄、隐藏生机，春发舒、展现生机；冬是春之体，春是冬之用。余是正之生生的母体，余在退藏中实现生意的蓄积。余的生生动能储备充足后，冬将春弹出，以至于将春夏秋三时弹出。如《春秋繁露》："冬至北中产阳，得东方春分之和而生。"③ 从至日闭关来理解，关有通道、出口之意，闭是为了开，关口是生生之几的发散出口，生生之春由冬关出，这是儒学仁体的基本特征。第一喻前三层意蕴相互渗透，正向来看，敛藏、闭关、生生，三者层层递进，可视为由体以达用；反向则是由用以返体。

---

① 胡直：《送郭相奎冬官赴任序》，《衡庐精舍藏稿》卷十，《胡直集》，上海古籍出版社，2015，第211页。
② 方以智：《总论下》，《药地炮庄》，《药地炮庄校注》，（台北）台大出版中心，2017，第208页。
③ 方以智：《总论下》，《药地炮庄》，《药地炮庄校注》，第217页。

第四层，正与余合为一体。四时流行形成气化的循环，成为一个环。将这个环从冬断开，冬与春夏秋互为正余；将环拼合，冬与春夏秋合为一体。第四层较前三层更进一步，不仅体用互余，而且体用合一。

《易余》中与第一喻藏密之体相关的重要哲学概念是"冒"，更准确而言，藏密之体指向"密冒"。据《易传·系辞上》："夫《易》开物成务，冒天下之道，如斯而已者也。""冒"是显示、概览、统摄之义，"泯有无而约言太极，则冒耳。"① 用中国哲学常用概念表达，冒就是太极，它以否定有与无而立名。冒还可以从肯定来看，"方圆寂历，是谓冒潜"。② 潜冒的关系如寂历：寂是寂然不动，如藏密之体，是余，也可以说是体圆；历是历然，如感而遂通，是正，也可以说是用方。寂然与历然包括两种关系："然必表寂历同时之故，始免头上安头之病；必表历即是寂之故，始免主仆不分之病。于是决之曰：不落有无之太极，即在无极有极中，而无极即在有极中。"③ "寂历同时"对应第一喻第四层意蕴，春夏秋冬并置，且成一环；"历即是寂"可表述为"三时即是冬"，由互余可反推出"冬即是三时"，如同第一喻第三层意蕴，冬将三时弹出。相对于冬的寂然不动、洗心退藏，冒是三时的历然显现。从深潜中浮出水面，冒仍保留了藏密之义，藏密之体不是完全隐秘，而是能够由冒显现，这种显现又不是完全敞开，如同海面上的冰山一角，显现为冰帽。结合海域情况，有经验的航海家通过冰冒能够判断冰山的整体；通过藏密之体的显现之冒，我们亦可以推出藏密之全体。"冒即古帽，覆首而露目也，因以目转声。"④ 如同不同性别、年龄、爱好的人戴不同的帽子，仅从帽子的显现特征来看，即使观察者看不到帽子下面的部分，亦可大致判断人的特征。从藏密而言，帽子覆盖了头；从显现而言，帽子露出了眼睛，这是藏密之体的主动敞开。从三极而言，冒是太极，既不落有极与无极，又可以说是有极、无极。有极敞开，无极藏密，冒是敞开与藏密的综合。

在冒潜互余的基础上，冒可进一步嵌套正余，即将冒分出"显冒"之正与"密冒"之余，以及贯穿二者的"统冒"。三冒如同三顶帽子，正之显冒

---

① 方孔炤、方以智：《图象几表》卷一，《周易时论合编》，中华书局，2019，第1页。
② 方以智：《总论下》，《药地炮庄》，《药地炮庄校注》，第208页。
③ 方孔炤、方以智：《图象几表》卷一，《周易时论合编》，第3页。
④ 方以智：《三冒五衍》，《易余》卷上，《易余（外一种）》，第26页。

是显仁之用，余之密冒是藏密之体。正余显密无间，源于统冒充当联系的纽带，统冒的引入密切了正余一体："直下是一开辟之费天地，标后天妙有之极，人所共睹闻者也，命曰显冒；因推一混沌之隐天地，标先天妙无之极，人所不可睹闻者也，命曰密冒；因剔出一贯混辟、无混辟之天地，标中天不落有无之太极，即睹闻非睹闻，非即非离者也，命曰统冒。"① 一分三极：有极之正、无极之余、太极之统，三极即是三冒，"此三冒者，实三而恒一、实一而恒三也"。② 得一冒而三者皆具，一极可分三极，这是横摄展开；从纵贯深入而言，"冒"是统合"有极"与"无极"展现的"太极"，这是第一层一分为三；冒分为三极，这是第二层一分为三。综合纵向两层关系：从第一层向第二层递进，"密冒"可以表述为"太极而无极"；从第二层向第一层返回，由"密"看"冒"，即是"无极而太极"。纵贯的层次可继续深入，将"密冒"进一步三分，则是密冒之密冒、密冒之统冒、密冒之显冒，由此揭示的藏密之体更加深隐，与此同时，密冒之显冒又使得藏密之体逐步显现，这是下文"根本之故"的开掘方向。

自从周敦颐《太极图说》提出"无极而太极"后，"无极"与"太极"便成为宋明理学道体论的重要内容：既有将无极之义赋予太极，无极寓居于太极之中，由此无极与太极合二为一；亦有将无极超越于太极之上，无极与太极属于不同层级，由此"无极而太极"一分为二。从寂历而言：寂历同时，三极同时呈现，且无层楼叠床、头上安头之病；历即是寂，太极即是无极，无极主太极。从三冒而言：三冒横摄展开，密冒即是统冒，言无极而太极在其中；从纵贯深入而言，"无极而太极"即是"密冒"，由"密"叠加"冒"，或者说由"密"向"冒"敞开。由此可将方以智的三冒思想视作在综合诸说的基础上，深度回应周敦颐的"无极而太极"。③

---

① 方以智：《三冒五衍》，《易余》卷上，《易余（外一种）》，第 32 页。
② 方以智：《三冒五衍》，《易余》卷上，《易余（外一种）》，第 35 页。
③ "无极而太极"的问题还可以从"有""无"分疏，《太极图说》包含有"一"与"二"两个诠释方向："《通书》因直下之有，推太始之无，以为自无生有，故曰'无极而太极'，而动静阴阳，而五行四时矣。非欲表两极也，其曰'阴阳，一太极也；太极，本无极也'，愚即此阐之而明矣。"（方以智：《太极不落有无说》，《易余》卷上，《易余（外一种）》，第 63~64 页）"无极而太极"，是从"无"到"有"，顺推："无"（接下页注）

二 生生之源

如第一喻第三层意蕴，冬是春之体。春是中国哲学生生的物象特征，据《易传·系辞上》"生生之谓易"，可将余看作生生之源。五喻包含两种类型的生成关系：旋生与返生。首先结合第三喻来看旋生："角徵羽者，商之余；商者，宫之余。五音为无声之余。无声发声，发声不及无声十之一也，无声者且与之用余矣。"① 此处包含三层正余关系嵌套：第一层，商为正，角徵羽为余；第二层，宫为正，商为余；第三层，无声为正，宫商角徵羽五音为余。正余互换，反观三层关系，依次是无声为余、宫为余、商为余。具体结构为：

无声—（宫—（商—（角徵羽）））

第三层嵌套可参照第一喻，无声相当于冬，五音相当于三时。如冬喻的第一、二层意蕴，无声是收敛退藏、至日闭关，蓄积储藏，虽然尚未启动生生的序列，却是生生之源。相对于发声而言，无声处于声音的关闭状态，是闭口，如同闭关未出门：乐从冬处起，"冬则闭口，为贞元、亥子之方"②。"亥子"之"亥"如冬、无声，是静极；"亥子"之"子"如真动：静极而真动，由此春意来临，启动生生序列。同理，贞下起元，贞为静极，元为真动，"元"便是生生之源。如同"乐从冬处起"，生生之源从"余"起。第三喻指出了余与正的数量与体量不对等。从数量而言，冬是一，春夏秋是三；无声是一，宫商角徵羽是五：余是一，正是多，余与正是一多关系，余

（接上页注）是独，是一；生出"有"，"有"与"无"成对，是二，顺推是从一到二。"太极，本无极也"，是从"有"返"无"，是逆反："有""无"之二重返一体。从三冒来看，密冒属于无极，显冒属于有极，统冒属于太极，三冒轮转：从密冒转轮至统冒，即是无极而太极，"取'无极而太极'一语示之，但言无而有之轮耳"（方以智：《太极不落有无说》，《易余》卷上，《易余（外一种）》，第64页）。从统冒翻转回密冒，即是太极本无极，即是有而无之轮。转轮表明太极与无极的统一性，"不落"显示"太极"的独立性："有极与无极相待轮浸而贯其中者，谓之落有不可也，谓之落无不可也，故号之曰太极。"（方以智：《太极不落有无说》，《易余》卷上，《易余（外一种）》，第64页）。若落于有，太极则不能显示其超越；若落于无，太极则归于无极。正是在"不落"中，太极既能保持其独立性，又能与"无极""有极"相互轮转，从而将道体展示得更加丰富，回应周敦颐的"无极而太极"。

① 方以智：《小引》，《易余》，《易余（外一种）》，第1页。
② 方以智：《译诸名》，《东西均》，《东西均注释（外一种）》，第243页。

之一在数量上不及正之多。在体量（或质量）上却完全相反，"发声不及无声十之一"，余占总体量的十分之九还要强，正仅占总量的不足十分之一，如同浮出水面的冰帽只是冰山一角，余之体远大于正之用。由于体量巨大，使得余能够充当生生的母体，统摄所生之物。这还可以结合第一喻的闭关，闭关聚粮，以壮余体，如三月聚粮，其用仅适莽苍，尚有大部分聚粮未表现出来。

旋生的第二层嵌套重点在宫，宫如黄钟，"古定黄钟犹均钟木也"①。这即是《东西均》主旨"均"。据《东西均》篇首："均者，造瓦之具，旋转者也。""乐有均钟木，长七尺，系弦，以均钟大小、清浊者；七调十二均，八十四调因之（古均、匀、韵、㹃、钧皆一字）。古呼均为东西，至今犹然。"② 均是制作陶器的工具，也是乐器定音的工具，转用至哲学层次，可视为创造、制作的模具，即创生之源，如《列子·汤问》："均，天下之至理也，连于形物亦然。"有形之物受制于至理之均，均是隐秘的创生之源。从生生溯源来看，类似于吸积盘，均在运动中完成制造，如同吸积盘在旋转中实现生生。均生发气，气旋转而出，气在旋均中获得了生生的动能。从生生之源来看，"均"有四个特点：於穆不已，生生是其基本形态；在旋转中制造；能够平衡制造之物；藏密之体。结合第一喻来看藏密之体，"道生天地万物而不自见也，藏用之谓也，藏一之谓也"，③ "无非一也，无非中也，而寓其建极于中五者也"④。在这个意义上，"余""均"相当于道，在隐秘中为天地万物建极，且均衡万物。从体用一源而言，藏密之体关联"适所用"，可称之为"藏用""藏一""藏中"。如同《东西均》与《易余》为姊妹篇，"均"与"余"相互印证，"余"亦具有"均"的四个特点。与三冒类似，均亦有三：隐均、费均、公均，其中隐均相当于密冒。

旋生的第一层嵌套重点在商。"五音统于宫而备于商。人称五音而曰宫商者，犹称平上去入而止曰平仄也。""即角徵羽皆商也。"⑤ 五音统于宫，宫为余，为体，为中五；商角徵羽为正，为用，为旋四，由此五音呈现"旋

---

① 方以智：《乐曲》，《通雅二十九》，《通雅》，《方以智全书》第 1 册，第 903 页。
② 方以智：《东西均开章》，《东西均》，《东西均注释（外一种）》，第 14 页。
③ 方以智：《三冒五衍》，《易余》卷上，《易余（外一种）》，第 40 页。
④ 方以智：《三冒五衍》，《易余》卷上，《易余（外一种）》，第 39 页。
⑤ 方以智：《乐曲》，《通雅二十九》，《通雅》，《方以智全书》第 1 册，第 904 页。

四中五"的结构。宫商如平仄,正余亦如此,二者之间存在韵律更迭之美,在对待中协调统一。从人的发声来看,"五音而曰宫倡商和","两间至理,一在二中","凡音在唇腭中皆谓之宫,音穿齿外皆谓之商"。① "宫倡商和"指出正余间的默契与对话;"一在二中",一体分正余,从正余之二可以看一体之一。宫商还包含有内外之意,"内外八转而收发应黄",② 内外之间的收发转换以中宫为本,从而实现声音的和谐,如《坤》之"黄中通理,正位居体",内外、收发都呈现均的大美。

再看第二喻:大一与天。"大一以天地为余,天以地为余。然天分地以立体,而天自为余以用之,即大一之自为余自用之矣。"③ 具体结构为:

$$大一——(天 ━ (地))$$

大一无形,类似于第三喻的无声,属于不可知的领域,相通于第一喻的藏密之体;如同陶器源源不断地被制造出,而陶器使用者不见陶均;如同五音不断旋出,而聆听者不得闻"无声"之体,"无体之一,即大一也"。④ 这显示出"余"的隐秘不可知性,这一特点在下文将论述的第五喻中更为突出。先看第二喻,这包含两种嵌套:第一种,大一是正,天地为余,大一生天地,如同母生子,大一是天地的母体。虽然子自母生,但生出以后,子具有独立性,能够做主,甚至反哺其母。当天地做主时,为正;大一转而成余。与第一喻第一层意蕴相接,大一作为余时,隐而无形,代表着幽深,是藏密;与第一喻第三层意蕴相接,大一生天地如同冬生春,此喻突出了余作为生成母体的含义。第二种,嵌套天地互余。天是母体,能生地。地生成以后,自立其体,成为正,天则成为余。天与大一代表了於穆不已的生成力量,在生生完成后,又能自隐其身,成为多余之物。余作为体,隐微不显;与余相对,正之用彰显明著。从天地而言,地切实而近,是显;天玄远幽深,是隐:"天为体而体不可见,地为用则用可见。"⑤ 天地为余正关系,天之体不可见,地之用可见:虽然余不可见,隐微无形,却是可见、有形之用的主宰。由正至余,即是由用寻体;由余至正,即是由体达用。余微与正显

---

① 方以智:《切韵声原》,《通雅五十》,《通雅》,《方以智全书》第 1 册,第 1481 页。

② 方以智:《三冒五衍》,《易余》卷上,《易余(外一种)》,第 38 页。

③ 方以智:《小引》,《易余》,《易余(外一种)》,第 1 页。

④ 方以智:《易余目录·一有无》,《易余》,《易余(外一种)》,第 5 页。

⑤ 方以智:《中告》,《易余》卷上,《易余(外一种)》,第 49 页。

无间，"余者，自可见以必其不可见也，自可定以必其不定者也"。① 这里要注意两个"必"，必是必须、一定，虽然在同一语句中，但含义略异。第一个"必"表明前者不足，必须超越至后者，这是认识的飞跃。借助可见之正以觉察不可见之余，洞悉事物深密处，从根源上把握住运动不定的原因。借助可见之用，必须上升到不可见之体，否则执象泥迹。第二个"必"表明前者具备后，一定导出后者，前者与后者是连动关系，后者是前者的内在需求：由可定之体，必有不定之用，否则，余是只存有而不活动的废体。经此两种关系，更进一步显示出不可见、可定之余是显微无间的枢机。

旋生是正向的生成，由余向正旋出；返生则是向回返，由正向余返回，返生亦可说是反生，是反向的生成。返生的模式可以适用于第二喻，如大一生天，天可以反哺大一，如子反哺于母；又如郭店楚简《大一生水》"大一生水，水反辅大一"。由返生来看第四喻："法者，道之余，法立而道转为余，以神其用矣。"② 具体结构为：

（道 ════ （法））

双实线表明二者互为正余，如第二喻之天地。《易余》卷上有讨论道法互余的《法能生道》，这里强调正余间的相互转化。从黄老学派"道生法"出发，道法关系依次展开为：道生法，道为正，法为余；当法确立以后，法为正，是显性的，道则转为余，从属于法，隐而不显。通过这两次正余转化，道包含了法的全部内容，法亦包裹了道的精神。若无道法互余：道自为道，封闭不出，不能生法，则道始终隐而不显，无迹可寻，不能表现为显赫之用；道生法后，若道仍干预法，则法不能立主，法不自法，亦不能体现道。若法立而废道，则只知其用，而不知其体；道自为道而废法，则道不能神其用。正与余相互转化，不仅能将余的潜质通过正显现出来，而且通过余的滋养，正变得更为厚重持久。余若脱离正，则无法显现；正若脱离余，则无根无本。正与余合之则两益，分之则两伤。从中国哲学传统主旨而言，道家主"道"，儒家主"德"，法家主"法"，由道法互余可引申出道德互余、德法互余，如同"烹雪炮漆"，亦可说"烹道炮法"，"以供鼎薪，偏教医活死麒麟"。③ 儒学应开放地吸收道家之"道"与法家之"法"，为儒学之

---

① 方以智：《必余》，《易余》卷上，《易余（外一种）》，第92页。
② 方以智：《小引》，《易余》，《易余（外一种）》，第1页。
③ 方以智：《附录》，《易余》，《易余（外一种）》，第215页。

"德"注入新的思想资源。

按照旋转模式来看，正向生成是旋出，反向生成是旋入，旋入与旋出同时运动，形成混合双旋结构。从生生之源来看，旋出是从生生之源获得生生的动能；在生生结束后，再返回生生之源，重新获取动能。"荄为树本，核为荄本，树生花而为核之本矣。芽滋干，而上既生枝，下且复生本矣。核中之仁，天地人之亥子也，全枝全干全根之体也。"① 树木生长序列为：由核生荄，由荄生树，由树生花，由花生核，依次循环，由此生生不已。树木生长的关系则是余与正的更迭生成：由余生正，由正再返生余，形成旋出与旋入的混合双旋。

余与正可构成因果关系，从四因说来看：余是动力因，如陶均带动陶器旋转，余为正的生生提供动能；余如根荄，是树木之正的生生之源。余是形式因，如同陶均制造陶器，陶器的形式受制于陶均，由陶均制成的陶器具有中轴对称的结构形式；余又如公均旋转，具有"一在二中"的结构形式，呈现出宫商对称的韵律之美；余又如核仁，核仁生树木，核仁决定了树木根干枝叶的形式，用现代科学语言表达，核仁的基因先天决定了树木的高矮、大小、叶花等形式，即余决定了正的形式。从返生而言，什么树结什么果，树之正返生核仁之余，正又决定了余的形式。余是目的因，如同核仁以生根成树为目的，树之目的是开花结果，正与余互为目的。余是质料因。余的体量占总量的绝大部分，由此，它能够源源不断地为正提供质料，如同母产子。同理，大一是天地的母体，无声是有声的母体。

三　根本之故

余是生生之源，从相反者相因来看，余亦可视为生生的结束，即"死"，这关联着第五喻：生与死。"死者，生之余；生者，死之余。以生知死，以死治生。无生死者，视生死为余。生如是生，死如是死，视无生死又为余矣。"② 具体结构为：

如是生死 —— （无生死 ——（死＝生）））

---

① 方以智：《体为用本 用为体本》，《易余》卷上，《易余（外一种）》，第124页。
② 方以智：《小引》，《易余》，《易余（外一种）》，第1页。

此处嵌套有四层正余关系。其一，生为正，死为余。其二，死为正，生为余。这两层关系互相返生，如第四喻的道与法。其三，无生死为正，有生死为余。相当于无为正、有为余。其四，生如是生，死如是死，这是正；无生死为余。第三层关系返生，相当于第二、三喻的由"无"生"有"。第三层与第四层关系是互生、返生。这四层嵌套将正余问题层层深入：第一层是常见，第二层以正余互生破常见，第三层以"无"超越"有"，第四层以"无"返回"有"。"如是"的含义是"如其所是"，相当于"应当""可以"。这四层关系还关联着三眼喻，这将在下文论述。要全面把握四层关系，需要知"根本之故"："所以者何？'则故而已矣。'知所以生，知所以死，随其生死，有何生死？"① 通过"则故"，能够回答"何以"，从而得到"所以"："知所以生"，能够把握生生之源；"知所以死"，能够洞悉生死之故；"随其生死"，这是第四层返生，由故而能致实际之用，"即用是体"。② "有何生死"，反问中已经包含答案，可视为全面把握四层关系，呈现大明。拓展第五喻以生死论正余，"凡属对待之两相望者，皆生死也"。③ 由对待的普遍性，正余的生死关系可以推至前四喻，根本之故的追问是把握生生之源，以求致实际之用。

据《易传·系辞上》"仰以观于天文，俯以察于地理，是故知幽明之故；原始反终，故知生死之说"。幽明之"故"可以浅解为事情，亦可深解为所以然之理，可与"死生之说"互镜，表述为"原始反终，故知幽明之故"。明与幽为正余关系，"故"向前"原始"，向后"反终"，可视为追问生生之源。"故"相当于"何以""由"，如同根本因，关联着用，"以用显体，发扬性之生生，如此方为真知性故"。④ 类似于第一喻，第五喻所示的正余关系基于功夫，"新建曰：'戒慎恐惧是本体，不睹不闻是工夫。'情封倍锢，难彻本源；不服麻黄，何能出汗？"⑤ 根本之故的呈现依赖于功夫，是透体之学。据《中庸》"君子戒慎乎其所不睹，恐惧乎其所不闻"，睹闻是正，不需要功夫便能呈现；不睹不闻是余，需要功夫才能体证。王阳明反其说，如同

---

① 方以智：《易余目录·生死故》，《易余》，《易余（外一种）》，第6页。
② 方以智：《三冒五衍》，《易余》卷上，《易余（外一种）》，第27页。
③ 方以智：《生死故》，《易余》卷上，《易余（外一种）》，第72页。
④ 张昭炜：《序言》，《性故注释》，中华书局，2018，第19页。
⑤ 方以智：《易余目录·生死故》，《易余》，《易余（外一种）》，第6页。

正余的返生：以戒惧作为本体，本体是功夫的本体；以不睹不闻作为功夫，功夫是本体的功夫。余以功夫为基础，如同第一喻"敬慎戒惧、屈蛰精入"，离开了功夫，不睹不闻之余将处于关闭状态。关闭源于"情封倍锢"，余被层层遮蔽，必须经过解蔽的功夫，层层剥开，才能洞彻余之本体，相应的功夫路径是从内向外透体，通过内在生意的积聚，如同核仁破甲而出；又如服麻黄出汗透体；又如"冬炼三时"之"炼"；又如闭关聚粮之"聚"。

"何以""故"接近现代哲学的本质，以此理解正余关系：费、显可作为"现象"；隐、密可作为现象的依据，即"本质"："这同于我们今日所言现象与本质的辩证认识。"① 这可以将方以智哲学与现代哲学对接，但要注意二者的差异，主要表现为七点。其一，余具有生生不息的特征，而本质在抽象时已经没有运动性；换言之，运动性属于现象，而不属于本质。其二，余与正具有对等的同质性，如宫与商角徵羽、冬与春夏秋。本质与现象不对等，本质超越现象之上。其三，余是藏密之体，它是功夫体证的对象，是体知的实在之体。本质并不依赖于功夫，它源于思维抽象。其四，正余之间可以自由切换，且有公均、统冒的通道相连。本质与现象不能切换，亦无中间通道相连。其五，正与余基于一体的预设，而本质与现象分属两层。其六，余能生正，而本质不能生现象。其七，正返生余，而现象不能返生本质。由以上七点可知，用现代哲学的现象与本质解释正与余，既要看到二者的相似性，又须注意诸多差异。综观诸多差异，是否可以将方以智哲学判定为抽象不彻底，甚至是落后陈旧的哲学呢？当然不是。方以智"余"论具有现代性，更具有西方哲学的元典性与后现代性，如图1所示：

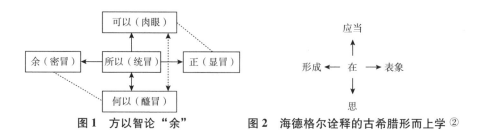

图1　方以智论"余"　　　图2　海德格尔诠释的古希腊形而上学 ②

① 蒋国保：《方以智哲学思想研究》，安徽人民出版社，1987，第146页。
② 海德格尔：《形而上学导论》熊伟、王庆节译，商务印书馆，1996，第195页。

以上图 1、图 2 对比的用意并不是附会方以智论"余"与海德格尔诠释的古希腊形而上学,而是指出方以智"余"论的丰富性,不能简单地将其框定在本质与现象的范畴。从差异性而言,表现在本体论、方法论等,如"余"可由功夫进入,这是中国哲学的特质。从相似性而言,二者均是追问本体:显冒之"正"对应"表象",是显性之显现;密冒之"余"对应"形成",暗而不彰,生生尚未完成;肉眼之"可以"是俗见,对应"应当",是应当如此、本来如此;醯眼之"何以"是超越之见,是对于根本之故的追问,对应形而上学之"思"。由图 1 略做七点引申。

其一,余是生生之源,始终处于生生状态,也可说是"形成"状态。用中国传统哲学话语表达为"於穆不已",在幽暗玄冥中生生,如隐均,是制造的母体。

其二,统冒处于"余"与"正"之间。从"表象"来看,统冒尚未完全显现出来。如同"形成"经过"在"成为"现象","密冒"经过"统冒"成为"显冒","隐均"经过"公均"成为"费均"。由上之故,统冒兼具密冒的隐秘与显冒的显现。

其三,三冒、三均与"三以"相应:"两端中贯,举一明三:所以为均者,不落有无之公均也;何以均者,无摄有之隐均也;可以均者,有藏无之费均也。相夺互通,止有一实;即费是隐,存泯同时。"① 从对应关系而言,"可以"对应于显冒,如同应当如此,是表象;"何以"是对于根本因的追问,相当于"故",寻根问源,探究形成、生生之源,是形而上学之"思",对应密冒、隐均;"所以"对应于统冒,"不落"表明不能以密冒规定统冒,亦不能以显冒规定统冒,统冒具有独立性,如同"在"扎根于"形成"与"表象"之间,成为独立的哲学范畴。

其四,统冒的混成。"老子以混成为统冒",② 混成的"混"融合密冒与显冒;混成的"成"是"形成"、生成,处于"现象"之前,可视为"现象"的母体。混成源于《道德经》第二十五章"有物混成,先天地生"。结合前文第二喻来看,"大一"与"混成"都是先天地生。较之于大一,混成融合了"大一"与"天地"的特征,可视为大一之后、天地之前的生成状

---

① 方以智:《东西均开章》,《东西均》,《东西均注释(外一种)》,第 15 页。
② 方以智:《三冒五衍》,《易余》卷上,《易余(外一种)》,第 34 页。

态：在"大一"之后，表明已经"在"形成；在"天地"之前，表明与"表象"尚有距离。由此可将第二喻修订为：（大一（密冒）—混成（统冒）—天地（显冒））。

其五，"夺"与"通"。"相夺互通"：统冒将大一与天地混成，这属于"互通"，是三冒内聚的合力；"相夺"是指大一与天地从两个相反的方向撕裂统冒，这是各自独立存在的张力，如同"相夺"将"在"分裂成尚未成型的"形成"与已经成型的"表象"，从而消解"在"。相夺与互通双向作用，从而三冒间的黏合性更强。

其六，三冒一体。如前文所述无极、太极、有极，三冒呈现"实三而恒一，实一而恒三"。"止有一实"，"一实"可以是任何一冒。从生生来看，密冒、统冒、显冒是连续的生成，之所以呈现三冒，源于观察者所取之象不同，即分别取象于未生前、生生中、生生后，对应于形成、在、表象。这可与仁树喻相发明，从树而言：未生前是核，生生中是荄，生生后是树、花。这是一个连续的生生过程，"存泯同时"，三冒是一存俱存、一泯俱泯的关系：没有核的藏密之体，也就没有荄；没有根荄之生生，亦不可能有树、花；没有树、花的显现，亦不可能有核。

其七，以生生为轴心旋转。这需要引入三均：隐均、公均、费均。"如播鼗然。"① 播鼗即拨浪鼓，据《礼记·王制》"赐伯子男乐，则以鼗将之"，正义曰："鼗如小鼓，长柄，旁有耳，摇之使自击。"② 公均如长柄，隐均与费均如两个旁耳。以公均为轴，三均同时旋转，在旋转中，即隐是费，从而将"形成"转化为"表象"；即费是隐，从而将"表象"还原为"生成"。从生生之易来看，"中土以《易》为均"，③ 这亦是方以智从生生的角度诠释《周易》的哲学精神。如第三喻调乐之均，均钟木平衡五音，公均在旋转时还起到平衡作用。

以上七点拓展了"余"的生生之义，展现出方以智"余"论的丰富含义以及在后现代哲学展开的方向。

"故"使得道体由隐秘走向敞开，结合第三喻来看敞开的过程。第一层：商为余，为何以；角徵羽为正，为可以。追问角徵羽之故，隐秘之余敞开，

---

① 方以智：《三冒五衍》，《易余》卷上，《易余（外一种）》，第30页。
② 郑玄注，孔颖达疏《礼记正义》卷十二，《十三经注疏》，中华书局，1980，第1332页。
③ 方以智：《东西均开章》，《东西均》，《东西均注释（外一种）》，第16页。

商之何以转为所以，从而呈现第二层：宫为余，为何以；商为所以，"所以故"使得商不再隐秘；角徵羽为可以。第三层：无声为余，为何以；宫为所以，"所以故"使得宫敞开；商角徵羽为可以。进一步深入，"费中自具三冒，隐中亦具三冒"。^① 不仅五音可无限三分，"无声"亦可分出显、密、统，从而使得"余"不断敞开。从"三以"而言，"则故"是由"可以"向"何以"追问，"何以"的问题解答后，变为"所以"，"故"将隐秘向敞开锁定，类似于将隐秘的"生成"锁定为能够把握的"在"。这种"则故"的过程不仅能建立音乐之理，如七调六十律等乐理；而且得以建立数学，如数原、度数等（方中通《数度衍》）；还可以发展出物理学（如《物理小识》）以及天文学等。经过"则故"，方以智奠基了中国数学、物理、天文学等学科，为儒学融入了现代科学的精神。

再看三冒与三眼喻，此处先悬隔统冒（所以），仅看显冒（可以）与密冒（何以）。据《易余》附录点睛："曒肉眼而开醯眼，又曒醯眼而还双眼者，许读此书。"^② 醯眼即是慧眼。如图 1 虚线所示：正（显冒）对应可以（肉眼），余（密冒）对应何以（慧眼）。这涉及认识对象与认识能力的关系：冒指认识对象，是道体的显现；眼指认识能力，是道体的认知。肉眼指认识显性、敞开事物的能力，慧眼是认识隐性、深密事物的能力。认识能力决定了所能认识的对象，换言之，要想认识什么对象，就需要具备什么能力。显冒与密冒之间包含两层递进关系，如图 1 双箭头虚线所示：第一，"曒肉眼而开醯眼"，由显冒之"可以"超越至密冒之"何以"，即是探究"故"；第二，"又曒醯眼而还双眼"又由密冒之"何以"下贯至显冒之"可以"。经过超越与返回，正与余各尽其所极，且相互包含。结合第五喻来看，"可以"如同"有生死"，由此超越至"无生死"，如同"开醯眼"，这是第一层递进；由"无生死"返回"如是生死"，如同"还双眼"，这是第二层递进。经过两层递进，既能洞悉根本之故，又能将"故"致用，丰富了正余一体。在兼顾两个递进层次的基础上，方能全面理解"余"，才能理解《易余》创作的主旨。此处需要注意，这并不是比较慧眼与肉眼哪个更高明，在终极层次上，二者所见是同一本体的两个方面，或者说是从两个角度看同一

---

① 方以智：《三冒五衍》，《易余》卷上，《易余（外一种）》，第 31 页。
② 方以智：《附录》，《易余》，《易余（外一种）》，第 215 页。

个本体。但若不经过两层递进与震荡，正与余的含义则不能充分展现。"必曛其肉而迸其醢，又曛其醢而还其故，乃明大良，乃名天燎。"① 只有在包含了上述两层递进关系后，才能"明大良""天燎"，即能全面认知、深度洞悉正与余。

余作为哲学本体，还关联着用："人适所用，以无用者为余。知无用之用，则有用者为余矣。不以有用之用废无用之余，岂以无用之用废有用之余耶？"② "适所用"指向显现世界，以"适所用"为剃刀，可以剃除中国哲学的无用空疏之学，从而将中国哲学带入以"适用"为标准的新境界。"无用"是"余"，"适所用"是"正"，这是常解，是第一层意思。"正"是正用，"余"是无用：正余构成反对概念。第二层意思是将正余互换，原来作为"余"的"无用"转为"正"，原来作为"正"的"正用"转化为"余"，无用之用是大用："互余"是将两层意思合观。儒家侧重于第一层意思，如《尚书·大禹谟》之正德、利用；道家倾向于第二层意思，如《庄子·人间世》，栎社树无所可用，得以逃避砍伐，以此为大用。方以智将儒道合烹，从而使得儒家正用得以超越，厚重中有了逍遥；使得道家无用得以归实，逍遥中有了厚重。从第一层意思来看，"余"是无用：可以说是废弃不用，如果仅讲这层意思，则实无必要再论"余"；亦可以说是藏而不用、密而不显，处于隐秘的状态，但这容易将"余"引向神秘化的不可知论，必须由第二层扶正，"无用"之"余"有大用，藏是为了用，密是为了显，这亦指向第一喻的藏密之体。"故"展现出方以智思想的现代哲学进路，即哲学是对存在的探本穷源，使得中国哲学具有现代性；"用余"引出"适用"，展现方以智对于中国传统哲学的新指引。

---

① 方以智：《善巧》，《易余》卷上，《易余（外一种）》，第20页。
② 方以智：《小引》，《易余》，《易余（外一种）》，第1页。

近现代思想研究

王阳明心学与现代新儒学散论

何　俊

（复旦大学哲学学院）

　　摘　要：王阳明心学对于现代新儒学的建立与发展产生了深刻的影响。在现代新儒学的代表人物中，马一浮的思想旨趣以朱子为宗，而他"六艺统摄于一心"的主张则用朱子学涵摄了阳明学；熊十力、梁漱溟与贺麟则以不同的风格自觉地接续了阳明心学，其中熊十力引阳明的本心而自造本体，梁漱溟用具体实践和现代语言转化了阳明心学，而贺麟则对阳明心学进行了知识论转向。冯友兰则"接着讲"朱子学，从新理学的立场对阳明心学提出了批评。总之，阳明心学对于现代新儒学的影响以及现代新儒学的回应都是丰富具体而复杂多样的，从而呈现出了风格迥异的思想样态。

　　关键词：阳明心学　现代新儒学　马一浮　熊十力　梁漱溟　贺麟　冯友兰

　　现代新儒学是 1919 年至 1949 年 20 世纪前半叶中国现代学术中重要的哲学探索与创造，其代表人物是马一浮（1883~1967）、熊十力（1885~1968）、梁漱溟（1893~1988）、冯友兰（1895~1990）、贺麟（1902~1992）。20 世纪的中国现代学术整体上是在西学的范导下开辟与建立起来的，由于哲学是西学的基石，而传统中国知识体系中没有"哲学"，故建构现代中国学术，哲学成为不可或缺的核心基础。现代新儒学在新的知识视野中，致力于儒家哲学精神的传承与现代转化，不仅开辟出了现代中国哲学的砥砺之路，而且建立起了意义深远的丰碑。

现代新儒学直接承传的是清学。依照王国维的评断,清学由初期之大,经中期之精,转为晚期之新。现代新儒学之"新"正延续了晚期清学求新的基调。当然,晚期清学之新无疑彰显于睁眼看世界的西学引入,而对于现代新儒学而言,引入西学的同时,返本开新已成为其重要内涵。只是,返本的具体对象呈现出多样与复杂。胡适 1925 年写成《戴东原的哲学》,"决心不怕艰难,选择那纯粹理智态度的崎岖山路,继续九百年来致知穷理的遗风,用科学的方法来修正考证学派的方法,用科学的知识来修正颜元、戴震的结论,而努力改造一种科学的致知穷理的中国哲学",但他同时指出:

> 近年以来,国中学者大有倾向陆王的趋势了。有提倡"内心生活"的,有高谈"良知哲学"的,有提倡"唯识论"的,有用"直觉"说仁的,有主张"唯情哲学"的。倭铿与柏格森都作了陆王的援兵。"揣度近似之词,影响之谈",国中很不少了。①

毫无疑问,现代新儒学并非都像胡适那样作出非此即彼的明确选择,但"倾向陆王的趋势"显然以不同的形式深刻影响了他们的思想探索与创造。

阳明心学与现代新儒学是当下显学,论者既多且深入,但就阳明心学对于现代新儒学的影响,以及新儒学诸老作出的反应合而论之,似仍少见,而此对于理解现代中国学术如何从传统中创造、创新性地转出,尤富启迪。故本文试就此,各窥诸老之显见而具特色者散论之,以求别见意趣。

一 马一浮以朱子涵摄阳明

现代新儒学的五位代表人物可以分为两组:马一浮、熊十力、梁漱溟为一组,冯友兰与贺麟为一组。依据是比较简单的,后者经过正规的现代教育,并留学西方,获得学位,前者则是由传统学问转出,西学是通过自修获得的。但是,如果再进一步,那么在马、熊、梁三位中,马一浮与熊、梁二位又可作出区分,依据同样也是简单的,三人中只有马一浮参加过传统科考,并为榜首,同时他作为清廷职员曾赴美工作。这一简单的经历,实质上已足以为后来马一浮不同于冯、贺,也不同于熊、梁背书。借用贺麟的话,

---

① 胡适:《戴东原的哲学》,安徽教育出版社,1999,第 138 页。

马一浮"兼有中国正统儒者所应具备之诗教礼教理学三种学养，谓为代表传统中国文化的仅存的硕果"。① 这里，马一浮诗教与理学的学养不待赘言，唯礼教可举其一端以为说明，同时也印证他与其余四位的区别。正统儒者自然取入世之道，具淑世情怀，但出处进退自有礼教，即"有道则见，无道则隐"。辛亥后，蔡元培出任教育总长，聘马一浮为秘书长，但马一浮见道不行，飘然退隐，从此自外于现代体制。无论在民国，还是在新中国，即便获得政府礼遇，但始终以隐者自居。这样的行止在价值方面姑且不论，但足以判识马一浮礼教上的学养。礼形诸外而据于理，落在具体个体，最终则坐实在心上工夫。由此亦可窥见马一浮的理学学养。当然，这个理学是涵盖了心学的。

作为自外于时流与体制的隐逸之士，马一浮不满于对西学乃至西方制度的肤浅认识与拙劣模仿，尝发愿全面系统梳理西学，之后经过深思熟虑，提出"六艺论"以求返本开新。他的思想在西学视野的映照下，根于六艺，借用佛学，而直接接续的是理学，阳明心学的影响随之而融入，并构成了马一浮新儒学的重要内涵。

马一浮的新儒学思想集中反映在他的"六艺论"。在早年泛观西学，以及了解西方社会的基础上，马一浮重返旧学，遍览四部，旁参佛学，基于传统目录学的分类理念，经过长期酝酿，于1938年抗战流亡时期，借助浙江大学开设"国学讲座"的契机，提出了他的著名论断："六艺该摄一切学术。"这一论断的基本内涵包含三层旨义：一是就传统中国固有的知识体系而论，六艺统摄诸子与四部；二是就知识的性质而论，形式上呈以客观外在知识的六经，在本质上统摄于人心；三是就知识的外延而论，六艺足以统摄代表着新的知识系统的西学。这三层含义，基础在第一层，把传统中国的知识归藏于六艺，可谓返本；要义在第二层，阐明六艺的性质，作为手段的知识合乎人的目的；气象在第三层，六艺为根本，但六艺是知识的一种分类，其内容并无限止，而是随时代而扩充，西学便是现代植入六艺的延伸，完全可以视为六艺的开新。"六艺该摄一切学术"的提出与论证，表征着马一浮不只是传统的学问家，自限于历史的释证，而完全是现代的思想家，所致力的是继往开来的建构。其中，上述第二层含义，即六艺统摄于人心，可以理解为马

---

① 贺麟：《当代中国哲学》，胜利出版社，1945，第17页。

一浮对心学精神的继承。

前文述及，现代新儒学是直接承续清学的。清学主流虽然是在知识形态上发展成以经史考证为特征的朴学，并因此而有理学之反动的汉宋之争，但因其考证的背后蕴含着义理，故本质上仍是理学的延续。理学大而化之，有程朱理学与陆王心学之分，后世亦多判为迥异的二途，彼此争讼，至现代仍未了，前引胡适所言即为典型。理学与心学的分歧往细处讲，几乎涉及从本体到工夫的各个层面，但落到现代，知识的问题获得凸显，因此呈现为客观知识的理与表征主体存在的心的关系究竟如何安顿，便成为取舍或调适理学与心学的关键。

总体而论，马一浮强调"说理须是无一句无来历，作诗须是无一字无来历，学书须是无一笔无来历，方能入雅"，① 很在乎知识上的博闻强记，故无论是在思想上，还是在意趣上，都是以朱子为宗的。但是，马一浮同样深受阳明心学的影响，引心学于理学之中，既化解了理学与心学的冲突，又阐明了他的新思想，其标志就是前述六艺论的第二层旨义"六艺统摄于一心"。请举马一浮论"格物"以见之。马一浮讲：

> 向来先儒说《大学》"格物"，各明一义，异执纷然。大略不出两派：一宗朱子，一宗阳明。朱子释"格物"为穷至事物之理，"致知"为推极吾心之知。知者，知此理也。知具于心，则理不在心外明矣，并非打成两橛。不善会者，往往以理为外。阳明释知善知恶是"良知"，为善去恶是"格物"。不善会者，亦遂以物为外。②

朱子与阳明的分歧，名为理学与心学之别，但落于经典，便在《大学》"格物"的诠释。对此，马一浮当然非常清楚，故上引语录是紧扣了核心来议论的。但此一议论，马一浮显然是引阳明心学于朱子理学，从而阐明他的"六艺统摄于一心"。阳明"四句教"原本即是兼顾利根之人与中下之人的，后两句虽然是落在知与行，但终究不至于动摇阳明"心外无物"的根本思想；"格物"在阳明那里，更因为阳明"致良知"的要义在致良知于事事物物，因此根本上也还是在心上做工夫。马一浮以"四句教"的后两句，指出

---

① 《远游写本自跋》，《马一浮全集》第二册上《文集》，浙江古籍出版社，2013，第 106 页。
② 《马一浮全集》第一册上《语录》，第 90 页。

阳明心学同样存在"以物为外"的可能，其实主要是为了化解阳明与朱子的冲突，因为前面对朱子的阐释显然是有问题的。朱子当然自有心上工夫，但"格物"还是要去物上格的。朱子在《中庸章句序》中讲得很清楚，每个人的心都有虚灵知觉的功能，可以去认识理，但理却是呈现于对象性的事物中的。马一浮以"知具于心"，进而推断朱子以为"理不在心外明矣"，虽然与"心即理"的论断尚有一间之隔，但与阳明"心外无物"的命题是很相似了。故他接着说：

> 今明心外无物，事外无理，即物而穷其理者，即此自心之物而穷其本具之理也。此理周遍充塞，无乎不在，不可执有内外。学者须知儒家所言"事物"，犹释氏言"万法"，非如今人所言"物质"之物。①

这就在朱子格物穷理的基本理论框架中将阳明心外无物的思想融合进去了。一切知识都是对事物之理的把握，这些知识都是人类文明在自然世界中展开的前提，也就是手段，但马一浮强调这些知识又须是具于人的内心的，也就是它们都应该是合乎人的目的的，否则这些知识就不成其为知识。如此，"六艺统摄于一心"便得以证成。

马一浮的六艺论以"六艺统摄于一心"继承了阳明心学的合理性，这个合理性的核心就是在科学日渐成为现代文明的基本理念与追求时，使作为工具与手段的科学必须合乎人的目的，也就是力图使工具理性与价值理性统一起来。在阐明了这一思想后，马一浮还是回到朱子的思想。接着上段语录，马一浮继续讲：

> 阳明"致良知"之说，固是直指，然《大学》须还他《大学》。教有顿渐，《大学》说先后次弟，明是渐教；《中庸》显天人一理，"君子笃恭而天下平"，中和即位育，方是顿教。儒者不言顿渐，然实有是理。阳明是就自家得力处说，朱子却还他《大学》元来文义，论功夫造诣是同，论诠释经旨却是朱子较密。②

"论功夫造诣是同"，似乎对朱子与阳明都是肯定，但"论诠释经旨却是

---

① 《马一浮全集》第一册上《语录》，第90页。
② 《马一浮全集》第一册上《语录》，第90页。

朱子较密"，终是表达了马一浮根本上是以朱子为宗来融和阳明的。"功夫造诣"是因人而异的，虽不乏有利根之人自明上达，但对于大多数人，终究还须通过经典的正确诠释来明白儒学的宗旨，因此"朱子较密"就意味着朱子的思想更为有益。

需要指出的是，无论对朱子与阳明取何种意义上的接续与传承，马一浮的新儒学相对于理学都已是在"接着讲"，换言之，马一浮是有所超越于理学的。这个超越当然首先表现在他返本于六艺，同时也表现在他对西学的认识，以及对佛学的借用，在前引语录中间，马一浮尝插有一段话：

> 学者须知儒家所言"事物"，犹释氏言"万法"，非如今人所言"物质"之物。若执唯物之见，则人心亦是块然一物质耳，何从得有许多知识？①

这话很平白，也很简明，但马一浮根柢于儒学，假借于佛学，映照于西学的思想总貌是显见的。只是，这里我们着眼于王阳明心学在马一浮新儒学中的影响，故不作展开了。

二　熊、梁、贺对阳明心学的自觉接续与迥异风格

熊十力、梁漱溟、贺麟三位是王阳明心学在现代新儒学中的自觉接续者，而思想风格又迥异。合而论之，可见其同；体会其异，则又可见其思想转进。

（一）熊十力引本心而自造本体

熊十力无疑是现代新儒学的五位代表人物中极具意趣的思想家，正如梁漱溟对他的批评：

> 如此土凡夫熊升恒（熊十力另一名）……其既不能硁硁固据其世间之礼教，又不能归依正法以出世，而唯贪着五欲，不舍世间，窃无违碍之谈，饰其放逸之行，则是黠滑之所为，非吾释子之所有。②

---

① 《马一浮全集》第一册上《语录》，第90页。
② 梁漱溟：《究元决疑论》，《梁漱溟全集》第1卷，山东人民出版社，2005，第19页。

也许正是这样的性情，使得熊十力在人生定位与思想追求上没有任何包袱。在投入清末民初多年革命之后，他能重新定位自己的人生志业，"自察非事功之材，不足领人，又何可妄随人转？于是始决志学术一途"。虽然也曾幼承庭训，读儒家经史，但"六经诸子，视之皆土苴也，睹前儒疏记，且掷地而詈"；① 同样，虽进南京内学院苦读两年，但佛家的出世安顿无法见容于自己骨子里的入世情怀，便定要别造他的新唯识学以破斥佛家的唯识学。毫无疑问，熊十力是一位拿得起、放得下的人物；同时，"不足领人，又何可妄随人转"之语虽然有一个"妄"字作限定，但仍无法掩饰熊十力是一位极具领袖欲的人物。这种领袖欲在事功上得不到实现，总是要于别处有所呈现，因此他的"决志学术一途"，很难去认同别人的思想，一定要有所创造，正如他著述自署"造"一样，而一旦有所造，自然也是"确乎其不可拔"。

总体上看，作为现代新儒学的代表，熊十力的思想要比马一浮更显得有哲学味，因为马一浮的六艺论是将自己的思想涵摄于知识的形态中，而熊十力是直接用力于"本体"的创造，即如郭齐勇所讲，"熊十力的全部工作，简要地说，就是面对西学的冲击，在传统价值系统崩坏的时代，重建本体论，重建人的道德自我，重建中国文化的主体性"。② 其实，"人的道德自我"与"中国文化的主体性"根本上是现代新儒学共同追求的，并非熊十力所特有，但熊十力的思想贡献在他的"重建本体论"上确实有格外的彰显，并进而由他的"本体"来开拓他的外王论说。无论是本体的创造，还是由本体到外王的展开，都充满个体主观性的论说，尽管这些论说都可能基于种种思想资源。这些充满个体主观性的论说自然是一种思想的创造，即便不能为人所接受，却足以开启与激发人的思考，从而别有创造。如果撇开历史境遇与个人因素，熊十力门下高弟徐复观（1903~1982）、唐君毅（1909~1978）、牟宗三（1909~1995）能够在当代推进新儒学，与熊十力的思想风格是具有高度相关性的。

熊十力的整个哲学体系是在充分接续了宋明理学中的心学一脉基础上展开的，这基本上是学界共识。正如贺麟早在《五十年来的中国哲学》一书中就指出的，熊十力对王阳明的"本心""致良知""即知即行"等思想均有

---

① 熊十力：《十力语要》，《熊十力全集》第 4 卷，湖北教育出版社，2001，第 111 页。
② 郭齐勇：《熊十力哲学研究》，人民出版社，2011，第 23 页。

所发挥，其中，熊十力"本体"学说为"陆、王心学之精微化系统化最独创之集大成者一点"。① 故这里仅就熊十力的本体论与王阳明心学的关系略作申说，以窥斑见豹。

王阳明在回答徐爱的提问时，尝具体阐发身、心、意、知、物的关系，阳明讲："身之主宰便是心，心之所发便是意，意之本体便是知，意之所在便是物。"② 阳明此处都是从本体意义上立论的，他说"身之主宰便是心"，此"心"就是他在别处提到的"本心"，也是陆象山所强调的。"本心"首先表现为对人身具有主宰的作用。阳明认为"心之所发便是意"，从本体的层面看，人的意识活动就是"本心"的发用，如此似可反过来以为，"意之本体便是心"；但是阳明却讲"意之本体便是知"，这表明"知"与"心"具有某种内在关联。从阳明心学看，这里的"知"指的是"良知"。换言之，可以作为"意之本体"的"知"只能是"良知"，而不是其他见闻、知识之知。阳明常说"吾心之良知"，显然，"知"与"心"的等值置换是在于，也仅在于，"良知"是"本心"。"意之所在便是物"是指外在事物不能脱离"本心"所发动的意识而独立存在，"物"是意识活动的指向物，故阳明提倡"心外无物"。由此，阳明的本心理论展开为一种"心-意-物"的结构，"心"是本体，对人有主宰的作用，具体表现为"意"的发动，发动的指向便是"物"。"心"借助"意"与"物"同构，心、意、物三者同在一个结构当中，这个结构具有过程性，其中的每个环节都不可缺失，合起来形成了从本体到现象的完整结构。

熊十力继承了阳明的心本体思想，同时又有进一步的创造与发挥。其核心思想就是在认同阳明良知本心说的基础上，自造本体。熊十力认为"本心"是绝对的本体，而后更进一步以"心""意""识"三个不同的名称来区分"本心"。熊十力强调"心""意""识"三者"各有含义，自是一种特殊规定。实则，三名亦可以互代。如心亦得云识或意，而识亦得云心或意也。又可复合成词，如意识，亦得云心意或心识也。③

对于三者各自的内涵与特殊规定，熊十力以为，首先，"心"是万物的主宰，但它本身并不是某一物质实体，即不会物化，他称其"恒如其性"，

---

① 贺麟：《五十年来的中国哲学》，上海人民出版社，2019，第 12 页。

② 《传习录》上，《王阳明全集》（新编本）第 1 册，浙江古籍出版社，2010，第 6 页。

③ 《新唯识论》（语体本），《熊十力全集》第 3 卷，第 431 页。

指具有恒常性和普遍性的心不是具体的物质实体，而是主宰万物的本体。在阳明那里，心首先是作为身的主宰得以体现的，心通过身而与物发生关系。熊十力虽然肯定了阳明提倡的心作为本体所具有的主宰意义，但他进一步的发挥是把心的主宰范围直接扩展至万物。①

其次，相对于"心"是万物的主宰，"意"有定向的意思，熊十力称这个定向"恒常如此"，其定向的主宰是吾身。熊十力在确立了"心"作为万物的主宰之后，为什么还要另外设立一个"意"作为吾身的主宰呢？他说：

> 然吾身固万物中之一部分，而遍为万物之主者，即主乎吾身者也。物相分殊，而主之者一也。今反求其主乎吾身者，则渊然恒有定向。②

这当然表明熊十力确立的"意"具有"反求吾身"的特性，意的形成过程具有方向性选择，这个方向便是仁。只是，这是更进一步的问题，这里不再展开。

再次，"识"指感识、意识。心、意二名是从体上讲，识是从用上讲。熊十力特意区分自己所说的识和佛教的识，前者是本体的发用，后者好比于他所说的习。熊十力思想受佛学的影响，又从佛学转出。在他看来，识分为感识和意识。感识指"渊寂之体，感而遂通，资乎官能以了境者"，③ 即感识是人通过眼耳鼻舌身等感觉器官同外物接触而获得的直接经验；意识指"动而愈出，不倚官能，独起筹度者"，④ 即意识是不依靠感觉器官接触外物而获得的，它在运用感识经验材料的同时，又超越于感觉材料，熊氏形容它为"再现起"。意识类似于纯粹的思维活动，熊氏认为意识的特点是"常有极广远、幽深、玄远之创发"，⑤ 颇近似于精严的逻辑、科学的发明、哲学的

---

① 杨国荣在《王学通论：从王阳明到熊十力》（华东师范大学出版社，2003）中指出"王阳明将吾心与普遍之理融合为一，旨在将天理的外在强制转化为良知的内在制约"。（《引论》，第 2 页）阳明的良知本心是个体性（吾心）与普遍性（天理）双重品格的统一。与程朱理学更加强调普遍性的天理不同，阳明的发挥在于强调个体性的吾心，但阳明仍然不能摆脱理学家受天理束缚的特点。因此，阳明思想中的良知本心始终存在二重性的矛盾。熊十力对此是自觉的，他把心视为绝对本体便首先肯定心的普遍性，为消解作为本体的本心的二重性矛盾跨出了第一步。

② 《新唯识论》（语体本），《熊十力全集》第 3 卷，第 430 页。

③ 《新唯识论》（语体本），《熊十力全集》第 3 卷，第 430 页。

④ 《新唯识论》（语体本），《熊十力全集》第 3 卷，第 430 页。

⑤ 《新唯识论》（语体本），《熊十力全集》第 3 卷，第 430 页。

超悟。

总之，熊氏继承阳明的心本体学说，又有进一步的创造，他将"本心"区分出"心""意""识"三个各有偏向而又可以互相代替的别名。毫无疑问，从内涵上看，熊十力要比阳明提出的"心-意-物"本体到现象的结构更加细致，理论性似乎也更强，他的区分以体用的框架在某种程度上消解了阳明良知本体的个体性与普遍性的矛盾。① 从外延上看，熊十力的本心说也宽泛得多，此诚如贺麟所讲，熊十力的思想"已超出主观的道德的唯心论，而为绝对的唯心论"。②

（二）梁漱溟实践与分析的双重转出

梁漱溟应该是现代新儒学的五位代表人物中最被标示"特立独行"的一位。相比于其他几位，梁漱溟不仅是思想上"特立"，更在行动上"独行"。在思想上，梁漱溟"想不空想"，③ 凡所有想皆为探究人生问题而殚精竭虑；在行动上，他"动不盲动"，④ 凡有所行皆为解决中国问题而奔波劳攘。在山河破碎、国家分裂的艰难时代，与马一浮近乎归隐的生活方式不同，他用双脚丈量中国广大的农村社会，以出家的精神做入世的事业。他不愿以书生的身份见于人，而更愿成为一名社会改造运动者，马一浮"行劳天下，比于禹墨"正是对他最为中肯的评价。

在对待中国传统文化的理解上，梁漱溟也与熊十力偏向哲思的玄想不同。梁漱溟认为世间的学问可以分为科学技术、哲学思想、文学艺术，以及特殊的第四类"修养"，即"特指反躬在自己身心生活上日进于自觉而自主，整个生命有所变化提高的那种学术"，⑤ 而中国文化则特别擅长于第四类学问。因此，梁漱溟对于传统文化中的心性修养功夫尤为着眼，行持精严，日有长功，如陈来所评价"在新儒家诸老中算是修己工夫甚严的学者"。⑥ 正因如此，他对熊十力遽改古说，创立新学，不遵古训，沉浸于哲学世界里的概

---

① 参见杨国荣《王学通论：从王阳明到熊十力》，华东师范大学出版社，2003，第226~227页。

② 贺麟：《五十年来的中国哲学》，第13页。

③ 《梁漱溟全集》第三册《中国文化要义》，山东人民出版社，2005，第5页。

④ 《梁漱溟全集》第三册《中国文化要义》，第5页。

⑤ 《梁漱溟全集》第七册《读熊著各书书后》，第367页。

⑥ 陈来：《现代儒家哲学研究》，北京大学出版社，2018，第250页。

念游戏痛下针砭：

> 口口声声以"内证离言""体神化不测于人伦日用之间"为哲学旨
> 归，而实则自己不事修证实践，而癖好着思想把戏。①

梁漱溟对熊十力的批评代表着他本人的学问归趣，也从侧面反映出熊十力擅长的哲学建构来自于"癖好着思想把戏"的日积月累；而梁漱溟志不在此，故其思想体系的呈现并非以逻辑缜密的哲学形式出现，而是以朴实的语言随事指点，并与其实践行为密不可分，如他自己所说，"以哲学家看我非知我者"。②

总之，梁漱溟一生只为解决"人生问题"与"中国问题"而拼命奔波，是一个名副其实的问题中人。为了解决问题，他出入东西方文化，评百家争鸣；阅尽古今巨变，钩玄决疑。心中道义与肩上责任促使他自觉承担沟通古今中西文化的使命；而兼收并蓄与博采众长则帮助他创立新心学，直面时代问题，为心学的现代转化不遗余力。如果说熊十力、冯友兰、贺麟等人是对宋明理学家学问的接着讲，梁漱溟则更像是"接着做"，他不仅在学理上归趣阳明心学，更在践履上以之为圭臬，他可以说是五人中最像阳明心学"传承者"的那位。

但是，如果因此轻易地滑过梁漱溟对阳明心学的分析，则又错矣。阳明的表述言简意赅，梁漱溟的分析则细腻深密，实可谓阳明思想之注脚，也可谓现代转出。作为自觉传承阳明心学的现代新儒家，梁漱溟在继承阳明精神的同时，也开辟属于自己的新心学。他的新心学体系如他沟通古今中西文化的使命一样，既回应了现代性的问题，以现代语言转化传统智慧；又容纳佛学、哲学、心理学等诸多学问，是儒学的现代转型中具有创见的探索。

梁漱溟对阳明心学的继承与转出，最直接的缘起在泰州学派王艮。王心斋对阳明学问的活泼诠释与积极的事上作为，都对梁漱溟灌注了醍醐妙味，帮助他进一步深入了解阳明心学的精神。梁漱溟思想成熟时期提出了"理性"概念，其来源既参照了佛家的本体思想，儒学的本心思想，还兼顾了柏格森的生命哲学与罗素的灵性理念，并在此基础上建立人类生命"理性-理

---

① 《梁漱溟全集》第七册《读熊著各书书后》，第756页。
② 《梁漱溟全集》第三册《中国文化要义》，第5页。

智－本能"的体系。在梁漱溟的语境下，理性即是生命本性，居于主宰地位，相当于王阳明的心之本体－良知。理性与理智不同，"理性为体，理智为用"，理性的具体内容是无私的感情，而理智则是人类的意识思维能力。梁漱溟进一步区分了情感的具体内涵：私情、常情与无私的感情。而其以无私的感情来表达理性；无私的感情自成理致则被称为情理，意识打量事物演变规律所得被称为物理，也就是说理性把握的是情理，而理智认识的是物理，情理与物理各有其认识主体，此情理、物理之分的学说颇为后来梁漱溟解释知行合一以及弥合朱王之争而张本。

需要指出的是，梁漱溟的情本思想并非独创，而是源自儒家传统，如孟子的四端之心，《中庸》的中和之情，以及阳明所说"良知只是个是非之心，是非只是个好恶。只好恶就尽了是非，只是非就尽了万事万变"，① 在这里，阳明直接使用人的好恶之情来诠释良知，十分简洁明了，梁漱溟于此深有契会，并进一步作理论说明：

> 盖于此情理的认识原不同乎物理；认识物理依靠后天经验，有待冷静观察，而情理却本乎人心感应之自然，恰是不学不虑的良知，亦即我前文所说"无私的感情"。②

梁漱溟从情感出发，证成良知与理性实为同体而异名，并用现代的语言赋予了良知不同角度的解释，在语词变换之中，完成了对良知学说的现代转化。不仅如此，梁漱溟以"情理""物理"的划分勾勒出儒家仁智并称的理想，即本乎情理以运用物理，从而实现对儒家"内圣外王"理想的接续与转化，并且避免朱熹穷尽事物之理的偏误与阳明只管性情的疏忽。

梁漱溟对阳明心学思想最集中的探讨在于"知行合一"的问题上。阳明的"知行合一"历来误解纷呈，而最大的问题出在对"知"与"行"的理解上。梁漱溟认为"知""行"在阳明那里都有特定的意味，首先，他针对"知"区分了情理之知与物理之知。情理之知是主观上有意味的知，能够发生行为，即良知；而物理之知则是客观静态的知识，不能使人直接发生行为。如阳明说"见好色属知，好好色属行"，③ 梁漱溟认为，此"见"字亦

① 《王阳明全集》，上海古籍出版社，2011，第 126 页。
② 《梁漱溟全集》第三册，《人心与人生》，第 625 页。
③ 《王阳明全集》，第 4 页。

非单独的视觉作用。单独的视觉作用只能见色，而不能见"好色"，"好色"是一种价值判断，其来源只能根于直觉。故而此"见"实包含视觉与直觉两种作用，已超出冷静的视觉范畴，带上了有情味的价值判断，即情理之知。同时，见好色时，即是好好色时，不是见了以后又立个心去好。由此可见，知行合一所指向的是情理之知与其应有的行为，有主观上真切情味的知，便会有相应的行，如影之随形，如响之应声。其次，"行"在梁漱溟那里又分为心念之行与身体之行。真正的"行"是那具有情意指向的心念之行，而身体之行是心念之行的外在显现。倘若心念之行，念念相续，念念真诚，则一定会自然而然地发展出由貌言视听、举手投足等肢体动作配合而成的身体之行。

总之，梁漱溟认为阳明知行合一的"知"是一种主观上有意味的情理之知，而行则是主观上有情意的心念之行，两者皆统摄于主观上之一念。知行是一念中的两个面向，知在行上，行在知上，本然一体，不可分离，这是知行的本来面目。但人们由于常常陷入两种误区而导致知行不合，第一种是情理之知与身体之行的牵连。梁漱溟认为，情理之知如果不受私意阻隔，自然而然会发生身体之行；但在实践过程中，人们往往因为第二或者第三念的私意阻断了前念的良知，这会导致身体之行的缺失，而此时人们因不见身体之行便斥其知行不合，实际上便忽略了他那第一念的"知行合一"。"盖就其一念之知，以责其作为之行耳"，① 这是情理之知与身体之行之间的牵连而导致的不合。第二种是情理之知与物理之知的混杂。如以为物理之知可以发生行为，便责其以物理之知发动相应身体之行，凡此皆是以为人心中的种种美德是一种静态的物理知识，习得之后便能转换成道德行为，这是由混杂而导致的知行不合。此两种误解遍行于知行问题之中，是人们理解知行合一的关键点。

因此，真正的知行合一是由蕴含情理的良知产生的，良知常在，知行便常合一，良知不在，则不知不行。由此，"致良知"成为工夫重点，也顺应了阳明在提出"知行合一"之后便紧接"致良知"的讲学安排。

（三）贺麟对阳明心学的知识论转向

贺麟是现代新儒学的新心学代表，但相比于梁漱溟、熊十力所坚持的

---

① 《梁漱溟全集》第四册，第719页。

"德行优先"的理论立场，贺麟更注重纯粹的知识立场，这显然与他在西方哲学上有极深造诣有关。贺麟不仅注重运用概念分析来处理中国哲学的范畴体系，而且自觉尝试为陆王心学奠定道德可能乃至科学可能的知识论基础，即论者以为的"贺麟哲学代表了现代新儒家第一次真正尝试在哲学内容上扩展心学从而赋予认知理性以本体地位的理论努力"。① 但遗憾的是，由于历史原因，在现代新儒家中最晚出的贺麟未能彻底完成"体系的著作"，其相关思想均散见于"一些长短不等深浅各异的论文"。② 然诚如贺麟自己所言，这些论文虽没有"分章分节地作为系统的形式排列起来，但它们之间确是代表一个一致的态度，一个中心的思想，一个基本的立场或观点"，即"从学派的分野来看，似乎比较接近中国的儒家思想，和西洋康德、费希特、黑格尔所代表的理想主义"。③

不过，贺麟虽然充分肯定了中国哲学的主体性问题，但他不仅不固守宋明理学内部的门户之见，反而矢志"消融""程朱陆王间矛盾"④。这就很自然地带来一个疑问，贺麟为什么最终又选择宗主陆王呢？在贺麟看来，原因主要有两点：

（一）陆王注重自我意识，于个人自觉、民族自觉的新时代，较为契合。因为过去五十年，是反对传统权威的时代，提出自我意识，内心直觉，于反抗权威，解脱束缚，或较有帮助。（二）处于青黄不接的过渡时代，无旧传统可以遵循，无外来标准可资模拟。只有凡事自问良知，求内心之所安，提挈自己的精神，以应付瞬息万变的环境。庶我们的新人生观，新宇宙观，甚至于新的建国事业，皆建筑在心性的基础或精神的基础上面。⑤

也正因如此，贺麟遂以陆王心学为标准而重审了从甲午惨败到抗战胜利的这五十年间的中国哲学史，并进一步建立了他自己的"新心学"。

---

① 方克立、李翔海：《现代新儒学发展的逻辑与趋向》，《中国社会科学院研究生院学报》1995 年第 3 期。
② 张学智：《贺麟的"新心学"》，《中国社会科学》1992 年第 5 期。
③ 贺麟：《序言》，《文化与人生》，上海人民出版社，2019，第 8 页。
④ 贺麟《王船山的历史哲学》，《文化与人生》，第 256 页。
⑤ 贺麟：《中国哲学的调整与发扬》，《五十年来的中国哲学》，第 31 页。

总体上看，贺麟的"新心学"主要涵盖了"逻辑的心即理"的本体论、"后理智的直觉"的认识论、"自然的知行合一论"的知行论、"儒化西洋文化"的中西文化观、"儒者气象"的人生观。不消说，贺麟的"新心学"的五个方面均与阳明心学有着不解之缘。这里且就贺麟的知行论与阳明心学的关系为例，略作申说。

　　贺麟指出，"知行合一"说本是阳明心学的基本内容之一，然因其"表面上与常识抵触，而易招误解，但若加正当理解，实为有事实根据，有理论基础，且亦于学术上求知，道德上履践，均可应用有效的学说"，故"无论在中国的新理学或新心学中，在西洋的心理学或知识论中，均有重新提出讨论，重新加以批评研究的必要"①。

　　一方面，贺麟秉持严谨、客观的哲学史家态度，梳理了阳明的"知行合一"说。据贺麟研究，"阳明的知行合一说，本有两个含义"，② 其中的第一个含义是"补偏救弊说的知行合一"③。他引用阳明的原话作为立论依据：

　　　　行之明觉精察处，便是知；知之真切笃实处，便是行。若行而不能明觉精察，便是冥行，便是"学而不思则罔"，所以必须说个知；知而不能真切笃实，便是妄想，便是"思而不学则殆"，所以必须说个行：元来只是一个工夫。凡古人说知行，皆是就一个工夫上补偏救弊说，不似今人截然分作两件事做。某今说知行合一，虽亦是就今时补偏救弊说，然知行体段亦本来如是。④

　　阳明的意思是，实践行为如果没有良知的监督，那么就是盲目的"冥行"；求知活动如果最终没有付诸认真笃实的践行，那么就是虚幻的"妄想"。故贺麟认为，"补偏救弊说的知行合一"正是为治"冥行"或"妄想"才发明的。他讲：

　　　　所谓补偏救弊的说法，即是勉强将知行先分为二事，有人偏于冥

① 贺麟：《知行合一新论》，《五十年来的中国哲学》，第 137 页。
② 贺麟：《知行合一新论》，《五十年来的中国哲学》，第 152 页。
③ 贺麟：《知行合一新论》，《五十年来的中国哲学》，第 152 页。
④ 《王阳明集》，第 186 页。

行，便教之知以救其弊；有人偏向妄想，便教之行以救其弊。必使他达
到明觉精察之行，真切笃实之知，或知行合一而后已。①

当然，"补偏救弊说的知行合一"只是一种"勉强将知行先分为二等事"
的权宜之计，终究无法算作阳明知行学说的真意。于是，贺麟拈出了"知行
合一"的第二个含义，即"本来如是的知行合一，或知行本来的体段"②。
他再次引用《传习录》的记载作为立论依据：

> 爱问："如今人尽有知得父当孝、兄当弟者，却不能孝、不能弟，
> 便是知与行分明是两件事。"先生曰："此已被私欲隔断，不是知行的本
> 体了。未有知而不行者，知而不行，只是未知。圣贤教人知行，正是要
> 复那本体，不是着你只恁的便罢。故大学指个真知行与人看，说'如好
> 好色，如恶恶臭'。见好色属知，好好色属行。只见那好色时已自好了，
> 不是见了后又立个心去好。闻恶臭属知，恶恶臭属行，只闻那恶臭时已
> 自恶了，不是闻了后别立个心去恶。"③

借助人见好色时自能好、闻恶臭时自能恶的例子，阳明断定"知行合
一"乃知行本来如是、本该应有的状态，反之，如果"知而不行"，便是未
能真正把握知行本体。对此，贺麟更进一步解释道：

> 他主张即知即行，知行之间没有长远的距离，当知道时直接即发为
> 行为。一念之动就是行。学问思辨本身即是行为，不是在学问思辨之外
> 或之后，另有所谓行为。同时孝父、事兄、从政的行为中本身即包含有
> 学问思辨。他举例说，好好色，恶恶臭，皆是于见好色闻恶臭之时当下
> 即发出好好色、恶恶臭的行为。犹如看见老虎当下即发出逃避的行为，
> 推之见父自知孝，见兄自知敬，都是良知，也都是当下知行便是合一
> 的。知行不合一，一定有了蒙蔽或阻碍，是我们须得克服的病态。④

---

① 贺麟：《知行合一新论》，《五十年来的中国哲学》，第152页。
② 贺麟：《知行合一新论》，《五十年来的中国哲学》，第152页。
③ 《语录一》，《王阳明集》，第3~4页。
④ 贺麟：《知行合一问题——由朱熹、王阳明、王船山、孙中山到〈实践论〉》，《五十年
来的中国哲学》，第205页。

贺麟认为，不同于将"知"和"行"打作两橛的"补偏救弊说的知行合一"，"本来如是的知行合一"则主张"即知即行"或曰"当下知行便是合一"，遂彻底贯通了学问思辨和笃实力行之间的隔阂。贺麟强调，这种见父自知孝、见兄自知悌的"本来如是的知行合一"，"既非高远的理想，亦非自然的冲动，更非盲目的本能"，而是道德主体"自动的、率真的、不假造作的自会如此的知行合一"①。

另一方面，贺麟站在哲学家的立场，对阳明的"知行合一"说作了新的阐发。贺麟认为，考虑到阳明的"知行合一"说中的"知""行"范畴"几纯属于德行和涵养心性方面"，② 而不是知识论意义上的"知识"和"实践"，故阳明的"知行合一"说应该被归入侧重从"应如此"的价值的角度去考察"知行合一"的"价值的知行合一论"③。有鉴于此，贺麟又从"是如此"的自然事实的角度入手，提出了"新心学"的"知行合一新论"，即"自然的知行合一论"④。

首先，贺麟对"知""行"的内涵加以明确界定。他讲：

> "知"指一切意识的活动。"行"指一切生理的活动。任何意识的活动，如感觉、记忆、推理的活动，如学问思辨的活动，都属于知的范围。任何生理的动作，如五官四肢的运动固属于行，就是神经系的运动，脑髓的极细微的运动，或古希腊哲学家所谓火的原子的细微运动，亦属于行的范围。⑤

由此可见，这里所说的"知"，囊括了主体的一切感性认识、知性认识、理性认识；这里所说的"行"，囊括了主体的一切生理反应和物理运动。显然，"知""行"虽性质不同，但均为一种"活动"。故贺麟不赞成常人"知静行动"的观点，而主张"知""行"皆有动静。他讲：

---

① 贺麟：《知行合一新论》，《五十年来的中国哲学》，第 155 页。
② 贺麟：《知行合一新论》，《五十年来的中国哲学》，第 157 页。
③ 需补充说明的是，贺麟又将"价值的知行合一论"细分为"理想的知行合一"和"直觉的知行合一"，并把阳明的"知行合一"说归入"直觉的知行合一"。关于这个问题，这里不再展开。
④ 贺麟：《知行合一新论》，《五十年来的中国哲学》，第 143 页。
⑤ 贺麟：《知行合一新论》，《五十年来的中国哲学》，第 138 页。

知行虽是两种性质不同的活动。但知与行皆同是活动。因此，我们不能说，行是动的，知是静的。只能说行有动静，知也有动静。但是我们承认任何学问思辨或意识心灵的活动都有生理的条件、物质的变化相伴随。①

其次，贺麟以阳明"知行合一"说为核心，参以斯宾诺莎的"身心平行"论及现代西方心理学知识，详细介绍了"自然的知行合一论"：

> 第一，就消极方面讲来，"合一"不是"混一"。……持知行合一说的人，既不一味说知行是合一的或混一的，亦不一味说知行是对立的，二元的；他要看出知行关系的分中之合，又要看出知行关系的合中之分。……第二，知行合一乃知行同时发动（coincident）之意。据界说，"知"是意识的活动，"行"是生理的活动，所谓"知行合一"就是这两种活动同时产生或同时发动。在时间上，知行不能分先后。不能说知先行后，亦不能说知后行先。……第三，知行合一乃指与行为同一生理心理活动的两面（twoaspectsofthesamepsycho‐physicalactivity）而言。……知行两面说，认知行合一构成一个整个活动。对此同一的活动，从心理方面看是知，从生理或物理方面看是行。也可以说用两个不同的名词，去形容一个活动的历程。第四，知行合一又是"知行平行"的意思。平行说与两面说是互相补充的。……任何一种行为皆含有意识作用，任何一种知识皆含有生理作用。②

简言之，"自然的知行合一论"即指"知""行"在逻辑上是对立统一的，在时间上是不分先后的，在同一心理生理活动上是互相"平行"的"两面"。贺麟认为，"自然的知行合一论"已经超越了过往专注于伦理道德的"价值的知行合一论"，从而把对"知行合一"问题的研究引入了追溯自然事实之真理的知识论领域。

平实地说，由于历史原因，贺麟的"新心学"必定存在着为数不少的理论罅漏，但贺麟欲融中西哲学为一体而促成阳明心学研究之知识论转向的问题意识，无疑给中国哲学的现代转型提供了一种非常宝贵的镜鉴。换

---

① 贺麟：《知行合一新论》，《五十年来的中国哲学》，第138页。
② 贺麟：《知行合一新论》，《五十年来的中国哲学》，第139~142页。

言之，在当今中国，贺麟对阳明心学的哲学拓展，依旧值得我们去批判地继承。

三　冯友兰以理学之正消心学之负

冯友兰的新儒学与前述诸老的"倾向陆王的趋势"有根本不同。熊十力、梁漱溟、贺麟的学问路径虽然不同，但他们大体上都是在宋明理学的心学一脉基础上展开，而冯友兰作为现代新儒学中的新理学代表，他的基本思想是接续朱子学的。只是，冯友兰与同样倾向朱子学的马一浮也有所不同。马一浮虽是理学一脉的立场，但是心学在他思想中得到了较为圆融的安顿，马一浮的六艺论主张六艺统摄于人心，便是他这一安顿的表征，冯友兰对阳明心学主要是持批判态度的。此外，马一浮可以说是在世界视野中坚持中国传统学术思想本位，这种坚持不仅是一种姿态，而且更呈现在具体的内容与方法上，而冯友兰的思想体系与方法更与胡适的相似，是致力于"科学的致知穷理的中国哲学"。由此可见，冯友兰在五位现代新儒家代表中显得有些特殊。然而尽管如此，并不等于阳明学对冯友兰不具有影响。相反，冯友兰对阳明学的批判从另一个维度恰恰表明阳明学对现代新儒家的影响具有多样性，同时也充分表征现代新儒家这个群体在学术路径与思想特点上的丰富性。

冯友兰的学术路径是明确区分"照着讲"与"接着讲"的。传统的学问范式大多是学者将自己的思想融入到对经典文本的诠释中，"照着讲"与"接着讲"是合二为一的，而冯友兰进行的"接着讲"不是传统的注疏工作，而是进行一项现代化的工程。之所以选择承接宋明理学，而对心学持批判的立场或许主要与两个因素有关。第一，作为胡适的学生，冯友兰在北大求学期间可能深受其影响。虽然梁漱溟也是冯友兰在北大哲学门的老师，但是从种种细节来看，这一时期的冯友兰受到胡适的影响更多。根据北大哲学门的要求，在上学期间，冯友兰需要选定三个研究项目。这三个项目分别是：欧美最近哲学之趋势（导师：胡适）；逻辑学史（导师：章士钊）；中国名学钩沉（导师：胡适）。[①] 其中两个课题冯友兰都选择了胡适作为指导教师。根据

---

①　蔡仲德编《冯友兰先生年谱长编》，中华书局，2014，第 32 页。

北大的规定，选定研究课题后，学生要定时与导师进行沟通。或许因为如此，冯友兰早年的学术生涯颇受胡适的影响。冯友兰早期与胡适私交甚好。毕业后他凡是去北京，基本上都会去拜会胡适，并且在留学、择业等人生重大选择的问题上，他都会征求胡适的建议。虽然二人在后来有种种异见，但无疑在北大求学时期，冯友兰的思想是深受胡适影响的。包括冯友兰选择哥伦比亚大学求学，也是充分听取了胡适的建议。第二，与冯友兰的问题意识有关，这是更加主要的因素。前文提及，现代新儒学之"新"延续了晚期清学求新的基调，这彰显于西学的引入。然而，西学的引入自然引发了古今中西文化的交流乃至碰撞。如何处理好这个问题，是那个时代知识分子所要面临的巨大问题，冯友兰也不例外，他在回忆中说：

> 我生在一个不同文化的矛盾和斗争的时期，怎样理解这个矛盾，怎样处理这个斗争，以及我在这个矛盾斗争中何以自处，这一类的问题，是我所正面解决和回答的问题。①

生活在那样一个充满张力的时代，冯友兰的哲学从一开始就带有那个时代的特征。在充满文化矛盾的时期，怎样理解和处理那个时代的挑战，以及在不同思想的激荡下，如何安顿他自身以及他的学问？冯友兰六十年的学术生涯，正是本着这样的问题意识而进行哲学建构与哲学史的梳理的。他在北京大学接受过系统的传统哲学训练，同时又在美国哥伦比亚大学有完整的西方哲学的浸润。因此，冯友兰以新方法开始对哲学史进行梳理，并且为回应时代的关切进行了哲学体系的建构，即对新理学体系的建构。这是冯友兰学术思想的特征与定位，清楚了这一点，我们再去看在这样的学术体系中，他是如何安顿阳明心学的。

"冯友兰是中国当代最具方法论自觉的哲学家之一。"② 他在《新知言》开篇便指出："一门学问的性质，与它的方法，有密切底关系。"③ 冯友兰本着方法自觉，以"正底方法"与"负底方法"对中国哲学与西方哲学进行分析。"正底方法"是以逻辑分析法讲形上学。冯友兰在《新知言》中讲：

---

① 冯友兰：《三松堂学术文集·自序》，北京大学出版社，1984，第 2 页
② 李景林：《正负方法与人生境界——冯友兰哲学方法论引发之思考》，《中国社会科学》2010 年第 6 期。
③ 冯友兰：《三松堂全集》第五卷，河南人民出版社，2000，第 149 页。

正底方法，以逻辑分析法讲形上学，就是对于经验作逻辑底释义。其方法就是以理智对于经验作分析，综合及解释。这就是说以理智义释经验。这就是形上学与科学的不同。科学的目的，是对于经验，作积极底释义。形上学的目的，是对经验作逻辑底释义。①

科学的目的，是对"经验"进行一个"积极底"阐释；形上学的目的，是对"经验"进行一个"逻辑底"阐释。那么，什么是"积极底"阐释，什么是"逻辑底"阐释？冯友兰解释，"积极底"一词是相对于"逻辑底"而言的概念，不能用通常意义上的"消极底"或者"否定底"等概念的反面来理解。所谓"积极底"，也就是"实质底""有内容底"；所谓"逻辑底"，事实上是"形式底"，也就是"没有内容底""空底"的意思。②

"负底方法"就是讲形上学所不能讲。冯友兰说：

> 负底方法是讲形上学不能讲，讲形上学不能讲，亦是一种讲形上学的方法。犹之乎不屑于教诲人或不教诲人，亦是一种教诲人的方法。孟子说："不屑于教诲者，是亦教诲之而已矣。"③

冯友兰用"烘云托月"的例子进一步诠释了"负底方法"的内涵。"烘云托月"是画家画月亮的一种手法，指在画云朵的时候，留出一个圆形或者半圆形的空白，这个空白的地方就是月亮。用"正底方法"讲形上学，好比用线条或者颜料描绘一个月亮；而用"负底方法"讲形上学，就好比"烘云托月"，他所画的月亮，正好是他没有画的地方。"讲其不讲亦是讲"，这就是"负底方法"。

冯友兰认为，真正的形上学底命题，有着"一片空灵"的特征。"空是虚空，灵是灵活。"④ 他认为，根据学问空灵的程度，可以对学问的好坏进行判断。中国哲学所长在"负底方法"，不足之处在"正底方法"。西方哲学相反，所长在"正底方法"，不足之处在"负底方法"。但是，他同时指出，在进入"空灵"之前，好的哲学必须先进行"正底方法"的逻辑推演，而终于

---

① 冯友兰：《三松堂全集》第五卷，第150页。
② 冯友兰：《三松堂全集》第五卷，第150页。
③ 冯友兰：《三松堂全集》第五卷，第150页。
④ 冯友兰：《三松堂全集》第五卷，第154页。

"负底方法"的"空灵"。他说："在使用负的方法之前，哲学家或学哲学的学生必须通过正的方法；在达到哲学的单纯性之前，他必须通过哲学的复杂性。"① 中国哲学恰恰缺乏这种"正底方法"与复杂性。因此他认为中国哲学遗留下来的一大任务便是强化以及构建中国哲学"正底方法"一面。因此，他选择了接着宋明理学来讲。在中国哲学传统中，宋明理学的知识建构与逻辑分析要强于心学传统。

在冯友兰看来，中国哲学在"负底方面"已经非常成熟，当代哲学界需要做的努力便在于将"正底方法"运用于中国哲学，那么未来的中国哲学可以说是兼具"正底方法"与"负底方法"两种特色。这种努力在现代哲学史的发展过程中无疑是具有开创性意义的。从这个角度来讲，我们也更加清晰了解，为什么冯友兰在"接着讲"的时候，选择了程朱理学一脉，而非陆王心学。在宋明道学的传统中，程朱理学一脉的思想成果更加符合"正底方法"的特征，更符合中国哲学的现代化之路，而阳明心学的"正底方法"上不足，难以担当这个重任。这并非说阳明心学本身对于中国哲学贡献不大，而是阳明心学所长在"负底方法"，而中国哲学进行现代化之路，要去补全劣势的一面，也就是"正底方法"的一面。程朱理学更加符合"正底方法"的特征，因此冯友兰选择"接着讲"程朱理学来建构他的"新理学"体系。根据冯友兰的逻辑，如果选择了阳明心学，则必将延续中国传统哲学的老路，无法完成完整的、现代化的哲学的构建。因此，从冯友兰关切的问题意识来看，他不仅仅是一个中国哲学史家或中国哲学家，而是一个具有世界哲学发展视野的哲学家和哲学史家。他不仅要为中国传统哲学在当代世界哲学的发展中寻找一个地位，并且要通过"正底方法"与"负底方法"为世界哲学的未来描述一种可能。

如此一来，在冯友兰的哲学体系中，阳明心学的处境则略显尴尬。从"正底方法"而言，阳明心学在逻辑推演等方面不及程朱理学，不能担当中国哲学融入世界哲学中强化正底方法的重任；从"负底方法"而言，冯友兰认为中国哲学的代表是禅宗与老庄等，甚至王阳明的心学不及程颢、陆九渊等哲学那般"空灵"。他批评阳明心学"拖泥带水"：

　　　用禅宗的话说，他的形上学是有点"拖泥带水"。用我们的话说，

---

　　① 冯友兰：《三松堂全集》第六卷，第289页。

他的形上学对于实际，太多肯定。①

　　换言之，阳明心学一方面来说相对不重视逻辑推演、概念辨析与知识的构建，另一方面又太执着于相，不及禅宗、老庄等"空灵"，有些"拖泥带水"。因此，阳明心学既无法担任中国哲学现代化的重任，也无法代表中国哲学"负底方法"的最高水平。这并非说阳明心学对于中国哲学没有贡献，也不是说冯友兰对阳明心学持完全否定的态度，而是冯友兰处于古今中西思想交汇的历史背景下，有着他的问题意识与哲学使命。在这种情况下，冯友兰一方面要发扬中国哲学传统中最具"负底方法"的一面，也要从中国哲学传统中承接最具"正底方法"的一面以完成中国哲学的现代化或未来哲学的构建问题。从这个问题意识出发，阳明心学显然不能发挥最重要的作用，因此冯友兰的哲学体系对阳明心学是批评的。

　　总而言之，王阳明心学对现代新儒学的影响以及新儒学的回应与转出都是丰富具体而复杂多样的，这种丰富具体与复杂多样既来自王阳明心学本身的张力，更来自现代新儒学思想家们的自身背景与精神关怀，以及对于未来的判识与愿景。由此，现代新儒学呈现出风格迥异的思想样态，既为当代儒学的发展开辟道路，又奠定了重要的思想基础与精神资源。

近代佛学与今文经学

——以康有为与欧阳竟无为中心的讨论

张志强

（中国社会科学院哲学研究所）

为什么选择欧阳竟无来考虑近代佛学和今文经学的关系？这其实是我自己现在特别关切的一个问题。我们知道，这些年中国有一个所谓"传统复兴"的运动，"传统复兴"运动里面最典型的一个口号叫"大陆新儒家"。20 世纪 80 年代后期到 90 年代基本上是一个"海外新儒学"进入中国的历程，学界多对"海外新儒学"进行研究，比如对牟宗三、唐君毅等人进行研究。"大陆新儒家"概念的出现其实就是针对"海外新儒家"讲的，今天我们大陆已经有了"大陆新儒家"，已经不再依赖海外的资源，有了一种自树立的态度。

那么怎么看这十年，大概从 2004 年开始到现在的这一波"传统复兴"运动？怎么看待这波运动和之前的"海外新儒家"运动，以及现代的新儒家运动之间的关系？又怎么讨论"传统复兴"运动、怎么看待它的实质？我以为这是和当前现实有关的、值得讨论的问题。

以近代佛学、今文经学和欧阳竟无为话题，是因为近代佛学特别是欧阳竟无所建立的系统的近代佛学，恰恰可以映照出今天"传统复兴"运动的某些实质。我们可以说今天"大陆新儒家"的运动基本上是一个康有为式的今文经学的复兴运动。

怎么理解这场今文经学的复兴运动呢？从 20 世纪 80 年代到 90 年代初，特别是 1990 年、1991 年，有些学者有些文章对中国的现代传统进行反省，此后在反省、对接的过程中保守主义思潮进入中国大陆，并且"海外新儒家"作为保守主义思潮的一个高峰进入中国大陆，最终呈现出一个保守、激进和自由主义三分天下的格局。通过这个格局再去梳理中国近代思想史。现在的思想史研究，基本上就是沿着这三种分法来划分中国现代以来的思想史。今天的"新儒家运动"，某种意义上来说也被看成是一个保守主义的运动。

这是基本的背景，只要你讲传统，那你一定是有保守主义的倾向。那么这个看法是否正确呢？康有为式的今文经学，究竟是不是一种标准意义上的保守主义呢？现在所谓的"大陆新儒家"，基本上把康有为作为一个保守主义者来讲，特别是把康有为后期的这种"保皇"思想，作为他保守主义的一个重要特征。对我们来讲，如果仅仅从"保皇"一点来判断康有为思想的实质、康有为的今文经学的实质，是远远不够的。这涉及我们究竟该如何理解近代今文经学兴起的背景与旨趣，如何判断其思想的性格？因此这也是理解"大陆新儒家"运动的一个基本出发点。

欧阳竟无师从杨文会，曾经和谭嗣同是同学。梁启超20世纪20年代初在南京时曾听过欧阳讲唯识抉择谈。熊十力也是欧阳竟无的学生，梁漱溟也曾经跟欧阳竟无学过。所以欧阳其实是近代思想史上的枢纽式的人物，而他的近代佛学建设，实际上是受到今文经学的影响和启发的。某种意义上可以讲欧阳竟无的近代佛学是近代今文经学的纯粹彻底的形态，这是我研究欧阳竟无得出的一个结论。这个彻底的形态是对今文经学思想旨趣的更为深刻的表达。

如果我们对欧阳竟无的近代佛学没有深入的把握，那么对近代今文经学的精神实质也很难有一种深入的理解和把握。通过近代佛学的建设过程，我们可以很好地理解这一波以今文经学名义出现的传统复兴运动的实质以及带来的问题。通过近代佛学实际上可以更好地来理解这一波传统复兴运动，以及这个学术话题背后的现实性关怀。

近代佛学和今文经学到底是怎样的关系呢？梁启超在《清代学术概论》里有一句话大意是说，近代以来所有强调"新学"的学问家，无一不与佛学有关。整个近代思想史的兴起，佛学是一个非常重要的导因。实际上，对佛学的重视从某种意义上是在中国思想史内部开始的一种思想"权势"的转移，一种从儒学到佛学的"权势"转移。

那么在早期的"新学家"里面，他们寄托于佛学的，他们试图通过佛学所要找到的思想资源到底是什么呢？我概括为两点，一是要寻求革命者道德。什么叫革命者道德，梁启超曾给谭嗣同的《仁学》写过一个序。他把谭嗣同的"仁学"叫作"烈士之学"。谭嗣同所建设"仁学"就是要熔铸古今

一切圣贤之心法，建设一个纯粹的、成就德性的学问。

他把墨家、孔子与佛学全部打通，然后建设"仁学"。梁启超说"仁学"的概念其实受到了康有为的影响，因为"仁学"概念背后，指向的就是如何成就一个革命者，一个超人的道德。这种超人道德用章太炎的表述就是"自尊无畏"的道德，章太炎所谓"支那德教"，就是以禅宗和阳明心学为代表的。这种强调主体人格挺立的思想传统，是建设这个时代所需要的革命者道德的精神资源。

为什么这个时代需要一个革命者的道德？因为这个时代迫切所需的正是所谓适应新时代的新人，也就是革命者，而革命者正是因其道德而成为革命者的。佛学则为培养这种革命者、这种新人提供了道德的资源。这是第一个认识。

革命者道德的建设，就是一个适应时代的新人培养的过程。那么，在培育新人之后，还有一个如何由这些新人去构造一个新社会新国家的问题。章太炎曾有一句话叫"大独必群"，是说一个真正的革命者的道德，一个超人的道德，一个具有独立自尊的"大独"品格的个体，其内部必然具有一种"合群"的潜能，"大独必群"意味着独与群之间恰恰是一种虽相反实相成的关系，真正的独立自尊的个体恰恰是建设团体生活的前提。

梁启超在他的《论佛教与群治之关系》一文里强调了佛教对于建设群治的促进作用。团体生活包含两层意思：如何建设一种由个体组成的团体生活就是如何建设一种新的社会生活和如何建设新国家的问题。佛教可以通过新人的培养，成为建设新社会和新国家所需的重要力量。佛教作为近代思想的先声，是跟这样的历史任务相配合的。我们对近代佛学的研究，正是从佛教与建设新中国这个时代主题之间的关联出发的。

那么，首要的问题是，旧国家是什么？旧国家是由过去的儒教体制所打造的国家，是一个儒教体制的国家，一个所谓天下一统的国家，一个以天下为自己内涵的国家，同时也把天下一家作为自己价值的国家。现代国家则完全不同于这种"天下国家"，而是所谓万国之一，是竞争之世里的国家，一个追求富强的国家。

应该说中国是被迫寻求富强的。从历史的态势来看，中国从一个天下一统的国家变成一个现代国家，其实是被迫寻求富强的结果。关于天下一统的国家的特点，康有为曾形象地比喻天下一统之世有如人之"施帐驱蚊，以利安睡"，是以安宁为目标的，统治在本质上是一种安宁之术。因此，天下一统的国家，严格说来，它没有本质主义的敌人。它基本上是以天地秩序和人间秩序的合一为内涵的。这个秩序本身就是它追求的目的，所谓"敌人"不过是秩序扰动者，斗争并不以消灭对手为目的，而仅仅是维持秩序，所以它并没有本质主义的敌人。现代国家则不然，福柯曾说过，所谓现代国家就是一个通过对内的无限动员来实现对外的有限平衡状态的国家，领土边界实质上就是角力中实现有限平衡的结果。为了维持这种有限平衡状态，则必须对内进行无限动员，稍有松懈，则有可能失去对外的平衡，从而改变领土状态。正如康有为所讲，现代国家有如"独将守孤城"，是必须"将卒同心"或者"军民一体"的体制。这样的体制必然是以富强而非安宁为自己的目标，近代所要建设的新国家，实质上就是这样的国家。而所谓新人，正是那种能够服务于这样的国家目标的具有高度政治主体性的个体，而不再是天下国家治下的"天民"。

晚清思想家们的思想和行动，正是在这个背景下展开的。因此，我们理解晚清思想不能脱离这个基本的问题域。也正是在此意义上，晚清的今古文经学之争，就不可能是两汉今古文经学在晚清的简单再现，而是在晚清时代条件下的特定反应，有着属于自己时代的内容和问题意识，因此我们对这场论争的理解，不能与两汉今古文混淆。晚清的今古文之争，特别是晚清今文经学的构造，并不能够等同于两汉的今文经学。这些年来对今文经学的研究，基本上混淆了这两个层次。说起今古文经学之争，基本上都是用康有为、廖平的今古之争的模型，回头去寻找两汉的根源，去套用到两汉的今古文经学的关系上，殊不知晚清今古文经学之争，完全是时代背景下的新问题、新学术形态。这种态度不过是以今窜古而已。

从以上大的问题背景来看，晚清的今文经学和古文经学，其实都是在针对现代国家构造提供不同的思想方案。不过，这些不同的思想方案，都是基于当下的问题关怀，从中国既有的思想传统资源中去寻找，康有为找到的是今文经学，而章太炎针对康有为的今文经学，进行了自己的所谓古文经学的重建。章太炎的古文经学也不是两汉以来的经学传统，他把"古文经学"最终打造为"国学"。他们都是针对国家建设的目标，借用旧的资源来创造新的学术系统。

章太炎的国学和他的民族主义是配合的。章太炎的国学是与那种具有普遍性的知识，比如物理、数学这种知识完全不同的知识类型，他说物理、数

学这样的知识"其体在圆",所以不受具体时空条件的限制,因而具有普遍性。但还有一种知识是"其体在方"的,比如说语言、历史、文化、风俗,这些东西只有你有,别人不能共享。因此打造国学是以这些其体在方的,不能被公约的、共享的,属于你自己的、独特的、具体的文化传统为内容的。这就构成国学的根基,也是国学成立自身的理由。

章太炎把中国的历史、语言、风俗之学打造成国学,把它看成是国之所以立的基础,其成为民族主义的基础。因此,他的国学,就是要把这个天下一统的思想文化传统改造成民族主义传统的结果。他的民族主义就是要去回应西方民族主义的挑战,但回应的方式是建设一种中国自己的民族主义。章太炎在"国学"意义上建立的民族主义叫"历史民族"。"历史民族"有一种开放性,这与他对"历史"的理解有关,历史是民族形成的前提,而特定民族是特定历史的结果。后来他利用佛教的资源建立的齐物平等的政治哲学,也成为一种贯通民族主义并导引民族的价值理想。民族主义不应该是封闭自恋的民族主义,就如同"大独必群"的道理一样,民族主义也可以通过无生主义和齐物平等的理想的导引,而成为一种伦理民族主义。

以上就是章太炎古文经学脉络呈现出的图景,佛教在其中是他所建立,一种义理性的"支那德教"的重要资源,同时也是他建立"齐物平等"的政治哲学的重要理论资源。章太炎的古文经学其实包含了非常复杂的思想内容和学术动机。

我今天的重点不是讲章太炎,我的重点是讲康有为的今文经学,以及它适应时代的品格到底是什么。康有为的今文经学和两汉以来今文经学的一个重要不同在哪里?李学勤先生有一篇文章,对许慎《五经异义》和廖平《今古学考》加以比较分析,他发现正是廖平把今文经学和古文经学变成了两个具有各自主张和立场的学派,今古文经学各自成为一个道一风同的学派。李先生的结论是,这完全是廖平的一个建构。

今文经学有"十四博士"。今文经学内部都有很多不同,自身很难构成一个统一的学派。对整个汉代历史的讨论,"王莽变法"是整个西汉儒生运动的一个结果,也是一个失败的结果,所以后来西汉儒生的运动就停歇了。"王莽变法"严格来说,应该用的是今文经学的资源。可他却把刘歆作为自己的重要思想库,刘歆的思想可谓他直接的来源。这不是说"王莽变法"就是今文经学的结果,也不是简单地说是刘歆作用的后果,它是整个汉代今古文经学共同努力的结果。这是一种共同的思想趋向，很难把它分判成两个。

今文经学被建构成一个道一风同的学派，完全是近代的一个产物。它的建构有几个特点，比方说一定要把孔子说成是教主，六经一定是孔子所作的，因为传统的说法是孔子删订六经。今文经学里面还有一个重要人物叫皮锡瑞，他也讲孔子删订六经。但是他讲孔子在删订六经之前，这些文件是称不上经的，只有经过孔子删定之后才成为经，这是孔子所作六经的"作"的含义。

那康有为的意思是什么呢？在康有为看来，要说六经是古代的历史文献，而不是孔子所作，孔子仅仅是删订，这就把孔子的历史地位等同于郑康成（郑玄）和刘歆一样了。康有为说孔子必须是作了这些经典的、创造了这些经典的。那创造怎么创造？他称为点窜。也就是说，孔子不只是删订，更是点窜，把自己的意思特别加到古代文献当中，正是因为有孔子所加之义，这些古代文献才成为"经"。

所谓经的概念，章学诚讲六经是先王之政典，是古代政治文献的遗留。把这些遗留下来的政治文献重新编订以后，教给贵族子弟，作为未来官学的教本。历史上的认识是，孔子在这个基础上加以编订后的经，才成为六经的系统。

在皮锡瑞和康有为的认识里，基本上把六经说成是孔子所作。这个"作"虽然有过去的文献作为根据，可是这些旧文献，只有经过了孔子这个环节才成了经。廖平有更极端的说法，他说那些所依托的古代文献，其实根本没有什么价值，真正有价值的就是孔子的遗教，"空言待后"的孔子大义才是最重要的。

在形成经典的过程中，孔子的作用到底是什么？他们认为六经是孔子所作的，改变了过去认为孔子"述而不作"的想法。康有为认为孔子创儒教，孔子作六经，所以孔子就是教主。这一点就把历史上认为的六经变为一个具有教义完整性和宗旨一贯性的系统。也正是在这个意义上，六经在某种程度上化为了子学，也就是孔子之学。这是今文经学第一个重要的突破，就是要把六经的传统完全改造成孔子之学。原本以孔子删订的六经来统摄儒家、因儒家对六经的理解而有的所谓的经学关系，被倒转为以孔子之学统摄六经，于是孔子之学不仅是儒家教义，更成为儒教的教义，孔子成为开创儒教的教主。

作为三代政治文献的六经，是三代政治实践的产物。如果把三代以来的政治传统，仅仅理解成是一个孔子之学，而且是"空言待后"、面向未来的孔子之大义，实际上就是一种历史虚无主义。康有为认为《春秋》是"在义而不在事与文"的，孟子讲《春秋》"其事则齐桓、晋文，其文则史，孔子曰：其义则丘窃取之矣"（《孟子·离娄下》）。春秋有事、义、文三个环节，事、文都是历史性存在，而义则是孔子加上去的。孔子说"知我者，其惟《春秋》乎"（《孟子·滕文公下》），就是针对自己将己义加于事与文之上而言的，是所谓代行天子之事，故有僭窃王章之嫌疑。但孔子之义实际上也并不能脱离事与文而存在，所谓"义"是从历史的事与文中总结经验教训，是依于历史来讲损益的道理，是依于历史来讲褒贬的道理。对于廖康的今文经学来讲，他们认为"义"可以脱离事与文，可以独立存在，这其实就把"义"从其依托的历史中剥离出来，而成为一种"教义"、一种理论。所以廖平的思想发展里面有一个阶段就是对六经哲学化的处理，称之为孔经哲学，从而将其纯粹理论化了。脱离六经所依赖的古代历史，特别是三代以来的历史，导致事、文与义的割裂。事文与义的割裂使得儒学逐渐变成单纯的孔子之学。

实际上今文经学的子学化、孔子之学化，仅仅是康有为今文经学的最初步骤，子学化实际上是在为今文经学的宗教化铺路，他在把今文经学子学化的同时就在进行着今文经学的宗教化改造。这意味着，康有为要把儒教改造成一种宗教的系统，恰如宗教这个概念是近代西方的知识分类传入中国的产物一样，宗教化实就是类似于基督教化或佛教化的儒教改造。在中国历史上这是一个前所未有的儒教改造计划，是一种根本性的、激进的、革命性的改造。如果这种改造成功，那么儒学传统与中国的关系将发生一种彻底的改变。

我们过去的儒学传统是什么？儒学与国家之间的关系又是怎样的呢？我有一种说法，中国的国家体制其实是儒学导引下的儒教体制化。儒教的体制化其实质就是六经作为大经大法奠定的政治社会体制，以及在这种政治体制下构建的生活世界。"经"之所以重要，就因为其是传统国家的纲骨，而经学就是依据"经"发挥阐释其义的学问，而这种经义本身其实是构成一种学说思想的传统的，那就是孔子所开创的儒学。儒学就是针对这种构建国家的纲骨的"经"不断发挥其义而形成的学说系统，因此，"经学"成为儒学的核心。

这种作为国家纲骨的经是怎么来的？在章学诚看来，六经皆史，六经皆先王之政典，经典的来源其实是三代的政治实践，是三代政治实践的产物。这些政治文献就是政治实践的直接表现。三代的政治实践后来经过总结，大概可以总结成六种文献。所以六艺、六经不是六部书，甚至也不是六种书，它应该是指构成我们中国人的生活世界的六种或六类政治实践，是构造一个共同体的六种政治功能的体现。经典来自实践，并反映了历史实践。"经"的根本奠基性意义来自创造我们的共同体生活的根本奠基性实践的重要意义。

孔子正是在此意义上对三代政治文献加以整理、总结，并提炼出了一套理论，对政治实践背后的精神价值进行了自觉化，形成了自己所谓的"义"，"义"也就是"经义"。经义后来成为儒家的来源、儒学的来源。所以经不等同于孔子之学，孔子也不能够完全等同于儒家，这是《汉书·艺文志》特别明确的一个层次，六艺不是孔子之学，不是儒家。六艺构成一个独立的政治传统，而孔子不过是最深入地把六艺的精神加以揣摩、总结，并发扬出来，所以他才成为"素王"。儒家是在孔子整理的基础之上，形成了"道一风同""同条共贯"的特点，孔子的大义微言就成为后来经学的根据。因此，经学当然是儒家的经学，但经学所依赖之经，却不等同于儒家，二者之间的张力关系，正是经学的特质。因此，我们理解经典的时候，应该看到它是构造一个国家最核心的政治实践的力量。

孔子是这一政治实践的阐释者和精神价值的自觉者，应该说也是把这套实践的精神价值普遍化的关键人物，这也正是历史上周孔并称的原因。周孔之间的关系说明，由孔子所开创的儒学是以周公继承夏商两代政治传统而创造性开辟的周礼为前提的，是对周礼的制度精神和价值关怀的自觉，这就是"仁"的价值。仁的价值是对周礼的制度精神的自觉。仁的发现从此使制度的创造有了方向，也从此为中国文化进行了价值的定向。仁的价值是导引历史中的制度不断创造出适应时代形式的理想。

因此，当我们理解经学的时候，要配合着我们所打造的这个政治体来理解。这几种政治实践，是构造这个政治体的最基本的力量，而儒学不过是围绕这个政治体而产生的。儒学的一个重要功能是根据时代的需要对这个体制进行调适，所以这个体制永远大于儒学本身，而儒学本身也存在着与这个体

制的批判性调适的关系，它并不能完全为这个体制所限制，而总是具有超出现有体制的力量。因此，就体制而言，在它内部一定会容纳不同的异质性力量，因为体制仅仅是一个制度性框架，在它的内部是可以容纳不同的主义学说乃至宗教的，因为这个制度性框架是天下政治的框架，它并不干涉"天上"世界的事。比方说，我后面讲到佛学时，会讲到"佛学是什么"，"中国佛教是什么"，在我看来，所谓中国佛教，就是被儒教体制化的佛教，佛教被纳入到了儒教体制中。一方面这是佛教被中国化，但另一方面使这个体制内部容纳了跟自己不同的异质性力量。这是这个体制不断自我更化的一个动力所在。

总之，经其实是构造儒教体系最根本的力量，而儒学却是体制内部的力量。康有为、廖平"认经为子"的做法，实际上是把历史和孔子之义理加以隔断。钱穆先生说"故康氏之尊孔，并不以孔子之真相，乃自以为所震惊于西俗者尊之"（《中国近三百年学术史》），看起来他把孔子抬得很高，其实背后有一个历史虚无主义，他把三代历史都否定了，因此从而也无法准确地说明孔子对于中国历史和文化的重要性。他把孔子要讲的道理说成"空言待后"，是面对未来百世可知的道理，却不讲这个道理跟历史的关系，因此孔子成为为后世立法的教主，但却不再是与周公并称的历史集大成者。

今文经学变成子学，同时今文经学也包含宗教化的可能，其成为孔教建设的思想依据。

儒教体制的构造是有一整套象征礼仪系统的，而且这套象征礼仪系统是以天子为中心的，天子构成国家礼仪的中心，皇帝制度是天子制度的一种特定形式而已，在一定意义上天子是皇帝的正当性来源。周代天子制度是在宗法制基础上实现的一个突破，是对宗法制的拟制性的或超越性的运用。作为宗法制的超越性运用，天子制度的成立意味着天下所有人都是兄弟的关系，都是天的子弟。所谓天子不过是天的元子，是天从自己的子弟当中选拔出来代理天实行治理的人，而同时天子也是天的子弟们的代表者。于是，天子就成为天的代理者与人民的代表者。这是把宗法制超越运用于普天之下而创造出的制度。根据这种制度的原理，天只能由天子来祭，所以说在儒教体制里，天子是一个非常重要的轴心。可是在康有为孔教的构想当中，天子不再是礼仪制度的中心，孔教是以孔子为中心的，因此这就意味着一种政教关系的重构。原本作为国家祭祀体系之一的祭孔，开始成为祭祀的中心，孔子作为教化的象征，开始与国家政治象征的天子加以分离。这完全是适应现代国家政教分离体制的产物。康有为孔教会建设的出发点，应该说正是从政教分离的现代国家建设的视野之下，把原本由国家承担的教化任务分离出来，创建一种容纳教化传统和精神资源的孔教会组织，来承担教化的责任。于是，我们看到，所谓政教分离就是把国家层次和社会层次加以适当区隔，而原本作为国家与社会一体性基础的孔教开始让出国家领域，而自居社会成为教化的重心。当然，我认为这个区隔不是很彻底的区隔，孔教实际上具有一种意识形态政治动员的可能性。正如张翔的研究所表明的，孔教会是最早的政党论，是现代政党形态的来源。因此，所谓政教分离背景，其实也并非严格意义上西方现代的政教分离类型，而是相对于传统政教体制所具有的以政导教类型，孔教会是一种以教导政的类型。康有为的孔教会是继太平天国之后更加成熟的意识形态政治类型，是对曾国藩等人的意识形态化儒学的深化发展。这种儒学完全不同于传统儒学的政治文化方式。

因此，孔教本身恰恰是对传统政教体制、政教关系的根本重构，完全是适应新国家建设的制度创新。这种积极性、革命性根本不可能是保守的，而成为近代激进主义的真正起源。

康有为的今文经学，一方面把孔子作为教主，另一方面又认为六经是孔子所作，这就把孔子等同于佛教的佛陀、基督教的耶稣和道教的老子。正如同佛教是佛陀的教言一样，孔教也是孔子的教言而已，二者都是圣言量，都具有圣言的地位。把儒学系统建构为与佛教和道教等量齐观的系统，其背后想象的根据则是基督教。康有为是基于基督教与现代国家的关系，来想象孔教和现代国家的关系，所以说他想要把儒学变成像佛教、道教、基督教一样的宗教系统。

不过问题是，当我们把打造我们的政治世界和生活世界的传统，建构为与佛教、道教一样的宗教信仰的时候，这对中国到底意味着什么？这是一个特别让人焦虑的问题。如果我们把儒教传统变成一种信仰，实际上这就意味着儒教不再作为构建国家的基本力量发挥作用，儒教成为一个与国家体制毫无关系的传统。康有为讲"保教之所以保国"，问题是保教是不是可以保国？更有甚者，如果我们把儒教传统作为信仰，并把这种信仰作为我们国家认同的根据，那么不信儒家的中国人该怎么办？如果儒教把自身作为宗教，那就意味着它把自身放到了与其他宗教平等的位置上，而不再是那个能够调适宗

教的政治架构。如果把儒教传统当作宗教，那它必定会对其他宗教发生排异反应。

在传统的儒教体制当中，佛教是可以被中国化的，是可以被儒教体制化的，儒教体制可以容纳佛教，前提是佛教自身必须被儒教体制化。反过来，说明儒教体制不是一个可以与佛教对立的宗教。儒教体制下的儒学，也可以有自己信仰的表达方式，但其不是一种与基督教、道教、佛教类似的宗教系统。它是一种"义理性信仰"，或者说实用理性。

义理性信仰就是讲道理的信仰，它既不同于启示宗教的信仰，也不同于哲学的理性。启示是不能为理性所最终说明的，而哲学的理性则不可能容纳任何非理性的信仰。义理性的信仰是基于合群之道的信仰，它有一定的实用性，因为它把共同体生活的维持作为目标，信仰是对这种共同体生活的信仰，而这种信仰是能够理性地为他人所接受、所认可的。因此，义理性信仰能配合天下政治框架的价值关怀，表现为对不同价值的宽容态度。

康有为对今文经学的打造所带来的后果就是儒教的宗教化，而对儒教宗教化更极端、更彻底的表达其实是欧阳竟无。欧阳竟无与章太炎、康有为都有交往。他的学问渊源，我认为并不是简单地来源于杨文会，杨文会只是其佛学的接引者。他的学问来源于整个清代学术思想史。

我认为，他的学问有三个非常重要的来源。

第一，来源于他所出身的江西的"江右王学"。"江右王学"是"阳明学"里的一支，这一支跟佛教的关系非常密切。后来欧阳竟无与佛教发生密切的关系就源于此。他写过一篇《尊闻居士集叙》，特别讲到"前有罗台山，后有桂伯华"，罗台山就是清代居士佛学的代表罗有高，而桂伯华则是接引欧阳进入佛学世界的好友。罗有高其实正是江右王学在清代的继承人。清代的居士佛学，在一定程度上正是阳明学的佛教形式。在清代学术的光谱里面，居士佛学正是在承担阳明学的任务。这是欧阳竟无思想的重要来源。他对唯识学的体系性重建，在某种意义上是以唯识学深化心学的成果。

欧阳还提出一个内学的概念，我认为内学概念就是仁学的另一种说法，是谭嗣同"仁学"的深化。内学并非如通常意义上指佛学，而是如同谭嗣同的仁学一样，是对古今圣贤一切心法之熔铸，是纯粹成德之学，佛学、儒学甚至是墨家等一切与成德有关的精神资源都可以成为内学的内容。它构成了一个独立成学的系统。这实质上是阳明学的发展。阳明就曾指出，可以有一种学问专门叫作尊德性的学问，也就是说，这种尊德性的学问是与道问学的学问不同的学问系统。于是，在尊德性与道问学之间就不再是德性与学问之间的关系，而是两种不同旨趣的学问之间的关系。过去是一个学问系统有两个方面，尊德性和道问学是相互支撑的关系，尊德性并不构成一个独立的学问系统，阳明学的发展就是把尊德性成立为一个独立的学问系统。某种意义上，我们可以说这是儒学内部发生宗教化转向的一个重要潜能。

欧阳另外一个重要的学术渊源与皮锡瑞有关。欧阳曾是经训书院的学生，所以他对今文经学以及整个清代以来的学术传统都非常了解。1912年，他跟李证纲等人一起给孙中山写过一封信，这封信指出，在一个政教分离的共和时代，佛教怎么办的问题。他们向孙中山所代表的新国家提出佛教的教权自主问题。所谓教权自主，就是国家不要干涉佛教的自主性。他们在提出教权自主的同时，也提出了教权统一的问题。所谓教权统一，就是尝试在国家给予教权自主的前提下，又能够协助佛教实现教权的统一。教权统一问题针对的就是明清以来，特别是晚清民初的佛教实际状况，也就是小庙供养的状况，这种状况已经不是宗派之间的山头主义，而是庙宇之间的山头主义了。在教权自主和教权统一的基础之上，欧阳他们还提出了另一个关键要求，那就是师权自立。所谓师权自立，就是要求把统一的教权交由居士团体来掌握。这是欧阳竟无到今天为止，还被教内人士批评的一个重要原因。他主张居士可以坐道场，教权可以由居士来掌控。欧阳他们的主张就是要在政教分离的前提下实现佛教的统一，而且要把统一的教权掌握在居士团体手中。

不过，统一的佛教需要有统一的教理作为基础。中国佛教的基本形态是佛学上的"宗派佛学"，组织上的"宗派佛教"。隋唐时期是中国宗派佛教最为发达的时期，但宗派佛教体制在明清时期则被不断瓦解了，真正保留"宗派佛教"并有所发展的是日本，他们的宗派佛教更发展出了一种"分宗部勒"体制，也就是所谓的每一宗派内部都有教阶制度。不过，中国尽管没有了宗派佛教体制，但在思想上则仍然是宗派佛学的传统。

太虚认为中国佛教的改革应该学习日本的"部勒体制"，但同时我们要避免"分宗体制"，所以太虚和欧阳在整个近代佛教改革里有共同的目标，就是怎么建设一个佛教的统一教会，建设一个统一的教权。欧阳学术思想的核心就是对"宗派佛教体制"的教理基础的瓦解。宗派佛教是以宗派佛学为

自己的教理基础的，那么怎么成功瓦解这个教理基础呢？欧阳一生佛学思想的重心即在于此。这个任务的完成则必须从他的学术思想的另一个重要来源，也就是清代的文史校雠学传统的继承中来获得理解。校雠之学也就是所谓的"治书之学"。欧阳佛学思想的奠基性工作"法相唯识分宗说"，就是通过治书之学的运用而实现的。

"法相唯识分宗说"最重要的贡献是提出了"法相学"的概念。"法相学"概念就是针对"宗派佛学"成立的重要原理"判教原理"而提出的。中国佛教的形成是一个充满历史偶然性的过程，不像印度先有佛陀后有教徒，弟子不断结集然后形成经典的系统。中国佛教经典的进入是一段偶然的历史，在这个过程中围绕不同经典，中国佛教徒形成了自己的理解，那么如何弥缝不同经典之间存在的佛理上的差异，就成为中国佛教徒在接受佛经时必须面对的问题。于是，中国佛教就创造出了判教的理论，通过对不同经典义理高下的判释来将佛的说法熔铸为一个系统，并从中抉择出自己所认为的最高明的佛说和佛理，作为统摄其他佛说的根据。于是，判教必然带来立宗的结果。

那么所立之"宗"又是什么呢？"宗"就是"自证境界"，就是祖师修行之后所获的证悟，这个"证悟"就成为组织一切所说的根据点。这成为宗派佛学的一个来源，宗派佛学因此成立，宗派佛教随之出现。中国佛教的宗派性格因此成立。

宗派的形成，实际上也意味着宗派之间的分歧的出现，那么宗派佛教又在何种意义上共属于一个佛教？宗派佛学又如何可能不割裂佛陀教说的完整性？这些问题，宗派佛学从来都没有回答，一般来讲尊祖亦重佛，在他们看来佛与祖师之间并不会发生矛盾。但无论何种宗派都是先重视自己的祖师再重视佛，因此，我的祖师在某种意义上讲比佛更重要，这在南宗禅的传统里有更极端的表现。

"法相学"就是运用系统化的方法把佛说整合为一的学问。在整理经典的时候要有方法和前提，那就是把所有佛说都当成唯一正确的结论接受下来，不置怀疑。佛弟子们不能认为这个对、那个不对而加以判释。佛弟子不能判断而只能解释，解释佛说中的矛盾之处以使其达至自洽。佛陀的地位保证了佛说的圆满自主。这就是圣言量，而佛学也就是佛弟子学，其成立的根据是所谓的"结论后之研究"，是在肯定圣言量前提下的研究，研究不过是于混涵的道理中推阐以至其极而已。

从这个意义上讲，康有为等今文经学家之所以坚持孔子的教主地位，坚持孔子造六经的说法，其实就是为了确立六经作为圣言量的地位，以此来保证孔子之学的内在圆满自洽的系统性。

作为结论后研究的佛学，不过就是对佛所说的虽然有所不同但却都是正确的说法加以研究。研究是为了从这些不同说法中找到共同的更高的根据，以此来理解不同说法之所以不同的条件及其道理。根据这种佛学观念，佛学内部严格说来是没有大小乘区别的，而大乘内部也无分派。区别仅仅是后人在理解中产生的区别，区别具有历史性，可是教义本身是没有历史性的。这就是法相学的旨趣。法相学不仅贯通了大乘内部的空有差别，其实也贯通了大小乘之间的区别。当然，法相学观念也为贯通中国佛教内部的诸宗派之间的差别，提供了理论的可能性。因此，欧阳的法相学观念，其实就是为统一的佛教建设了一个统一的教理基础。这个统一的教理基础，就是首先确立起佛说的最高标准，亦即"道定于一尊"，以"佛境菩萨行"作为统一佛说的最高根据。

欧阳"道定于一尊"的方式，即整理佛教教义系统性的方式，是对今文经学教义系统化方式的深化。整个现代新儒家里面有一支，即所谓形而上学的新儒家、哲学性的新儒家，其实就是在"道定于一尊"上做文章的。所以新儒家严格说来不是哲学，而是新儒家的哲学。他们是用哲学的方法证明儒家基本价值，但从来没有去怀疑这个价值，他们只是用形而上学的方法把"道定于一尊"的"道"再次树立起来，通过哲学的方法，把儒学的经典打造成一个系统。也就是说，今文经学和哲学性的新儒家之间是同一个脉络，这一点从欧阳与其弟子熊十力的关系中也可以看到。

不过，我们之所以说欧阳在佛教教义系统化方面的努力是对今文经学的深化，是因为欧阳对佛教的教义系统化的建设，在他看来，其从根本上说就是对儒教的建设。他晚年强调"孔佛会通"，提出一个说法，"因圣求圣，方便莫大"，也就是"以佛求孔"，通过佛教来看待孔子，通过佛陀来理解孔子。"因圣求圣"这是最方便的方法，是达至成德之目标最方便的法门。会通之后的孔佛是什么？就是内学，就是一切成德之学。在成德之学的意义上，孔学与佛学并无实质上的差别，孔学佛学通而为一，成为一种具有宗教性的成德之学。"孔佛会通"是在"内学"的意义上，在纯粹成德之学的意

义上，成为一种纯粹的宗教性的学问。通过欧阳，我们看到佛学彻底地把近代的今文经学这样一个儒学复兴运动的实质表达了出来。

欧阳所主张的"统一佛教"的"全体佛教"建设是对宗派佛教体制的批判重构，从根本上讲是对中国佛教体制的根本颠覆。中国的佛教体制，我前面讲过，是一个儒教体制化的结果，在佛教和儒教之间是方内和方外的区别，彼此之间形成了一种各有分担的功能配合关系。儒教可以接受它，是因为它能够神道设教。神道设教就是在承担教化的责任。如果它不承担教化的责任，有自己独立的政治诉求的话，那它就变成了儒教体制的对立面。所以佛教的"中国化"，意味着它已经成为儒教体制的一部分，中国佛教就是儒教化的佛教。

因此，当我们彻底批评中国佛教体制的时候，实际上就意味着是对整个旧的政教关系的批评。也正是因此，当我们尝试建设一种新的佛教体制的时候，就意味着是对政教关系的重构，其背景则是要配合新国家的建设。

但在新国家建设中，把儒教变成与佛教一样的宗教系统，对新国家到底意味着什么？

晚清今文经学的宗教化，基本上是对儒学的普遍主义化处理。儒学普遍主义化和理学普遍主义化，其实有异曲同工之处。儒学的普遍主义化会有一个后果，法国学者路易迪蒙曾指出，普遍主义必定意味着一个价值等级的构造，一个边缘与中心的结构。重要的是，一种普遍主义必有一种承担的主体，这个普遍主义的担纲者在说服别人接受其普遍主义的同时，实际上也同时说服别人接受这个担纲者的特权地位。这是现代或者说西方普遍主义的论证和表达方式。这意味着谁掌握了普遍主义的话语权，谁就成为中心。理学的普遍主义实际上是随着近世以来华夷变态而出现的一种东亚民族主义的意识形态，其原理就在于此。今文经学的宗教化从根本上讲也是这样一种普遍主义的构造。所以，这个普遍主义相应地一定也是一个等级的构造，而且它也会成为某种民族主义的载体。

这种普遍主义的方式实际上与作为天下共同体的构成方式的普遍性或普遍化的方式根本不同。真正儒教体制是在以仁的价值导引下成立的仁政和礼治，仁政和礼治就是在差别中求平等的方式，因此，仁是一种贯通差别的平等，是在不取消差别的前提下的不分别，于是，在天下共同体内部是强调"华夷不分"的，而分别的目的是不分别。华夷之间并非文野之别，我认为清朝在这个体制里边特别强调分别是为了不分别，"华夷"之间不是西方普遍主义视野下的人与非人的区别，而是雅俗之别。因此儒教体制所打造的天下共同体是包容一切的，它不是一个抽象的共同体，而是以天下生民的具体性为内容的共同体，所有人都在其中，没有谁可以自外于这个共同体。它是一个天下的共同体，是一个具体的，不需要通过普遍主义这个中介来建立的共同体。近代中国所遭遇的危机其实就在于如何把天下共同体打造成一个现代国家，打造为一个抽象的共同体，但在打造的过程中，我们时刻不能忘记天下共同体留给我们的遗产，必须正视这一遗产，才不至于给我们的现代国家建设带来毁灭性的影响。当我们把传统资源打造为一种适应现代抽象共同体的资源的时候，我们是否也会把一种具有包容性的文明改造为一种排他性的文化？

梁启超对中国政治传统的承接和转换

孙宝山

（中央民族大学哲学与宗教学学院）

摘　要： 梁启超作为中国近代变革中具有极大影响力的风云人物，一方面对中国传统中具有近代意义的思想，特别是明清之际以黄宗羲为代表的具有突破性的思想加以承接和发展，另一方面又以西方思想为参照从政治层面乃至文化层面对中国传统进行了深刻的反思，既有对集权君主制及其理论的批判，对"专制政体有害君主"的论证，也有民主自由的主张、公德新民的倡导。梁启超在"道德革命""诗界革命""文界革命""小说界革命"等很多方面已开了新文化运动的先声，堪称新文化运动的先驱，他在中国思想文化从近代向现代的转换中，是一位承前启后的关键性人物。

关键词： 梁启超　黄宗羲　专制　民主　革命

梁启超在中国近代变革中是影响力极大的风云人物，他一方面承接了中国传统中具有近代意义的思想，特别是明清之际具有突破性的思想，另一方面又吸收了西方的自由民主及道德伦理思想，使中国传统实现了向近代的转化。关于这一转化，他曾说："最近三十年思想界之变迁，虽波澜一日比一日壮阔，内容一日比一日复杂，而最初的原动力，我敢用一句话来包举它，是残明遗献思想之复活。"① 他所说的"残明遗献思想"就是明清之际以顾炎武、黄宗羲、王夫之等为代表的具有突破性的思想。在中国传统思想家

---

① 梁启超：《中国近三百年学术史》，沈鹏等主编《梁启超全集》第八册，北京出版社，1999，第4442页。

中，黄宗羲对梁启超的影响最大，梁启超是最早用"中国之卢梭"来称呼黄宗羲的，① 并通过其巨大的舆论影响力而使这一名号迅速传播开来，从而得到了变革人士的普遍认同。在"维新变法"时期，梁启超与谭嗣同等"倡民权共和之说"，曾将《明夷待访录》"节钞印数万本，秘密散布"，对清末思想的转变起到了重要作用。② 到了民国时期，梁启超还说《明夷待访录》"的确含有民主主义的精神""受这部书的影响最早而最深"③。可以说，梁启超是以黄宗羲为代表的中国政治传统在近代最好的承接者，并且在西方思想的影响下，实现了对传统的超越而使其向近代转化，本文以下即以此为主线而展开论述。

一　集权君主制及其理论的批判

中国在秦以后建立起权力高度集中的集权君主制，君主拥有至高无上的绝对权力，凌驾于民众、群臣乃至国家之上，把国家和民众都作为私产而任意加以支配。对秦以后的集权君主制，儒家学者有予以肯定并为其论证辩护的，像董仲舒、韩愈等，也有加以否定进行批判的。在批判者当中，黄宗羲无疑是发出了最强音。

黄宗羲在《明夷待访录·原君》中对后世君主及其维护者"小儒"进行了猛烈的批判，他说："然则为天下之大害者，君而已矣。""而小儒规规焉，以君臣之义无所逃于天地之间，至桀、纣之暴，犹谓汤、武不当诛之，而妄传伯夷、叔齐无稽之事，乃兆人万姓崩坏之血肉，曾不异夫腐鼠。"④ 他在这里批判的就是集权君主制及其维护者，"君主大害"的论定意味着对集权君主制的彻底否定。他在《明夷待访录·原臣》中根据"君主职能说"对国家和君主加以区分，认为臣的效忠对象是国家和民众，而不是君主个人，所以

---

① 忧患余生生《扪虱谈虎录·黄梨洲》引饮冰室主人近著《中国近世三大思想家·黄宗羲》之《绪论》，《新民丛报》第 14 号，1902 年 7 月 15 日，第 53～54 页，冯紫珊编辑《新民丛报》第三册，（台北）艺文印书馆 1966 年影印版。饮冰室主人即梁启超，忧患余生生是韩文举。

② 梁启超：《清代学术概论》，《梁启超全集》第六册，第 3075 页。

③ 《中国近三百年学术史》，《梁启超全集》第八册，第 4452 页。

④ 黄宗羲：《明夷待访录·原君》，黄宗羲撰、沈善洪主编《黄宗羲全集》第一册，浙江古籍出版社，2004，第 3 页。

对君主不能无原则地服从，至于为君主殉节则是将君臣关系异变成主仆关系了，所以更不值得提倡，他说：

> 缘夫天下之大，非一人之所能治，而分治之以群工。故我之出而仕也，为天下，非为君也；为万民，非为一姓也。吾以天下万民起见，非其道，即君以形声强我，未之敢从也，况于无形无声乎？非其道，即立身于其朝，未之敢许也，况于杀其身乎？不然，而以君之一身一姓起见，君有无形无声之嗜欲，吾从而视之听之，此宦官宫妾之心也；君为己死而为己亡，吾从而死之亡之，此其私昵者之事也，是乃臣不臣之辨也。
>
> 或曰：臣不与子并称乎？曰：非也。父子一气，子分父之身而为身。故孝子虽异身，而能日近其气，久之无不通矣；不孝之子，分身而后，日远日疏，久之而气不相似矣。君臣之名，从天下而有之者也。吾无天下之责，则吾在君为路人。出而仕于君也，不以天下为事，则君之仆妾也；以天下为事，则君之师友也。夫然，谓之臣，其名累变。夫父子固不可变者也。①

他根据"君主职能说"和"气"的理论进一步对君臣关系与父子关系加以区分，认为君臣关系是一种基于国家公共事务而建立的后天的合作关系，臣如果不从事公共事务的话，那么与君就不存在这种关系，臣如果从事公共事务而不将其视为一种服务职能的话，那么君臣关系就变成了不平等的主仆关系，如果将其视为一种服务职能的话，那么君臣关系就变成了双向的合作关系，君臣的名分是不断变化的，具有很大的流动性；而父子关系则有所不同，父子是由同样的"气"构成的，是一种无法割断的先天的遗传关系，尽管受后天活动的影响，"气"可以发生变化，从而使父子之"气"不再相似，但父子的名分是不可改变的，具有很强的固定性，所以君臣关系与父子关系不可相互比拟。他通过对后世君主及"小儒"的批判和对君臣关系与父子关系的区分，有力地批驳了"君臣之义无所逃于天地之间"的陋见，打破了"君为臣纲"对君的无限尊崇和对臣的单方面约束。

梁启超继承了黄宗羲的批判精神，对秦以后的君主及其辩护者进行了猛

---

① 《明夷待访录·原臣》，《黄宗羲全集》第一册，第4~6页。

烈的批判，他说：

> 中国三代尚已，秦、汉以后，取天下于马上，制一切法，草一切律，则咸为王者一身之私计，而不复知有民事。其君臣又无深心远略，思革前代之弊，成新王之规，徒因陋就简，委靡废弛。其上焉者，补苴罅漏，涂饰耳目。故千疮百孔，代甚一代。二千年来之中国，虽谓之无政焉可已。①

> 二十四朝，其足当孔子王号者无人焉，间有数霸者生于其间，其余皆民贼也。②

> 先王之为天下也公，故务治事；后世之为天下也私，故务防弊。……务治事者，用得其人则治，不得其人则乱；务防弊者，用不得其人而弊滋多，即用得其人而事亦不治。自秦迄明，垂二千年，法禁则日密，政教则日夷，君权则日尊，国威则日损。上自庶官，下自亿姓，游于文网之中，习焉安焉，驯焉扰焉，静而不能动，愚而不能智。历代民贼，自谓得计，变本而加厉之。③

> 唐韩愈之言曰："君者，出令者也；臣者，行君之令而致诸民者也；民者，出粟米麻丝、作器皿、通货财以事其上者也。君不出令，则失其所以为君；臣不行君令，则失其所以为臣；民不出粟米麻丝、作器皿、通货财以事其上，则诛。"嗟乎！愈之斯言也，举国所传诵，而深入于人人之脑中者也。嗟乎！如愈之斯言也，吾一不解夫斯民之在斯世，竟如是其赘旒而无谓也。……盖我国民所以沉埋于十八层地狱，而至今不获一见天日者，皆由此等邪说成为义理而播毒种于人心也。数千年之民贼，既攘国家为己之产业，紮国民为己之奴隶，曾无所于怍，反得援大义以文饰之，以助其凶焰，遂使一国之民，不得不转而自居于奴隶。④

他认为，秦以后的君主通过暴力手段夺取政权，他们制定的一切法律都是为自身考虑，根本不顾及民众事务，后继者也只知沿袭前代的弊政，不知

---

① 梁启超：《〈西政丛书〉叙》（1897年），《梁启超全集》第一册，第137页。
② 梁启超：《湖南时务学堂课艺总教习梁启超批》，《翼教丛编》卷五《宾凤阳等上王益吾院长书》，上海书店出版社，2002，第147页。
③ 梁启超：《论中国积弱由于防弊》（1896年），《梁启超全集》第一册，第63页。
④ 梁启超：《中国积弱溯源论》第一节（1900年），《梁启超全集》第一册，第414页。

加以改进，致使积弊不断加深、政治的功能完全丧失；秦以后的君主大多是"民贼"，他们把国家作为个人的私产加以支配，不知道积极地履行职能，只知道消极地防止弊害，所以制定了严密的法律来束缚和愚弄官民，即便选用了合适的人才也难以让其充分施展，致使国家和政教不断地衰败。黄宗羲在《明夷待访录·原法》中说：

> 后之人主，既得天下，唯恐其祚命之不长也，子孙之不能保有也，思患于未然以为之法。然则其所谓法者，一家之法，而非天下之法也。
>
> 后世之法，藏天下于筐箧者也。利不欲其遗于下，福必欲其敛于上；用一人焉则疑其自私，而又用一人以制其私；行一事焉则虑其可欺，而又设一事以防其欺。天下之人共知其筐箧之所在，吾亦鳃鳃然日唯筐箧之是虞，故其法不得不密。法愈密而天下之乱即生于法之中，所谓非法之法也。
>
> 自非法之法桎梏天下人之手足，即有能治之人，终不胜其牵挽嫌疑之顾盼，有所设施，亦就其分之所得，安于苟简，而不能有度外之功名。[①]

他认为，后世君主取得政权之后为了长久保有、防止旁落而制定了各项制度，他们把国家作为私产加以支配，所以制定了严密的制度来限制和防范他人，即便是有才能的人也因受到种种牵制猜疑难以取得大的成效，而制度越是严密，越是给人们造成困扰，社会的动乱也就由此而生。两相对照可以看出，梁启超对后世君主立法谋私的批判基本上继承了黄宗羲对"后世之法"的批判理路，他们都认为后世君主是出于私人目的而立法，所以法律制度越来越严密，即便是有才能的人也难以充分发挥作用，只能在有限的范围内对前代的弊政加以若干调整，无法进行根本的改变，所以国家也就变得越来越衰败。

梁启超把后世君主称为"民贼"，这显然受到了黄宗羲的"君主大害说"的影响，他把韩愈作为黄宗羲所说的"小儒"加以批判，认为韩愈的君主理论是后世君主支配国家和压制民众的帮凶，这都是对集权君主制及其理论的彻底否定。

---

① 《黄宗羲全集》第一册，第6、7页。

二 "专制政体有害君主"的论证

集权君主制的一项重要表现就是"家产君主制",即君主把国家都作为个人的私产而加以支配和传承。"家产君主制"无疑对民众造成了巨大的侵害,但却给君主带来了莫大的利益,这也是历代君主竭其所能拼命维护这一制度的原因所在。

黄宗羲对"家产君主制"进行了反思和批判,认为这一制度给君主带来莫大的利益只是一时的,从最终结果来看,对君主也是极为有害的,他说:

> 后之为人君者不然,以为天下利害之权皆出于我,我以天下之利尽归于己,以天下之害尽归于人,亦无不可。使天下之人不敢自私,不敢自利,以我之大私为天下之大公。始而惭焉,久而安焉,视天下为莫大之产业,传之子孙,受享无穷。
>
> 既以产业视之,人之欲得产业,谁不如我?摄缄縢,固扃鐍,一人之智力不能胜天下欲得之者之众,远者数世,近者及身,其血肉之崩溃在其子孙矣。昔人愿世世无生帝王家,而毅宗之语公主,亦曰:"若何为生我家?"痛哉斯言!回思创业时,其欲得天下之心,有不废然摧沮者乎?是故明乎为君之职分,则唐虞之世人人能让,许由、务光非绝尘也;不明乎为君之职分,则市井之间人人可欲,许由、务光所以旷后世而不闻也。然君之职分难明,以俄顷淫乐不易无穷之悲,虽愚者亦明之矣。①

他认为,君主把国家作为私家的产业加以支配不但对民众不利,对君主自身也极为有害,因为如果把国家视为家产的话,将会导致人人都竞相争夺的局面,君主一个人的智力终究难敌众人的智力,最终必将落得个"血肉崩溃"的结局,君主为了个人一时的淫乐而换来无限悲惨的结果,这显然是得不偿失的。

梁启超引入了西方政治理论的"专制政体"的说法,把黄宗羲的"家产君主制有害君主说"发展为"专制政体有害君主说",他说:"专制政体之

---

① 《明夷待访录·原君》,《黄宗羲全集》第一册,第2、3页。

毒，其害民者一，而害君主者常二。民之受害者，有时而可避；君主之受害者，无地而可逃。民受害而他人犹以相怜，君主受害而后世且以为快。故吾敢断言：专制政体之于君主有百害而无一利。"① 他在简略地引述黄宗羲关于"家产君主制"对君主有害的那段话之后说：

呜呼！至哉言乎！数千年来嫡庶之争统，宗藩之倡乱，权臣之篡弑，军人之窥伺，皆坐此而已。……天下之大欲集于君主，故天下之至危亦集于君主。……君主既专制矣，其年长者，英明雄武者，自能朝纲独断，举自专自制之实。而不然者，或幼冲焉，或倦勤焉，或昏骏焉，或狂暴、或巽懦焉，或有所偏好偏恶焉，则其实权自不得不移于他人，于是母后之祸、外戚之祸、金壬之祸、宦寺之祸乃起。彼等非能自有其权，以与现在主权者相讧相挽夺也，而常依附现在主权者之权以自固。始而依附，继而盗窃，久假不归，而主权者反不得不伺其鼻息以为存活。于是君主非专制者，而反为被专制者矣。由此观之，历史上种种罪恶，有不从专制政体而生者乎？

历观自秦以来，专制君主之子孙，其有能三百年不经縶缚刲割、屠戮菹醢之惨者乎？人之好专制也，谓其为吾利也。而所谓利者乃若此，此而为利，则何者而谓为害耶？呜呼！前此饮鸩而死者，已不知百千万人，而踵其后者，犹复沈沈然嗜之，天下大愚，岂有过此？②

他认为，中国历史上的种种罪恶都是由"专制政体"所引起的，专制君主将国家的利益集于自身，必然引起众人的窥伺和争夺，所以最终都难逃覆灭的悲惨命运，君主本希望通过"专制政体"来谋取利益，但结果反而成了"专制"的牺牲品，给自身或子孙带来了巨大的灾难。他的上述观点基本上是在发挥黄宗羲的"家产君主制有害君主"的理论，但他并没有止于此，他还借用黄宗羲的"君主职能说"对"专制政体有害君主说"作了进一步的阐发：

若夫欲借此专制权以穷极耳目之欲者，则吾见夫为君主者无此心则

① 梁启超：《论专制政体有百害于君主而无一利》（1902 年），《梁启超全集》第二册，788 页。
② 梁启超：《论专制政体有百害于君主而无一利》（1902 年），《梁启超全集》第二册，第790、792 页。

已，苟有此心，则其专制权终不能一朝居也。夫不必其瘁心力以顾公益为民事也，即使欲保其产业以长子孙焉，固已不可不劬劳于在原、咨嗟于在庙，宵衣旰食，日昃不遑。……黄梨洲《原君》篇又云："夫以千万倍之勤劳，而己又不享其利，必非天下之人情所欲居也。故古之人君，量而不欲入者，许由、务光是也；入而又去之者，尧、舜是也；初不欲入而不得去者，禹是也。岂古之人有所异哉？好逸恶劳，亦犹夫人之情也。"故吾以为人而不欲求耳目之乐则已耳，苟其欲之，则他种地位皆可居，而惟专制君主之地位万不可居。苟居之，则乐未极而哀已来，欲未满而身为僇矣！①

黄宗羲的"夫以千万倍之勤劳"那一段话原本是用君主职能的辛苦来解释"禅让"的，梁启超借此来说明专制君主为了自身和子孙的利益不得不尽心竭力地履行职能，以保证权力不被窃取，"专制政体"给君主带来的不是无穷的快乐，而是无尽的辛劳。黄宗羲提出"家产君主制有害君主说"的目的是向未来的君主晓以利害，希望他们能主动地放弃秦以来的"家产君主制"，按照他的变革理念和制度构想重新设计政治制度；而梁启超则有了英国、日本等"君主立宪"国家作参照，他提出"专制政体有害君主说"的目的更加具体而明确，即希望清朝君主能认识到"专制政体"对自身及子孙的危害，主动地放弃"专制政体"，转而实行"君主立宪"的"民主政体"，他说：

专制政体之不能生存于今世界，此理势所必至也。以人力而欲兴，与势为御，譬犹以卵投石、以螳当车，多见其不知量而已。故吾国民终必有脱离专制苦海之一日，吾敢信之，吾敢言之。而其中有一机关焉，君主及其私人而与民同敌也，则安富焉，尊荣焉。英国、日本实将来中国之倒影也。②

"专制政体"违背当今世界的潮流，已失去其存在的合理性，他坚信中国必将摆脱这一政体，走上像英国、日本那样的"君主立宪"的"民主政体"之路。

---

① 《论专制政体有百害于君主而无一利》，《梁启超全集》第二册，第793页。
② 《论专制政体有百害于君主而无一利》，《梁启超全集》第二册，第794页。

通过以上分析可以看出，梁启超的"专制政体有害君主说"与黄宗羲的"家产君主制有害君主说"之间存在密切的理论关联，梁启超参照西方的政治理论和实践，对黄宗羲的"家产君主制有害君主说"加以承接发展而使其实现了近代转换，从而建立起"专制政体有害君主说"并予以了有力的论证。

三 民主自由的主张

梁启超早年曾根据黄宗羲的"君主职能说"否定"君臣之义"的绝对性，强调君臣关系的合作性，他说："臣也者，与君同办民事者也。如开一铺子，君则其铺之总管，臣则其铺之掌柜等也，有何不可以去国之义？"① 他以铺子的总管与掌柜的关系来比喻君与臣的关系，认为君和臣都是为民众办理公共事务的，臣当然可以解除与君的合作共事关系，没有必要死守"君臣之义"为君主个人尽忠效劳。总管与掌柜之喻不但打破了"君为臣纲"这一伦理，而且还对国家和君主加以区分。

其后，他进一步对"君国一体说"和"国民二分说"进行了批判："中国人不知有国民也，数千年来通行之语，只有以国家二字并称者，未闻有以国民二字并称者。……国家者，以国为一家私产之称也。"② "且我中国畴昔者，岂尝有国家哉？不过有朝廷耳。……朝也者，一家之私产也；国也者，人民之公产也。"③ 他所说的"岂尝有国家哉？不过有朝廷耳"和"只有以国家二字并称者"都是针对"君国一体说"即把君主和国家混为一谈而使国家成为君主任意支配传承的私有物而言的，"不知有国民也""未闻有以国民二字并称者"则是针对"国民二分说"即把国家与民众割裂为二而使国家成为与民众无关的存在而言的。与此同时，他还提出了"国民一体说"，并由此引出了"爱国""民权""民治"等主张：

国者何？积民而成也。国政者何？民自治其事也。爱国者何？民自

---

① 《湖南时务学堂课艺总教习梁启超批》，《翼教丛编》卷五《宾凤阳等上王益吾院长书》，第148页。

② 梁启超：《论近世国民竞争之大势及中国前途》第一节（1899年），《梁启超全集》第一册，第309页。

③ 梁启超：《少年中国说》，《梁启超全集》第一册，第410页。

爱其身也。故民权兴则国权立，民权灭则国权亡。为君相者而务压民之权，是之谓自弃其国；为民者而不务各伸其权，是之谓自弃其身。故言爱国必自兴民权始。①

国民者，以国为人民公产之称也。国者积民而成，舍民之外，则无有国。以一国之民，治一国之事，定一国之法，谋一国之利，捍一国之患，其民不可得而侮，其国不可得而亡，是之谓国民。②

梁启超能取得上述突破与西方思想的启发也是密不可分的，他说：

国也者，积民而成。国家之主人为谁？即一国之民是也。故西国恒言谓："君也，官也，国民之公奴仆也。"凡官吏以公事致书于部民，其简末自署必曰汝之仆某某。盖职分所当然也，非其民之妄自尊大也。所以尊重国民之全体而不敢衰，即所以巩护国家之基础而勿使坏也。③

这里值得注意的是，梁启超已经具有了"国民全体"的观念。黄宗羲虽然对民众作了士人和庶民的区分，但他同时又主张大力发展"学校"、实行普遍教育："民间童子十人以上，则以诸生之老而不仕者充为蒙师。"④ 从根本上打破了士人与庶民的分界。梁启超则提出了含有全体民众意义的"国民"概念，从理论起点上彻底打破了中国传统关于士人和庶民的区分。

梁启超的上述主张带有一定的西方自由主义色彩，但他并未由此而走向注重个体的自由主义，而是走向了注重群体的集体自由，他说：

自由者，天下之公理，人生之要具，无往而不适用者也。

自由之界说曰："人人自由，而以不侵人之自由为界。"夫既不许侵人自由，则其不自由亦甚矣。而顾谓此为自由之极则者何也？自由云者，团体之自由，非个人之自由也。⑤

尽管他也赞同自由具有普适价值，但却强调自由的集体性质，认为自由

① 梁启超：《爱国论》（1899 年），《梁启超全集》第一册，第 273 页。
② 《论近世国民竞争之大势及中国前途》第一节，《梁启超全集》第一册，第 309 页。
③ 《中国积弱溯源论》第一节，《梁启超全集》第一册，第 414 页。
④ 《明夷待访录·学校》，《黄宗羲全集》第一册，第 11~12 页。
⑤ 梁启超：《新民说》第九节（1902 年），《梁启超全集》第二册，第 675、678 页。

并非是指个人自由，而是指集体自由，这显然与强调个人权利的自由主义是格格不入的。后来，他甚至还走上了牺牲个人自由的"开明专制"道路，他说：

> 中国人之缺点：一曰有族民资格而无市民资格，二曰有村落思想而无国家思想。
>
> 夫自由云，立宪云，共和云，是多数政体之总称也。而中国之多数、大多数、最大多数，如是如是，故吾今若采多数政体，是无以异于自杀其国也。……一言以蔽之，则今日中国国民只可以受专制，不可以享自由。①

在他看来，中国人只有作为家族成员的资质而没有作为现代市民的资质，只有地域观念而没有现代国家观念，自由民主、立宪共和都是由多数人进行统治的政体，如果以中国人现有的资质和观念贸然实行多数人统治的政体，那么整个国家会陷入巨大混乱之中，所以就中国国民的现状而言，中国人只能接受专制，而不能享有自由。他还专门撰写长文《开明专制论》对其上述观点进行了详细的阐发，其中心论点是"中国今日万不能行共和立宪制""中国今日尚未能行君主立宪制""中国今日当以开明专制为立宪制之预备"，②概括地说就是"与其共和，不如君主立宪；与其君主立宪，又不如开明专制"，其理由是"革命决非能得共和，而反以得专制""人民程度未及格""施政机关未整备"等。③关于"开明专制"的内涵，他也加以了阐述：

> 发表其权力于形式，以束缚人一部分之自由，谓之制。据此定义，更进而研究其所发表之形式，则良焉者谓之开明制，不良焉者谓之野蛮制。由专断而以不良的形式发表其权力，谓之野蛮专制。由专断而以良的形式发表其权力，谓之开明专制。
>
> 吾欲申言野蛮专制与开明专制之异同，吾得古人两语焉以为之证。法王路易第十四曰："朕即国家也。"此语也，有代表野蛮专制之精神者

---

① 梁启超：《新大陆游记节录》（四十）（1902年），《梁启超全集》第二册，第1188页。
② 梁启超：《开明专制论》第八章（1905年），《梁启超全集》第三册，第1470页。
③ 梁启超：《开明专制论》第八章（1905年），《梁启超全集》第三册，第1471、1470、1483、1485页。

也。普王腓力特列曰："国王者，国家公仆之首长也。"此语也，则代表开明专制之精神者也。①

"开明专制"就是统治者出于公共的目的牺牲民众的部分自由而获取国家的发展，它与以往统治者出于个人的目的而任意牺牲民众自由的"野蛮专制"形成了鲜明的对比。从带有自由主义色彩到走向注重群体的集体自由、再到主张牺牲个人自由的"开明专制"，梁启超思想的多变性在这里也得到了充分的体现。

"开明专制"对梁启超来说只是预备立宪的一个过渡阶段，但这里也蕴含着一个巨大的风险，即无论如何开明的专制者如果没有外在的政治压力，都不会主动放弃权力推行立宪，而且在缺少权力制约的情况下，根本无法保证开明的专制者不会蜕变为野蛮的专制者。后来历史的发展也证明了这一点，1906 年梁启超提出"开明专制"后受到了"共和革命"人士的激烈批判，1924 年孙中山在《国民政府建国纲领》中提出了"军政时期""训政时期""宪政时期"，"训政时期"就相当于"开明专制"，可是后来国民党却通过"训政"走上了一党专制的独裁道路，"开明专制"所蕴含的风险充分显露了出来。

四　公德新民的倡导

儒家历来有以父子比拟君臣的传统，对于这一传统伦理，黄宗羲曾进行反思和批判，他根据"气"的理论和"君主职能说"将父子关系与君臣关系区别开来，从而打破了"君为臣纲"对君的无限尊崇和对臣的单方面约束。梁启超流亡日本之后，接触到许多西方的新知识，视野也更为开阔，对中国传统伦理反思批判的力度和广度都已超过了黄宗羲。

通过中西的比较，他对中国传统伦理所存在的问题有了更加清楚的认识：

> 今试以中国旧伦理与泰西新伦理相比较：旧伦理之分类，曰君臣，曰父子，曰兄弟，曰夫妇，曰朋友；新伦理之分类，曰家族伦理，曰社

---

① 梁启超：《开明专制论》第三章（1905 年），《梁启超全集》第三册，第 1455、1456 页。

会伦理（即人群），曰国家伦理。旧伦理所重者，则一私人对于一私人之事也；（一私人之独善其身，固属于私德之范围，即一私人与他人交涉之道义，仍属于私德之范围也，此可以法律上公法、私法之范围证明之。）新伦理所重者，则一私人对于一团体之事也（以新伦理之分类归纳旧伦理，则关于家族伦理者三：父子也，兄弟也，夫妇也；关于社会伦理者一：朋友也；关于国家伦理者一：君臣也。然朋友一伦，决不足以尽社会伦理；君臣一伦，尤不足以尽国家伦理。何也？凡人对于社会之义务，决不徒在相知之朋友而已，即绝迹不与人交者，仍于社会上有不可不尽之责任；至于国家者，尤非君臣所能专有，若仅言君臣之义，则使以礼、事以忠全属两个私人感恩效力之事耳，于大体无关也，将所谓逸民不事王侯者，岂不在此伦范围之外乎？夫人必备此二伦理之义务，然后人格乃成。若中国之五伦，则惟于家族伦理稍为完整，至社会、国家伦理，不备滋多。此缺憾之必当补者也，皆由重私德、轻公德所生之结果也）。①

他将中国传统伦理与西方伦理加以对比，指出中国传统伦理存在着"重私德""轻公德"的缺憾，即只注重对于个体及个体之间的道德规范的探讨，而忽视了对于个体与团体之间的道德规范的探讨，其结果就是仅仅在家族伦理方面较为完备，"五伦"当中的父子、兄弟、夫妇都属于家族伦理，而在社会伦理、国家伦理方面则非常欠缺，朋友和君臣并不足以涵盖复杂的社会关系和政治关系。在此基础上，他提出了培养"公德"、塑造"新民"、进行"道德革命"等主张：

> 然则吾辈生于此群，生于此群之今日，宜纵观宇内之大势，静察吾族之所宜，而发明一种新道德，以求所以固吾群、善吾群、进吾群之道，未可以前王先哲所罕言者，遂以自画而不敢进也。知有公德，而新道德出焉矣，而新民出焉矣（今世士大夫谈维新者，诸事皆敢言新，惟不敢言新道德，此由学界之奴性未去，爱群、爱国、爱真理之心未诚也。……呜呼！道德革命之论，吾知必为举国之所诟病。顾吾特恨吾才之不逮耳，若夫与一世之流俗人挑战决斗，吾所不惧，吾所不辞。世有

---

① 梁启超：《新民说》第五节（1902年），《梁启超全集》第二册，第661页。

以热诚之心以爱群、爱国、爱真理者乎？吾愿为之执鞭，以研究此问题也）。①

中国需要进行变革，不但要进行器物制度的变革，还要进行道德伦理的变革即"道德革命"，通过"道德革命"来培养民众的"公德"，以建立起适应时代需要的新道德，从而塑造出具有社会公德和国家意识的现代国民即"新民"，这样才能使中国人真正自立于世界民族之林。梁启超的"道德革命"主张将中国的变革从器物制度层面提升至精神道德层面，可以说已开了新文化运动的先声，所不同的是，他还没有将新道德与旧道德对立起来，只是希望通过学习西方伦理来建立新道德，以补救中国传统伦理所存在的偏重个人道德、忽视社会公德的缺憾。

除了"道德革命"，梁启超还提出"诗界革命""文界革命""小说界革命"等主张，并且采用介于文言与白话之间的"新文体"进行写作。这表明他对中国传统的反思和批判已从政治层面拓展至文化层面，力图通过文化的更新而使其向现代转换，正如他在《论小说与群治之关系》中所说："故今日欲改良群治，必自小说界革命始；欲新民，必自新小说始。"② 他一方面对中国传统中具有近代意义的思想加以承接和发展，另一方面又以西方思想为参照，从政治层面乃至文化层面对中国传统进行了反思和批判。可以说，梁启超是新文化运动的先驱，在中国思想文化从近代向现代的转换中，是一位承前启后的关键性人物。

---

① 梁启超：《新民说》第五节（1902 年），《梁启超全集》第二册，第 662 页。
② 梁启超：《论小说与群治之关系》（1902 年），《梁启超全集》第二册，第 886 页。

唐文治《大学》思想述析

刘　鎏

（清华大学人文学院哲学系）

　　摘　要：《大学大义》集中体现了唐文治关于《大学》的思考。在此书中，他引用、评述郑、朱两家注解及明儒相关论述，并自下按语，发明了很多新义。他将《大学》定位为"文王之教"，着重突出《大学》在个人修养层面之上的政教意义。其中，他以实践解格物、以天命论诚意、以日新存旧学三个方面最能体现唐注的时代特点及其现实关切。

　　关键词：唐文治　《大学大义》　文王之教

　　唐文治关于《大学》的著作有《大学大义》（原名《大学新读本》，1916）、《大学讲记》（1935）、《大学全体大用》（1938）、《阳明先生复古本大学论》（1938）、《〈大学〉格物定论》（1938）、《古本〈大学〉微言》（1943）。其中《大学大义》为"传注"，即对《大学》的注解，是研究唐文治《大学》思想的最主要文献，也是他有关《大学》最早的论著。《大学大义》采用《注疏》本，不分经传。注则兼采郑、朱两家，旁引明清诸儒议论，并自下按语。此外的著作则是单篇论述，其中有对《大学》的概述，也有对个别问题的剖析。这些文章的作用是修订、补充他对于《大学大义》中一些问题的理解，其中作于1938年并于1942年刊印的《〈大学〉格物定论》和《阳明先生复古本大学论》可视为其《大学》思想之定论。故本文以《大学大义》（传注）为核心，简要勾勒唐文治有关《大学》的相关思想。

一 以"文王之教"定位《大学》

《大学大义序》起首曰:"文王我师也,其谓《大学》之师范乎!"唐文治先生将《大学》一篇定位为"文王之教",并引《诗》《书》赞文王之德的相关内容证明之。他认为,《文王世子》说的是"弦诵之制",《王制》则言"选士之法",《学记》讲的是"教授之规程",和这三个文本相比,《大学》一篇所载是"学之道",即文王之道。孔子传文王之教,并以之传曾子、子思子,然后到孟子。而《孟子》一书,则主要便是发明《大学》之义的。战国之时,孟子以《大学》之教伸张孝悌之义,但其时学校公然废弃,学之道早已湮没无闻,"于是世道日衰,利欲日炽,人皆失其本心,平旦之气,不足存其好恶之公"。① 在他看来,当下恰如孟子的时代,对这种民彝泯乱的状况,"作罚"只是治其末,唯救之以《大学》教育之道,方为治本。由此,唐文治以《大学》"文王之教"建立起了文王、孔子、曾子、子思子、孟子的谱系,并试图以《大学》归本教育来挽救世风。② 在经文前几节的注中,"文王之教"多次出现在其按语中,与对"格物"等《大学》中的具体问题的理解有前后变化不同,"文王之教"的定位终其一生也未有改动,实乃理解其《大学大义》的题眼。

唐文治认为:"文王之学,以明德为主,故成周之教士,亦以明明德为先。朱子以虚灵不昧训明德,盖明德即帝王之心学也。'亲民'应从古本,不必改字。"③ 对于"在亲民",唐文治引阳明之说,以证明"在亲民"与之后"作新民"不可混为一谈。一方面他认为"未有不亲民而能治民者,后世上下隔阂,治道日坏,皆不亲民之弊";④ 另一方面,他对于后文"作新民"有独特的解释。此外,对于三纲领关系的理解,唐文治亦与朱子不同。朱子认为三纲领是"明明德""亲民""止于至善"这样的结构,⑤ 而唐文治则引刘蕺山之说,认为三纲领为一贯。

---

① 唐文治著,邓国光辑释《唐文治经学论著集》,上海古籍出版社,2019,第 1737 页。
② 《唐文治经学论著集》,第 1735~1738 页。
③ 《唐文治经学论著集》,第 1741 页。
④ 《唐文治经学论著集》,第 1741 页。
⑤ 朱子注为:"明明德、新民皆当止于至善之地而不迁,盖必有以尽夫天理之极,而无一毫人欲之私也。"

唐文治指出："古者师道即君道……后人以为'帝王之学'异于儒生，故自汉唐以来，学术日沦于空虚，识见日形其拘陋，'治平之学'，不讲久矣。"① 邓国光教授认为："君师合一，乃先生经学义理之正义；其所归在治平，乃先生奋斗之目标。"② 唐文治在此引顾炎武"师也者，所以学为君也"说明其"古者师道即君道"之意。在后面注解"《诗》云：'节彼南山，维石岩岩。赫赫师尹，民具尔瞻。'有国者不可以不慎，辟则为天下戮矣"一句时，他则明确说："古者君道兼师道，君即师也。若炎帝为火师，神农为农师，轩辕为车师，皆是也。三代以后，君师分矣，而师道犹特尊。"③ 唐文治强调上古"君师合一"，是指其时统治者既能养民，又能教民。炎帝、神农的例子意味着，君不仅掌握生存技艺，并以之养民，同时也教民以技艺，使民自养，而之所以教民，则是亲民之意。如果说上古时代君掌握的是生存技艺，那么到了文王这里，他掌握的就是"明德"。文王养民之外，还教民以仁敬孝慈信。值得注意的是，唐文治在这里所说的"君师合一"不是强调上古及三代政教合一，而是要标明《大学》作为"文王之教"的地位及儒家塑造君子人格的最终目标。唐在这里的解读可以看出强烈的现实关怀和时代特色。在一个已经没有君臣的时代，作为"学之道"的《大学》所论述的文王之道、文王之教，不应该从政治学的角度把政统和治统合到一起，而应该将君理解为"领袖""治理者"。④ 唐文治最重教育，认为读经为教育之本，作为一个教人为人的文本，《大学》君师合一的意义是教育每一个可能成为领袖（君）的人，所以唐文治才会说《大学》一书总归在"治平之学"，这是希望每个读经的人都能够不仅修身作君子，而是要明白修身、诚意都在于"平天下"，要能在作为治理者的时候以文王之道来"平天下"，即使没有作为治理者也应该以"平天下"为标准时时自我要求。

唐文治认为："知止而后有定，定而后能静，静而后能安，安而后能虑，虑而后能得。"一节是"止至善之本，亦明明德之功"。⑤ 朱子注强调个体的"志有定向，心不妄动，所处而安，处事精详"，并最终能"得起所止"，即

---

① 《唐文治经学论著集》，第 1744 页。
② 《唐文治经学论著集》，第 1744 页。
③ 《唐文治经学论著集》，第 1800 页。
④ 如前文所引，唐文治明确表示过"欲造就领袖人才，分拨吾国，作为模范"。
⑤ 《唐文治经学论著集》，第 1744 页。

所当止之至善之所在。而唐文治以《尚书》"安汝止，惟几惟康"一句解释此节，突出作为人君安其所止、不妄动的一面。所以他说："未有一心一身不定不静，而一心一身能安者……而家国天下能安者。"① 明显可以看出，这里的安定要从心到天下，所以依旧是对人君，即统治者的人格要求，这与朱子是不同的。唐文治指出："后人以为'帝王之学'异于儒生，故自汉、唐以来，学术沦于空虚，识见日形其拘陋。'治平'之学，不讲久矣。"② 在朱子的时代，因为有人君，所以"治国""平天下"不可能实实在在地落实在每一个士人那里。所以从学者的方面来说，工夫的吃紧和落实就要放在格致诚正上，而治平之是否可能则要依靠其位而言，故只能虚说。所以，儒者治平之学的落实就只能依靠"时王"，也就是要立足于"格君心之非"。一旦不能把治平落在实处，那么学者关于《大学》的争论就必然表现出个体化、心性化、抽象化、形上化的倾向，如此儒家士大夫则有可能堕入"临事一死报君王"的腐儒境地，《大学》从格致到治平的完整体系亦有沦为"帝王之学"的危险，这也是唐文治在此批评"治平之学不讲久矣"的原因所在。虽然唐注也从个体出发，但在他的时代，已经没有了家天下的人君时王，所以"文王之教"的对象则是有可能把治平之学落实的个体，《大学》之教也就可以在每一个有可能成为统治者的个体那里完全实现。按照唐注的逻辑，从教的角度来看，每一个受教育的个体都有可能成为人君（领袖），所以就一定要教之以文王之道，即养民教民之道。而从学的角度来说，每一个立志成圣贤的个体都一定要把自己的志向切实树立到"治平"之学。所以他会前引

① 《唐文治经学论著集》，第 1744 页。
② 《唐文治经学论著集》，第 1743~1744 页。邓国光教授在此句的注释中指出："程颢于宋神宗熙宁初任太子中允时，进言：'帝王之学于儒生异尚。儒生从事章句文义，帝王务得其要，措之事业。盖圣人经世大法备在方策，苟得其要，举而行之，无难也。'……'帝王之学与儒生异尚'之论，因见载于《性理大全》，自明中叶之后，一直流行到清末，为'治统'所刻意标榜，以化解'道统'的道义压力。明高拱作《本语》，其中有回应'帝王之学与韦布不同，然乎'之问，谓：'夫自天子以至于庶人，一是皆以修身为本，故曰'尹躬暨汤，咸有一德'，学非有二也。'又说：'乃不曰吾无学也，而曰帝王之学与我不同，岂不谬哉！'唐先生申明如此大义，重提高拱之论，以挽'道统'既倒之狂澜，于国难时期，重燃知识分子'救世'之热诚于道义责任。"邓教授此注十分精当，体会到了唐文治先生的良苦用心。如果我们跳出"国难"语境来考察，唐先生此论亦不是对《大学》的权解，也可以理解为儒学在从君权中解脱出来后对君子提出的要求。这种通达到"治平"的要求，不仅是国难时的道义担当，也体现了儒生在"后君主"时代依旧能，或者能更实在地以天下为己任的合理性。

《学记》"师也者，所以学为君也"①。从君而言，文王之教，是对于统治者的道统约束；而从师来说，文王之道，则是对有志者的鞭策。从这个角度来看《大学》，确如顾炎武所说"内而圣，外而王，无异道也"。②

在下一节"古之欲明明德于天下者，先治其国；欲治其国者，先齐其家；欲齐其家者，先修其身；欲修其身者，先正其心；欲正其心者，先诚其意；欲诚其意者，先致其知，致知在格物"的注中，朱子强调"明明德于天下者，使天下之人皆有以明其明德也"，唐文治引陈澧之说，认为明明德于天下就是平天下，而非朱子"使天下之人皆有以明其明德"之意。如前所揭，在朱子的语境下，《大学》是人人得以成圣贤的阶梯，所以他在这里强调人皆明其明德。但是朱子的注也不能否认，有一个明明德者，"使"天下之人皆有以明其明德，那么细究经文语义，"明明德于天下"是说人君光明其明德于天下，而"明明德"之后的"效果"则是"使天下之人皆有以明其明德"。陈澧引朱子早年之说反对此注："朱子云：'传之十章释治国平天下。此章之意，务在与民通好恶，而不专其利。'何尝云此章之意务在使天下之人皆有以明其'虚灵不昧'之德乎？与民同好恶而不专其利，乃是明其'光明正大'之德于天下也。'光明正大'之解，不可易矣。"③ 唐文治认为此说"至为笃实"。

这之后唐文治引刘蕺山"韩子《原道》自天下国家推之诚正，而不及格致，昔人以为'无头学问'"，认为此说"殊浅妄"④。蕺山所引对韩愈的批评出自朱子，而唐注与朱子分歧处是"格物"。唐文治不认可朱子训格物为穷理，而是认为"《大学》不言理而言物者，理丽于虚，而物征诸实。物者，即上文'物有本末'之物。身、心、家、国、天下，莫非物也。格之为至，古训也。格天下之物，亲历天下之事也。故郑君与朱子皆云'物，犹事也'。格物之本末，即亲历家国天下事之终始。然则《大学》所言修齐治平，无非格物之学，故格致不必补传也"。⑤ 与上一节对经文的理解体现出的差异一样，唐文治之所以如此反对朱子，还是因为其将《大学》理解为"文王之

---

① 《唐文治经学论著集》，第 1743 页。
② 《唐文治经学论著集》，第 1743 页。
③ 《唐文治经学论著集》，第 1746~1747 页。
④ 《唐文治经学论著集》，第 1747 页。
⑤ 《唐文治经学论著集》，第 1747 页。

教"。朱子对这一节的注中，看不到修齐治平，而只能看到对心意知物的分析。在朱子处，格物必须最终落到"穷理"，这是上文所说《大学》之教认知化、内在化的一种表现。从现实来看，因为君子不必然直接具有实践治平的机会，所以就要先从穷理做起，但不能否认的是，即使在朱子处，穷理也最终一定要通达到治平。但对于唐的时代来说，治平作为实在的事业就摆在每个人的面前，所以就不需要以有"虚"之倾向的理开始，而可以直接亲历天下之事（物）。如此以实践理解格物就完全否认了朱子从理的角度对格物的理解，从而也就否认了格物补传的必要。唐文治对格物的理解不是认知性的，而是实践性的，这是时代赋予他如此理解格物的可能。实践性的事，包括心身家国天下，每个人都面临着治平的事业，也都可以真实地去从事治平的事业，这依旧体现他将《大学》理解为文王之教的意图。从此处可以看出，唐文治对"格物"的理解在《大学大义》时就基本上不取朱子之意，而在《大学大义》之后的几十年，他自身对"格物"的理解也有所变化。

二 格物兼知行

1938 年唐文治作的《大学全体大用》、《阳明先生复古本大学论》和《〈大学〉格物定论》这三个文本可视为他对于格物问题的"晚年定论"。与《大学大义》不同，唐文治在这一时期，没有简单否定朱子对于格物的理解（虽然他依旧认为朱子"强分经传"），相反，他认为"内外之辨"可以贯通郑、朱、王三家对格物的解释。如上一节提到的，唐文治认为从知到天下都是物，所以格物就不是与其他七个条目并列的，于是心、意、知是内，身兼内外，家、国、天下则是外。以这个架构来看，郑注"知于善深则来善物，知于恶深则来恶物"是兼内外而言之。朱注"穷至事物之理"似偏于外，但其《格物补传》"众物之表里精粗无不到，吾心之全体大用无不明"则仍是兼内外之解。最后，阳明"致良知于事事物物，正其不正，以归于正"则是由内而外。① 由此，在"格物"问题上，唐文治以"内外一贯"实现了对郑与朱的兼采，同时打通了阳明与朱子。

唐文治指出经文中"物有本末"之"物"，即"格物"之物。这一说法

---

① 《唐文治经学论著集》，第 1828 页。

来自王心斋。在这之前，唐文治对心斋"淮南格物"就有专门的论述。① 心斋认为"'格物'即'物有本末'之物，身与国家一物也"。对此蕺山则说"王氏说尚少一注解。格、知、诚、意之为本，而正、修、治、平之为末，则备矣"。唐文治就此二说认为，"物有本末节"本属承上启下，"知所先后"一句即下两节所言"先后"，因此可知，身、心以至于家国天下皆是"物"，② 即都是格物的对象。《大学大义》对"物有本末"节的注解中，唐文治引陈澧之说反对朱子认为这一节是"结上两节之意"，并且认为"此节文法系提起下文。今据陈氏所引，则朱注恐未是"。③ 与用"内外"沟通郑、朱、王解"格物"一样，《大学全体大用》中对这一节的判断也变为"承上启下"，也是唐文治对朱子之说的一种接纳。值得注意的是身与天下国家在心斋那里是"一物"，所以他更强调的是向内的反求诸己的意思，而唐文治则谓身心意知家国天下皆物也，则是要强调格物的实践意义，可以说心斋所谓一物，是虚说，而唐文治所说皆物，则是实指天下万事万物。于是唐才可以说"'格物'之学方归于实"④。

唐文治确定了"格"字之训。他认为《大学》"致知在格物"本于《尚书·大诰篇》"矧曰其有能格知天命"一句。"孔子三十而立，至不惑、知天命，皆格物之学。"⑤ 根据《仓颉篇》，唐文治训"格者，度量也"，认为这是格字的确诂。并引阮元"物者事也，格者至也；事者，家国天下之事，即止于五伦之至善。明德、新民皆事也。格有至意，亦有止义，履而至止于其地，圣贤实践之道也"。⑥ 唐文治以为学问一定要归于实践，于是"格"就包含了知行两层意思。其中，度量是知，履而至之，则是经历家国天下之事，是行。如此，知行合一就可以通过格物的这个解释来落实，这也可以看出唐贯通朱子阳明的一种努力。在这一部分的最后，唐文治还论及"道艺关系"。根据"形而上者谓之道，形而下者谓之器"，他指出："圣人备物致用，不容偏废。惟谓《大学》'格致'足以该'科学'则可，而谓西人之科学足

① 即《性理救世书》卷二《王心斋先生格物论》一文，载林庆彰主编《民国时期哲学思想丛书第一编》第 99 册，（台中）文听阁图书，2010，第 141~148 页。

② 《唐文治经学论著集》，第 1828 页。

③ 《唐文治经学论著集》，第 1746 页。

④ 《唐文治经学论著集》，第 1828 页。

⑤ 《唐文治经学论著集》，第 1828 页。

⑥ 《唐文治经学论著集》，第 1282~1283 页。

以尽《大学》之格致则不可也。"① 可以看出，这里的道艺关系直面的是当时科学作为"艺"对于道形成了挑战的问题，而唐文治则认为"道艺不可偏废"。

在《〈大学〉格物定论》一文中，他有进一步申论。首先，他引《易》说明，今世所见新奇之物的物理已具在先生表述中，比如《小过卦》"飞鸟以凶"说的即是飞机之物理。《易》中所言"物理"，并非科学意义上的物理，而是所谓"变化，既成万物"的这样一个总体的道理，而根据此，则现实层面器物的制造（艺）都不出此物理。唐文治继而分析《中庸》"为物不二，则其生物不测"一句。此句中，两个"物"是不一样的。"为物"是就"至诚之理"而言，是无形的；"生物"则是天地山水之气凝结而生之物。所以从无形的"物"的层面来说，"至诚"则可以"尽人之性、尽物之性"，使"万物并育而不相害"。"至诚之理"是通于人和物的，而人要达到"至诚"就一定要达到物，而不能只是囿于人。所以按照"仁民爱物""民胞物与"的思路，"君子尽'格物'之功，未有不推恩于万物者也"。② 其次，唐文治反驳了认为《周礼》缺《考工记》，《大学》少《格致传》，所以中国"格物"之学失传的说法，并认为"《周礼》天地春夏秋冬各官，尽包格物之学，《大学》'诚意章'以下，莫非格物，无待补传"。③ 一则古经文之法，不能以后代文法规范、删改；二则《系辞下传》"伏羲氏王天下"章所言制作归结于"造书契"，乃因为"文者，物象之本，格物之所必先"④。最后，根据前两点，唐文治总结了"道艺关系"。因为"非道无以植体，非艺无以利用"，所以道艺不可偏废。他进一步说："近人欲用科学以治国，夫声光化电，遂可以修齐治平乎？喜怒哀乐之发，譬诸电学可也，不得谓天命之性也。郑子产之称君子在恭敬惠义，岂仅博物而已哉？"⑤ 对于中年投身于实业教育的唐文治来说，对科学、科技的认知是要高于一般守旧人士的，不过对他依旧持守"格物"可以囊括科学，反之则不可的立场。一方面，这种判断是对于当时社会上唯科学主义的一种反对，他提到的以科学治国便是科学万

① 《唐文治经学论著集》，第 1828 页。
② 《唐文治文集》，第 157~158 页。
③ 《唐文治文集》，第 158 页。
④ 《唐文治文集》，第 158 页。
⑤ 《唐文治文集》，第 158 页。

能论的体现。另一方面，这样安排格物与科学的关系，也为格物之学留下了生存的空间。

经过前文的分析可知，唐文治对于格物的理解一直避免认知化，所以甚至不惜抛弃了朱子"格物穷理"的说法。但是要注意的是，如果说格物可以包含科学，那么意味着格物并不否定认知，只不过格物本身不就是认知。在《定论》中，他以内外一贯来说"格物"，不仅从学术上兼采郑、朱、王，同时在思想上，也兼顾了格物知和行两个方面。如果按照"格物穷理"的思路，那么格物就容易与科学混于一谈。如此，格物在当时的环境下和科学相比，便不是不同，而是不及，且是远远不及。那么，格物就完全可以被科学取代，毫无其独立存在的价值，且格物当中不只是认知的部分，或者那些和科学不同的部分，也就随之被抛弃了。唐文治的理解，一是说格物与科学不同，二是说明格物与科学并不冲突，且格物可以囊括科学，那么科学既可以作为"艺"而实现其用，格物也可以作为"道"而坚持其"体"。

三　诚意本天命

唐文治认为《大学》"八条目以修身为本，而修身又以诚意为本"。① 在《大学大义》中，他对"诚意"也有独特的想法。

在"所谓诚其意者，毋自欺也，如恶恶臭，如好好色，此之谓自慊。故君子慎其独也"的朱注后面，唐文治没有自下按语点评。对比此后的《大学讲记》《大学全体大用》可知，唐文治对朱子注诚意，基本是认可的，至少不是像格物问题一样直接否定朱子的补传。如果说对朱子的注解是不否认，那么他更认可的慎独理解当属蕺山。蕺山之学以慎独、诚意为核心，故其对这一问题的理解深刻且独到。另外，陈畅教授指出，唐文治通过晚明阳明学来理解慎独，有其独到的意义。② 在这一节的按语中，唐的讨论核心便在于慎独。他认为《大学》和《中庸》谈论慎独是一贯的，都是从慎独最终推至"化民""平天下"，所以以治平事业就必须从慎独做起。

具体到相关经文的理解，唐文治以为"人之视己，如见其肺肝然"即莫

---

① 《唐文治经学论著集》，第 1823 页。
② 陈畅：《性理与救世——唐文治论慎独工夫原型及其思想史意义》，《集美大学学报》（哲学社会科学版）2017 年第 4 期。

现乎隐，莫显乎微，所以"伏者即所以为昭也，独者即所以为众也。作伪之事，未有不露者也"。① 而慎独的工夫，他则认为是"审几"。审几，即是在意之发动时分判善恶，意之将萌时作取善去恶的工夫，则庶几有诚而无伪。

在下面一节"曾子曰：'十目所视，十手所指，其严乎！'"中，唐文治着重进行了一些发挥。此节经文引曾子来进一步说明诚意，郑注"严乎，言可畏敬也。"朱子稍有展开，其注曰："引此以明上文之意。言虽幽独之中，而其善恶之不可掩如此，可畏之甚也。"郑注朱注都强调了这一句中的"畏敬"之意。唐文治与这两家注家相比，则深入地展开了"十目十手"中的"畏敬"之意。唐先引《大戴礼记·曾子立事》中"以其见者占其隐者"说明曾子慎独之功最为精辟，足以证明《大学》此处引曾子之语的分量。之后说："要知所视、所指虽指吾意而言，实指其意中之事而言。吾有穿窬害人之意，则十目视之，十手指之矣。吾有争名夺利之意，则十目视之，十手指之矣。吾意而欲崇德广业，济世救民，则十目视之，十手指之矣。然则所视、所指非虚渺也，盖诚其意者，实诚其意与身、与家、与国、与天下之事，惟其于无形之十目十手，更无所愧怍也。苟吾意一有不诚，身自此而败，而家、国、天下之事，亦自此而隳矣。"② 这一解读，坚持了唐文治治学必落于实的一贯宗旨。"所视、所指"在这里不是空的意，而是意中之事，因为任何意识都不是空的，都是关于什么的意识。那么，这里的"严"就不是一种类比，想象有十个人，而是实在的严。意是心之所发，但意之发为行，施于外才能被他人判断善恶，而意则只能靠发出这个意的主体自己判断。也就是说行为是被视、被指且不可能掩的。但如何说意也是十目十手所识所知的呢？如果不成为行为，那么意的善恶便只有主体才了解，甚至主体因为"无知"，都不能判断这个意的善恶。那么，十目十手便是一种类比，好像仿佛有十个人，而这样就达不到"严"的程度。所以，要都构建起来"十目十手""所视所指"的客观性，这种客观性的建立一则可以对意之善恶进行判断，二则可以对意之诚伪进行"监察"。唐文治此处便可以理解为对客观性构建的努力。意不能直接被指、被视，又因为意没有空的，而都是关于什么的意（在此，意之发便意味着"什么"在现实可视可感世界的实现）。

---

① 《唐文治经学论著集》，第 1755 页。
② 《唐文治经学论著集》，第 1757 页。

所以能判断意之善恶，就要判断意中之事。那么，"十目十指"对应的就是事，如此十目十指就可以做更"实"的解读。意虽仅为主体所持有，但事则是具有公开性和公共性的。那么评价意之善恶的问题，就变成了评判意中之事的善恶了。这就是唐文治"吾有穿窬害人之意，则十目视之，十手指之矣。吾有争名夺利之意，则十目视之，十手指之矣。吾意而欲崇德广业，济世救民，则十目视之，十手指之矣"所表达的"所视、所指非虚渺也"的意思，如此便需要"诚实其意"于身、家、国、天下。如此，诚意便有两层。一层意中之事的善恶，即侧重意的层面；另一层则是实诚其意于身、家、国、天下，侧重诚的一面。对于这两层，"十目十指"对第一层的作用是判断，对第二层则是监察，即客观性的第二义，唐在按语中进一步发挥了此监察之意。

唐按："吾儒治心之学，必先使吾心有所寄托。'十目所视、十手所指'者，所寄托之意也。韩子云地鬼'昭布森列'，'临之在上，质之在旁'，亦是此义。盖世界之学，莫大乎自治。吾心而欲自治，吾心必有以监察吾意。监察者，即天之明命也。"① 在此，唐把讨论的焦点从意转移到了心，因为儒者强调治心，那么心必须有所寄托，而"十目十手"便是所寄托。心学一般认为开启自象山，光大于阳明，而其衰落也因阳明后学。其中最重要的批评便是"杂禅"。因为治心之学，一般认为是佛家专属，或者若说谈论心，那么佛教义理则更加强调。在此唐文治虽没有提到佛教，但是其对于吾心有所寄托的说法，实则已经区别了儒者治心和释氏治心。一般来说，佛家明心见性等治心之法，基本可以理解为去除心上的执着、滞碍，从而修行得果。那么这里有所寄托，在佛教修行来看不得不说反而是增加了执着。儒家心学虽然也强调不要执着（当然儒家所说的执着一定是对于私欲的执着），但如果仅仅如此强调就有沦于佛教空虚的危险，那么唐文治在此提出的有所寄托，便是对这一危险的必要缓解。唐引韩愈"昭布森列""临之在上，质之在旁"就是为了说明心之有所寄托，便是要强调"十目十手"作为寄托的在其左右的真实性。唐文治说："世界之学，莫大乎自治。吾心而欲自治，吾心必有以监察吾意。"意为心之所发，那么心如果要"自治"，就要监察其发出的意。但是这样还是会落入前面提到的"自己监察自己"的问题，意由心发

---

① 《唐文治经学著作集》，第 1757 页。

出，若监察此意，是不是还要从心再发出一个意？还是心本身就具有监察意
的能力，但是纯粹主观中的这种监察又怎么能保证其"客观性"呢？所以唐
说："监察者，即天之明命也。"将天命引入这里，就是构建诚意的客观性。
与此同时也突出了儒家思想中的宗教性或者超越性，使得诚意、慎独不仅是
道德、人格修养理论，同时还预示着诚意工夫具有沟通天人的可能。唯有超
越、未知、超出人之主观把握的才能够成为人心的寄托之处。所以，唐说：
"《易传》曰：'与鬼神合其吉凶。'盖一念之欺，鬼神随之。一念善而吉，
一念恶而凶，消息之几，捷于影响。《诗》曰：'上帝降监。'又曰：'上帝
临女。'嗟乎！其严乎！其天命之所在乎！"① 对于人的吉凶来说，都在一念
善恶，消息之几，之所以念头上的善恶与鬼神吉凶相对应，是因为"天命"
的监察作用。天命无所不在，人力无法把握，或者说无法以对象化的态度去
认知、把握，从而实现对于天命掌控。毋宁说，人始终就生活在天命当中，
天命流行而生万物，人作为万物，本身就是天命流行的结果。万物生长收藏
无非都是天命流行，因万物不会违背天命，故天命亦不以吉凶随之。唯人因
为具有善恶选择的可能，故超出万物而成为天地间最灵者。但是这不意味着
人已经超出了天命的范围，更不能说人已经掌握了天命。在具有选择的人这
里，天命已经不仅仅是生长收藏的"自然规律"，而且还是人生活中必然存
在的偶然性。这种偶然性，因为始终生活在其中，不可能对象化地认知，不
可能把握、掌控，所以其超越性就作为客观性得以监察人心之意诚与不诚。
这个意思在后面注解"顾諟天之明命"的时候再次申明②，足见天命时时在
旁而有监察作用是唐对天命理解的重要侧面，更具体的关于天命的讨论，则
已经超出本文的范围，③ 兹不赘述。

四　日新以存旧

唐文治《大学大义》中另一处独具新意的理解正在于"新"。前文提到，

---

① 《唐文治经学著作集》，第 1757 页。

② "顾諟天之明命"下面按语说："敬畏天命，及所以存心而养性也……天命无时而不在，
即顾諟无地而不在……君子之道，触目皆可以警心，则常目无非天命也。"参见《唐文治
经学论著集》，第 1763 页。

③ 参见唐文治《天命论》（三篇），《唐文治文集》，第 141 页。

唐反对朱子将"在亲民"理解为"作新民",乃是因为唐对于"苟日新""作新民""其命维新"有自己独特的理解。

对"苟日新,日日新,又日新"一节,朱注认为:"汤之洗濯其心以去其恶,如沐浴其身以去垢,故铭其盘,言诚能一日有以涤其旧染之污而自新,则当因其已新者,而日日新之,不可略有间断也。"朱子此注从道德人格自我更新的角度来理解"新"。唐引《说文》"苟,自急敕也",说明苟为"急求日新",这一理解虽本于《说文》,但也不难体会到唐文治在新旧交替、东西交流的时代,对于"新"的敏感和着意。后面唐说:"世界无一日而不新,吾心当先世界而新。苟有一日之不新,即不能生存于世界之内。顾心之为物,飞扬驰骛,常逐物欲而行。一日不洗濯,则陈腐尘积,至于迷昧而不能自醒……宜自省吾心,有一毫之不新否耶?由此推之,无一时之不省,即无一时之不新矣。"[1] 这一注解首先从生存的高度肯定了新。新旧在此不仅仅是一种表示过去和将来的时间概念,同时是一种价值。一日不新便不能生存于世界,显然已经超出了朱子道德人格自我更新的意思,虽然儒家也会讲人心一旦堕落便会沦为禽兽,但是这毕竟还是于道德人格层面来讲的。可唐讲日新之"急",首先是因为世界无一日不新,所以人不新就跟不上世界,就会被世界抛弃,从而不能生存,这不是个体修养的工夫论所能囊括的了。但是唐文治并非一味求新之人,虽然新在此是一种正面价值,可新却被他限制在"心"的层面,这是因为要给"旧"提供合理的论证。他说:"心,无形者也。事业,有形者也。无形者宜常去故而纳新,若空气然。有形者有宜更新,有宜仍旧,是必先自新其心,而后于事业之宜仍旧、宜更新者,得辨晰而无误焉。若不能自新其心,而专求新于事业,譬诸无根之木,其不至颠倒错乱,误天下苍生者鲜矣。故成汤之日新又新,与伊尹之先知先觉,相为表里。新者即新我之知觉也。皆'心学'也。"[2] 据此说,日新的只是心,只是"知觉",即对于世界变化的感知,知觉只有日新才能够通畅,才能够先知先觉。而作为有形者的事业,则不能单纯日新,而是要有存有去,当然其存去是依照日新之心、之知觉来决定的。这样的论证一方面从理论上肯定了"新"在生存层面的价值,这表现出其对于时代大势的开放眼光;另一方面

---

① 《唐文治经学论著集》,第 1768 页。
② 《唐文治经学论著集》,第 1768 页。

唐此说针对当时盲目求新，一味反传统的趋势，在现实中给旧事物（即儒学、人伦等）的存在提供了强有力且不与进步观念相冲突的论证。

对于"《康诰》曰：'作新民。'"朱子认为此节与"在亲民"一致，故注曰"言振起其自新之民"，这是和"皆有以明其明德"类似的让民自我修行的意思，而唐则更强调此一节的政教意义。他引此句原文"助王宅天命，作新民"，说明安天命其体，作新民其用。前一节之新强调"吾心当先世界而新"，这一节之新则是"吾之民宜先世界而新"，并再次强调"苟有一日之不新，即不能生存于世界之内"。所以他认为"作"即"教、养而已矣。教者，所以立民之道德，牖民之知能。养者，所以创民之职业，强民之体质"。① 一方面我们能看到唐文治在理论上对于新的肯定，另一方面也可以看到他对于新民的解释有与朱子不同的政教意义。道德、知能如果说是比较传统的意义，那么创造职业、强化体质则一定是在世界列强竞争的格局下才能想到的时代性思考。教民、养民在本文第二部分已经提到，是君师合一之事，唐认为《大学》是文王之教，是君师合一之教，所以强调"作"之教、养义，足见其思考的呼应与一致。他认为"作者，起也。譬诸扶卧者而使之起，有自然之机焉"。② 这里强调"作"好比让坐着的人起来，也就是说最终站起来的是那个人自己，那么作只有助缘的意义，所以教民养民要时机化，即所谓："人君之责任，在开导其固有之美，一引其机，则浡然而兴焉，焕然而发焉。"③

最后，关于"《诗》曰：'周虽旧邦，其命维新。'"一节，唐文治认为"此三节实由近及远"，这一节是说"新其邦"。他强调："世界无一日而不新，吾之邦宜先世界而新。苟有一日不新，即不能生存于世界之内。水不新则污，木不新则腐，一身不新则恶积，一家不新则破绝，一国不新则王绝，此天行之'公理'，故大学之道以新国为要务。"④ 唐文治再三强调日新于生存一面的意义，这是因当时的家国现实所造就的。他从水、木之物推到身、家、国天下，以"新"为"公理"，并把大学之道归结为"新国"，这都是因为其背后强烈的现实关怀所导致的。如果说新为公理还可以接受的话，那

---

① 《唐文治经学论著集》，第 1769 页。
② 《唐文治经学论著集》，第 1769 页。
③ 《唐文治经学论著集》，第 1770 页。
④ 《唐文治经学论著集》，第 1771 页。

么大学之道为新国就有些以经义曲就现实了，毕竟天下才是《大学》最高的目标。显然在"新其邦"的层面上最能看到唐对于"新"这一价值的肯定，与此同时，对"新"从心到民再到国的理解也超越了一般新派人士一味求新的诉求。他对新的理解可以日新之知觉感通世界之新，从而判断事业上的存去取舍，以完成新民、新邦，而一切的开始都要从知觉之新，即心的新开始，这体现了唐文治对《大学》"文王心学"①的一贯理解。

五 结语

唐文治中年以后投入教育事业，后半生遍注群经。自南宋以来《大学》便有独特且崇高的地位，此后的儒者，不论理学家还是经学家，几乎都要对《大学》有所评注，但理学家基本不敢反对朱注，而经学家则依考据试图解构朱注的权威。唐文治之学虽然有强烈的朱子学背景，但是对于《大学》的注解则以义理评判取舍郑、朱二家，并兼以明清儒之论述，足见其"实事求是""不分门户""汉宋兼采"的为学宗旨。不仅于此，他还在《大学》的传注中，表达了强烈的救世情怀和现实关切。如果说《易》讲天道流行，化生万物，《中庸》则"兼天道、人道而言"，②那么《大学》就是天道在人生的展开。唐文治取"文王"来作为君子展开其人生的终极榜样，以《大学》为文王之教砥砺学人力行治平事业，并通过对格物、诚意、日新做出的创造性诠释，提供了性理学的救世方案和儒家思想为现代个人人生建立意义的一种可能。虽然通过上文的分析我们也能看出，唐文治对于一些问题的解释因其现实关切的急迫依旧存在不小的理论困难，不过也正因此，唐文治思想作为一个时代侧面的反映而值得我们关注。

---

① "文王心学"与"文王之教"都是唐先生对《大学》的定位。笔者认为"文王之教"更强调《大学》整体的政教或培育领袖之必要的意义，而"文王心学"则突出治平事业必自心上开始的方法论或工夫论意义，其强调圣王的传心的一面。

② 此说为唐先生对《中庸》的定位。参见《唐文治经学论著集》，第1845页。

访谈

笃学力行传承创新[*]

——向世陵教授访谈录

王 琦　向世陵

（长沙理工大学设计艺术学院　中国人民大学国学院）

摘　要： 向世陵教授长期从事中国儒家哲学研究，目前作为首席专家承担了国家社科基金重大项目"中国仁学发展史"。本文从其学术研究历程、与石峻和张立文先生的往事、博爱与仁学、传统文化的创造性转换与创新性发展、治学方法与学术追求、对青年学者的建议等角度，展现了一代学人不断开拓进取、笃学力行、传承创新的成长历程与学术创见，为后辈学者提供借鉴。

关键词： 向世陵　治学方法　传统文化

一　从湖湘学到宋明理学"四系说"

王琦（以下简称"王"）：向教授，您好！感谢您接受我的访谈。请问您是如何走上学术研究道路的？

向世陵（以下简称"向"）：我最早接触哲学是在上大学之前。1973年末，我在老家四川南充工厂当工人，正逢开始批林批孔，毛泽东主席提倡读四本书：杨荣国的《简明中国哲学史》与《中国古代思想史》、冯友兰的《论孔丘》、冯天瑜的《孔丘教育思想批判》。当然还有中央下发的一些批林

＊　本文系2021年10月向世陵教授应邀到湖南汨罗屈子书院讲学之际的学术访谈，已经其本人最终审定。

批孔运动的文件。当时全国都在组织学习。其间，我慢慢地对中国哲学史、中国思想史产生了兴趣，借了一些相关的书，虽然不太看得懂，但还是硬着头皮去读。

1978年，我考上了西南师范学院（现在叫西南大学）的政治系，有哲学、党史与政治三个专业，我学的是哲学专业。当时四川省高教局与学校签订了一个培养高校师资的协议，这些专业的学生毕业后可以进高校当老师。1982年，我毕业被分配到了北京语言学院（现北京语言大学），在机关人事处工作了两年后，于1984年考了中国人民大学的研究生，学习中国哲学，读博士时也是学的这个专业。

王：请问您读硕士的时间是1984年到1987年，读博士是1990年到1993年？

向：是的，我读书都是断断续续的。我在读本科之前工作了7年。在工厂恢复招工时，父母就让我去工厂当了工人，那时我才16岁，但还是想读书。我先在工厂工作了几年，后又被调到机关。1977年国家恢复高考，我就想报考，但单位领导不同意，所以等到1978年才去考大学。

王：您是四川人，但是我发现您早期的研究与湖湘学派有着密切的联系，你是如何关注到湖湘学派的？

向：我的硕士导师是张立文先生。张老师是做宋明理学研究的，他早期最有名的著作是《朱熹思想研究》，那时他就与湖南岳麓书院有联系。他曾说，"东南三贤"中，朱熹与吕祖谦都有专门的研究著作了，但张栻还没有人做系统研究。于是我就主动说要研究张栻，得到了张老师的支持，开始做湖湘学研究。那时资料并不好找，人大的图书馆在修整，古籍不对外开放，我就只好到北京图书馆（现国家图书馆）去。当时的北京图书馆分成了两块，当代著作在文津街，线装古籍在柏林寺。我每天坐公交车去看书，抄《南轩文集》。每一函初次借阅时，上面都是很厚一层灰尘，需先拿到室外去拍打干净。后来，我又在北图新馆善本室摘抄《南轩易说》。因为是善本书，不可以用钢笔抄，怕万一滴水将古籍弄脏了，所以只能用圆珠笔或铅笔抄。抄回来后，我就开始写硕士论文。由于当时受到了一般流行思想的影响，我对张栻的地位估计不足，还是把他看成是处在二程到朱熹之间的一个阶段。朱熹说自己和张栻"徼纷往反者几十余年，末乃同归而一致"（《晦庵集》卷八十七），又讲他和张栻有一个"晚年画一工夫"（《宋元学案·岳麓诸儒学案》），以此表明两人思想是完全一致的。张栻去世后，他的思想都归结到朱熹那里去了。当时为什么南轩的学脉没有传承与弘扬下来，我认为主要有两个方面的原因：一是张栻去世太早，尚来不及完善和充实自己的学说，不少著作还失传了；二是张栻的学生大多从政，将理论落实到实践上，注重事功，没有把主要精力放在学术研究和传承上。

我在读硕士的时候，就跟湖南的学者有联系。大概是在 1986 年，岳麓书院举行成立 1010 周年纪念活动，召开学术研讨会，张立文老师被邀请参加。我跟张老师说自己也想去，于是就写了一篇张栻"理一分殊"的文章，张老师写了推荐信。但开会前，张老师临时有事没有参加，我就自己到了岳麓书院开会，认识了朱汉民、邓洪波老师。那时的机构叫湖南大学岳麓书院文化研究所，陈谷嘉老师是副所长，朱老师与邓老师一个是理学研究室的主任，一个是书院研究室的主任，后来我们一直都有联系。

王：请问您的硕士论文题目叫什么？

向：我的硕士论文题目叫《张栻天性心一致论》，后来我将论文的主要观点浓缩出来，写成了一篇文章《张栻论天人合一的主体实现》，发表在《孔子研究》上，对张栻的基本思想做了一个相应的阶段性研究，但是对他评价的全面性还是有所不足。

王：您后来还写了《善恶之上——胡宏·性学·理学》《理气性心之间——宋明理学的分系与四系》等著作，提出了应将胡宏的性学视为与理学、心学、气学并列的"四系"，请问您为什么会提出宋明理学的四系说？

向：这里先讲一个插曲。当时硕士报名时，张立文老师不在招生目录上。目录上是石峻先生、杨宪邦先生和乔长路先生。石峻先生招古代哲学，杨宪邦、乔长路老师招近现代哲学（后来才知道这个目录搞错了，乔老师也是招古代哲学），我报的是古代哲学。石公（石峻）是我国实行学位制度的第一批博士生导师，可以硕士、博士都带，但入校后，石公说他不再带硕士了。因为我希望从事宋代理学研究，所以就选择了张立文老师，张老师很高兴地接收了我。

毕业留校后，我想继续读博士，但人大规定毕业留校后三年才能再考博士。1990 年，我报考了石公的博士，继续做宋明理学，张立文老师也很支持。石公是湖南永州人，对湖南很有感情。因为当时我已经在做湖湘学研究了，所以想继续深入下去。那时台湾与大陆已经开始交流，牟宗三等

台湾学者的著作也开始传到大陆这边来了。张立文老师有他们的书，我就从张老师那里借了台湾出版的牟宗三的《心体与性体》来看。牟宗三对胡宏的评价很高，我也正想做宋明理学，于是选择胡宏来做博士论文，石公也很支持。

我在研究胡宏的过程中发现，港台包括牟宗三的研究虽有其特点和贡献，但也存在一个很大的不足，就是不注重文献，而是按照自己的思辨前提出发去进行推断。如牟宗三说张栻是胡宏的不肖子，只跟着朱熹的脚跟转。当然，从客观上讲，张栻跟着胡宏学习的时间确实不长，大概只有半年的样子，胡宏就去世了。但张栻实际上还是继承了胡宏的思想，不能说张栻跟着朱子的脚跟转。特别随着研究与阅读的深入，我比先前做硕士论文时能更全面地了解与评价张栻了。我对湖湘学者有一个基本的定位——性本论，或者叫性学。张栻其实有很多自己独立的观点，他在以性为本的根本大局上，始终坚持了胡宏的基本观点，但有些观点又与朱子有调和。比方张栻也讲天理论，但他的天理论是建立在性本论的基础上，将理与性结合了起来。朱熹讲性即理，胡宏、张栻讲理即性。不能说张栻讲天理，就是背弃了胡宏学术的基点，这个论断比较片面。

为什么说牟宗三不注重文献呢？在杨世文先生的《张栻集》出版之前，《张宣公全集》里就包含了张栻44卷《文集》，以及《论语解》《孟子说》等专著；另外还有《易说》等著作。但是他都不看，只用黄宗羲《宋元学案·南轩学案》中所附的文章，外加清代张伯行编的正谊堂7卷本《南轩文集》，这就是他读的全部文献，只占张栻全部著作的一小部分，这怎么能够从整体上评价张栻的学术地位呢？把张栻说成是胡宏的不肖子的评价实在是太偏颇了。当然根本点在于牟宗三不喜欢朱熹，所以他对张栻的评价非常低，说张栻跟着朱子的脚跟转，可能与这个立场有关系。

当然，牟宗三在对胡宏思想的发掘和阐释上还是有其贡献，这个还是要肯定的。我研究胡宏也吸取了一些他的成果，但还是有不一样的地方。牟宗三的宋明理学三系之分，将小程朱一系视为"别子为宗"，不是儒学的大宗。另一系是象山与阳明，即陆王心学，讲"一心之朗现，一心之申展"。而他认为最正统的则是从胡宏到刘宗周一系，叫心性合一系，真正继承了孔孟的思想传统，但却没有文献支持，只是从逻辑架构上认为胡宏与刘宗周应该属于同一系统。总体而言，陆王心学系与心性合一系又同属于一个大系统，用他的话来说就是"即存有即活动",而小程朱一系则变成了"只存有不活动"。①因为讲"一心之朗现,一心之申展"总是活动的,活动的就是动态的纵向展开,而那些不动的则是静态的横摄模式。

牟宗三的"三系说"与大陆学者的"三系说"有一个很大的不同。大陆受唯物论的影响,比较注重气学系统。从张载到罗钦顺、王廷相、王夫之,以及明代中期以后的很多人都讲以气为本,我把它称为气学的"复兴"。但牟宗三的意识形态情节非常重,特别反对唯物论,尤其爱讲"体",有心体、性体、神体、虚体等,唯独"气"不能讲"体",因为讲"气体"就跟大陆学者相混了。我在研究胡宏的时候,发现牟宗三的得和失都体现在这个地方,他的"得"是突出心性合一,而"失"就在于有意无意地摒弃了以气为本的传统。其实宋明理学的气本论传统,从王夫之以后,清人就已经将它视为一个独立的系统并延续了下来。把气学传统排除在外,只讲心性,实际上是不符合宋明理学发展的历史实际的。

我之所以把胡宏与刘宗周分开来看,是觉得他们其实是不一样的。这跟大陆的学术传统有关系,也即张立文先生所说的要讲时代的核心观念、最高范畴。研究一个哲学家的思想,就要研究其形而上、本体论层面到底是以什么为最高范畴,要找到其哲学体系的基本点。胡宏虽也讲性与心,但从其著作来看,他是以性为本的,刘宗周是以心为本的。刘宗周属于心学,而胡宏属于性学,所以我把理学分成四系:道学、心学、性学、气学。这里涉及跟冯友兰先生的一个观点分歧。冯友兰先生将道学为一个上位概念,理学视为一个下位概念,也就是道学包含理学。但我认为以道学作为上位概念,包含理学、心学、性学的论据是不充分的,至少不太准确。因为不管在历史上,还是在后来的发展中,道学都是一个狭义的概念,主要指程朱这一系。从二程使用这个概念开始,到后来的《宋史·道学传》也主要是指程朱系统,而理学是一个范围更大的系统,这一点在今天的学术界基本上是大家公认的,张立文先生对此早有明确的分辨。所以,我将理学作为一个整体性的上位概念,而道学就指程朱这一系。从本体的范畴来说,理、气、性、心分别是道学、气学、性学、心学四个学派的最高范畴。

同时,除"道学"外,有些学者还提出天学等概念。我认为理、气、

① 牟宗三:《心体与性体》上,吉林出版集团有限责任公司,2013,第39~52页。

性、心，还有天和道当然都是非常重要的概念，但为什么讲道学和天学不恰当呢？因为从先秦以来，包括老子、庄子都在讲天与道，它们是最大的两个范畴，具有普遍性，什么学说都可以归到天学或道学上，这样就没有特殊性了。宋明理学是一个阶段性的学问，那么它就应该有自己的特殊性。在这个时代讲天理、讲本性、讲本心、讲气，就是它的特色，而其他时代并不明显。虽然宋之前也有天理，但那时它不是一种理论，只是一个单独的名词。所以从特殊性的层面来看，将理、气、性、心作为当时哲学的最高概念，我认为能够比较恰当地概括这个时代的特色，而以天或道为特色则不太贴切。这就是我提出的宋明理学四系说的原因。

四系说这里有一个问题，就是学术后来如何传衍。我认为学术传衍有两种方式，一种是具体的师徒传承方式，如朱子学一传、再传、三传等，一代一代地传承下去。另一种是思想脉络、哲学精神的传承。一位学者如果继承了某个学派的基本学术观点，如以性为本，这也是一种传承。在这种意义上，湖湘学后来也一直有传承。性学这个词在明清时代用得非常多。包括所谓明初朱子学大家薛瑄，很多时候都讲性。胡宏的基本观念是"理即性"，虽然他没有明确提出这个命题。薛瑄就明确讲"理即性"，至明末的高攀龙也说，从程子以来都是讲性即理的，"如今翻过来看：'理即性也'"（《东林书院志》卷六）。"理即性"就是以性为本体、为全体、为整体，以理作为性的具体表现和个别存在。以性为本的思想一直传承到民国、到近代。

此外，从胡安国到胡宏为突出以性为本的意义，专门讲到了一个重要的观点，即善恶不足以言性："善不足以言之，况恶乎？"（《知言》卷四）简而言之，就是说性在"善恶之上"或"性超善恶"。朱子批评胡宏，说这个"性无善恶"的思想是从佛教中传过来的，由庐山东林寺和尚常摠传给了杨时，杨时传给了胡安国，胡安国传给了胡宏。明代王阳明也说性体无善无恶，近代章太炎说阳明的这个思想就是从胡宏那儿继承而来的，他们确实有一定程度的相似。其实，胡宏的性学是从程颢"人生而静以上不容说"（《二程遗书》卷一）而来的。我为什么说张栻继承了胡宏的观点呢？是因为胡宏的《知言》在当时并没有出版，是张栻作序之后才刊行的。张栻在《序》中回答了胡宏的其他学生对《知言》"论性特详"问题的质疑。如他们所说，孔子讲"性与天道不可得而闻"（《论语·公冶长》），从孟子才开始简单讲性善，到了胡宏这里则是大量地谈性。到底该如何解释？张栻的《序》回答得非常好，就是从性本体不容言，到又不得不言，张栻对以性为本的性学做了比较翔实的论证，自觉地继承了胡宏的基本思想，所以我认为从胡宏到张栻的学脉是一直传承下去的。关于张栻、朱熹、吕祖谦之间《知言疑义》的争论问题，初看好像张栻背离了胡宏的思想，但如果仔细研读文献，就会发现张栻真正同意朱熹的也不过十分之一二，他有一部分是存疑的，有一部分是没有同意朱熹的观点，中间也有为尊者讳的考量。张栻的性格比较谦和，他用比较委婉的话语调节不同的观点，并不意味着他背叛了胡宏的学说。而且，张栻的文集后来都是朱熹编订的，张栻本来是怎么说的，不能简单地论定。当时传承下来的张栻的著作，有很多地方跟朱熹编的不一样，张栻是有自己的思想观点和学术传统的。我的这些观点和牟宗三不太一致。我当时对湖湘学和理学学术的研究大概就是这样。

二　石峻与张立文先生对我的影响

王：在您求学的过程中，对您影响最大的人是谁？

向：张立文先生与石峻先生对我的影响都比较大。石公的资历比较老，他是 1934 年上的北京大学，与任继愈先生是同学。卢沟桥事变爆发后，他们就随学校内迁，后合并为西南联大。石公 1938 年毕业后留校任教，给汤用彤先生做助教，研究的重点是佛教和魏晋玄学。西南联大后来的很多学生都上过他的课。如汪曾祺在他的回忆录中谈到给他们上课的"姓石的讲师"就是石公①。抗战结束后，西南联大解散，他就到了武汉大学做了副教授，担任了武汉大学的图书馆主任。1952 年全国院系调整，哲学系统一归并到北京大学，所以他又回到了北大。1955 年，中国人民大学要筹办哲学系，石公与杨宪邦、苗力田老师便从北大哲学系调到人大来筹建哲学史教研室。1956 年成立哲学系的时候，石公是中国人民大学第一届哲学史教研室主任。那时中、西哲学史都是合在一块儿的，直到 20 世纪 60 年代才分开。60 年代后，就有了张立文老师这一代。在我读研究生的时候，石公还是给研究生上课的，但是到了我读博士阶段，他就不再在课堂上课了。我们每两周到他家去一个上

① 汪曾祺：《细思往事·汪曾祺自述》，华中科学技术大学出版社，2020，第 114 页。

午，谈自己的读书体会。当然，平时有事也可以随时去找他。因为石公是湖南人，所以对湖南还是很有感情的。他认为湖湘学派和其他理学学派不一样的地方就是特别注重事功，这是湖南人的传统。

石公那一辈人传统文化的根底打得非常好。举一个很简单的例子，冯友兰先生两卷本《中国哲学史》第一版出来时，因为他不研究佛学，对佛学不是很清楚，所以在讲僧肇的《不真空论》时有一个明显的错误，将"不真空"顾名思义地理解成"不是真正的空"。石公当时写文章对此进行了批评，后来这本书再版时就纠正过来了。石公比较喜欢僧肇，又因为跟汤用彤先生做助教，所以一直对佛学有很深的研究。他在40年代发表的一些文章，至今还有很多值得称道，他学术功力非常深厚。石公是国家实行学位制度后的第一批博士生导师，但是50年代以后，他就不太写文章了，大家说他"述而不作"，所以留下来的东西不多，这个也是很可惜的。石公过世之后，我们将他发表过的文章，以及一些手稿、讲义收集起来，出了一本《石峻文存》。后来又找到一部分文章，再加上大家纪念他的文章，出了本《石峻文脉》。由于他是武汉大学的杰出校友，所以武汉大学又以这两本书为基础（经邢东风整理），出版了《石峻文集》，但总体上文章不多。

石公非常喜欢读书和买书，钱基本上都拿去买书了。他去世后，我们请任继愈先生给他写篇序，任公还专门提到了石公不但喜欢买书，而且还喜欢包书。书包好后，没有写书名，但石公就是知道哪本书放在哪儿，一下子就可以抽出来，非常神奇。陈来老师后来还跟我聊，问我为什么石公后来不写东西了？他那个时候也经常来找石公。我说可能跟那个特殊时代有关系，比较谨慎，于是后来就不写东西了。陈来老师说，张岱年先生实际上大量的文章也是80年代以后才写的。其实90年代后，石公写了几篇文章，但不久后他就生病了，于1999年过世了，所以非常可惜。

王：确实非常可惜。请问石公是哪一年出生的？在学术上有何开创？

向：石公是1916年出生的，至1999年过世，享年83岁。虽然石公后来不太写文章，但是他在学术上带的几个"头"其实还是很重要的。比方说新中国成立后的近代哲学研究就是石公开的头。在北京大学时，他和任继愈、朱伯崑正式出版了一本《中国近代思想史讲授提纲》的书，是近现代哲学研究的开创者之一。"文革"后的佛教哲学研究，石公也有首功。汤用彤先生是研究佛学的大家，但汤先生60年代就过世了，任继愈先生也到了中国社科院，所以北京大学后来研究佛学的学者，实际上很多都是石公的学生辈了。如方立天先生、楼宇烈先生，他们都是以石公领衔来编写《中国佛教思想资料选编》的。石公对整个中国的佛学研究有重要的倡导与领头作用。这套书分一二三四卷，每卷又有很多册。石公领衔编了前三卷，第四卷就是楼先生自己编了。石公在佛教研究上的功力是非常深厚的。他早年对《肇论》篇目的论定至今人们还是认可的。

王：石公确实很了不起，人的一生能够碰到这样的好老师是十分幸运的。请问张立文老师对您的影响是什么？

向：张立文老师对我最大的影响有两个方面：一是他的勤奋，二是他的学术创新能力。就学术著作的数量来讲，张老师的著作应该是学界最多的，可以说是著作等身都不止。早在十年前，韩国给他出的《张立文全集》就有37卷，后来又出了好多著作。张老师非常勤奋。他是中国人民大学的第一届学生，是中共党史系的，毕业后留在了中国哲学史教研室。因为他是学近代史的，对历史非常有研究，后来转到了哲学史。"文革"时期，很多人都放弃了学术，但他仍然坚持学术研究，1981年出版《朱熹思想研究》，1985年出版《宋明理学研究》，开宋明理学研究之先锋。今天研究宋明理学的，都要看张老师的这些著作。后来他又用范畴、概念说明宋明理学的逻辑结构，进而发展到"和合学"。他提出的创新性的口号也很有代表性。原来冯友兰提出"照着讲""接着讲"，张先生提出"自己讲""讲自己"，可以说是习近平总书记"双创"的典型表现。这些年他一直在做"和合学"，把这个理论不断地向各个方面推进，既有纯理论的，又有与现实结合的，还有通俗化的，都写了著作。他是1935年出生的，今年都86岁了，但每天还在继续做学术研究。我们学生看着老师这么勤奋，都不敢偷懒，要向老师学习，好好做研究。张老师的勤奋、创新，几十年一贯的坚守，都深深地影响了我们这些学生。

张老师还十分关照和提携后人。我第一次到岳麓书院参加学术会议，就是张老师推荐的。后来我们的很多工作也是由张老师领头、统领全局来做，包括我主编的一套"理学学术丛书"5卷本，本来是张老师做主编的，但他从提携后人的角度，让我来做。我本来还有畏难情绪，但既然老师这么说了，我就好好将它做出来，总算做成了这一套，请他在前面写了序。这方面的事例太多了。我的两位老师对我的影响都很大。

三 博爱与仁学

王：您是国家社科基金重大项目"中国仁学发展史"的首席专家，近年来围绕着博爱、仁学等问题开展了系列研究，请问您当初为什么会选做这样的一个课题？希望在哪些方面取得突破？仁学的精神内涵与现代价值是什么？

向：其实在这个课题之前，我还主持了一个国家社科基金重点项目"儒家博爱论研究"，是 2013 年立项的。我们都知道儒家特别注重仁学，过去常讲"爱有差等"，认为仁爱和兼爱不同，包括我们在编写《中国哲学智慧》的时候，前面都是引用《墨子》中"亲亲有术，尊贤有等"的话去概括儒家仁爱学说，但后来慢慢地发现这个说法不准确，事实上不是这样的。比如《论语》讲"泛爱众而亲仁""四海之内皆兄弟"，张载讲"民胞物与"。那么这就涉及一个问题："仁者爱人"与血缘亲情，在儒家的"仁爱"系统中到底是一种什么样的关系？如果只讲血缘亲情能不能维系中国社会？儒家虽然也讲血缘亲情，但是又好像有突破，讲"四海之内皆兄弟"，讲"天地万物一体"，于是就想进行研究。

通过对文献的阅读，我发现儒家自己也用"兼爱"这个词，但儒家为什么又要"辟杨墨"，尤其是"辟墨"呢？荀子、杨雄、韩愈也用"兼爱"这个词，董仲舒大讲"博爱"，张载讲"知必周知，爱必兼爱"（《正蒙·诚明》），那么，仁爱、兼爱、博爱到底是一种什么样的关系？所以当时就申报了"儒家博爱论研究"的国家社科基金重大项目。通过研究，我发现过去大家对"爱有差等""亲亲之杀"的理解并不准确，希望自己能把这些问题澄清，说清楚儒家仁爱传统的真实情况。后来这个项目以"优秀"结了题，只是出版还是颇费周折。

由于博爱属于仁学，而仁学不仅儒家在讲，佛教、道教，甚至法家也都有自己的"仁"学，还有周边一些国家也都从不同层面讲"仁"。不管是正面，还是反面，或是肯定的，或是讥讽的，"仁学"贯穿了中国哲学的发展过程，所以我后来又申报了"中国仁学发展史"的国家社科基金重大项目，并获得了批准。为什么做这个课题呢？我认为从博爱到仁爱，实际上仁的精神一直贯穿在国家制度、社会思想、历史文化等各个方面，仁学不仅仅是儒学，其实也渗透在其他学派之中。我希望通过仁学的研究，能够把中国传统哲学思想融为一体，在学术上真正实现不同学派学术的相互交流，这个对促进与增强民族精神的培育也是有意义的。

其实直到今天，"仁"仍然还是一个评价标准，是社会的重要价值观。所谓"仁者人也"，"人"与"仁"是密切关联的；如果从人与周围世界的关系处理而言，天与"人"、天和"仁"也是密切相关的。河北省衡水市（董仲舒的家乡）开董仲舒的学术研讨会，我写了一篇《从"天人"合一到"天仁"合一》的文章，从中国国家与民族的形成、凝聚、传承、发展来看，秦汉以后的大一统都会从董仲舒的"独尊儒术"讲起。如果说秦朝是独尊"法"术，到董仲舒是独尊"儒"术，其实讲的就是"仁"术。因为刚性的国家结构需要"仁"的观念去疏通。同时人的德性与品质培养，也需要"仁"与"爱"的教育，用董仲舒的话说，就是"威势成政"和仁爱教化两者应该结合起来。

董仲舒说的"孔子之术"或"儒术"，并不是一种专制性的、压制性的东西，而是强调一种仁爱关怀，这对"大一统"国家的延续非常重要。如果只采用严刑峻法来压制人民，人民即便不犯法，心情也不舒畅，社会没有活力，所以需要以"仁"的精神性来进行沟通。特别是要关爱弱势群体。即使不是弱势群体，彼此之间也需要相互帮助。我们经常讲社会和谐，如何"和谐"起来呢？关键是对人要关爱，要促进人与人之间的关系友善。社会和谐是需要去"创造"的，不可能光说"和谐"就能"和谐"了，遇到一些尖锐的矛盾，要懂得如何去调解。

同时，"仁爱"的观念对刑法制度也有一种指导性的作用。从汉代的"五刑"改革一直到明清，国家很多法律观念的制定和讨论，中心都是使人们不至于生活在一种恐惧之下。人们犯了法有各种各样的原因，应发挥"仁爱"的作用进行调解、协调，化解上下、左右、邻里等关系与矛盾，使得各种案子的判决能够让大家信服与认同。我觉得现在有一种不太正常的情绪，就是社会上发生了好些直接杀人的恶性案件，可是社会舆论却往往是同情杀人者。明明是特别残暴的罪行，但不少人认为这个人之所以要杀人，是因为他有怨气，要报复。如果助长这种用私刑或各种泄愤的方式解决社会矛盾，是非常不利和有害的。

仁爱具有疏通心灵、联系大众、互相帮助的作用，但它又不是万能的、

绝对的，还要看到刑法政治的独立作用。古人都爱讲"好好色，恶恶臭"，对"善"的东西要加以赞同和褒奖，对于"恶"要予以憎恨与惩罚，因此"仁学"本身就包含了对"恶"的坚决谴责和批判，这在一定程度上涉及"正义"问题。仁爱对人的关爱与对正义原则的坚守本身就有一个协调系统：仁爱不是无原则，而是有原则的，即对社会公正原则的坚持。"仁"不是无原则的迁就与溺爱；"仁"作为德性的层面、善的层面是要褒扬正义、谴责邪恶的，所以仁学研究对于今天社会正面价值的引导确实很有意义。特别是在竞争性的社会，如何培育"善"？总是希望把别人打倒，让自己一家独大，这在中国文化中是很"不仁"的，这也是仁学本身研究所要应对的挑战。"仁"的关怀与竞争的现实社会如何协调，这本身就牵涉到传统文化的现代转换问题，也是现阶段需要研究的问题。

另外，从仁爱、关怀层面来讲，大家都希望公平，但讲到公平就相应有一个效率问题。公平和效率几千年来一直就是一个矛盾。比如像从孟子以后都推崇井田，后来的统治阶级欣赏均平，农民阶级也要求均平，所以均平一直是全部中国人的追求。新中国成立以后，我们都特别注重均平，但如果过度重视均平，反过来会影响效率。因为效率就是要打破均平，让一部分人先富起来。只有打破均平，才能取得效率。但是在取得效率带动经济发展的情况下，又如何能够使大家的心理得到疏通、社会能够安定呢？还是要讲公平，强调共同富裕。共同富裕的精神内涵是什么？就是大家互助互爱，共同致富，关注弱势群体，这都是仁爱本身所蕴含的内容。所以说仁学本身的长处，在当代如何解决其与竞争型社会的关系等问题，都需要我们继续去研究，希望对中国民族文化和人生智慧有所贡献。

王：我觉得向老师您研究仁学发展史，就是希望讲清楚"仁"的内涵，纠正世人对它的误解，并发挥仁学在现代个人心灵安顿、社会秩序建构与国家治理中的作用。

向：我还要加上一点，就是仁学本身也是在发展中，它有自己发展的历史脉络。从传统社会到今天，仁学也应该有它的新面貌，适应新的时代需要。

王：确实是这样的。我觉得您的切入点抓得非常好，因为仁学本身就是儒学发展的最核心内容之一。我在读硕士的时候，曾经做了一个《孟子、荀子对孔子人性论的拓展与重构》的毕业论文，紧扣孔子的仁学与礼学思想，对孔子人性论的两极发展趋向及孟子、荀子学说的发展脉络进行了梳理，那时我就感觉到，如果抓住了仁与礼两者的关系深入探讨下去，就可以将整个中国儒学史做一个通贯性的研究。

四　传统文化的创造性转换与创新性发展

王：近代以来，中国知识分子一直在探索中国传统文化的现代转型等问题。习近平总书记在今年的七一讲话中提出了将马克思主义基本原理同中国具体实践相结合、同中华优秀传统文化相结合。请问您是如何看待这个问题的？如何实现"两个结合"，促进中华优秀传统文化的创造性转换与创新性发展？

向："两创"问题这些年一直都在讲，实际上对这个问题的探讨大概也有十多年了。我记得最早是讲马克思主义中国化，提出了马克思主义如何在中国土地上扎根、发芽的问题。毛泽东等老一辈无产阶级革命家已经用实践回答了这个问题，用马克思主义领导中国人民改天换地，创造了一个新中国。至于后来国家应如何发展，如何解决当代面临的新问题就是新一代领导人应该考虑的。当前国际形势已经发生了很大的变化，经济发展也带来了很多新问题，尤其是疫情带来的新挑战，都迫切需要给出一个中国答案。我觉得应该从两个角度着手，一个是从空间范围向外看，一个是从时间范围来回顾历史，看看前人有什么样的经验教训，再跟今天的社会现实相结合，找到更好的、适合中国发展的道路，于是国家提出了创新性发展和创造性转换的问题。

从马克思主义发展本身来说，它在当时还是一种革命的学说，考虑的是革命者如何夺取政权，走向人的全面发展，实现共产主义，建立一个没有剥削的时代。新中国成立以来，基本上实现了没有剥削的社会，那么，之后怎样向着更远的目标、向着大同社会或共产主义发展，实际上马克思主义的创始人并没有过多考虑，所以当代中国迫切需要解决这个问题。而要解决问题，就不能空谈，必须要有资源，比如科学的新发展、文明借鉴等。事实上，改革开放后，中国一直不断地向西方、向所谓的先进文化学习，但是很明显，有很多东西不适合中国的国情，如果硬要搬进来，不但不适合，反而会造成混乱，阻碍中国特色社会主义的发展。那么，怎么克服这些问题呢？

中国的传统文化还是有一些历史经验与智慧可以借鉴的。

虽然中国历史上没有出现过当代社会所面临的这么多的新矛盾，但那时也会有当时的"新"问题。如佛教的传入所引起的中国本土思想的变化，佛教、道教等宗教思想对正统的世俗思想的影响等问题，当时的人们是怎样应对的？如何将它们恰当地融合进来，成为自己的思想。佛教作为外来物，不敬祖宗、不拜皇帝、追求出世等思想观念，至少在形式上跟中国传统思想是相反的，与世俗社会观念严重背离，为什么后来却被本土思想很好地融合，成为中国思想文化的一个重要组成部分？佛教与儒家思想的融合在当时其实也是中西关系问题，但中国并没有因此变成一个佛教国家，而是将佛教思想中积极的、有益的部分吸收了进来，成为中华传统文化的一部分。那么，当今中国吸收西方新的东西，也可以像传统对佛教进行批判借鉴那样，我们不必变成西方那样的国家，中国有自己的智慧。

中国传统"仁学"强调博爱、互助与和谐，这些思想在当代也是人类共享的价值。但是在现代社会光讲和谐还是不够的，还有斗争，特别是与国外敌对势力的斗争。斗争不仅有政治、经济等方面的，而且还有对外和对内的不同。如何既斗争，又团结互助呢？因为竞争本身就是一种斗争。如关于中美关系，中国提出了一个"合则两利，斗则俱伤"的观点。这个观点的出发点当然是基于人类命运共同体，大家同在一个地球，可以通过合作互助促进人类的共同发展，这是人类的善良愿望，也是仁学必然会推出的结论，但是要注意内外有别。因为美国人既不会认同"合则两利"，也不认为"斗则俱伤"。美国认为自己的实力比中国强，就应该处于主宰的地位，只有斗垮中国才能取得最大利益，即"和"则无"利"。他们眼中只有胜或败，没有两者的和谐，这就是所谓的零和思维或者零和博弈。美国非常害怕中国发展会影响到他们的国际主宰地位，因此所采取的政策都是想方设法地从各个方面打击中国。我们讲双方的和谐互助是中国的仁学文化，但是美国人不赞同这个文化，所以从实际层面来讲，无论是谈"仁学"的发展，还是中国传统文化的现代转化，所采取的方针政策还是要内外有别。在国际上，中国从人类命运共同体的文化互鉴等角度，可以向欧美及第三世界国家宣传平等相待、合作互利等理念，但是对内我们应该清楚以美国为代表的西方国家是不会对此认同的，因此要积极采取应对的办法。

此外，还有一个问题就是马克思主义本身的发展。我们过去讲马克思主义形成发展的来源，主要有德国的古典哲学、法国的空想社会主义和英国的古典政治经济学。为什么是这三个呢？因为这三个来源代表了当时世界的先进思想，但是从今天来讲，中国本身创造的文化也是一种先进思想。中国近现代发展的一百多年的经验教训与思想理论成果，应该要注入到当代马克思主义的内容中去，这也是马克思主义中国化最重要的任务之一，这样才能作为一种新的思想源源不断地推动马克思主义的发展，我期待对此有更进一步的研究成果。

王：向教授讲得很精彩！确实当代马克思主义的发展，必须要融入中国近现代百年来的经验与中国文化发展的新成果。

向：说一个很有意思的现象，毛泽东那批人中，只有他没有留过洋。他组织新民学会，组织去法国勤工俭学，但是他自己却没去。我觉得研究毛泽东思想的学者，应该好好研究一下这个问题。老一辈革命家，包括陈云、邓小平后来都反复讲过：如果没有毛泽东，中国还在黑暗中探索。一般而言，在外面留过洋的人，思想与视野会更开放些，但同时还有可能受到了国外思维训练的束缚，在与中国实际情况结合上存在一些问题，所以其理论应用在中国土地上的时候，就出现了极大的弊病。而毛泽东刚好没有留过洋，虽然从某种角度上来说，他的思维可能没有留过洋的人开阔，但是反过来，他也没有受国外那套东西的束缚，于是就敢作敢为。像以农村包围城市的策略，留过洋的人肯定没有。毛泽东早期在接受马克思主义的时候，是把马克思主义当作自己知识体系的补充来学习的，而不像那些在苏联学习的人，把马克思主义、把苏联当作标本来学习。这就好像中国改革开放以后，有些人从美国留学回来，认为中国未来的改革，就要按照美国的样子来构建一个新的国家，这显然违背了马克思主义和中国实际相结合的原则，他们中的很多人把中国传统文化抛掉了，我认为这是一个很大的教训。

毛泽东等革命前辈在马克思主义中国化等方面做出了很多成绩。改革开放后，中国主要受到西方市场经济等影响，但是后来遇到了金融危机，说明完全照搬西方也是有问题的，所以现在回过头来看看，总结中国传统文化的优长，是个好苗头。但是又不能倒回到现代新儒家所讲的那套东西，通过所谓宪政调节中国社会是不现实的。现在毕竟已经到了 21 世纪，古今、中西文化已经发展到了一个新的高度，不可能再倒退回去了。

王：确实是这样的。世界已经发生了很大的变化，我们应该直面现实，调整策略，不断地开拓前行。

五　治学方法与学术追求

王：您一直从事着中国经学和理学研究，并卓有成效，请问您的治学方法是什么？

向：其实也没有什么太多的方法，无非就是多读书，多看别人的研究成果。

首先，要认真地读书，尤其是研读中国古典典籍，因为断句不同，意思就有非常大的区别。这在古代是一个基本的功夫，但现在很多人都忽略了，造成对不少东西想当然。在竞争的社会，人们比较浮躁，现在要静下心来读书，还是需要一点毅力的。我的两位导师都主张读原著，认真"体贴"原文的含义。实际上，任何一种思想创新，都是融汇了前人的思想之后的一种创新。无论时代怎么发展，古代先贤的经典著作，始终是有它的生命力的。

其次，就是要比较敏锐地吸收当代新的学术成果，不仅包括我们研究的问题本身的成果，而且还包括科学成果。像我现在一直还保持着读报纸的习惯，每天吃完晚饭，都会看看《参考消息》《北京晚报》等报纸，对当代自然科学的最新研究成果都会关注。实际上，任何一种科学发展都会涉及人本身的定义等问题。自然科学对传统文化研究，虽然不会有直接作用，但可以间接拓宽我们的思维与考虑问题的角度。像清华大学的学生"华智冰"是个机器人，有自己的座位、学号、同学等，可以和人类一样进行学习。那么，这种人工智能的出现，对有着真实肉体的人到底会带来一种什么样的影响？显然"他们"不会具有"我们"这种"人性"。这些变化实际上都会促使我们思考。我们过去讨论的一些问题，可能以后不成问题，但是过去没有想到的问题，会形成新的问题。假定人的"生产"不再由母亲生产，而是用模拟子宫进行人工培育，那么，亲情血缘基础之上的父母、兄弟、亲子等人伦关系就没有了，"仁义内在"等问题也就不存在了。人与人之间又该如何相互关联，相互协助呢？关注科学的新发展，对人文科学、对哲学发展本身而言也是一种推动力。

此外，要有比较广泛的兴趣。石公上课时经常讲一个观点，就是什么书都要看，包括小说。他认为小说的形象思维与联想，对于哲学的逻辑性、严谨性是种有益的补充。我到现在也还看小说，小说有很世俗的方面，但也会有一些意义层面的东西。现在很多年轻人都喜欢看玄幻剧、穿越剧。"穿越"从科学角度而言，也存在着这种可能性，譬如《三体》中所说的"突破光速"。其中的科幻是有"科学"成分的，不是完全没有根据，对打开思路还是有用的。

王：请问您的学术理想和追求是什么？

向：学问发展本身无止境，也没有一个最后的终点。我希望自己扎扎实实地做好研究，在传统文化研究领域能够做出一些成绩，形成一个相对完整的理论体系，并有所创新和开拓。如果能够把相关研究向前推进，适合于新的时代发展，将传统文化的精神传扬下去，自己也会感到欣慰。此外，还希望自己的学说与观点能够得到大家的承认。如大家对亲亲为大、博爱、爱有差等理解，在很大程度上还持旧时传统的观念，包括学界的一些"大家"。他们往往是将"亲亲为大"理解为亲亲是最重要的、最根本的。如果从统治者的角度而言，亲亲是最重要、最根本问题，那么，又将国家、天下放在什么位置呢？所以《礼记》说"爱人为大"，作为统治者就不能把亲亲当作最优先处理的问题，而是首先要关注天下。我希望随着时间的推移，学界有更多的人能够认识到过去的这些不足，对传统文献有一个准确的诠释与把握。至少要将这些问题先理解清楚，才能有利于促进传统文化的当代发展，如果始终发生了误解，没有将文化的优长总结出来，又怎么能够继续向前发展呢？这算是我的一个期待和心愿，希望自己的研究能够继续向前推进。

王：我一直特别喜欢儒家哲学。我觉得儒家既讲原则性，又讲灵活性。孔子的仁者爱人，强调先要从父母兄弟开始，因为这是一种很自然的血缘亲情，然后再将其扩充、推广到别人的身上。这其实是告诉我们如何由近及远地去爱人，具有较强的可操作性。而墨子讲兼爱的理想固然很好，但在现实生活中缺乏一定的立足点与出发点。

向：是的。要开始去做一件事情，总要由近及远。就好像走路、吃饭一样，走路是一步步走的，饭也是一口口吃的。爱也是慢慢地从内心向外推广出去的。但墨家也确实有其长处，如博爱天下的大同境界。实际上儒家后来

也吸收了这些观点。墨家主张"养三老五更，是以兼爱"，"以孝示天下，是以尚同"（《前汉纪》卷二十五），这是班固总结的墨家之所长。"养三老五更"是说国家尊养老年人，一直到清代都是这样的。墨家也讲孝顺，孟子批评墨家无父（不孝）的观点实际不成立。

王：墨家的理念还是没有错的，但有些观点可能在现实生活中缺乏可操作性。现在有些批评儒家的人往往不看原著，一看到爱有差等，就断章取义地和等级制度、专制制度联系了起来，批评儒家的爱人是分等级的，这其实不是儒家原意。

向：这个是一个原因。另外一个原因就是近代以来中国确实落后了，而落后是需要总结原因的。由于儒家文化和思想在中国社会占主导地位，所以那时先进的中国人，像陈独秀、胡适、鲁迅、毛泽东等就把矛头指向了儒家，对传统文化是"恨铁不成钢"。但后来随着时代的发展，大家认识更全面了，就发现在那个特殊的年代，知识分子对传统文化的批判，虽然在一定程度上有其道理，但也存在一些过激的地方。尤其在社会发展相对稳定的时候，就应该以更加宽容的态度去对待传统文化，从文化发展的整体层面进行全面总结。传统文化中确实有落后的东西需要抛弃，但同时更有可以继承与改造的，这些都需要加以鉴别。所谓的文化创新，应该是在对传统文化进行重新思考和认识的基础上，再与当代的思想文化、科学精神相互融合，从而推动新思想、新形态文化的产生。"两创"讲的发展，其实需要在马克思主义与中国传统文化之间找到一个融合点，进而开创一个新的思想体系，建立有中国特色的社会主义新文化、新思想。

王：其实那时批传统文化批得最厉害的人，往往是受传统文化影响最深的人。因为在当时救亡图存的背景下，他们把传统文化中所谓的"糟粕"有些夸大了，力图以此警醒人们、唤醒世人。但这种夸大可能给后人理解传统文化时带来了一些负面影响，甚至有人将它当成历史的真实。

六　对青年学者的建议

王：请问您对青年学者研究传统文化有什么建议？

向：第一个建议当然还是认真读书，特别是古代先贤留下来的优秀经典著作，要不断地认真研读，温故而知新，这个应该作为一个民族宗旨性的东西。因为"书"本来就是"故",我们在任何时代都是在温"故",在学习了已有的"旧"的、"故"的知识的基础上,"新"思想的苗头才有可能产生。如果不去温"故",就永远不可能知"新"。

第二,要有开阔的眼界,吸收新的思想。读书不仅仅是读专业的书,科学、文学、艺术等其他方面的书都应该读。比如我做"仁学"史,其中一个很重要的考虑就是要把世俗的文献,包括民间文学、戏曲等民俗文化也加以总结。因为在新中国成立前,老百姓普遍不识字,90%以上是文盲。他们的很多思想观念都是从戏曲中来的。民俗文化比精英文化对百姓产生的作用可能更大。虽然戏曲里反映的东西不一定是历史的真实,就好像《三国演义》与《三国志》之间就有很大的区别,但老百姓就是把《三国演义》当作真实的历史来看,所以对这些世俗文献要进行总结。

第三,不要太浮躁,要静下心来认真做研究。做研究有一定的枯燥性,要耐得住寂寞。俗话说"板凳要坐十年冷"。随着现代社会的发展与计算机的出现,虽然不需要像古人那样坐十年的冷板凳,也不需要像我们以前要做很多的"卡片"。现代社会知识更新很快,要吸收新的知识,跟上时代的新发展,还是要好好读书和做研究。科学手段的发达,并不能代替你对民族文化的真正了解,这需要自己去读书、去领悟才能得到。

王:您是《中国哲学史》的副主编,您认为什么样的文章是好文章呢?

向:我认为好文章首先要有新意,并通过合理的组织将它表达出来。我在编辑部工作,经常给一些刊物审稿。看到一些文章虽有些新意,但却东一榔头、西一棒子,这肯定不是好文章。还有些文章写得很通顺,道理也讲得很明白,但是却缺乏新意,如果作为讲课的讲稿,传授知识是可以的,但作为一篇学术文章肯定是不行的。其次要能让别人看得懂,遵守写作的规范和逻辑,不要为了显示自己的"深刻",就搬用或生造一些"晦涩"的词语,虚张声势吓唬人。所以好的文章既要有创新性,又要有逻辑性,让人读起来比较畅快。

王:应该说真正的"高手"就是能够用比较通俗的语言讲出比较深刻的道理。哪怕是没有那么高的文化修养的人,基本上也能看明白。

向:确实是这样的。像冯友兰的《新编中国哲学史》,最大的特点就是通俗易懂,好像都是大白话,但他把道理讲清楚了,所以影响力很大。冯友兰的著作之所以传播很广,跟他的通俗易懂的写作方式有很大关系,大家都

容易读懂，没有那么深奥。

王：谢谢向老师接受我的访谈！您的这种笃学力行、开拓进取、传承创新、弘扬传统文化的精神值得我们这些后辈好好学习。同时也感谢您分享自己的学术思想与治学方法，这些内容让我们深受启迪！

书评

儒家仁爱中普遍性与差等性的融合

——《儒家博爱论》读后

刘蒙露

（中国人民大学哲学院）

"博爱"一词彰显着爱的普遍性。儒家传统中不乏对普遍之爱的阐论与倡导，其核心概念"仁"正蕴含博爱的价值。如，孔子曾言"泛爱众"，《孝经》提倡"先之以博爱"，继袁宏后韩愈亦以"博爱"谓仁，张载呼唤"民胞物与"，等等。而论及儒家仁爱的特质时，今人常易联想到"爱有差等"四字。实际上，普遍之爱与差等之爱均是仁爱的重要内涵，在儒典中皆有据可寻。

仁爱的普遍性与差等性之间的关系，看似简明而实则内涵丰富、外延广泛，触及哲学与历史领域的诸多问题。首先，它贯穿仁学发展始终，对于忠实理解"亲亲为大""忠恕""理一分殊"等儒学内部议题十分关键。其次，它是厘清儒家仁爱与墨家兼爱、基督教之爱间异同的切入点。再次，这一关系与儒家文化在近现代的命运相关。最后，这一关系还是思考自我与他人、情感与道德等关系的线索，可作为儒家为当代伦理议题提供的传统资源。然而，围绕这一关系，尚有某些误解存在。或有人认为，爱的普遍性与差等性之间是相互矛盾的。另有学者提出，就儒家仁学的特点而言，差等比普遍、平等更为重要；① 且人多以"仁爱为差等之爱，兼爱为平等之爱"区分儒墨之爱②。上述观点需在多个维度下再行商榷。既有研究虽已对仁爱的差等和广博性有所关注，但由于考察范围尚不全面、重视程度尚不足够、误解辨析

---

① 参见张曙光《仁学：时代意义与理论转换——一个基于历史和逻辑的分析论述》，《河北学刊》2013 年第 2 期。

② 参考刘清平《论墨家兼爱观的正当内涵及其现代意义》，《浙江大学学报》（人文社会科学版）2010 年第 3 期。

尚不彻底，相关问题依旧存在进一步探讨的必要。

向世陵教授及其课题组成员所著的《儒家博爱论》（以下简称《博爱论》）一书，正系统地研究了儒学中博爱与差等之爱的关系，并以之作为串联全书的脉络之一。全书共两编十三章。上编聚焦观念层面的博爱，首先介绍博爱观的起源及内涵，而后探究先秦儒家博爱观及儒墨异同，由此按时间顺序考察汉唐、宋明儒学中博爱话题，且在近代西学东渐的背景下比较儒耶的博爱。下编则关注博爱的制度与实践，并涉及儒家博爱观对少数民族的影响。由此可见，《博爱论》是一本跨时代（从先秦到近现代）、跨学派（儒家与墨家）、跨民族（汉族与少数民族）、跨文化（儒家与基督教）的著作。新著既有对儒家博爱发展历程的纵向深挖，又有对多个思想流派博爱观的横向比较；既长于阐释、澄清博爱的思想观念，亦兼顾博爱在制度和实践中的展开。以下试就新著中的几个关键问题，结合笔者的研读所得进行讨论。

一 普遍之爱与差等之爱的关系

儒者言仁意蕴丰富，兼具普遍之爱与差等之爱诸面向，径以差等概括仁爱则失之偏颇，且二者之间的具体关系亦当详辨。而在此之前，须先正确理解儒学中"爱有差等"的实质。

《博爱论》提醒读者注意，"爱有差等"不同于"爱止于亲"与等级尊卑。质言之，"仁爱的这种等差关系只是反映爱由近及远实施的先后次序，并不关涉亲亲是否重要或爱本身的尊卑贵贱问题"①。为廓清此点，作者以对《礼记·中庸》中"仁者，人也，亲亲为大。义者宜也，尊贤为大。亲亲之杀，尊贤之等，礼所生也"一段的理解为例。此段经文成为后世以差等论仁爱的经典依据，而对此的一般认识是：仁最为重要的内容是爱亲。然而，借助经学注疏可发觉，史上儒家内部的解读并非如此②。经学家注意到，此处所言为"行仁之法"，即仁的践行与实施，而非目的与本质。"亲亲为大"说

---

① 参见向世陵等《儒家博爱论》，高等教育出版社，2022，第 319 页。
② 孔颖达疏"仁者，人也，亲亲为大"者，仁谓仁爱，相亲偶也。言行仁之法，在于亲偶。欲亲偶疏人，先亲己亲，然后比亲及疏，故云"亲亲为大"……"亲亲之杀，尊贤之等，礼所生也"者，五服之节，降杀不同，是亲亲之衰杀……礼所以辨明此上诸事，故云"礼所生也"。郑玄注，孔颖达疏《礼记正义》卷五十二，阮元校刻《十三经注疏》，中华书局，2009，第 3536 页。

明，仁爱的具体施行是一个"先爱己亲，而后将爱亲之情逐渐推及他人"的自然过程；而"亲亲之杀"则指，这一过程在丧礼中体现为丧服与丧期依据亲疏关系的依次递减①。其中差等性的本质是现实中的顺序差别。

据此，可提炼出认识差等之爱的两个要点：第一，基于发端，仁爱始于爱亲之情；第二，基于表现，给不同人群的仁爱在次序、方式或程度上有所差异。日常经验表明，一方面，爱的产生不是外在的人为要求，而植根于自然的情感和关系；另一方面，爱的践行难免存在现实差别，对不同人本应给予不同之爱。相应地，爱亲作为内在情感，是多数人最初、最真的关爱体验；并且，施爱的范围通常由近及远，而人们最近、最常接触的往往是共同生活的亲人。有见及此，儒家仁爱依经验而成的差等本身并无太大问题。在明晓差等之爱的本意后，其与普遍博爱的关系便愈发清晰。

首先，就儒家仁爱的内涵而论，普遍性先于差等性。此即是说，对普遍之爱的追求，是仁爱观念自产生以来便有的；而爱在推行时次序和程度的差等，则是随后在伦理经验中慢慢形成的。此为作者回到历史中耐心考察所得。孔子提倡仁爱，旨在肯定人与人相互关怀、彼此尊重的人文价值，并非意在强调爱在现实中的各种差别。因此，仁在被提出时的本质不仅不是差等的、等级的，反而可视作一种以普遍的人际关爱对神性天命观下宗法等级的超越②。《博爱论》提示，回到《论语》中孔子对"爱人"的阐论本身，会发现其中尚未包含爱有差等的痕迹；儒家爱人思想的差等性甚至等级性，是后人基于对"孝悌"与"正名"的误解而附加于上的③。

其次，在儒家仁学体系中，普遍性虽在差等性之先，但二者的关系不是独立或矛盾的而是相关且融贯的。"爱亲为爱人之始""爱亲与爱人不同"作为差等之爱的两个要点，可与博爱精神恰当结合，也不与公正、平等相冲突。

从第一点看，差等之爱是阶段过程，而普遍之爱是这一过程的最终目的。承认深厚的爱亲之情最原始，并不意味着儒家认为爱亲之情最主要，或者认为只要爱亲就做到了仁。相反，在儒者看来，亲亲虽是关键出发点，但最终指向的是家庭之外的仁民爱物，在过程中逐步达到爱邻里、爱友朋、爱

---

① 参见《博爱论》，第65~66页。
② 参见《博爱论》，第61页。
③ 参见《博爱论》，第63~65页。

国人等不同阶段。《博爱论》突出爱亲之情的"非封闭性",即对亲亲、孝悌等的强调不是使人局限于小家亲爱,而是鼓励将之广泛推进,"而推进的结果正是博爱的诉求,即差等之爱与博爱在目的上又趋向一致"①。

就第二点而言,差等之爱是实践层面的具体差别,而普遍之爱是理想层面的本质原则。现实的伦理关系多种多样,使仁爱在撒播中呈现远近、先后、轻重之别,可这并不妨碍其性质与最终理想是普遍博爱。而当人们思考普遍的仁爱理想如何落实时,必须考虑方式与次序的不同,承认合理差等的存在。正因恰当的差别,爱才有广泛施与的可能。按照关怀对象的具体情况与不同需要来爱,本身也体现着一种公平。在儒家看来,对流浪猫的爱同于对父母的爱,既不可能亦不合理;但儒者强调,在关爱父母的同时,也要尽可能爱猫。换言之,仁学中博爱所追求的,不是同等程度的爱,而是最大广度的爱。

一个"推"字,可反映博爱与差等中的一贯逻辑。"推"对于孟子仁爱思想而言十分重要。具体而言,《孟子》中存在两种不同的"推",一为"推亲爱",二为"推不忍"。《孟子·告子上》中"亲亲而仁民,仁民而爱物"便是"推亲爱"的典型表述,即将天然的爱亲之情逐渐推扩至对物的关怀。而《孟子·尽心下》中"人皆有所不忍,达之于其所忍"显然不属于推广爱亲之情的思路,而是将自然而生的对某一物、某一人的恻隐之心不断扩充,并且推移到事事物物。正如孟子引导齐宣王将对觳觫之牛的不忍推至对受苦百姓的不忍。就性质而言,前者为"推己及人",后者是"推其所为"。就保障爱之普遍性的方式而言,前者是爱从近处到远处层层扩大,后者是爱从已生到未生渐渐增多。就依据的情感而言,"推亲爱"基于对亲近之人的关爱之情,是积极情感;"推不忍"基于对受苦人物的伤痛之情,是消极情感。然二者亦有共性。首先,推的起点都是内在情感,无论亲亲还是恻隐,均为每人生而固有。其次,推的终点都是博爱,皆导向对万物的爱护与关怀。因为能"推",仁爱便不局限于小家之爱与一物之仁,而能具有普遍性并体现合理差别。

综上,《博爱论》通过提炼宏观精神与分析微观文本,说明差等之爱与普遍博爱并不处于非此即彼的两端,而是共同蕴于儒家仁爱中,展现出过程

---

① 参见《博爱论》,第6页。

与目的、表现与本质、现实与理想的协调。

二 儒家仁爱与墨家兼爱的关系

辨明仁爱中普遍性与差等性的关系后可知，博爱属儒家之仁的本有之义，且与差等并行不悖。如此看来，以爱有差等与兼爱平等来区分儒墨，甚至认为二者存在难以协调的冲突，便存在问题。诚如《博爱论》所见，过去人们过度强调儒墨之爱的不同，相对忽视二者间重要的同。而其间的共同点，既可在两家相近的思想内容中发现，亦可由外部学派对儒墨的一致理解而得以验证。

若走进儒墨之内细致究察，易会发觉无论是在精神追求还是话语表达方面，二家均常趋于一致。作者指出，儒墨的理想社会图景极为相似，而这正体现在关于爱的主张中。《礼记·礼运》描绘的大同社会为"矜寡、孤独、废疾者皆有所养"；而《墨子·兼爱》中兴天下之利的美好场景是"老而无妻子者，有所侍养以终其寿；幼弱孤童之无父母者，有所放依以长其身"。二者追求的都是给予所有人，尤其是少亲人养护和关心的弱势群体以关怀与惠爱。即，儒墨皆以普遍爱人的人道精神为至高理想。尤其是，明清之际的杨东明、高攀龙等儒者，不仅在精神上高呼博爱，更通过创立同善会等实践活动力求将儒家仁爱理想变为现实；而他们在实践过程中正吸收了墨家"生生"等救助思想。[①]

并且，儒墨之爱不仅表现出精神追求的一致，所用语词亦有相似。《博爱论》揭示出一个易为人所忽的重要事实：后人多以墨之兼爱对峙儒之仁爱，殊不知儒者本身也常正面使用"兼爱"或相关语词。孟子虽基于学派之别批驳墨家兼爱的内涵，却也使用了"兼所爱"这一与"兼爱"类似的表

---

① 墨家的"生生"见于《墨子·尚贤下》："有力者疾以助人，有财者勉以分人，有道者劝以教人。若此，则饥者得食，寒者得衣，乱者得治。若饥则得食，寒则得衣，乱则得治，此安生生。"此不同于理学家将天道生化落于人伦领域而提出"生生之仁"，而更近于"乃使生者各得其生"的由各种方式扶危济困的救助精神。《博爱论》发现，杨东明的以财力助人，高攀龙等人将"寒者得衣，饥者得食"作为同善会宗旨，呈露墨家"生生"思想的痕迹。参见《博爱论》，第266页。

达；后来孙诒在疏解中更直接用"兼爱"释之。① 而荀子则曾说"泛利兼爱德施均"（《荀子·成相》）。放眼经学传统，作者发觉，在自《孝经》至董仲舒、唐玄宗、韩愈等经学家的著作中，兼爱或博爱等概念都在积极意义上得到采用。② 而进入理学传统，张载径言"爱必兼爱"。③ 即便也有理学家辨析儒墨之爱，但其批判对象多非兼爱概念本身，而是专门针对兼爱的无义、无别。可见，儒学内部并不讳言兼爱，亦未将"兼爱"一词专归墨学。

从外部考察儒墨关系则会看到，其他学派在理解儒墨之爱时，主要论及二家之同。作者回溯了先秦诸子对于儒墨的评价后意识到，他们并不认为兼爱与仁爱有实质差别，反而将兼爱理解为儒墨的共同旨趣。如，韩非子直言"今儒、墨皆称先王兼爱天下"（《韩非子·五蠹》）。《庄子·天道》以"中心物恺，兼爱无私，此仁义之情也"为孔子之语，使兼爱与儒家仁义相连。而后，嵇康曾说"仲尼兼爱，不羞执鞭"，④ 亦将兼爱作为孔子思想。既然同时代的诸子及后世大贤都认为兼爱能容于儒家内部，那么，今人以之作为墨区别于儒的核心概念便有不妥。

《博爱论》回归思想史，考索儒内儒外对于兼爱的认识。这既益于纠正有关兼爱的偏见，更在方法论上启示今人：面对中国哲学的传统概念，应先将之置于历史语境，以求立体地接近其演变过程与真实内涵；而不应将后来形成的认识预先带入，警惕把有历史维度的复杂概念简化为一家一派的专门标签。

当然，儒墨之爱亦非全同。然而，研究的关键在于把握二者真正的差异，而非迷失在仁爱、兼爱的概念判别与儒墨的学派划分。作者认为，儒墨之爱的差异，实际是看待问题角度的不同侧重。

墨家言兼爱重点在于天下人广泛地"兼相爱，交相利"的结果，并不注重爱的实施是否有先后之序。其"爱无差等"是要将爱不分彼此地施与所有人，从而避免爱此而不爱彼的局限，而非否认爱在次序上的不同。同样，其

---

① 孙诒对"兼所爱"的相关疏解如下："孟子言人之于一身也，无有所不爱也，以其兼爱之矣。兼所爱，则必兼有所养也。是则一身之中，无有一尺一寸之肌肤不爱焉，则亦无有一尺一寸之肌肤不养之也。以其兼所爱，必兼所养而已。"赵歧注，孙诒疏《孟子注疏》卷十一下，阮元校刻《十三经注疏》，第5989页。

② 参见《博爱论》，第126页。

③ 张载：《正蒙·诚明》，章锡琛点校《张载集》，中华书局，1978，第21页。

④ 嵇康：《与山巨源绝交书》，殷翔、郭全芝注《嵇康集注》，黄山书社，1986，第117页。

"兼以易别"的"别"，不是爱普施时顺序、程度等的现实差别，而是导致"爱我而恶彼"的对于人我、彼此的刻意区别。① 基于《墨子》文本，《博爱论》强调，兼爱反对的不是孟子"亲亲而仁民，仁民而爱物"的差等之爱，而是巫马子"爱亲胜于爱人、爱我胜于爱亲"的唯我之爱。② 在孟子看来，爱亲虽与爱民不同，然二者非但不冲突，反可由爱亲推向爱民。在巫马子看来，爱亲不仅推不出爱民，反而会在比较之下削弱我对民的爱；甚至只要对自己有利，亲亦可不爱。这种极度狭隘的唯我私爱，完全抹杀了爱的普遍性，是儒家仁爱与墨家兼爱所共同反对的。

而儒者对于墨家的批评主要在于，一来，墨家对普遍之爱的追求，没有内在根本、违背自然本性；二来，墨家认为，达至博爱结果无须循序渐进的内在工夫。在儒家，爱的普遍性与差别性本质上都关联着人的情感或德性，因此是一贯、一本的。与之相对，墨家兼爱的基础不是内部情感而是兴利除害的外在结果，但以结果为导向的普遍之爱，容易抹杀爱在践行过程中本应有的自然差别，继而使博爱难以落实。

因此，墨家不是反对儒家所理解的差等，也不会认为爱的先后次序处于兼爱的对立面。而儒家并非否认兼爱中普遍爱人的博爱情怀，而是批评墨家之博爱其来无本、其行无序。故儒墨言爱虽侧重不同，但所倡之爱皆有广博性。

三　仁爱的普遍与差等在宋明理学中的发展

宋儒论仁爱不限于日常伦理视野，而是进一步从宇宙论、本体论、生成论等形上维度为爱奠定价值基础。理学家基于"气化的普遍性"、"天理的统一性"和"仁心的包容性"③ 等万物的本源或本体阐扬博爱，在我与万物间

---

① 藉为人之国，若为其国，夫谁独举其国以攻人之国者哉？为彼者由为己也。为人之都，若为其都，夫谁独举其都以伐人之都者哉？为彼犹为己也。为人之家，若为其家，夫谁独举其家以乱人之家者哉？为彼犹为己也，然即国、都不相攻伐，人家不相乱贼，此天下之害与？天下之利与？即必曰天下之利也。（《墨子·兼爱下》）

② 巫马对其唯我之爱的论述为："我爱邹人于越人，爱鲁人于邹人，爱我乡人于鲁人，爱我家人于乡人，爱我亲于我家人，爱我身于吾亲，以为近我也。击我则疾，击彼则不疾于我，我何故疾者之不拂，而不疾者之拂？故有我有杀彼以我，无杀我以利。"（《墨子·耕柱》）

③ 参见《博爱论》，第124页。

建立密切的关联，从而极大豁显仁的普遍性一面。他们对孟子等先秦儒者的一个创新发展是，不再依据"推"的逻辑论证博爱。"泛爱众"在理论上的可能性，已经不起于"推亲爱"和"推不忍"等人为用力的推扩，而是基于我与万物在理气心性上的共同与共通。

张载的"民胞物与"将儒家博爱观提升至新高度。其论述虽亦无外乎家族血亲关系，却不是以爱亲为起点逐步推出爱天下人，而是直接以天下人为己亲："乾称父，坤称母；予兹藐焉，乃混然中处。故天地之塞，吾其体；天地之帅，吾其性。民吾同胞，物吾与也……凡天下疲癃残疾、惸独鳏寡，皆吾兄弟之颠连而无告者也。"①《西铭》以物我的气性一源为本体基础。天地为我父母、民众皆我同胞、万物与我亲好，是因为我们由一气构成、均禀受同一性，就好像万物流淌着一样的血，拥有相同的生命源头。《博爱论》强调，其中的"家"是同气同性的"大家"，已非私血私脉的"小家"；作者用"以气化代血脉，以禀性定人生"透辟地概括出张载的这一转换②。至此，"以天下为一家""四海之内，皆兄弟也"等传统典籍中的理念，不仅是生动比喻或者理想愿景，更可诉诸天地生化的事实。既然天下人在本然意义上是一家人，我便不需要将对家人的爱再刻意推至他人之上。因此，"推亲爱"的思路无须用于对普遍之爱的说明中。

在张载的基础上，程颢"仁者，以天地万物为一体，莫非己也"③的仁说使物我的关联愈发紧密，其逻辑从"以天下为一家"的"大家"，进至"以中国为一人"的"大我"④。这样的"大我"将万物都视为自己不可分割的手足，能感知并关怀万物的疾痛。"万物一体"所蕴含的普遍价值关怀，使爱己与爱物得到更为彻底的统一，继而使"推"这一以人己相分为前提的路向不再出现在仁者的境界中。一方面，由于仁者不是通过推扩亲亲于他人他物之上，才意识到应当仁民爱物的，所以"推亲爱"不是博爱的理论前提。另一方面，仁者也不是通过推广或转移对另一物的恻隐，才能为苦难中的天下苍生而感到伤痛的，因此"推不忍"同样不是博爱的理论前提。程颢

---

① 张载：《正蒙·乾称》，章锡琛点校《张载集》，第 62 页。
② 参见《博爱论》，第 127 页。
③ 程颢、程颐：《河南程氏遗书》卷二上，王孝鱼点校《二程集》，中华书局，1981，第 15 页。
④ 参见《博爱论》，第 135 页。

说："认得为己，何所不至？若不有诸己，自不与己相干。如手足不仁，气已不贯，皆不属己。"① 如果忍心看到某人受苦，说明主体尚未能与之为一体，如同手足麻木而无法感受手足之痛。此时，更为重要的是"认得为己"而能"有诸己"，即意识到此人与自己的深切关联，而不是将对于另一人的不忍心推到此人身上。

并且，程颐与朱熹对于"恻隐之心，仁之端也"的新诠，也表明理学家不再根据"推不忍"来阐明爱的普遍性。简言之，二人将"端"解读为"端绪"②，而非前人注解的"端首"或"端本"③，从而转换了恻隐与仁的逻辑关系。孟子之所以用"推不忍"来实现普遍仁爱，是因为他将不忍或恻隐的情感放在初始的、本然的位置。以"端首""端本"理解"端"，意味着恻隐在时间与逻辑上都先于仁，是仁的最初源头；而将不忍人之心的小根苗推扩达至普遍的过程，实现了广泛的爱，也成就了仁的德性④。因此"推"与"充"对于仁爱十分重要。

而程颐与朱熹在体用结构中重新理解了仁与恻隐的关系，以仁性为内在本体、恻隐之情为外在发用。如此一来，仁在时间与逻辑上反都先于恻隐。程颐说"恻隐固是爱也。爱自是情，仁自是性"，⑤ 又说"才有生识，便有性，有性便有情。无性安得情？"⑥ 朱熹亦云："殊不知仁乃性之德，而爱之本，因其性之有仁，是以其情能爱。"⑦ 即，本有的仁性成了生发不忍和关爱的先在基础与本体根据。《博爱论》还将恻隐与"生生之仁"结合展开分析，天地在造化中普遍无私地赋予人物以仁的善性，这是博爱在形而上的深层原因；而恻隐只是博爱在现实中的具体表现⑧。所以，"推不忍"作为现象，不

---

① 程颢、程颐：《河南程氏遗书》卷二上，王孝鱼点校《二程集》，第 15 页。
② 参见朱熹《孟子集注》卷三，《四书章句集注》，中华书局，1983，第 238 页。
③ 参见赵歧注，孙奭疏《孟子注疏》卷三下，阮元校刻《十三经注疏》，第 5852 页。
④ 参见冯友兰《中国哲学史新编》（上），人民出版社，1998，第 367 页。
⑤ 程颢、程颐：《河南程氏遗书》卷十八，王孝鱼点校《二程集》，第 182 页。
⑥ 程颢、程颐：《河南程氏遗书》卷十八，王孝鱼点校《二程集》，第 204 页。
⑦ 朱熹：《晦庵先生朱文公集》卷三十二，朱傑人等主编《朱子全书》第 21 册，上海古籍出版社、安徽教育出版社，2002，第 1411 页。
⑧ 作者认为："'生'所以能作为天地之大德，就在于它在根本上促成了仁之善德源源不绝地生长，并通过天地气运交感而凝聚成各自形体性命的过程，使普遍之善凝聚为个体之性（善）。在此人与天地'一物'的意义上，人之爱人，其实就是人物同一的普遍仁性付诸实现，而不应当自我局狭。人既秉承了此必然的生意，恻隐之心的生发就是十分自然的过程。"参见《博爱论》，第 151 页。

能在根本上说明为什么爱有普遍性。

然而，注重以形上本体而非"推"的思路来证成普遍之爱，并不意味着理学家放弃了"推"本身。相反，他们在实践领域非常重视"推"，只不过"推"更多针对不能直接把握仁体、不能自然普遍爱人的学者，"推"已成为一种"仁之方"。此时的"推"或被视为由易到难的工夫次第，或被用以强调践行普遍之爱的具体顺序与合理差别。这又体现出理学对先秦仁学的承续。

质言之，理学家在博爱的理论论证上已不囿于"推"，但博爱的现实实现仍未离开"推"；爱之普遍性的根据不在"推"，而爱之差等性的落实正需切实去"推"。理学家在此体现的对于孟子仁爱观的创新与继承，正是《博爱论》一书所总结的："儒家博爱之理，在根本上是按孟子推恩说的理论构建起来的，'故推恩足以保四海，不推恩无以保妻子'。但宋以后，在亲情、恻隐和德性自觉的基础上，又附加了天地一气、万物同体的本体论根据，并从后者去阐释前者。"①

由"民胞物与""万物一体""仁性爱情""公最近仁"等仁说可见，宋儒更重视开显爱的普遍性；但是，他们也并未因此而忽视爱的差等性。"理一分殊"就是理学家在普遍之爱的前提下，合理解释差等的主要方法。面对杨时对于《西铭》"言体而不及用，恐其流遂至于兼爱"②的担忧，程颐回应如下："西铭明理一而分殊，墨氏则二本而无分。老幼及人，理一也。爱无差等，本二也。分殊之蔽，私胜而失仁；无分之罪，兼爱而无义。分立而推理一，以止私胜之流，仁之方也。无别而迷兼爱，至于无父之极，义之贼也。子比而同之，过矣。且谓言体而不及用。彼欲使人推而行之，本为用也，反谓不及，不亦异乎？"③其核心在于，以体用之间的内在联系说明爱的普遍与差等相互关联，并表明儒家仁爱是博爱与差等之爱的融合。"理一"在本体层面为关爱的普遍性奠定基础。正因天下只有一个公共的仁理、人人皆禀同样的仁性，我才不仅爱己亲并且爱人之亲。"分殊"指对己亲与人亲采取不同的爱，解释了仁在现实推行中的差别，主要展现在用的层面，因而被程颐归为"仁之方"。

---

① 参见《博爱论》，第 171 页。
② 杨时：《寄伊川先生》，林海权整理《杨时集》，中华书局，2018，第 450 页。
③ 程颢、程颐：《河南程氏文集》卷九，王孝鱼点校《二程集》，第 609 页。

而杨时的错误在于，未能很好地理解"理一"与"分殊"的体用关系。对主张"体用一源"的程颐来说，体用之间自然具有关联性。形上之体必须在用中才能展开，而现实层面的用本就是体的表现，体与用皆不能离开对方而单独存在。将体用的一般性关系带回对于仁爱中普遍与差等的思考，会发现《西铭》对仁体的描绘不仅是"理一"而是"理一而分殊"。此即是说，仁基于同一本体的普遍性必要落于实践，所以需要"分立而推理一""推而行之"。而推行一本或一理时会产生具体差别，故"理一"不离"分殊"。同时，差别之爱的出现正是为了广泛落实普遍之爱，因而"分殊"不离"理一"。概言之，爱的不同表现在源头上不过是同一个爱的自然流淌，而爱在流淌的过程中又呈现各种的次序、方式与程度。儒家之仁使爱的差等性与普遍性安放在体用不同层面，又相互结合、难以分离。只要理解此点，便不会认为《西铭》对仁体之普遍性的彰显忽略了爱的差等。

　　《博爱论》未止于程颐的思路，继续探究了朱熹、王阳明等人结合"生生"突出内在仁性根源而对"理一分殊"的发展。二人均以树木生长的自然过程为喻，说明儒家仁爱"由根而生，有渐而发"的特质，[1] 解释了爱之普遍与差等的一贯及儒墨异同。朱熹曾说："仁是根，恻隐是萌芽。亲亲、仁民、爱物，便是推广到枝叶处。"[2] 阳明亦云："譬之木，其始抽芽，便是木之生意发端处；抽芽然后发干，发干然后生枝生叶，然后是生生不息。若无芽，何以有干有枝叶？能抽芽，必是下面有个根在。有根方生，无根便死。无根何从抽芽？父子兄弟之爱，便是人心生意发端处，如木之抽芽。自此而仁民，而爱物，便是发干生枝生叶。墨氏兼爱无差等，将自家父子兄弟与途人一般看，便自没了发端处；不抽芽便知得他无根，便不是生生不息，安得谓之仁？孝弟为仁之本，却是仁理从里面发生出来。"[3] "根"指仁理、仁性、仁心等生发爱的内在基础。"芽"指爱亲或恻隐等爱的发端。而"渐"是树从抽芽到发干到枝繁叶茂的循序渐进，指从爱亲到爱万物的逐渐扩展。正因树是从"里面"自根而生，才会呈现出由芽开始的"渐"的历程。相应地，因为仁有内在根底，所以爱的生发是从亲亲开始在差等中渐至普遍关爱。仁渐次流行的"分殊"与弥漫周边的"理一"，均建基于人心的内在深

---

① 参见《博爱论》，第 233~234 页。
② 黎靖德编、王星贤点校《朱子语类》卷六，中华书局，1986，第 118 页。
③ 王阳明：《语录一》，吴光等编校《王阳明全集》，上海古籍出版社，1992，第 26 页。

根，因而能够协调一致、彼此促进。

反之，墨家混淆爱亲与爱物，其爱无芽无"渐"表明爱并非源自"里面"的根。在理学家看来，兼爱不由内在心性自然生发，仅欲一蹴而就地实现博爱的结果，这违背了心性的本然基础，甚至天道生生的自然规律。① 当然，即便存在根源上的不同，在追求博爱精神、对峙自私为我等目的上，兼爱与仁爱仍无二致。

四　仁爱的普遍与差等在近现代思潮中的演变

回顾儒学传统可知，普遍之爱的观念与"博爱"的语词皆自古而有，仁爱的本质便是一种博爱。然而，近代以来，儒家之爱的博爱维度被隐去，并被让予西学；而其中的差等一面被误解，并被过度放大。《博爱论》清晰地解释了仁爱如何渐与其普遍性的内涵相剥离，而成为差等的代名词。作者聚焦基督教之爱与儒家仁爱的相互比照和彼此影响，并关注了传教士、维新与革命人士及新文化运动领袖三股力量。

在近代东西文明的互通互鉴中，儒家博爱思想起初曾发挥过重要的桥梁作用。16 世纪末，利玛窦等传教士为推动天主教在华传播，积极吸收作为主流文化的儒家文化，以儒学概念、术语翻译宗教经典。而儒家仁爱与基督之爱，正是他们为儒耶会通而找到的伦理观上的共同点。传教士虽知仁爱有别于上帝之爱，但更注重二者在普遍性方面的一致，并以"仁爱"来翻译基督教之爱。可以说，基督教的博爱思想之所以能被当时的国人接受，很大程度是因为儒家传统自身即有博爱精神。至 19 世纪，传教士们则大多直接用"爱"而非"仁爱"来翻译《圣经》中的各种爱，并突出爱的普遍平等。《博爱论》指出，由于对爱的阐释已与仁无关，后来的传教士已不再认为儒家之仁与基督之爱同样意味着广泛爱一切人物②。并且，那时的人在区别儒家仁爱与基督教之爱时，出现了专以"博爱"代称后者的情况。就这样，儒家博爱观的桥梁作用日渐消失，仁与博爱的内在关联日益隐秘。

维新与革命人士无疑受到了基督教等西学的影响，但又尚未脱离儒学传

---

① 参见《博爱论》，第 234 页。

② 参见《博爱论》，第 299 页。

统。他们亦将本土的博爱资源与西方博爱观相融合，来构建自己的博爱理论；在立足"仁"这一儒家核心概念的同时，高扬基督教中的平等、自由、博爱。值得一提的是，近代思想家在汇合中西时，运用的中学资源不止儒家。他们还有意识地对接墨家兼爱与基督教博爱，并认为这二者之间更为相契。康有为、梁启超、谭嗣同与孙中山均曾明确指出，墨家与基督教同样主张平等无差别的爱。① 而这在一定程度上使墨学在近代重新获得关注。《博爱论》注意到了"墨学重兴"现象与"西学墨源"等观点，并将之与博爱观在近代的发展演变相联系，由此得出结论："先秦子学中的墨学在此时因为其兼爱所具有的无差别性，以及本身具有一些自然科学的内容，成为与西方以基督教文化为核心的博爱思想的对接点，墨学也在这样的历史机遇下回光返照。"②

在面对儒家仁爱时，维新与革命人士重视并发展普遍博爱一面，而无视或丢弃差等之爱一面。康有为的仁学观强调"无所不爱"的广博性与"破九界"的平等性，以表达对纲常名教的破除。谭嗣同推崇通达之仁、废黜等级之礼，以"通"解仁而努力彰显平等之维。梁启超在《仁学》的序中说"仁者平等也，无差别也，无拣择法也"，③ 直接否定了差别。孙中山看到，传统社会未将博爱落实从而使人谈及博爱便联想西学，继而主张通过平等的民生主义来实行博爱。并且，上述思想家反思五伦中的主次差别，在论述博爱时突出相对平等的友伦。有见及此，《博爱论》认为，他们的学说虽仍基于儒家之仁，但在近代追求平等、反思纲常、冲决网罗的现实需要与使命感召下，其所崇尚的仁已不涉及工夫入路与现实推行的次序差别。换言之，为尽量斩断仁与不平等的联系，近代思想家不再强调差等，依宋儒之语是只言"理一"而不言"分殊"。儒家仁爱中普遍之爱与差等之爱的辩证两面，在此时仅有普遍性一维值得提倡。

应当说，维新与革命人士虽批判传统儒学所承认的等级制度，且漠置爱的差等；但是，他们尚未将儒家仁爱与等级纲常明确关联、未将之全然视为

---

① 康有为曾言"西学多本墨子"。梁启超认为："平等无差别之爱普及于一切人类。泰东之墨子，泰西之耶稣，其所宣示之爱说，皆属此类。"谭嗣同提出："佛能统孔、耶，而孔与耶仁同，所以仁不同。能调燮联融于孔与耶之间，则曰墨。"孙中山说："墨子所讲的'兼爱'，与耶稣所讲的'博爱'是一样的。"参见《博爱论》，第269、284、311页。

② 参见《博爱论》，第315页。

③ 梁启超：《〈仁学〉序》，《梁启超全集》第1册，北京出版社，1999，第170页。

差等之爱，反而奋力揭举仁的博爱内涵。然而，正如《博爱论》所洞见的，对等级名教的批判，限制了他们从积极意义上肯定、发展仁爱差等性的可能，这反在一定程度上为后来以等级纲常定性儒家之仁埋下伏笔①。

随后，时人积极思考近代以来西方强大而中国衰落的原因，探索现代化道路。经过对器物与制度的反思后，人们将矛头对准专制等级下的儒家文化。尤其是新文化运动以来，陈独秀、李大钊等人突出时代变革的紧迫性，挖掘儒家传统中维护等级尊卑的成分，并加以激烈批判。在反叛中，儒家仁爱之差等性与普遍性的地位发生调转。差等一面从不被重视变为被重点批判，而博爱维度则从被突出强调转为渐被遗忘。由于儒学在整体上已被视为为统治阶级和专制制度背书的意识形态，人们便认为"爱有差等"的理论目的就是维护甚至强化专制等级。如此理解下的差等之爱，一来被抬升至儒家仁爱的唯一本质；二来被曲解为宣扬爱的等级性、利己性，而与平等、普遍的博爱针锋相对。由于一波波的反儒浪潮，仁爱因其差等之维而逐步被贬抑为等级之爱、阶级之爱、尊卑之爱、私而不公之爱。而其中普遍之爱的本有内涵和差等之爱的真实内容被渐渐忽视。最终，仁爱与博爱分别代表着落后的儒家传统与先进的西方价值，而形成直接冲突。

概言之，在近现代思潮中，儒家仁爱的普遍一面与差等一面经历了如下演变。开始时，仁爱因有普遍之爱的内涵而成为传教士沟通儒耶的枢纽。后来，追求平等的维新与革命人士不再肯定爱有差等的合理性。再后来，在反叛儒家传统的过程中，人们将仁爱的差等性误解为等级性，并遗忘其本有的普遍性。

结　语

对于近现代思想家为救亡图存、重建人伦所做的努力，今人当予以同情理解，应看到其进步性与合理性。他们对儒家的讨论，并不以开展学术研究为主要目的，而是为推动社会变革；故而在质疑仁爱时，或许未及详察其中全面、真实的内涵。然而，时至今日，本着真诚态度治学的学者，亦不能因此而忽视儒家仁爱在思想史中的全貌与真相。而《博爱论》一书细心考察历

---

① 参见《博爱论》，第 315 页。

代儒者的博爱观念，结合其对于制度和实践的影响，通过兼具广度与深度的论述拨云见日，澄清了思想演变过程中遗留的误解。跟随作者一同探究会发现，儒家之仁明显蕴含普遍关怀他人他物的博爱精神，具有广泛、公平、互惠等属性。因此，不应片面地判定儒家仁爱是关系性的差等之爱、墨家兼爱是普遍性的平等之爱，而将二者完全置于对立中。事实上，作为本质理想的普遍之爱与体现现实次序的差等之爱，在儒家仁爱中得到了有机融合。

宋明理学视域中的中医哲学新探

——《宋明理学与中医理论嬗变》评介

程　旺

（北京中医药大学马克思主义与中华优秀传统文化研究中心）

　　医学与哲学无法分离，中医学亦然。中医理论的历史发展是在与中国哲学的互动与交融中完成的，换句话说，中国哲学或中医学的哲学底蕴，实乃理解中医理论的一个必备视域。中医学与中国哲学的结合性研究，关涉的内容比较多，相关论域研究业已取得不少进展，如道家道教与中医学、佛学佛教与中医学的结合研究，在思想阐释、脉络建构、资料整理等方面均已有比较成熟的研究成果，而儒学与中医学的结合研究却仍存在不少有待提升的空间。儒学与中医学结合研究，不仅包括以"儒医"为主体的历史性探索，还应包括儒学理论与中医理论的交融与对话研究，相较而言，后者恰是学界有待继续深耕的一大论域。二者的交融对话，对双方将有双向开新的重要意义。

一　宋明理学与中医理论相结合是值得推进的研究论域

　　提起儒学理论与中医理论的交融对话，比较有代表性的发展阶段，无疑是宋明理学与中医理论的互相审视。对于中医理论的发展史，《四库全书总目提要·医家类》提出"医之门户分于金元"的说法，说明中医理论的分化和异变是无法脱开与宋明理学之间的理论交互的。刘完素好《易》，认为医学与儒学都本于一道；李东垣受儒学之业，建设书院，延待儒士；张从正医著题为《儒门事亲》，"以为惟儒者能明辨之，而亲事者不可以不知也"，[①]

　　[①]　李濂：《李濂医史》，厦门大学出版社，1992，第90页。

即认为医学价值基于儒学理念才能理解，且强调医学对事亲、孝道的重要性；张景岳重视医易汇通，强调格物致知；李时珍认为金元明诸医所用"虽曰医家药品，其考释性理，实吾儒格致之学"，① 主张"医者贵在格物"，② 其《本草纲目》亦被称为"性理之精微，格物之通典"③……此类皆中医学深受理学影响之明证。从价值关怀上看，二者之间也有着强烈共振，都十分倾心经世济民，"不为良相，便为良医"的说法出于宋代并非偶然。从理论内核上看，宋明理学与中医理论所关注的都是生命之道，都是关注以身心安顿为内核的生命教化如何可能的问题。所以，将宋明理学与中医理论结合研究，是非常厚重的研究论域。

宋明理学与中医理论的互动，可以包括两个研究向度。一是中医学对宋明理学的理论影响。这方面的研究，如徐仪明《性理与岐黄》等著作曾做出过相关探索，比如《内经》对宋明理学的影响方面，已经做了比较充分的探究④。二是宋明理学对中医理论的影响。这方面的研究，却一直没有特别深入的探索研究，近来，姚春鹏《宋明理学与中医理论嬗变》一书对这一方面做出了突破和推进，让我们对理学影响下中医理论的建构及其理论衍化有了更深的认识。

二　宋明理学与中医理论嬗变研究的主要内容

《宋明理学与中医理论嬗变》一书以探讨宋明理学与中医学的关系为主旨，着力解决宋明理学对中医理论产生的各种影响，具体探究了金元四大家刘完素、张子和、李杲、朱丹溪，以及明代孙一奎、赵献可、张介宾等中医理论大家在理学影响下的理论体系的思想渊源及其生成、发展进程。理学对中医理论的影响主要体现在哪些方面呢？该书指出主要体现在三大层面："①思想方法、学风的影响；②哲学范畴、命题对中医学理论嬗变的影响；③伦理道德修养的影响。"⑤ 为学方法方面，易学方法论对后期中医学产生了

---

①　王剑、孙士江主编《李时珍医药学全集》（上），中国中医药出版社，2019，"凡例"，第 25 页。

②　王剑、孙士江主编《李时珍医药学全集》（上），第 521 页。

③　王世贞：《本草纲目序》，王剑、孙士江主编《李时珍医药学全集》（上），第 21 页。

④　徐仪明：《性理与岐黄》，中国社会科学出版社，1997。

⑤　姚春鹏：《宋明理学与中医理论嬗变》，山东大学出版社，2021，第 13 页。

深刻影响。"宋儒研易与医家研易不仅具有外在的呼应关系,而且前者对后者的影响是内在的,影响了医家的世界观及方法论。"① 如刘完素以易理论火热病机及治疗之理,张子和三才互通的医易学,李杲升降交通的医易学,朱丹溪本太极之旨、参太极之理而提出"相火论"等。宋儒研易与医家研易内在的沟通与作用机制是依托于易理层面实现的,"其根据在于易理是天人之理,是既包含人伦之理也包含自然之理的普遍之理"。② 哲学范畴方面的影响,最主要的是"理"范畴,张景岳"医者,理也""万事不能外乎理,而医之于理为尤切"的概括较为典型。事实上,"后期中医学对'理'的认识论意义的重视,应该说是朱子理在气先说在医学中的特殊发展,对中医学的发展产生了积极的作用"。③ 道德修养论方面的影响,在理学的导引下,崇高的道德追求、积极的社会价值导向,已全面渗入到医家的职业伦理中。

在澄清理论关联的同时,《宋明理学与中医理论嬗变》还特别注意两者理论的差异,如在本体依据及其范畴结构上的不同定位:"由于中医学与理学属于不同的两门学科,二者在深层上对理、气的理解是不同的。医学所探讨的理是医理,人体生命科学之理;而理学所探讨的理主要是道德之理、社会之理。由于理学的价值立场,在理气观上存在着褒理贬气的倾向;而中医学则不同,是重理宝气。"④ 至于三个层面的影响程度,相较而言"为学方法是宏观的影响,理学的范畴命题与中医理论的结合则是具体而直接的影响",⑤ 而"理学的道德修养论对医学伦理的影响则是与中医理论本身关系不大的外围的影响"⑥。这一分别富有启发、值得注意,因为以往关于宋明中医理论的一些研究,往往止步于"外围的影响"方面,对方法层面的"宏观影响"认识并不深入系统,对理论层面"直接的影响"则有意无意地被搁置了。

综合来看,理学对中医学从方法到理论的影响,在明代以来医家受理学太极论影响而对"命门"学说的创造性发挥中有集中体现。孙一奎依太极图说,创"命门图说",推演出"命门-肾间动气"的太极生命观,这一创新

---

① 姚春鹏:《宋明理学与中医理论嬗变》,第 31 页。

② 姚春鹏:《宋明理学与中医理论嬗变》,第 32~33 页。

③ 姚春鹏:《宋明理学与中医理论嬗变》,第 47 页。

④ 姚春鹏:《宋明理学与中医理论嬗变》,第 47 页。

⑤ 姚春鹏:《宋明理学与中医理论嬗变》,第 13 页。

⑥ 姚春鹏:《宋明理学与中医理论嬗变》,第 13 页。

的理论渊源十分鲜明，朱子称太极为"造化之枢纽，品汇之根柢"，孙一奎则称命门为"造化之枢纽，阴阳之根蒂"。赵献可直接称命门为"人身太极"，并为之绘制图式，认为命门所居之处，相当于"太极图中之白圈也"。张介宾则仿《太极图说》作《太极图论》，并将太极观念运用到自然观、人体观与认识论三个领域，提出元气太极说、心君太极说和命门太极说观点，并综合孙一奎命门说的先天之本意义、赵献可命门真主说的以无形统摄有形的先天命门太极系统，张介宾首先以"子宫"为"命门"，确定为人体生命之门户，并在此有形命门的基础上，通过肾进一步上达探求先天无形之命门，以之为先天之本、生命之源。由此，理学太极观对中医学的渗透和影响，形成了一个合乎逻辑的辩证发展过程。

由上可见，理学确实为中医学发展提供了深刻的思想方法和理论影响。当然，与中医理论的发展相应，在这个理论交互的过程中，理学自身理论也获得了相应的延展和推进，理学越来越自觉将中医学视为儒学的有机组成部分，如"知医为孝"说的提出、士人尚医风气的形成。以"自觉将理学自然观引入医学，以儒理阐释医理的第一人"[1] 的朱丹溪为例，他是朱子四传弟子许谦的学生，可以视为朱子理学的五传，后虽弃举业而转攻医学，但朱丹溪仍自称"吾儒"，也应被视为理学家，他的《格致余论》就是受对理学格致论影响而命名的——"古人以医为吾儒格物致知一事"[2]。同样应注意的是，中医学视域下的"余论"，其实大大补足了"格医"这一不应缺位的格致内容，这就在医理的探究中将理学引入到生命实存的实际环节，从而可对身心秩序的建构提供更整全的指引。此外，朱丹溪还提出"收心""养心""主静"的养生观、"攻击宜详审，正气须保护"的王道治疗观等，结合医学实践对理学的心性关系论、王道政治论作出理论丰富，这些就不是简单地引入理学思想了。必须指出，宋明中医学的相关理论，可以丰富宋明理学在太极论、理气论、阴阳说、三才说、先天后天说、修养论等方面的思想发展之脉络，在宋明理学此类常见论题之外，也在诸如医易学、命门学说、形神观、德欲论、养生论等方面显示出富有特色的创新意义，借助与中医理论的互动展开，理学的思想效应在生命哲学论域中得到更加充分的延伸发展。

---

① 姚春鹏：《宋明理学与中医理论嬗变》，第 33 页。

② 朱震亨：《格致余论》，江苏科学技术出版社，1985，第 5 页。

三　宋明理学与中医理论嬗变研究的重要意义

　　《宋明理学与中医理论嬗变》的专题探索和深入阐释，既弥补了以往宋明理学研究对宋明中医哲学人物及理论的严重忽略，更对以往关于中医理论的哲学基础的诠释深度和层次有着重要补足意义，宋明理学的质疑学风、创新精神、科学研究方法、研易之风、理学自然观以及各种哲学概念渗入医学，为打开中医理论的新维度提供着思想活力——"数百年之久的理学与中医学的互动，促进了中医学的发展与繁荣，也相当程度地改变了中医学基本理论的面貌"①。该书通过翔实梳释，极大地彰显了这一意义，让我们对"先知儒理，然后方知医理"（《外科正宗·医家十要》），"以儒理通医理，故其旨远"（《吴医汇通·洞见本源》）等论断有了更丰富、更真切的理解。关于中医理论的把握在此基础上才能更透彻，其效果也将从理论层面延伸到实践层面，如徐有贞所揭示的："医有儒之称者，谓其儒而医也。儒而医，则其于理必明，于术必精，而存心必正，理明术精而存心正，则必能愈人之疾，全人之生，而不为庸工苟利之行，故医必儒之为贵也。"② 这也表明，《宋明理学与中医理论嬗变》意蕴所及并不限于中医学与理学关系问题，而是关联更广泛的医学与哲学关系的一些问题，此书明确指出："医家也是'哲学家'中的一部分，也对哲学思想的形成有所贡献，但医学毕竟只是诸多学术领域中的一个领域。这样看来，就显得哲学对医学的影响大于医学于哲学思想发展的贡献。"③

　　回到中医学方面，该书的问题意识更值得注意，因为该书探索的背后关涉中医哲学如何可能的再审思。中医哲学，至少包含"中医与哲学"、"关于中医的哲学"以及"中医里的哲学"三重意涵。从研究指向上看，中医哲学应以讲清楚、说明白"中医里的哲学"为旨归，但另外两个维度并非与此无关，而是构成了深入析出"中医里的哲学"的前提条件，亦即只有先对"中医与哲学"的关系视角进行深度切入，对"关于中医的哲学"有着深入追问，我们才能真正讲好"中医里的哲学"。宋明理学作为从哲学角度理解中

　　① 姚春鹏：《宋明理学与中医理论嬗变》，第281页。
　　② 徐有贞：《赠医士陆仲文序》，《武功集》卷二，文渊阁四库全书本。
　　③ 姚春鹏：《宋明理学与中医理论嬗变》，第277~278页。

医理论的一个典型领域，其对中医理论的内在影响，构成了深入理解中医理论的学理基础。"从历史实际看，在中医学两千多年发展的历史长河，其主要理论的形成及明显的衍变均发生于两个哲学高峰即先秦诸子学与宋明理学之后，这就证明哲学对于医学之影响大于医学对于哲学的作用。正是循着这一思路，我们对宋明理学哲学特别时期自然哲学思想对金元明以来中医学理论的嬗变作了较为详尽的梳理。"[①] 从中医哲学的角度看，《宋明理学与中医理论嬗变》正是一部以理学为主要背景的"宋明中医哲学史"，这些探索都应成为我们最终认清中医哲学实质、探清中医理论本质的理论基础和逻辑环节，值得引起重视并继续加以推进。

---

① 姚春鹏：《宋明理学与中医理论嬗变》，第 278 页。

图书在版编目（CIP）数据

清华国学.第四辑/陈来主编.--北京：社会科
学文献出版社，2023.12
ISBN 978-7-5228-2860-2

Ⅰ.①清…　Ⅱ.①陈…　Ⅲ.①国学-文集　Ⅳ.
①Z126.27-53

中国国家版本馆 CIP 数据核字（2023）第 225395 号

《清华国学》第四辑

主　　编/陈　来

出 版 人/冀祥德
责任编辑/卫　羚
文稿编辑/王　倩
责任印制/王京美

出　　版/社会科学文献出版社·人文分社（010）59367215
　　　　　地址：北京市北三环中路甲29号院华龙大厦　邮编：100029
　　　　　网址：www.ssap.com.cn
发　　行/社会科学文献出版社（010）59367028
印　　装/三河市尚艺印装有限公司

规　　格/开　本：787mm×1092mm　1/16
　　　　　印　张：23.75　字　数：392千字
版　　次/2023年12月第1版　2023年12月第1次印刷
书　　号/ISBN 978-7-5228-2860-2
定　　价/128.00元

读者服务电话：4008918866